하이어 그라운드

현재 기업들은 중요한 변화의 분기점에 놓여 있습니다. 우리가 직면하고 있는 사회 및 환경문제에 대한 기업의 참여-그리고 그 해결책을 찾는 데에 있어 기업의 핵심적인 역할-은 더 이상 무시할 수 없습니다. 목소리를 내는 이해관계자들은 변화를 요구하고 있습니다.『하이어 그라운드』는 이 변화의 소용돌이를 탐색하고자 하는 사람들에게 꼭 필요한 책이며, 이 분야에서 앨리슨 테일러의 전문성은 누구에게도 뒤지지 않습니다.

──── 메건 라이츠(MEGAN REITZ), 헐트국제경영대학원 리더십 및 대화학 교수,
『Speak Up』 공동 저자

비즈니스 윤리와 관련된 책들은 비현실적인 이상을 좇거나, 생산적이지 못한 비판을 하거나, 현실적인 적용이 어려울 정도로 지나치게 원론적이거나, 터무니없이 단순한 내용이 되기 쉽습니다. 앨리슨 테일러는『하이어 그라운드』에서 많은 이들이 찾지 못한 최적의 지점에 도달했습니다. 한쪽으로 치우치지 않고, 비판적인 시각으로 실무자에게 유용한 실용적인 도구와 선택지를 제공합니다. 모든 비즈니스 리더가 꼭 읽어야 할 책입니다.

──── 마틴 리브스(MARTIN REEVES), BCG 헨더슨 인스티튜트 회장

기업윤리는 일반적으로 지루하고 딱딱한 주제로 여겨집니다.『하이어 그라운드』는 기업윤리를 유연하고 생동감 있게 다루며, 이를 통해 오늘날의-그리고 앞으로 펼쳐질-폭풍우가 몰아치는 경제의 파도를 헤쳐나가는 방법을 설명합니다.

──── 브루노 지우사니(BRUNO GIUSSANI), TED 글로벌 큐레이터

오늘날의 불안정하고 복잡하며 감정적이고 불확실하고 정치화된 비즈니스 세계에서 앨리슨 테일러는 정확하게 비즈니스 리더가 직면한 실제 문제에 대해 사려 깊고 미묘하며 현실적인 접근법을 제시합니다.『하이어 그라운드』는 기업이 '체크박스에 싸인만 하고 정작 본질은 놓치는' 피상적인 접근방식을 해결하는 새로운 방법입니다.

──── 조 자밋-루시아(JOE ZAMMIT-LUCIA), 비즈니스 리더십 고문,
『새로운 정치 자본주의』 저자

저마다의 믿음이 모두 존중받아야 된다고 여겨지는 사회에서, 기업이 스스로를 어떻게 규정해야 하는가를 논할 때, 보편적인 가치는 잊히기 쉽습니다. 대부분의 미국인은 기업이 모든 고용자, 고객, 지역사회, 환경을 존중해야 한다고 믿습니다. 앨리슨 테일러는 기업의 행동이 모두의 삶에 영향을 미친다는 이해를 바탕으로, 기업의 이해관계자들에게 이익을 제공하는 합리적인 길을 제시합니다. 올바른 일을 하라는 그녀의 실용적인 권고는 공동체에 기반하고 있으며, 공동의 유대관계를 회복하는 것이 시급한 우선순위인 이 시기에 정파적 분류를 벗어날 수 있도록 합니다.

_____ **레오 E. 스타인 주니어**(LEO E. STRINE JR.), 전 델라웨어주 교육감 겸 대법관, 마이클 L. 와처 법 및 공공정책 석좌연구원, 펜실베이니아대학교 캐리 로스쿨

이 책은 매우 시의적절하게 반갑고, 잘 쓰여진 책입니다. 기업이 해야 할 일과 하지 말아야 할 일에 대한 논쟁이 극에 달했으며, 양쪽의 극단적인 주장은 이데올로기만을 내세울 뿐입니다. 이 책에 담겨진 사려 깊은 논평과는 달리 말입니다. 테일러는 기업에 대해 매우 현실적인 견해를 가지고 있습니다. 그녀는 기업이 직면하고 있는 많은 갈등(일부는 스스로 만들어낸 갈등입니다)을 인식하고 있으며, 기업이 무엇을 해야 하는지에 대해 냉철하고 명쾌한 조언을 해줍니다.

_____ **로버트 에클스**(ROBERT ECCLES), 옥스퍼드대학교 사이드 비즈니스 스쿨 경영 실무 객원 교수, 지속가능성 회계기준위원회(SASB) 창립 회장

매력적이고 실용적이며 뛰어난 통찰력을 가진 테일러의 『하이어 그라운드』는, 비즈니스 윤리 분야의 편견에 도전하고 현실 세계의 복잡성을 뛰어넘은 실용적인 지침을 제공함으로써 신선한 아이디어를 제시합니다. 테일러의 경험, 아이디어, 연구를 바탕으로 한 설득력 있는 이야기는 독자를 안정된 운전석에 앉히고, 명확한 나침반으로 이끌어 하이어 그라운드로 안내합니다.

_____ **후이 첸**(HUI CHEN), R&G 인사이트 연구소 수석 고문, 전 미국 법무부 규정 준수 자문 전문가

진정성 있고, 예리하며, 실용적입니다. 당신이 ESG와 윤리 문제를 전문가들이 얼마나 중요하게 다루는지 알고 싶어 하는 학생이든지, 배움에는 끝이 없다고 믿는 숙련된 경영진 모두에게 말입니다.
　─────　**실비아 M. 가리고(SILVIA M.GARRIGO)**, 전 로얄캐리비안그룹 수석 부사장 겸 최고 ESG 책임자, 마이애미대학교 허버트경영대학원 교수

더 높은 곳에 서 있으면 더 멀리 볼 수 있고, 다른 관점을 갖게 됩니다. 『하이어 그라운드』는 모든 비즈니스 리더가 읽어야 할 완벽한 지침서이자, 한 단계 더 나아갈 방법입니다.
　─────　**블라디미르 보로딘(VLADIMIR BORODIN)**, 창업가, 버거 & 랍스터 레스토랑 그룹 공동 창업자

주주(shareholders)에게만 초점을 맞추던 비즈니스에서 이해관계자(stakeholders)에게 더 폭넓게 초점을 맞추는 것으로의 전환은 쉬운 일이 아닙니다. 앨리슨 테일러의 책을 읽고 그녀의 경험, 연구, 통찰력, 이해하기 쉬운 방법을 활용하여 진정으로 책임감 있는 기업이 되기 위한 지침과 영감을 얻으세요.
　─────　**애나 롬버그(ANNA ROMBERG)와 마이클 알버그(MICHAELA AHLBERG)**, 『더 그레이 존』 공동 저자

위선적인 미사여구와 진정한 인간적 고통으로 가득 찬 세상에서, 기업윤리를 표방하고 법률을 준수하는 것만으로는 해결할 수 없습니다. 이 혁신적인 책에서 앨리슨 테일러는 인간을 소중히 여기면서도 더 높은 곳으로 나아갈 수 있는 길을 보여줍니다.
　─────　**류드밀라 N. 프라슬로바(LUDMILA N.PRASLOVA)**, 서던캘리포니아 뱅가드대학교 조직 심리학 교수, 『카나리아 코드』 저자

'기업윤리를 위한 지침'과 '흥미진진하게 책장을 넘기기'라는 단어가 자연스럽게 동시에 떠오르지는 않지만, 앨리슨 테일러는 공공 규범이 손바닥 뒤집듯이 바뀔 수도 있다는 사실을 흥미롭고도 놀라운 이야기로 전달해 쉴 새 없이 페이지를 넘기게 만듭니다.

─── **카리나 리트백(KARINA LITVACK)**, 기후 거버넌스 이니셔티브 창립 회장, 세계경제포럼

이 책은 반드시 읽어야 할 책입니다. 앨리슨 테일러는 컴플라이언스를 넘어 정직함으로 나아가고픈, 민간 부문의 모든 사람에게 그리고 회사의 모든 부서에 진정한 청렴 문화를 조성하려 노력하는 기업에게, 매우 통찰력 있고 시의적절한 가이드를 제공합니다.

─── **델리아 페레이라 루비오(DELIA FERREIRA RUBIO)**, 국제투명성기구 회장 (2017~2023)

앨리슨 테일러는 정말 드문 인재입니다. 유능하고, 명료한 진실을 말하는 드문 사람이기 때문입니다. 그녀의 책은 리더들이 양극화되고 변화하는 환경을 탐색하고 진부한 목표 선언의 도피처를 넘어서는 데 도움이 되는 시의적절하고 필수적인 가이드입니다.

─── **케네스 퍼커(KENNETH PUCKER)**, 터프츠대학교 플레처 법학 및 외교대학원 실무 교수

하이어 그라운드
격변하는 세상에서 비즈니스가 올바른 일을 할 수 있는 방법

발행일	2024년 9월 1일
저자	앨리슨 테일러
역자	이한상, 문해원, 오슬기, 김혜진
펴낸곳	(사)한국회계기준원
주소	서울특별시 중구 세종대로 39 대한상공회의소 빌딩 3층
전화	02-6050-0150
팩스	02-6050-0170
홈페이지	kasb.or.kr
편집·제작	역사공간
ISBN	979-11-86085-46-2(13320)

Higher Ground: How Business Can Do the Right Thing in a Turbulent World by Alison Taylor
Original work copyright © 2024 Harvard Business School Publishing Corporation All rights reserved.
Unauthorized duplication or distribution of this work constitutes copyright infringement.
This Korean edition was published by Korea Accounting Institute in 2024 by arrangement with Harvard Business Review Press through KCC(Korea Copyright Center Inc.), Seoul.

이 책은 (주)한국저작권센터(KCC)를 통한 저작권자와의 독점계약으로
사단법인 한국회계기준원에서 출간되었습니다.
저작권법에 의해 한국 내에서 보호를 받는 저작물이므로 무단전재와 복제를 금합니다.

한국회계기준원 Korea Accounting Institute

하이어 그라운드

격변하는 세상에서 비즈니스가 올바른 일을 할 수 있는 방법

앨리슨 테일러

역자 **이한상·문해원**
　　　오슬기·김혜진

해제 **김태완** 카네기멜론대학교 경영대학 교수
　　　이우종 서울대학교 경영대학 교수

이 책을 제가 험난한 과정을 지날 수 있도록 지도하고 응원해 준
피터 크리스천 홀(Peter Christian Hall)에게 바칩니다.
10년이 넘는 기간 동안, 그는 제게 영감과 아이디어의 원천이었으며,
가장 먼저 글을 읽어주는 사람이었으며,
제 주장을 감각적으로 고쳐 글을 다듬는 데 도움을 주었습니다.
저는 이보다 더 훌륭한 편집자나 작가를 알지 못합니다.
그의 도움에 진심으로 감사합니다.

서문

2010년 말 비즈니스 세계에 일어난 근본적인 변화를 느끼셨나요? 비즈니스를 위협하는 정치적 위험은 곳곳에 도사리고 있고, 모두가 무언가에 대해 화를 내며, 모든 것이 빠르게 변화한다는 사실이 이따금 너무나 낯설게 느껴지진 않았나요?

이 모든 것이 낯선 것은 기분 탓이 아닙니다. 저는 2015년부터 인터넷, 소셜 미디어, 스마트폰의 등장이 미치는 영향을 연구해 왔습니다. 사회적 관계, 지식의 형성, Z세대(1995년 이후 출생자)의 정신건강, 그리고 자유 민주주의 제도의 안정성에 미치는 영향을 말입니다. 15세기 인쇄술의 발명으로 시작된 구텐베르크 시대부터 20세기 후반 대중문화가 정점에 이르기까지 상당한 변화가 일어났습니다. 구텐베르크 시대에는 종이를 통해 아이디어가 전달되었습니다. 비록 불완전한 방법이었지만 인류는 종이를 사용하여 아이디어를 토론하고, 발전시키고, 또 검토했습니다. 일련의 과정에서 도출된 보편적 규범은 전달될 수 있는 매체를 통해 사회, 공동체, 산업 전반에 퍼져 나갔습니다.

그러나 1990년대 인터넷의 등장, 2010년대 초 스마트폰과 소셜 미디어라는 기술은 우리를 새로운 시대로 몰아넣었습니다. 우리는 새로운 시대로의 고통스러운 초기 전환기를 지나고 있습니다. 더 안정적이고 더 인간적인 공동체 대신, 끊임없이 변화하고 번개처럼 빠른 연결망이 자리를 잡아가는 시기입니다. 디지털 존재로의 전환은 코로나19 팬데믹 봉쇄로 가속화되었고, 엄청난 생산성과 부의 증가를 약속했습니다. 그러나 우리는 이 전환이 뇌, 아이들, 그리고 기업을 포함한 조직들에게 어떤 영향을 끼치고 있는지는 거의 알지 못합니다. 그렇기에 우리는 혼란스럽고 두려움을 느끼며 자주 불안을 느끼곤 합니다.

 만약 여러분이 이 낯설고 새로운 세상을 헤쳐나가기 위한 방향성을 찾고 있다면, 앨리슨 테일러는 완벽한 안내자입니다. 그녀는 저와 함께 뉴욕대학교 스턴경영대학원(Stern School of Business)에서 법조윤리와 기업윤리를 가르치고 있습니다. 앨리슨은 지난 25년간 다국적 기업에서 컨설턴트로 일해온 경력이 있습니다. 그녀는 지속가능성, 인권, 부패 그리고 컴플라이언스에 이르기까지 다양한 분야에서 기업이 운영을 개선하고 위험을 최소화할 수 있도록 도왔습니다. 상아탑을 지키는 고고한 지식인과 달리, 그녀는 기업이 옳은 일을 해내려고 할 때조차, 실제 비즈니스 세계가 얼마나 지저분하고, 혼란스럽고, 비현실적일 수 있는지 잘 알고 있습니다. 뜬구름 잡는 윤리 이야기는 이 책에 없습니다. 대신 이 책을 통해 깊은 공감, 진정한 성공과 실패, 10년 전과는 달라진 오늘날의 어려운 문제를 해결할 깊은 통찰력을 배워갈 수 있을 것입니다.

 저는 학계와 실무를 잇는 가교를 만들기 위해 2014년에 비영리기구인 에티컬 시스템즈(Ethical Systems)를 설립했고, 앨리슨은 2019년부터 이사로 재직 중입니다. 학자들은 논문 게재를 위해 연구를 진행하고, 이를 통해 보상을 받습니다. 실제 기업을 돕는 것으로는 보상받지 못합니다. 한편, 기업의 경영자들은 학자들이 쓴 리더십과 의사결정에 관한 유명한 교과서들을 긴 시간에 걸쳐 읽습니다. 윤리, 가치, 윤리적 문화에 관한 책들은 제외하고 말입니다. 앨리슨이 에티컬 시스템즈에서 맡은 일은 보편적이고 쉽게 적용 가능한 윤리적 기업문화와 관련된 최고의 연구를 해내는 것이었습니다. 앨리슨은 25명의 저명한 연구자들 간의 협업을 조율하며, 기업 리더들에게 유용하리라 생각되는 자료를 찾고, 수백 건의 인터뷰를 하고, 『월스트리트 저널』과 『하버드 비즈니스 리뷰』 등에 쓰일 수십 편의 에세이를 써냈습니다. 여러분은 이 책에서 길고 지루한 실험에 관한 이야기가 아닌, 수백 건의 각 주로 완성된 가장 최신의 연구를 바탕으로 한, 역동적인 이해관계자 간의 대립과 일상적 상호작용의 역학에 대해서 알 수 있게 될 것입니다.

책『하이어 그라운드』의 가장 중요한 특징은, 앨리슨이 기업이 옳은 일이 무엇인지를 파악하는 방법에 관해 아주 실질적인 지침을 제공한다는 점입니다. 그녀는 오늘날 정치적 우파가 제시하는 답변(밀턴 프리드먼으로 회귀해서 주주가치를 극대화합시다!)이 실현 불가능하고 현명하지 않은 이유를 설명합니다. 그녀는 정치적 좌파가 제시하는 답변(긴 목록의 사회적 폐해를 해결하기 위해 기업의 자원을 사용하고, 모든 이해관계자를 만족시키는 윈-윈 해결책을 모색하세요!)이 실현 불가능하고 현명하지 않은 이유를 설명합니다. 이 책은 기업이 첫 번째 원칙으로 돌아갈 수 있도록, 기업에게 부여된 소셜 라이선스(Social License to Operate, SLO)에 대해서 논의할 수 있도록 합니다. 앨리슨이 이 책을 통해 내린 답은 인상적인 동시에 매우 간단합니다. 기업의 핵심 제품을 잘 만들고, 기업이 더럽힌 장소를 깨끗이 치워야 하며, 누군가를 해하지 말고, 인간을 존엄하고 존중받아야 할 존재로 여겨야 한다는 것입니다.

현대 기업경영의 소용돌이 속에서 이러한 원칙을 어떻게 적용해야 하는지, 바로 이 책이 여러분에게 보여줄 것입니다.

조너선 하이트(Jonathan Haidt) 씀

차례

서문 조너선 하이트(Jonathan Haidt)   11

서론 윤리적 비즈니스에 대한 제고
(그저 '윤리'만을 외치지 마세요)   17
Rethinking Ethical Business(Just Don't Say 'Ethics')

1부 격변하는 투명한 세상
A TURBULENT, TRANSPARENT WORLD

1. 기업 경영은 도대체 왜 이렇게 복잡해졌을까?   35
   Why Running a Business Got So Complicated

2. '책임경영'은 어떻게 얽히고설킨 가시덤불이 되고 말았나?   63
   How "Responsible Business" Became a Tangle of Traps

2부 올바른 일을 하는 비즈니스
BUSINESS DOING THE RIGHT THING

3. 이해관계자의 신뢰 얻기   97
   Building Stakeholder Trust

4. 사회 및 환경 우선순위 정하기   125
   Setting Social and Environmental Priorities

5. (실제로) 부패를 해결하기   157
   Tackling Corruption(for Real)

6. 인간에 대한 임팩트를 바탕으로 가치관 확립하기   183
   Grounding Your Values in How You Impact Human Beings

7. 기업의 정치적 책임   207
   Getting Serious about Corporate Political Responsibility

8. 투명성으로 모든 문제를 해결할 수 없습니다   237
   Being Transparent without Making Everything Worse

3부 미래를 이끌고 구상하기
LEADING AND SHAPING THE FUTURE

9. 진정한 윤리적 기업문화란 **269**
Rethinking Ethical Culture

10. 21세기 중반의 리더십 **297**
Leading in the Mid-Twenty-First Century

11. 인간을 위한 규칙 설계하기 **323**
Designing Rules for Humans

12. 행동주의 시대에 목소리 내기 **345**
Speaking Up in an Era of Activism

결론 목적은 임팩트와 함께 시작됩니다 **367**
Purpose Starts with Impact

해제 1. 기업의 윤리적 책임은 말이 아닌 행동에서 **392**
김태완(카네기멜론대학교 경영대학 교수)

2. 공동의 정체성에 대한 서사 **402**
이우종(서울대학교 경영대학 교수)

찾아보기 **416**
감사의 말 **425**

서론 # 윤리적 비즈니스에 대한 제고
(그저 '윤리'만을 외치지 마세요)
Rethinking Ethical Business(Just Don't Say 'Ethics')

스타벅스(Starbucks)의 새로운 최고경영자 랙스먼 내러시먼(Laxman Narasimhan)은 투자자들을 대상으로 2023년 1분기 첫 실적 발표회를 가졌습니다. 그는 '외로움, 분열, 양극화가 만연한 사회적 단절의 위기'를 언급하며, '커피'를 마시는 일상이 이제는 타인과 자신을 연결하는 중요한 수단이 되었다고 말했습니다.[1] 또한 그는 고용자들이 '파트너'라 불리는 스타벅스의 기업 문화에 대해, 탑다운(Top-down)뿐만 아니라 바텀업(Bottom-up)으로도 소통하는 파트너 정신을 강조하였습니다.

글로벌 커피 전문점인 스타벅스가 전 세계적인 사회적 고립을 해결하는 데에 있어 유익하고도 긍정적인 역할을 해낼 수도 있을 것입니다. 하지만 내러시먼은 그날 오후 또 다른 심각한 고민을 해야 했습니다.

그의 고무적인 '파트너' 발언과는 대조적으로, 스타벅스 본사는 미국 전역 9천 개의 스타벅스 직영점 중 고작 100여 개의 지점만이 시도한 노조 설립에 대해 맹렬히 비판했습니다.[2] 2개월 전, 스타벅스는 시애틀 본사의 몇몇 사무직 고용자와 관리자들이 경영진의 노조 비판에 항의하는 공개서한을 발표하면서 험난한 발걸음을 내딛게 되었습니다. 경영진이 주장한 노조 설립 반대의 근거와 관련해서는 갑론을박이 오갔습니다. 공개서한에서 고용자들은 "우리는 스타벅스를 믿고, 스타벅스의 핵심가치를 믿습니다. 스타벅스가 우리가 믿고 있는 가치를 되찾을 것을 요구합니다."라며 경영진의 입장을 촉구하였습니다.[3] 공교롭게도 이 서한이 공개된 당일 뉴욕주 버팔로의 노동법 판사는 스타벅스가 지속해서 연방 노동법을 '심각하고 광범위하게' 어기고 있다는 판결을 내렸습니다.[4]

스타벅스의 주주들 또한 경영진의 입장을 지지하기보다는 정기 주주총회에서 경영진이 결사의 자유와 단체교섭권을 위반하고 있지는 않은 지에 대해 독립적인 감사를 요구했습니다.[5] 전 스타벅스 최고경영자 하워드 슐츠(Howard Schultz)는 상원 청문회에 출석하여 지금과는 달랐던 스타벅스의 노동 관행에 대해 증언했습니다.[6] 청문회 이틀 뒤, 스타벅스는 노조 설립을 지지했던 스타벅스의 한 바리스타를 해고했습니다.[7] 스타벅스는 코넬대학교 인근의 3개의 캠퍼스 지점을 폐쇄하기도 했습니다. 해당 지점의 바리스타들이 노조 설립에 찬성표를 던졌고, 캠퍼스의 학생들이 스타벅스가 아닌 '다른, 윤리적인' 커피 공급업체를 선정해 달라고 학교 측을 압박했다는 사실을 이유로 말입니다.[8] 이후 코넬대학교는 해당 스타벅스 지점과 계약을 갱신하지 않기로 결정하였습니다.

내러시먼이 경영권을 인수한 뒤 스타벅스는 놀라울 정도로 고용자, 관리자, 고객, 그리고 주주를 포함한 핵심 이해관계자 그룹의 유례없는 연대를 이끌었습니다. 분명한 사실은 내러시먼이 표방했던 스타벅스의 '이해관계자 자본주의'는 아니라는 점입니다.

스타벅스는 계몽적이고, 심지어 진보적이기도 한 미국의 유통업체 이미지를 어렵게 구축해 왔습니다. 어느 면모로 보아도 스타벅스는 전 세계에서 3번째에 버금가는 레스토랑 가맹점이었으며, 포용력, 공정성, 권익을 대표하는 리더로 자리매김해 왔습니다. 스타벅스는 고용자(雇傭者, 근로 계약에 따라 고용되어 일정한 대가를 받고 일을 하는 사람으로 피고용자와 동의어)의 임금 평등을 지향하고 임금 공개 및 다양성을 위한 노력을 해왔으며, 인권에 대한 감사를 수행하고, 상대적으로 꽤 괜찮은 수준의 복지와 일과 삶의 균형을 제공해왔습니다. 노조 결성에 집요할 정도로 반대하는 것이 일반 미국 기업의 행태임에도 불구하고 말입니다.[9] 스타벅스는 기업의 환경·사회·거버넌스(ESG) 평가를 진행하는 비영리기구인 저스트 캐피탈(JUST Capital)이 선정한 두 번째로 좋은 기업이기도 합니다.[10] 또한 스타벅스는 기후변화와 사회적 책임을 다하는 신뢰받는 기업으로 많은 찬사를 받기도 했습니다.

그렇다면 이제 스타벅스는 지금까지 쌓아온 기업가치를 한순간에 잃어버린 것일까요? 아니라면 스타벅스는 여전히 고객과 주주에게 '좋은' 윤리적이고 책임감 있는 기업일까요? 노조 결성에 스타벅스가 취한 극단적 조치로 인해 다른 성과마저 부정적으로 평가될까요?

정부기관에서 근무하며 유럽 기업들의 윤리적 프로그램 구축에 오랫동안 힘써왔던 필립 몽티니(Philippe Montigny)는 이렇게 말했습니다.

"이제 고용자들은 고용주에게 일말의 일관성을 기대합니다. 이때의 일관성은 규정의 준수뿐만 아니라 보편적인 윤리적 원칙에도 적용됩니다. 즉, 뇌물수수 근절과 법률준수에만 국한되지 않습니다. 나아가, 일관성은 인간관계에서 불거질 수 있는 문제부터 환경에 미치는 영향까지 어떠한 종류의 해를 끼치지 않는 것입니다. 제가 생각하기에 이것이 바로 혁명의 핵심입니다."[11]

기업이 나서서 옳은 일을 행한다는 아이디어는 꽤 멋지게 들립니다. 기업은 사회에서 핵심적인 역할을 맡고 있고, 기업이 내린 의사결정은 많은 사람에게 영향을 미칩니다. 제가 가르치는 학생들은 기업의 가치가 자신의 가치관과 일치하는 기업에서 일하고 싶으며, 그러한 기업에서 만든 제품을 사고 싶다는 이야기를 하곤 합니다.

하지만 기업은 가치를 부르짖는 대중의 요구를 수용하는 과정에서 달갑지 않은 검증절차와 그에 따라 예상치 못한 결과를 맞닥뜨리기도 합니다. 이와 같은 상황에서 대중의 요구에 부합하는 기업가치를 추구하고자 하는 경영진은 어디에도 없습니다. 선량하고 신뢰받는 기업의 이미지를 유지할 수 있는 마법의 해결책은 없습니다. 다만, 저는 이 책을 통해 좋은 의도를 가진 리더가 부딪힐 문제를 사전에 탐색하고 지도를 그려 조직을 한 단계 높은 하이어 그라운드(Higher Ground)로 안내할 수 있을 뿐입니다.

이 책을 통해 여러분은 '목적(Purpose)'이라는 단어를 새로운 시각으로 바라볼 수 있게 될 것입니다. 목적을 세우는 것은 일반적으로는 유용한 접근법이지만, 그 목적이 단순한 윈-윈(Win-win)을 넘어설 때만 비로소 유용합니다. 목적은 단순한 마케팅 수법보다는 더 많은 의미를 내포할 수 있고 그래야만 합니다. 그리고 기업의 중요한 의사결정을 내리기 전후로 인류에게 미칠 영향을 가늠해보는 것이 중요하다는 사실을 깨닫게 될 것입니다. 기업이 세상에 영향을 미치는 다양한 방법을 이해하는 것이 위험 혹은 평판에 근거한 의사결정보다 훨씬 더 견고한 기반을 제공한다는 사실 또한 깨닫게 될 것입니다.

무수한 역경을 지나 결국 더 높은 하이어 그라운드에 함께 도달한 뒤에는, 스타벅스가 어떻게 더 잘 대처할 수 있을지에 대해 의논해 봅시다. 이에 앞서 어떤 기업이 선량하고 신뢰할 수 있는 기업인지 판단하기 어려워진 배경을 알아봅시다.

우선 기업의 리더가 다뤄야 하는 사회적 이슈의 종류와 범위가 극단적으로 방대해졌습니다. 2014년 #블랙라이브스매터(#BlackLivesMatter) 시위가 촉발되었던 배경을 예로 들 수 있습니다. 미주리주 퍼거슨에서 마이클 브라운이라는 10대 학생이 한 경찰관에 의해 치명상을 입고 수 시간 동안 길거리에 방치되었던 사건이 발생했습니다. 기업의 리더들은 이 사건이 비즈니스와 직접적 관련이 없을 뿐더러 분열을 일으킬 가능성이 큰 껄끄러운 문제로 치부하고, 이에 대해 어떠한 언급도 하지 않았습니다. 이처럼 사회적 논쟁에 관해 기업은 중립적 태도를 유지하고 되도록 입장 표명을 회피하는 것이 일반적이었습니다. 1990년대에 나이키의 광고모델로 활동했던 마이클 조던이 "공화당원도 똑같이 운동화를 신습니다(Republicans buy sneakers, too).''라고 말했던 것처럼 말입니다.[12]

하지만 기업의 정치적 중립지대는 불과 7년 만에 무너지고 말았습니다. 코로나19 팬데믹이 막 퍼져 나가던 시기에 미니애폴리스에 살고 있던 조지 플로이드(George Floyd)가 경찰관 데릭 쇼빈(Derek Chauvin)에 의해 공개적인 자리에서 죽임을 당하는 사건이 벌어집니다. 이전과 달리, 미국 기업들은 갑작스럽게 사회정의에 대해 헌신을 다하고 제도적 인종차별을 개선할 것을 대중들로부터 요구받게 되었습니다. 미국의 소셜 웹사이트 레딧(Reddit)과 피트니스 기업 크로스핏(CrossFit)을 비롯한 기업의 리더들은 다양성을 위한 자리를 내어주기 위해 임원직을 내려놓기도 하였고, 많은 미국 대기업 경영진들이 불의에 저항하는 개인적인 성명을 통해 다양성, 평등, 포용성에 대한 의지를 표명하였습니다.[13]

이는 실로 놀라운 변화였습니다. 수십 년간 경영진들은 기업의 책임과 한계를 명확히 하는 것에만 집중해왔습니다. 주주가치를 극대화하고, 법을 어기지 말라는 원칙에 근거해서 말입니다. 1970년 밀턴 프리드먼은 기업운영의 논리는 이익 극대화에 있다는 명제에 대해 설득력 있는 사례와 함께 그 근거와 방법론을 제시했습니다.[14] 그의 주장에 따르면 도덕성이란 인간의 영역이며 기업이 주체가 되는 영역이 아니었습니다. 또한 기업의 경영진은 주주의 대리인에 불과하고 자본을 오용하여 사회적 우선과제와 정치적 의제를 추구해서는 안 된다고 주장했습니다. 기업의 올바른 리더라면 기업의 이익을 극대화하는 한편 정부가 세운 규칙, 즉 법률을 준수해야 합니다. 기업이 경제적 이익을 추구할수록 개인의 선택, 자유, 번영에 도움이 되며 이것이 기업이 개인을 위해 할 수 있는 최선이기 때문입니다.

줄곧 기업윤리는 법률준수와 같은 의미로 통용되었고 자연스럽게 기업윤리의 책임은 변호사, 감사인, 그리고 인사관리 담당자에게 부여되었습니다. 이들은 법적침해, 추문사건, 벌금으로부터 기업가치를 보호하는 임무를 도맡았습니다.

저는 10년 이상 기업이 이와 같은 보호체계를 구축하고 유지할 수 있도록 도왔습니다. 구체적으로는 기업 실사와 사내 부정행위 조사, 그리고 기업의 컴플라이언스 정책을 설계하고 실행하는 일을 해왔습니다. 이 업무들은 딱딱하고 기술적으로 보입니다만, 실제 경험한 바로는 매우 지저분하고 때로는 비현실적이기까지 합니다. 한번은 러시아의 신흥재벌이자 관료인 올리가르히(Oligarchs)와 성공적으로 거래를 성사시키기 위해 기업실사보고서를 다시 작성해달라고 은행가들로부터 압박을 받은 적도 있습니다. 고위 경영진들이 자신들이 저지른 부정부패를 어떤 희생양을 골라 적절히 죄를 뒤집어씌울지를 고민하는 모습도 보았습니다. 무장 차량강도를 만나 멕시코 남쪽의 외딴곳에 발이 묶인 반부패조사관을 구하기 위해, 런던에서 크리스마스 저녁식사를 하던 도중 급히 자리를 뜬 적도 있습니다. 기업의 사설 경비대가 저지른 인권유린, 기업 공급망 내의 부당한 아동노동, 적대적인 정부의 감시에 잘 대처하는 방법을 기업의 편에서 조언하기도 했습니다. 여러 차례 저는 법률준수가 항상 기업윤리를 위한 올바른 도구가 아님을 확인했습니다. 해결책은 기업문화와 리더십에 있습니다.

기업이 어떻게 하면 사회에 더 긍정적인 영향을 끼칠 수 있는가에 대해 탐구하던 중, 저는 '지속가능성'이라는 떠오르는 분야에 뛰어들었습니다. 그러나 막상 제가 마주한 것은 이상한 나라의 앨리스처럼 난해한 신조어로 가득한 낯선 세계였습니다. 저는 사회적 임팩트(Impact), 리제너레이션(Regeneration), 가치사슬, 지속 가능한 개발 목표, 넷-제로(Net Zero), 트리플 바텀 라인(The triple bottom line),[15] 포용적 경제, 자원 스튜어드십(Resource stewardship), 지역사회 참여, 그리고 기후정의(Climate justice)에 대해 배웠습니다. 그러나 영감을 주는 이 용어들은 현실 세계의 무질서함을 반영하지 못한다는 사실을 발견했습니다. 전 세계 내로라하는 기업 임원들 앞에서 지속가능경영의 필요성을 역설했습니다. – 그들의 눈빛은 점점 초점을 잃어갔지만 말이죠. 어떤 경영진들은 ESG의 재무적 이점을 활용하려는 욕심 때문에 정작 본질을 놓치기도 했습니다. 비공개적으로는 지속가능성의 효익을 부인하면서 지속가능성 공약을 외치는 리더들을 보기도 했습니다. 책임감 있는 경영진이 퇴임하자 유망했던 지속가능성 프로그램이 곧바로 무너지는 것도 보았습니다. 멀게는 파키스탄에서, 가깝게는 펜실베이니아까지 지역 시위에서 다뤄진 사회적 의제를 반영해 달라는 주주의 요구에 대응할 수 있도록 기업에 자문을 하기도 했습니다. 고용자가 민감한 내부정보를 SNS에 유출해 발생한 피해를 수습하는 방법에 대해 기업을 도운 적도 있습니다.

저는 모든 면에서 올바른 기업을 본 적도 없으며 좋은 기업과 나쁜 기업을 명확히 구분할 수 없다고 생각합니다. 모두 조금 더 좋거나 조금 더 나쁜 기업일 뿐입니다. 중요한 점은 현실에서의 조직은 끊임없이 진화한다는 것입니다. 더 중요한 사실은 조직은 마찰에 대처하며 역량을 쌓아 나갈 수 있다는 것입니다. 기업을 비판하는 사람들은 최고의 성과를 내는 기업을 표적으로 합니다. 물론 최악의 성과를 내는 기업 또한 마찬가지입니다. 고로 비판이 없다고 해서 좋은 기업이라는 보증은 없습니다. 책임경영, 윤리경영과 관련된 분야에서 일해본 경험이 있다면 윈-윈만이 유일한 해결책은 아니라는 사실을 알고 있을 것입니다. 윈-윈에 집착하는 것이 오히려 실제적인 문제 해결을 위한 열린 토론을 가로막기도 하기 때문입니다. 당장 심각한 실수를 만회해야 하는 상황처럼, 실질적 위기에 놓인 기업이 문제를 해결하는 과정에서 최고의 아이디어가 탄생하기도 합니다.

지금까지 기업 브랜딩, 기업문화, 지속가능성, 리스크, 그리고 윤리는 개별적 접근법이 필요한 독립된 분야로 취급되었습니다. 그러나 디지털로 연결된 세상에서 기업의 내부 운영팀 간 어긋난 의제를 지속적으로 추구할 수 있는 방법은 없습니다.[16] 내부적으로 철저히 일관성을 달성하지 못한 기업은 실패하고 위선적으로 보이게 될 것입니다.

그러나 올바른 일을 하기 위해 전 세계에서 통용되는 일관된 접근방식을 구현하는 것은 결코 쉬운 문제가 아니며, 이는 시간이 지날수록 점점 더 어려워지고 있습니다. 개인이 추구하는 가치는 각자의 문화, 성장과정, 종교, 정치성향, 심지어 유전자까지 반영합니다. 현대사회는 국가 및 문화 간, 그리고 같은 국가 및 문화 내에서도 너무나도 분열되어 있어, 그 결과 자본주의와 민주주의의 개념 자체가 논란의 대상이 되고 있습니다. 이러한 분열된 상황 속에서도 중요하고 위험한 문제를 해결하기 위해 기업이 나서야 한다는 요구는 점차 커지고 있습니다. 기후변화, 코로나19 팬데믹, 지정학적 혼란과 같은 위기들은 기업이 체계적으로 사회와 환경문제 해결을 위해 얼마나 노력해야 하는지에 대한 사회적 합의가 부족하다는 것을 반증합니다. 기업이 반드시 사회에 긍정적 영향을 미치고 번창하도록 조력해야 한다거나, 또는 이해관계자들의 의견에 귀 기울이고 그들의 이익을 균형 있게 조정해 나가야 한다는 말은 쉬울지 모릅니다. 중요한 것은 기업이 선택한 '방법' 입니다.

아무리 굳은 의지를 가진 기업이라 할지라도 이해관계자들의 우려를 직접 해결해야 하는지, 정부가 개입하는 것이 더 나은지, 그리고 기업이 정부의 약점이나 실패를 보완할 수 있는지 또는 그래야만 하는지를 판단하는 것은 어려운 일입니다. 이러한 질문은 법규의 준수나 ESG 프레임워크로는 해결되지 않습니다. 또한, 기업윤리에 대한 학문적 접근방법은 도덕 철학에 근거하고 있기 때문에 비현실적이고 때로는 모순적으로 보일 수 있습니다. 저는 아직까지 경영자 의사결정에 공리주의적 프레임워크를 적용하는 것이 좋을지, 의무론적 프레임워크를 적용하는 것이 좋을지 논의하는 것을 본 적이 없습니다.

이러한 혼란과 위험 속에 기업은 정치적으로 불안정한 위치에 놓여 있습니다. 기업은 세금감면, 규제완화, 영향력 행사와 같은 복잡한 일련의 과정에 대해 직·간접적으로 많은 책임을 지고 있습니다. 동시에 기업은 세계적인 영향력을 지니고 있으며, 국가보다 대중에게 더 신뢰받고 여론에 더 기민하게 대응해야 합니다. 여러 조사에 따르면, 대중은 정부의 시책을 기다리

기보다는 기업이 사회변화를 주도하는 것을 선호합니다.[17]

기업에 대한 이러한 요구는 그 규모와 사회의 절실한 필요에서 기인합니다. 예를 들어, 2022년 MIT 슬론 매니지먼트 리뷰(MIT Sloan Management Review)에서 한 기사는 다음과 같이 언급했습니다.

"사회정의가 정치적 이슈의 중심이 됨에 따라 이해관계자들의 요구가 기업의 전략에 영향을 미치기 시작했다."[18]

그러나 절박하기 때문에 기업이 개입해야 한다고 말하는 것이 기업이 어떻게 사회문제를 해결해야 하는지, 또는 어느 범위까지 해결해야 하는지에 대한 논리적 근거를 제공하는 것은 아닙니다.

그렇기 때문에 기업의 최고경영자가 이러한 불분명한 요구에 대응하는 데 어려움을 겪는 것은 당연합니다. 기업이 장기적으로 모든 사람을 위해 모든 것을 하는 것은 불가능하며, 사람의 요구 또한 바뀌기 마련입니다. 기업은 분간하기 어려운 모호한 말들만 내뱉을 수밖에 없습니다. MIT의 연구에 따르면, 대부분의 기업들은 3~7개의 가치를 인용하고 있는데, 이 중 3분의 2는 진실성(Integrity)을 표방합니다.[19] 한 선행연구에서는 기업가치가 대부분 진실성, 팀워크, 혁신과 같이 유사한 가치를 내세운다는 점을 발견했습니다.[20]

불신의 시대에 기업이 진실성을 맹세해도 큰 도움이 되지 않는다면, 기업은 대중의 모순된 기대의 늪을 어떻게 헤쳐나갈 수 있을까요? 하이어 그라운드로 가는 견고한 길은 어디에 있을까요? 명확한 길 하나는 밀턴 프리드먼의 주주가치로 귀결되지만, 오늘날의 소비자가 수익창출을 유일한 사명으로 표방하는 기업을 어떻게 받아들일까요?

기업은 상충되는 이해관계자의 이익과 요구 사이에서 적절한 균형을 찾아야 합니다. 현대의 기업은 명확한 국제적 원칙을 따르더라도 개별 지역의 상황과 문화와 조화를 이루어야 하며, 주주가치를 유지하면서도 사회문제를 해결해 나가야 합니다. 또한, 기업은 투명성과 진정성을 가지고 행동해야 하며, 공허한 말을 하거나 언행의 불일치를 보여서는 안 됩니다. 여러분이 이해관계자 자본주의에 대한 개인적인 믿음이 있든 없든 간에, 여러분은 이러한 압력에 놓여 있습니다. 아직 이에 대한 인식조차 하지 못하는 기업은 곧 안타까운 결과에 직면하게 될지도 모릅니다.

그럼 윤리경영을 다시 생각해 보면, 윤리경영은 그 어떤 경영도 이해할 수 없는 블랙박스나 개인의 사리사욕을 추구하는 것이 아니라는 것을 인정하는 것부터 시작됩니다. 한때는 신뢰할 수 있었던 기업 내·외부 문제의 경계가 모호해졌고, 생존하고 성장하기 위해 기업은 우리의 일상생활의 경제적·정치적·사회적·환경적 네트워크 내에 있고 상호의존하는 개방된 체계를 구축하고 있습니다.

불편한 진실은 기업의 책임과 지속가능성이라는 통용되는 전문용어가 기업의 윤리경영의 지속 가능한 특성을 나타내기보다는, 종종 잘못된 기업경영으로 야기된 과거의 피해를 상쇄하기 위해 주의를 분산시키기 위한 서술로 악용된다는 점입니다. 이 무질서하고도 투명한 시대에 기업은 책임에 대한 대중의 강력한 요구를 충족시켜야 합니다. 첫째, 기업은 스스로 해결할 수 있다고 제안하는 문제에 대해 보다 솔직하고 현실적이어야 합니다. 둘째, 기업은 법, 정치, 규제를 자신의 이익을 위해 조작하거나 훼손해서는 안 된다는 것을 인정해야 합니다. 이러한 제도는 모든 이를 위해, 특히 기업을 위해 공평한 경쟁의 장을 만들기 위해 존재합니다. 이 두 가지 목표는 기업의 리더가 세상을 더 나은 곳으로 만들겠다고 주장하는 대신, 기업경영을 더 나은 방향으로 만드는 데 많은 시간을 쓴다면 모두 이룰 수 있을 것입니다.

이 책은 더 높은 곳, 하이어 그라운드를 향한 여정으로서 큰 그림을 그리는 동시에 세부적인 실용적 방법도 다룰 것입니다. 이러한 여정을 위해서는 두 가지가 모두 필요합니다. 따라서, 이 책의 1부 '격변하는 투명한 세상'의 1장에서는 오늘날 우리가 왜 이렇게 스트레스가 가득한 상태에 이르렀는지 알아봅니다. 2장에서는 우리가 직면한 복잡한 상황을 헤쳐나가는 데 도움이 되는 방법을 살펴보고, 왜 우리에게 새로운 사고와 도구가 필요한지 설명할 것입니다. 기업의 가치, 영향력, 문화는 분리할 수 없으며, 이들은 끊임없이 상호작용하여 긍정적 또는 부정적 굴레를 만들어 냅니다. 그래서 오늘날과 같은 격동의 시대에 올바른 일을 한다는 것은 특히나 어려운 일입니다.

 2부 '올바른 일을 하는 비즈니스'에서는 기업이 세상에 미치는 영향을 내부에서 바깥으로 바라보고자 합니다. 먼저, 기업이 이해관계자의 인식을 관리하고 대응하는 데 도움을 주는 프레임워크에 대해 논의할 것입니다. 3장과 4장에서는 기업이 어떻게 이해관계자의 이익을 균형 있게 고려하고 효과적인 환경 및 사회적 우선순위를 설정할 수 있는지 검토할 것입니다. 어떤 규모의 기업이든 리더가 필수적인 사항을 위임하기는 어려우며, 이들을 향한 상충되는 조언들이 난무합니다. 저는 이 책에서 기업의 리더를 위한 우선순위를 명확히 하여 혼돈 속에서도 방향을 찾을 수 있는 방법을 알려줄 것입니다.

 이해관계자의 이익을 균형 있게 고려하면서도 외부 영향을 동시에 고려하라는 요구는 전통적인 법률준수만으로는 충족시킬 수 없습니다. 따라서 5장에서는 반부패 전략에 대한 진보가 준법의 이점과 한계점에 대해 무엇을 시사하는지 알아봅니다. 규제가 더 이상 나침반 역할을 할 수 없다면, 어디에서 지침을 찾을 수 있을까요? 6장에서는 기업이 인간에게 미치는 영향에 기초하여 윤리경영을 약속할 때, 기업이 광범위한 압력에 더 쉽고 기민하게 대응할 수 있는지 설명합니다. 정치성향, 종교, 또는 가치관이 무엇이든 간에, 모든 이들은 존중을 원합니다.

 실제로 기업이 인간에게 미치는 영향은 그 위험이 어떻게 나타날지는 예측할 수 없음에도 불구하고, 그 기업의 위험이 법률, 경영, 평판위험에서 시작되는 것은 알 수 있습니다. 만약 기업이 사회적 의제(Agenda)를 추구해야 한다고 생각하는 사람이라면, 모든 것을 한 번에 해결하려는 시도는 현명하지 않다는 것에 동의할 것입니다. 만약 기후위기를 해결하고자 한다면, 기술적·과학적 메시지만으로는 제한적 성공에 그칠 수 있으며, 인간에 대한 영향과 행동에 기반한 노력이 하이어 그라운드로 가는 더 유망한 경로를 제공한다는 점에 동의해야 합니다. 저는 기업이 별로 연관성 없는 대중적인 이슈에 동참하기보다는 피해를 끼치지 않기 위해 최선을 다하는 것이 우선이라는 점을 확립해 나갈 것입니다. 이는 직접적인 통제 밖에 있는 영향과 위험을 어떻게 관리할 것인가에 대한 질문으로 이어집니다.

7장에서는 정치과정에 더 효과적으로 참여하는 방법을 탐구할 것입니다. 기업경영이 정치화 되어감에 따라서 비민주적이고 당파적인 의제, 내부갈등, 비현실적인 기대의 희생양이 되었습니다. 책임 있는 비즈니스에 대한 신뢰할 만한 접근방식으로 이러한 문제들을 다루어야 합니다. 8장에서는 투명성에 대한 약속과 위험을 다루며, 지속적인 소통과 공개에 대한 요구가 어떻게 기업을 쉽게 반응적이고 편집증적 상태에 빠뜨릴 수 있는지 성찰할 것입니다.

마지막 '미래를 이끌고 구상하기'에서는 기업 내부로 시선을 돌려 사회 변화가 문화, 리더십, 규제, 여론에 어떤 영향을 미치는지 알아봅니다. 9장과 10장에서는 경영에 대한 새로운 압박이 어떻게 문화와 리더십을 변화시키고 있는지 살펴볼 것입니다. 11장에서는 이러한 변화가 준법, 규칙, 감독에 어떤 의미를 갖는지 논의할 것입니다. 12장에서는 고용자와 기업의 목소리가 어떻게 확장되고 변화해 왔는지, 그리고 이에 대해 무엇을 해야 하는지 검토할 것입니다. 결론에서는 기업의 목적을 실제로 구현하고 수준 높은 시각을 찾는 데 정말로 필요한 것이 무엇인지 탐구할 것입니다.

이 책은 제 개인적인 관점과 경험에 기반하긴 하지만 이에 국한되지는 않습니다. 저는 2021년 6월부터 2023년 8월까지 전 세계의 200명의 전문가, 실무자, 행동주의자, 경영자, 학자와 인터뷰를 진행하였습니다. 물론 그들의 솔직한 견해 중 일부는 인용되었으나, 또 다른 많은 부분은 논의하는 것 자체가 어렵거나 금기시되는 부분이 있어서 공개할 수 없기도 했습니다.

이 책은 전 세계의 리더와 독자를 대상으로 하지만, 출산에 대한 선택권, 기업의 정치 후원, ESG 평가의 수용성과 같은 문제는 특히 미국에서 불안정한 상황입니다.[21] 그렇기 때문에 저는 미국에 소재한 기업과 미국문화가 미치는 영향력을 고려하여 이러한 문제를 다루고자 합니다.

이 책을 집필하면서 많은 전문가들이 '윤리'라는 단어가 도덕적 판단이나 처벌을 위한 것처럼 또는 구식으로 들린다는 점에서 이 단어를 사용하지 않으려 한다는 점이 흥미로웠습니다. 이는 이해할 만하지만, 많은 평론가들이 ESG가 윤리적 기업이 되는 것과는 아무 관련이 없다고 주장하는 것도 상당한 혼란을 야기합니다. 따라서, 이 책에서 '윤리'라는 단어를 사용할 때, 호주 시드니 윤리 센터(The Ethics Centre)의 정의를 참고하고자 합니다. 여기서 윤리란, 집단적 탐구의 과정으로 정의됩니다. 즉, '우리의 가치, 원칙, 목적을 질문하고, 발견하고, 방어하는 과정'이라 하겠습니다.[22]

하이어 그라운드에 다다르기 위해서는 집중력, 용기, 그리고 인내력을 필요로 합니다. 기업은 사회와 분리될 수도 없고, 맞닥뜨리는 모든 사회적 문제를 해결할 수도 없습니다. 더 나은 경영을 위해서 기업은 자신이 세상에 미치는 영향에 대해 실질적으로 관심을 가져야 하며, 에너지를 축적하고 스스로의 한계를 인정하면서도, 기업이 의존하고 있는 중요한 체계가 더 잘 기능하도록 도와야 할 것입니다. 그럼, 이제 여정을 떠나 봅시다!

미주

1. Motley Fool, 'Starbucks (SBUX) Q2 2023 earnings call transcript', 2023년 5월 2일 (https://www.fool.com/earnings/call-transcripts/2023/05/02/starbucks-sbux-q2-2023earnings-call-transcript)
2. Ananya Bhattacharya, Quartz, 'Starbucks' union-busting tactics are facing the heat', 2023년 3월 2일(https://qz.com/starbucks-union-busting-ruling-remote-workcomplaint-1850177425)
3. Josh Eidelson, Bloomberg, 'Starbucks faces new front in its labor disputes: white-collar workers', 2023년 3월 1일(https://www.bloomberg.com/news/articles/202303-01/starbucks-sbux-corporate-staff-slam-return-to-office-mandate-anti-union-push)
4. Noam Scheiber, New York Times, 'Starbucks violated labor law in Buffalo Union Drive, judge rules', 2023년 3월 1일(https://www.nytimes.com/2023/03/01/business/economy/starbucks-union-buffalo-ruling.html)
5. Danielle Wiener-Bronner, CNN, 'Starbucks shareholders want more information about the company's anti-union efforts', 2023년 3월 30일(https://www.cnn.com/2023/03/30/business/starbucks-shareholder-proposal-unions/index.html)
6. Danielle Wiener-Bronner, CNN, 'Bernie Sanders confronts former Starbucks CEO Howard Schultz on company's labor practices', 2023년 3월 29일(https://www.cnn.com/2023/03/29/business/howard-schultz-testimony-starbucks/index.html)
7. Greg Jaffe, Washington Post, 'Lexi Rizzo fought to unionize her Starbucks, now, she's out of a job', 2023년 6월 17일(https://www.washingtonpost.com/business/interactive/2023/starbucks-union-fired-worker)
8. Josh Eidelson, Bloomberg, 'College students are urging their schools dump Starbucks coffee over shutdowns of unionized cafes', 2023년 5월 11일(https://www.bloomberg.com/news/articles/2023-05-11/students-urge-cornell-and-uc-dump-starbucks-coffeeover-union-busting-claims), Josh Eidelson, Bloomberg, 'Cornell to stop serving Starbucks coffee after company shut down unionized cafes', 2023년 8월 16일(https://www.bloomberg.com/news/articles/2023-08-16/cornell-will-stop-serving-starbucks-coffee-after-shutdown-of-unionized-cafes?srnd=premium&sref=5w5OmZwT)
9. Greg Rosalsky, NPR, 'You may have heard of the 'union boom,' the numbers tell a different story', 2023년 2월 28일(https://www.npr.org/sections/

money/2023/02/28/1159663461/you-may-have-heard-of-the-union-boom-the-numbers-tell-a-different-story)

10 JUST Capital, 'Starbucks corporation', 2023년 6월 4일(https://justcapital.com/companies/starbucks-corporation)

11 이 책을 위한 인터뷰는 2021년 6월부터 2023년 8월 사이에 진행되었다. 인용 출처가 제공되지 않은 경우, 인용문은 이 인터뷰에서 직접 발췌한 것이다.

12 Tim Bontemps, ESPN.com, 'MJ stands firm on 'Republicans buy sneakers' quip', 2020년 5월 4일(https://www.espn.com/nba/story/_/id/29130478/michael-jordanstands-firm-republicans-buy-sneakers-too-quote-says-was-made-jest)
역자주: 1990년대 초, 조던은 시카고 불스에서 활약하며 전 세계적으로 큰 인기를 끌고 있었고, 나이키와의 협력을 통해 에어조던(Air Jordan)이라는 브랜드로 엄청난 상업적 성공을 거두었다. 마이클 조던의 발언이 나온 1990년 노스캐롤라이나 상원의원 선거에서 민주당 후보 하비 갠트(Harvey Gantt)와 공화당 후보 제시 헬름스(Jesse Helms)가 치열한 경쟁을 했다. 많은 이들이 노스캐롤라이나 출신인 조던에게 아프리카계 미국인으로서, 많은 사람들이 인종적 차별에 맞서 싸우는 상징적인 인물로 보고 있던 갠트를 지지해 달라는 요청을 했다. 그러나 조던은 정치적 입장을 밝히는 것이 자신의 상업적 성공에 부정적인 영향을 미칠 수 있다는 우려에서 입장 표현을 자제하는 가운데 해당 발언을 제기하였다.

13 Jemima McEvoy, Forbes, 'Every CEO and leader that stepped down since Black Lives Matter protests began', 2020년 7월 1일(https://www.forbes.com/sites/jemimamcevoy/2020/07/01/every-ceo-and-leader-that-stepped-down-since-black-lives-matter-protests-began)

14 Milton Friedman, New York Times, 'A Friedman Doctrine—the social responsibility of business is to increase its profits', 1970년 9월 13일(https://www.nytimes.com/1970/09/13/archives/a-friedman-doctrine-the-social-responsibility-of-business-isto.html)

15 역자주: 손익계산서의 맨 끝줄(Bottom Line)은 이익을 의미한다. 1994년 영국의 경영 컨설턴트인 존 엘킹턴(John Elkington)은 기업이 이익(Profit)만 생각할 것이 아니라, 지구(Planet)와 사람(People)을 중심으로 성과를 극대화하자는 지속가능성 프레임워크를 제시하고 이를 트리플 바텀 라인(TBL)이라 명명하였다. 존 엘킹턴은 2018년 6월 25일 하버드 비즈니스 리뷰 기고를 통해 많은 기업이 이 개념을 단순한 회계도구로 사용하고 있으며, 이는 자본주의의 변화를 촉구하는 원래의 목표에서 벗어나 있다고 비판하

고, 지속가능성 프레임워크가 더 급진적인 의도와 규모를 가져야 하며, 이를 통해 경제, 사회, 생물권의 재생을 촉진해야 한다고 주장했다.

16　Center for Political Accountability, 'Collision Course Report', 2021년 8월 20일 (https://www.politicalaccountability.net/collision-course-report)

17　한 가지 예를 들면 다음과 같다. Scott Van Voorhis, HBS Working Knowledge, 'People trust business, but expect CEOs to drive social change', 2022년 10월 21일(http://hbswk.hbs.edu/item/people-trust-business-but-expect-ceos-to-drive-social-change)

18　Blair Levin and Larry Downes, MIT Sloan Management Review, 'Every company needs a political strategy today', 2022년 11월 9일(https://sloanreview.mit.edu/article/every-company-needs-a-political-strategy-today)

19　Donald Sull, Stefano Turconi, and Charles Sull, MIT Sloan Management Review, 'When it comes to culture, does your company walk the talk?', 2020년 7월 21일 (https://sloanreview.mit.edu/article/when-it-comes-to-culture-does-your-company-walkthe-talk)

20　Luigi Guiso, Paola Sapienza, and Luigi Zingales, Journal of Financial Economics 117(1), 'The value of corporate culture', 2015년 7월 1일

21　Alastair Marsh, Bloomberg, 'World's Biggest Green Finance Club condemns 'political attacks'', 2023년 5월 26일(https://www.bloomberg.com/news/articles/2023-05-26/world-s-biggest-green-finance-club-condemns-political-attacks)

22　The Ethics Centre, 'What is ethics?', 2023년 6월 19일(https://ethics.org.au/about/what-is-ethics)

1부

격변하는 투명한 세상

A TURBULENT, TRANSPARENT WORLD

1 기업 경영은 도대체 왜 이렇게 복잡해졌을까?
Why Running a Business Got So Complicated

오늘날의 기업은 그 어느 때보다 더 크고 강한 영향력을 가지게 되었지만, 동시에 매우 유약하기도 해서, 아무리 오랜 역사를 가진 대기업조차 한순간에 사라져 버리기도 합니다. 또한 현대의 기업가치는 물리적 실체와도 괴리가 생겼습니다. 과거의 기업가치는 공장, 기계장치, 부동산, 현금과 같은 물리적 실체가 있는 자산에 기반을 둔 경우가 많았습니다. 그러나 2020년에 이르자 경제지 이코노미스트(Economist)는 "S&P 500의 시장가치의 61%는 연구개발, 고객과 고객 간의 네트워크 효과, 브랜드네임, 데이터와 같은 무형자산에서 기인한다."고 보고한 바 있습니다. 또한 "최고경영자가 투자를 승인하는 것과 그에 대한 결과와의 관계는 더 이상은 예측가능하지 않고 불분명하다."고도 언급했습니다.[1] 두 가지 언급을 종합해 보면, 결국 기업 내부와 외부의 이해관계자 간의 '신뢰'와 '관계'에 따른 프리미엄이 급격히 증가했다고 할 수 있습니다. 급격한 기술진보가 모든 것을 뒤엎을 수 있다는 전망과 더불어 '인적자원'과 '브랜드 평판'에 대한 의존은 우리가 알고 있는 많은 거대기업을 무형자산화하기에 이릅니다.

반면, 사회적 문제를 해결하는 정부의 힘은 약화되었습니다. 담배, 마약성 약물, 달콤하기만 한 간식은 보건 위기를 야기하고, 이를 해결하기 위한 정부의 가용자원은 제한적입니다. 이는 책임을 회피한 기업에도 부분적으로 책임이 있습니다. 전통적인 석유, 자동차, 의류 및 식품 제조 기업의 경영모델은 더 이상 환경적으로 지속 가능하지 않으며, 기업의 임금삭감은 결국 국가 간, 그리고 국가 내의 불평등을 심화시켰습니다. 물론, 현대의 투자자, 소비자, 고용자, 그리고 유권자가 바라는 기업의 상이 모두 다르다 할지라도, 사실상 여러분의 기업이 이 심각한 문제를 해결해 주기를 많은 이들이 원하고 있다는 점은 매한가지입니다.

이처럼 변덕스러우면서 복잡하게 연결되어 있고 이미지가 지배하는 오늘날, 홍보팀에 의존해서 기업의 책임성과 이를 위한 노력에 대해 서사를 꾸며내는 것으로는 충분하지 않습니다. 즉, 평판위험만을 관리하는 것만으로 기업에 대한 신뢰성을 보장할 수 있는 시대는 지나갔습니다. 이러한 과거의 행태는 기업 책임성에 대한 균형 잡힌 메커니즘이라기보다는 사람을 날씬하게 비추는 왜곡된 거울에 가깝습니다. 기업의 허점을 잡아내려는 사고방식, 양극화, 가짜뉴스가 만연한 소셜 미디어 환경에서 투자자, 고용자, 소비자에 대한 행동주의가 급증하게 되었습니다. 2022년 5월, 보험회사 애트나(Aetna)의 전 최고경영자인 론 윌리엄스(Ron Williams)는 월스트리트 저널과의 인터뷰에서 "사회적·정치적 혼란에 직면하게 되면서 기업을 운영한다는 것은 마치 내기에 돈(Table stakes)을 거는 것과 같다."고 언급했습니다.[2] 기업경영을 '내기에 거는 돈'으로 비유했다는 것은 결국 현대사회에서 기업경영을 경쟁우위가 아닌 생존 가능한 참가자로서 최소한의 범위로 정의한 것이라 하겠습니다.

한때, 세계화는 기업에게 국가 내의 법적·정치적 감시에 대한 부담을 줄이면서 동시에 엄청난 성장기회를 제공했습니다. 그러나 지금의 세계화는 기업을 분열된 사회적·정치적 위기에 빠트릴 수도 있습니다. 2008년 이후 대중의 불만에 대한 강도나 빈도는 가속화되는 경향을 보입니다.[3] 각각의 격변에는 모두 고유한 특성이 있지만, 권위적인 민주주의 정권, 그리고 선진국과 개발도상국 모두에서 다양한 이슈에 대해 대중의 불만이 폭증하는 추세입니다. 언론에서는 연료비 및 교통비 인상, 민족분열, 부패, 이민자 및 노숙자 문제, 히잡으로 상징되는 이슬람권 여성 및 인권에 대한 문제를 보도하지만, 실제로 시민들의 시위는 하나의 문제가 아니라 온갖 것들이 뒤엉킨 복합 요소에 의해서 촉발되곤 합니다. 설상가상으로, 여기에 경제적 압박에 사회 지식층의 탐욕과 부패, 환경과 사회에 대한 불의, 개인의 권리와 권한 등 일반적인 초국가적 이슈에 대한 분노가 더해집니다.

한편, 대중이 정보에 대한 접근이 용이해지고 그들에 의해 또 다른 정보의 재생산이 가속화됨으로 인해, 긍정적이든 부정적이든 간에 기업이 사회에 미치는 영향은 보다 가시적이고 논쟁의 여지가 많아졌고, 이로 인해 기업은 이해관계자와 보다 적극적으로 의사소통을 해야만 하는 상황에 이르렀습니다. 실수를 저지르기는 쉽지만 실수의 대가는 혹독할 수 있습니다. 이러한 상황 속에서 기업이 무엇을 할 수 있는지 생각하기에 앞서, 과연 어쩌다 이러한 상황에 이르게 되었는지 생각해 봅시다.

기업경영이 정치화되어버린 과정
How Business Became Political

현대의 기업은 이제 정치적 위험의 스킬라(Scylla)와 기업경영에 대한 사회적 인정이라는 카리브디스(Charybdis) 사이에 갇혀 있습니다.[4] 많은 서구 기업들은 2022년 3월 러시아가 우크라이나를 침공했을 때, 러시아 내의 사업 운영 지속에 대해서 이례적인 사회적 압박에 직면하게 되었습니다. 예일대학교 교수인 제프리 소넨펠트(Jeffrey Sonnenfeld)가 러시아 침공 후, 어떤 기업이 러시아에 여전히 남아있는지 대중매체가 추적할 수 있도록 하는 자료를 만들 때, 러시아에서 기업을 운영하는 많은 최고경영자들은 고용자에게 계속 급여를 지급해야 할지, 러시아인들을 대피시킬지, 러시아에서 사업을 철수할지 아니면 남아있을지에 대해 신속한 결정을 내려야 했습니다.[5] 한편, 러시아의 침공에 대해 잘 대처했다고 인식되는 기업들은 곧이어 중국, 사우디아라비아와 같이 인권이 취약한 국가에서의 지속경영에 대한 결정에도 직면하게 됩니다.[6]

    러시아의 모스코바에서 멀리 떨어진 곳에도 비슷한 문제가 발생합니다. 금융기업 HSBC는 인종정의를 지지하는 미국과 인종정의를 위한 투쟁을 억압하고 이를 묵인하는 홍콩 사이에서 균형점을 찾는 데 어려움을 겪은 바 있습니다.[7] 통신기업 텔레노어(Telenor)는 2021년 쿠데타 이후 인권에 대한 약속을 이행하는 것이 불가능해지자 미얀마 사업을 레바논 투자기업에 매각했지만, 곧 사업철수에 대해 비난을 받기도 했습니다.[8] 다국적 기업은 서구 소비자로부터 공급망 내의 빈곤, 환경오염, 인권침해에 대한 문제를 해결하도록 요구받지만 소비자들은 여전히 자신이 주문한 상품을 지금 당장 받기를 원하기도 합니다.

    또한, 첨예하게 양극화된 미국의 환경에서 기업들은 매 순간 엄청난 딜레마에 직면합니다. 2022년 미국 대법원이 낙태에 대한 권리를 인정한 판결을 공식적으로 폐기하자, 기업은 개별 주 차원의 의료서비스 제한, 특정 시술을 받을 수 있도록 도울 경우에 가해질 수있는 정치적 보복 등 다양한 문제에 직면하게 되었습니다.[9] 물론, 미국 외부에서는 낙태시술을 의료서비스로 제공하는 것이 경영 우선순위에서 그다지 중요하지 않다고 치부할 수도 있습니다. 그러나 미국 기업은 고용자에게 핵심적인 건강보험을 제공해야 하고 이는 현재 및 잠재적 고용자 모두에게 상당히 중요한 사항입니다. 이와 유사하게 코로나19 팬데믹이 정점에 다다를 때까지 많은 기업들은 마스크 착용 및 백신접종을 강제할지에 대한 결정에 직면하기도 했습니다. 이외에도 미국은 여러 주에서 각각 총기에 대한 규제를 정할 수 있기 때문에, 사무실이나 매장과 같은 직업현장에서 총기소지를 허용할지 또한 기업이 결정해야 할 몫입니다.

이는 분명 다극화 세계에서 지정학적 문제이기는 하나, 이러한 관점은 또한 너무 협소합니다. 시카고대학의 루이지 징갈레스(Luigi Zingales) 교수는 "기업의 세계는 이제 정치화되었는데 이는 바로 정치세계가 기업화되었기 때문입니다."라고 언급한 바 있습니다.[10] 대중은 기업이 국가보다 자신들의 요구에 기민하게 반응한다고 보며, 정치적·규제적 실패 속에서 휘청거리는 세상 속에서 기업이 보다 적극적인 역할을 할 것을 기대합니다. 어떤 기업은 로비, 조세회피, 부패로 인해 문제에 연루되기도 하고, 또 다른 기업은 변화하는 기대의 여파에 단순히 휩쓸리기도 합니다. 불안한 소비자, 주주, 고용자는 행동주의에 편승하며, 휩쓸림에 표류하고 있는 기업들이 그들의 표적이 됩니다.

제가 이러한 변화를 처음 접한 것은 한 커뮤니티가 광산 및 인프라 프로젝트를 수질오염 및 이주에 대한 인권침해로 재구성하고, 이를 기업의 무책임에 맞서는 보다 광범위한 투쟁으로 확장시켰을 때입니다. 당시 저는 뉴욕의 파티에서 역외금융(Offshore finance)과 돈세탁이 어떻게 부동산 가격을 올리는지 논의하고 싶어 하는 사람들에게 둘러싸이곤 했습니다.

도대체 무엇이 평범한 사람들을 이토록 화나게 만든 것일까요? 우선, 2008년 금융위기(Financial crisis)는 정부가 사기업에 막대한 공적자금을 투입함으로써 완화되었는데, 이는 곧이어 공공지출에 대한 심각하고 지속적인 긴축을 야기하였습니다. 이러한 일련의 과정은 대중으로 하여금 은행이나 정책입안자가 현자[11]처럼 행동할 것이라는 믿음을 단념하게 만들었습니다. 이러한 믿음이 붕괴되었음에도 이들에 대한 처벌이나 금융체제에 대한 개혁은 이어지지 않았습니다.

2011년에는 월가 점령 시위(Occupy Wall Street), 스페인의 인디그나도스(Indignados), 아랍의 봄(Arab Spring)이 계속적으로 확산되었는데, 이는 엇갈리는 사회·정치적 좌절의 초기사례라 하겠습니다.[12] 2014년 홍콩과 미국의 시위대는 억압적인 경찰전술에 반대하기 위해 양손을 들어 올리는 제스처를 사용했습니다.¹³ 2019년 바르셀로나 카탈루냐의 분리주의 운동가들이 홍콩 국기를 흔들고, 레바논 시위대가 반브렉시트(Anti-Brexit)를 외치고 있을 때, 칠레 정부는 한국 팝 음악을 포함하여 국제적 영향과 미디어를 비난하는 성명을 발표하기도 했습니다.¹⁴

물론 코로나19 팬데믹에 따른 봉쇄기간 동안 시위는 줄어들었지만, 좌절감은 계속 쌓여갔습니다. 특히 급속한 도시화가 진행된 개발도상국에서는 재정부담이 심화되었습니다. 일자리를 잃은 청년들은 사회에 대한 불만을 중심으로 모여들 수밖에 없습니다. 환경문제와 기후위기는 많은 국가에서 시위의 주요 자극제가 되었고, 그러한 시위에는 학생들이 최전선에 자리합니다. 동시에 화석 연료비 증가 및 이 분야의 일자리 감축 위기에 직면한 정부에 대한 환경 이니셔티브에 대한 시위도 발생합니다. 대체로 전 세계의 소수만이 정부를 신뢰하고, 많은 정부는 위기대응에 우유부단하거나 권위주의적 충동에 빠지는 경향이 있음이 보고된 바 있습니다.¹⁵

중요한 이해관계자가 기업에게 더 명확한 사회적·정치적 역할을 수행할 것을 기대하면서, 기업은 이러한 새로운 요구를 충족시키고자 합니다. 따라서 많은 기업의 최고경영자들이 이제 스스로를 활동가로, 그들의 조직을 사회변화의 주체로 내세우고 있습니다. 2021년 여론 조사 기관 글로브스캔(GlobeScan)과 옥스퍼드대학이 실시한 설문조사에 따르면, 기업의 75%가 기업의 행동주의에 대해 '약간의 선호' 또는 '강한 선호'를 가진다는 결과를 보고하였는데, 이는 이러한 추세와 결을 같이합니다.¹⁶

최고경영자 행동주의(CEO activism)는 도널드 트럼프(Donald Trump)의 대통령 재임 초기에 미국에서 결정적으로 등장했고, 2018년까지 뉴욕 타임스에 의해 '새로운 일상(New normal)'으로 묘사된 바 있습니다.¹⁷ 직접적인 원인은 트럼프 행정부가 미국에서 기업 리더들을 문화전쟁(Culture wars)을 야기할 수 있는 혼돈의 정책적 갈등에 끌어들였기 때문입니다. 분열을 조장하는 트럼프의 리더십은 촉매제에 지나지 않으며, 이전과 같은 가정은 더 이상 성립되지 않는다는 것을 보여준 예시에 불과합니다.

　대기업은 수십 년 동안 양극화된 메시지를 회피해 왔는데, 이는 현상유지가 논란을 피하고 다양한 정치성향을 아우를 수 있는 방법이라고 판단했기 때문입니다. 그러나 이러한 중립성에 대한 중립지대가 사라지고, 최고경영자와 그들의 조직은 적절한 시기에 이데올로기적 호소를 하는 것이 소비자와 고용자를 결집시킬 수 있는 방안임을 발견하게 됩니다. 트럼프 행정부가 기후변화에 대한 파리협정에서 탈퇴했을 때, 많은 기업은 '우리는 여전히 함께 있다(We are still in).'고 대응했습니다.[18] 나이키가 쿼터백 콜린 캐퍼닉(Colin Kaepernick)과 미국의 인종차별에 항의하기 위해 시합 전 무릎을 꿇는 그의 행위를 지지함으로써, 나이키의 주가는 사상 최대치를 기록했습니다. 한편 패스트푸드 기업 칙필레(Chick-fil-A)는 보수적 의제를 고수하며 수익을 올렸습니다.[19] 버지니아주 샬러츠빌에서 발생한 우익 폭력시위 후, 제약회사 머크(Merck)의 케네스 프레이저(Kenneth Frazier)는 미국의 제조업을 되찾기를 표방하는 트럼프 정권의 제조업 위원회(Trump's manufacturing council)를 사임한 첫 번째 최고경영자가 되었을 때 찬사를 받기도 했습니다.[20] 학생들은 더 이상 기업의 정치적 중립성을 현실적인 선택으로 여기지 않으며, 기업의 이러한 태도가 과거에는 관행이었다는 말을 듣고는 놀라기까지 합니다.

　이러한 이데올로기적 호소는 불행하게도 내부문화와 사회적 분열 모두에 2차적 결과를 초래했습니다. 암호화폐 거래소 코인베이스(Coinbase)와 베이스캠프(Basecamp)의 최고경영자들은 수익창출이라는 기업의 핵심적 의무로 회귀하기 위해 더 이상의 내부적 정치논쟁을 금하려 하였지만, 비판적인 언론보도가 쏟아지는 가운데 많은 고용자가 퇴사하기에 이르고,[21] 이후 보다 조직화된 반발에 직면합니다. 미국 공화당 정치인들은 기업이 젊은 소비자와 고용자에게 호소하는 깨어 있는 브랜딩(Woke branding)에 대한 노력을 비난한 바 있습니다. 반면, 민주당은 기업으로 하여금 논란의 여지가 있는 문제에 대해 끊임없이 목소리를 내도록 하고, 투자자에게는 석유와 가스에 대한 투자를 철회하도록 촉구했습니다.[22] 또한, 디즈니(Disney)의 최고경영자는 플로리다의 성소수자 권리(LGBTQ rights)에 대해 우유부단한 태도를 보임으로써 고용자와 정치인으로부터 분노를 샀는데, 이를 본 많은 기업 리더들은 '디즈니처럼 되는 것'에 대해 걱정할 정도였습니다. 이러한 논란이 시작되자마자 디즈니는 최고경영자를 교체해야 했습니다.[23]

오래된 가정과 통념은 더 이상 신뢰할 만한 해결책을 제공하지 않습니다. 실제로 외톨이처럼 단편적인 대응을 선호하는 기업은 종종 상황을 악화시킵니다. 과연 기후변화와 인종정의는 정치적 문제일까요, 아니면 개인적인 문제일까요? 이에 대한 답은 누구에게 묻느냐에 따라 달라집니다.

한번 입장을 정하면 철회하는 것은 어렵습니다. 핵심가치가 기업의 이익만큼 중요하고 근본적이라는 선언은 오버톤 윈도우(Overton window)라 부르는, 대중이 수용하고 허용할 수 있는 범위를 확장시키고, 기업의 영역은 모든 영역에 대한 협상, 토론, 영향력으로 개방되었습니다. 이로 인해 기업이 어떤 문제에 대해 입장을 취하면, 기업의 행위나 정치적 지출은 위선적인지 철저하게 감시될 것입니다.[24] 그러므로 올바른 일을 하는 것은 보기보다 훨씬 더 힘든 일입니다.

모든 사람들이 당신에게 소리치는 상황에서, 과연 누구의 말을 들어야 할지 여러분은 어떻게 결정하시겠습니까?

투명성은 어떻게 무기가 되었는가?
How Transparency Became a Weapon

2009년 저는 정보의 무기화에 있어 지각변동을 목격했습니다. 저는 2007년 대부분을 보험 의뢰인을 위해 일했는데, 그들은 코트디부아르에 500톤의 유독 화학물질을 투기하여 최소 3만 명에게 심각한 피해를 끼친 책임자가 누구인지 밝히고자 했습니다. 이 폐기물은 2006년 프로보 코알라(Probo Koala)라는 이름의 선박에 실려 아비장(Abidjan)에 도착했는데, 이 선박은 파나마에 등록되어 있었고 트라피구라(Trafigura)라는 싱가포르 원자재 무역 회사가 용선한 것이었습니다.[25] 유해물질은 이후 토미(Tommy)라는 이름의 새로 설립된 현지 하청업체에 의해 대규모 공공지역으로 흩어졌습니다.

당시 서아프리카는 인터넷 접속이 매우 어려웠고, 언론의 자유도 없었으며, 우리가 코트디부아르 정부로부터 얻은 문서는 기가 찰 정도로 신뢰할 수 없었습니다. 방대한 정황증거를 수집했지만 정작 결정적 증거는 찾지 못했습니다. 트라피구라의 오래된 전략은 책임을 인정하지 않은 채 합의를 하는 것이었는데, 그들은 비판적 언론보도를 사전에 막기 위해 공격적으로 대응했습니다. 물론 이들의 전략은 호주의 프로그래머인 줄리안 어산지(Julian Assange)가 위키리크스(WikiLeaks)라는 비영리기구를 설립하지 않았다면 완벽했을지도 모릅니다. 그러나 2009년 이 비영리기구는 트라피구라의 내부 조사와 이메일의 일부를 공개했고, 이는 트위터(2023년 X로 변경)의 소셜 미디어 폭풍을 일으킵니다. 그로 인해 주요 언론사는 트라피구라의 명예훼손 금지명령을 피할 수 있게 되었습니다.[26] 이때 저는 기업에게 책임성을 물을 수 있는 흥미진진한 새로운 수단이 생겼다고 생각했습니다. 기업은 더 이상 미지의 블랙박스처럼 안정적으로 비밀리에 기능할 수 없으며, 모든 것이 변하게 될 것이라고 생각했습니다.[27]

1년 후, 위키리크스는 흥미로운 자료를 공개하였는데, 이 자료는 미국 정부의 해외 책략에 대한 전례 없는 통찰력을 불러일으키는 외교 기밀 전문이었습니다. 케이블게이트(Cablegate)로 알려진 이 파일들에는 튀니지의 장기 집권자의 자산과 사생활에 대한 상세한 설명이 담겨 있었습니다. 또한, 경찰의 뇌물 요구에 절망한 한 지역 과일 판매상이 카메라 앞에서 분신하는 사건이 발생했고, 튀니지는 시위로 들끓었으며 결국 대통령은 축출되었습니다.

    이는 해당 지역 국가에서 아랍의 봄 시위를 촉발하는 첫 번째 물결이었는데, 부패가 어떻게 개인의 기회를 앗아가는지에 대한 새로운 인식을 형성했고, 소셜 미디어를 통해 조직화되었습니다. 한편 2013년, 위키리크스는 에드워드 스노든(Edward Snowden)의 미국 정보기관의 기술력에 대한 흥미진진한 폭로를 공유했습니다. 2016년 당시 미국 대통령 선거에서 두 후보는 끈질긴 부패 의혹에 시달렸는데, 유출된 힐러리 클린턴(Hillary Clinton)의 이메일은 양측의 불만을 부채질했습니다. 기밀유지 조항이 완전 사라지지는 않았지만, 불과 10년 만에 기밀유지란 것은 더 이상 신뢰할 수 없게 되어 버렸습니다. 2009년에는 불과 전 세계 인구 중 오직 10억 명만이 인터넷에 접속할 수 있었지만, 2020년 초에는 거의 4배에 달하는 사람들이 소셜 미디어를 사용하게 되었고, 글로벌 사우스(Global South) 국가에서도 계속해서 증가하고 있습니다. 이 혁명은 우리 삶의 모든 측면뿐만 아니라 기업의 경영방식까지도 바꾸었습니다. 과거에는 가장 가치 있는 기업이 천연자원과 관련된 기업이었지만, 오늘날에는 기술과 관련된 기업이 승자로 자리매김하고 있습니다.

    대중의 인터넷 접근성이 경영자에게 가져다준 어려운 문제 중 하나는 이제 더 이상 경영자가 기업의 서사를 통제할 수 없다는 것입니다.

    간단히 말해, 스마트폰을 가진 누구나 환경재해, 노동권 위반, 풀뿌리 시위에 대해 동료, 시민 그리고 모두에게 강렬하고도 상세한 이야기를 전할 수 있습니다. 기업의 형편없는 고객 서비스도 예외는 아닙니다. 2017년 유나이티드 항공의 보안요원들이 잘못 예약된 항공편에서 탑승객을 끌어내리면서 그가 뇌진탕과 코 뼈 골절을 입는 장면을 목격했습니다. 그 결과 유나이티드 항공의 주가는 폭락했고, 막대한 소송비용을 감당해야 했습니다.[28] 낯선 이를 비추는 자극적인 실시간 영상은 언론사들의 사후보도나 해명이 주는 파급력과는 비교가 되지 않을 정도로 대중들에게 강렬한 인상을 남깁니다.

20세기에 홍보(Public relations)는 그저 효과적인 의사소통에 관한 것이었지, 근본적인 기업의 문화, 가치, 또는 행동에 관한 것이 아니었습니다. 주된 미디어는 집중화된 형태였고, 명예훼손 같은 소송이나 광고 수입의 감소 같은 위험을 감수하기를 꺼려, 기업은 주로 우호적이고 예측가능한 채널만을 이용해 의사소통을 했습니다.[29] 그러나 오늘날 기업은 소비자와 대중이 참여할 수 있도록 일부를 개방하고, 대중은 어디서 일할지 무엇을 살지 공유하면서 기업의 서사를 비교해 나가는 크라우드소싱(Crowdsourcing)이 이루어집니다.

2014년 마틴 구리(Martin Gurri)는 저서 『대중의 반란(Revolt of the Public)』에서 지식층은 더 이상 정보를 독점하지 못한다고 지적했습니다. 만약 기업과 경영이 외부로부터 보호되지 못한다면 그 위험은 급격히 증가합니다. 경영자는 더 이상 비판을 억압하고 기밀유지를 보장받을 수 없으며, 대중의 오해나 잘못된 정보로 인해 길을 잃을지도 모릅니다. 더 이상 홍보, 광고, 고용자에 대한 기밀유지 조항과 같은 오래된 방법으로 기업의 평판을 관리하는 전략에 의존할 수 없습니다.

소셜 미디어가 주된 보도매체이자 주주 결의안마저도 좌우할 수 있는 오늘날, 활동가들은 소셜 미디어의 해시태그와 온라인 청원으로 활동을 시작합니다. 이로써 대형 비정부기구(NGOs)와 기업 간의 안락한 관계는 더 이상 유지되지 못하며, 기업은 자신들의 평판을 위해 인터넷의 얼굴 없는 활동가와 힘든 싸움을 이어가야 합니다. 이러한 얼굴 없는 활동가들의 성공은 갑작스럽게까지 느껴집니다. 한 예로, 2018년 플로리다 파크랜드 학교 총격 사건 이후 전미총기협회(National Rifle Association, NRA) 보이콧 해시태그(#BoycottNRA)는 엄청나게 확산되었습니다. 미국에서 발생하는 수천 건의 살인사건 중에서 왜 하필 이 사건이었을까요? 이는 일부 10대 생존자들과 부모들의 행동력과 열정에서 기인합니다. 그 여파로 파크랜드 사건 이후, 월마트(Walmart)는 총기 판매를 중단했고, 시티뱅크(Citibank), 뱅크 오브 아메리카(Bank of America), JP모건 체이스(JPMorgan Chase)는 총기 산업에 대한 서비스를 중단했습니다. 한편, 델타 항공(Delta Airlines)과 메트라이프(MetLife)를 포함한 기업들은 전미총기협회와의 협업을 종료했습니다.[30] 이후 공화당의 반발로 특정주에서 보복이 있기도 했습니다.[31]

소셜 미디어는 지역적 문제, 갈등, 우려를 전례 없이 전 세계적 도처에 순식간에 퍼트립니다. 여기서 가장 어려운 점은 어떤 이슈가 불붙을지, 당신의 실수 중 어떤 것이 기업의 평판을 위험으로 몰아넣을지 예측할 수 없다는 점입니다.

2016년, 다코타 액세스 파이프라인(Dakota Access Pipeline, DAPL)의 건설 계획을 막으려는 시도는 미국의 인권탄압에 대한 풀뿌리 시위로 촉발되었습니다. 이러한 시도가 발생했을 당시, 투자자들은 이에 대한 준비가 전혀 되어 있지 않았습니다. 당시 그들은 적도 기니나 베네수엘라 같은 실패한 산유국에서 계속 사업을 하는 위험을 감수하기보다는, 안정성이 보장된 국내 석유산업에 투자하는 것을 당연히 여겼습니다. 그렇기 때문에 다코타 액세스 파이프라인의 소유주인 에너지 전송 파트너(Energy Transfer Partners)에 대한 대출은 실사검토를 쉽게 통과할 수 있었고, 그 결과 유명 은행들은 자금을 댔습니다.

그러나 이 파이프라인은 신성한 원주민의 땅을 가로지르도록 설계되어 있었고, 또한 누출 및 유출로 인해 수자원을 오염시킬 수도 있었습니다. 이 산업이 추진되고 허가가 되는 과정에서 스탠딩 락 보호구역(Standing Rock Reservation)의 반대는 대부분 무시되었습니다. 그러나 실제 건설이 시작되자, 젊은 시위자들은 '우리의 물을 존중하라!(ReZpect Our Water)'라는 활동단체를 조직하고, 소셜 미디어 해시태그(#NoDAPL)를 만드는 한편, 대중에게 이 문제를 인식시키기 위해 미국 전역을 돌기 시작했습니다.[32] 스탠딩 락의 시위 캠프는 빠른 속도로 수천 명의 지지를 끌어 모았고, 페이스북에서는 수백만 명이 이 지역을 태그하고 수많은 게시글을 남기게 됩니다. 한편, 2019년 9월 많은 미국인들은 시위자들이 무차별하게 공격 받는 유튜브 영상을 보게 됩니다.[33] 시위 진압 과정에서 보안군은 영하의 날씨에 시위대에 물대포를 사용했고, 한 젊은 여성은 원인을 알 수 없는 폭발로 팔을 잃을 뻔했습니다.[34]

순식간에 다코타 액세스 파이프라인은 인권유린 집단이 되었습니다. 주주들은 25억 달러에 달하는 건설자금을 제공한 17개의 은행에 대한 위임장 결의안을 발의했습니다. 시위자들은 은행에서 고객 보이콧을 촉구했고, 최고경영자들은 항의성 이메일과 전화 폭탄을 맞았습니다. 한편, 6,530억 달러 규모의 자산을 운용하는 사회적 책임 투자자 그룹은 파이프라인의 경로 변경을 지지하는 서한에 서명하기도 했습니다.[35] 이외에도 특정 은행을 겨냥한 주주 결의안은 기록적인 투표율을 기록했고, 다코타 액세스 파이프라인에 대한 시위의 강도, 속도, 효과는 금융기관의 기존 위험계산 및 실사를 위한 지침들을 산산조각 냈으며, 소송 및 논란에 연루된 사람들을 곤경에 빠뜨렸습니다.[36]

다코타 액세스 파이프라인에 자금을 제공한 금융사들은 결국 지분을 매각하고 대여자금 또한 정리하게 됩니다.[37] 저는 2017년 다코타 액세스 파이프라인에 대한 주주 결의안에 대응하여 미국의 주요 은행이 환경 및 사회적 위험에 대한 정책과 절차를 개선하는 일을 진행했습니다. 이 글을 쓰고 있는 현재, 다코타 액세스 파이프라인은 새로운 환경 영향 평가를 앞두고 있고, 미국 내에서의 석유산업은 보다 엄격한 조사를 요하는 위험한 투자안이 되었습니다.[38]

다코타 액세스 파이프라인이 직면한 기업위험은 드문 일은 아닙니다. 기업의 홍보팀은 대중으로부터 기업 이미지를 지키고 그들의 불만에 대응하느라 이미 지쳐 있지만, 내부적인 위협 또한 간과할 수 없게 되었습니다. 최고경영자의 행동주의는 기민하고 강력한 상향식 성향으로 나타납니다.[39]

즉, 여과되지 않은 고용자의 견해가 기업의 통제를 벗어나 소셜 미디어를 통해 경영자에게 그대로 흘러들어 갑니다. 우리는 기업이 신경쓰는 이미지와 실제 그곳에서 일하는 고용자 사이의 간극을 들여다볼 수 있는 기회를 갖게 되었습니다.

이렇듯 당황스럽기까지 한 정보의 무기화는 개방적 토론문화가 잘 정착되어 있던 실리콘 밸리에서 번성하기 시작했습니다. 구글(Google)의 고용자들은 중국 정부와 미국 국방부 프로젝트에 대한 윤리적 우려를 제기하였고, 2만 명에 달하는 고용자는 성희롱 혐의를 받는 임원들에게 수백만 달러의 퇴직연금이 제공되는 것에 분개하여 파업에 참가하기도 했습니다.[40] 한편, 페이스북에서는 임시직 근로자들이 콘텐츠 중재자로서의 업무를 수행하면서 트라우마를 겪게 되었다고 근로계약을 위반하면서까지 이를 언론에 알리기도 했습니다.[41] 이외에도 2022년 초, 우버(Uber)의 전 대관업무 담당자는 12만 5천 건의 내부문서를 언론에 제공했는데, 한 임원이 비속어를 쓰며 "우버는 대놓고 불법을 자행한다!"라고 말한 메시지가 포함되어 있었습니다.[42] 그해 말까지 트위터의 고용자들은 일론 머스크(Elon Musk)의 인수 후 혼란에 대해 상세한 설명을 제공하기도 했습니다.[43]

이와 같은 고용자의 행동주의는 빠르게 다른 분야로 확산되었습니다. 온라인 가구업체 웨이페어(Wayfair)의 고용자들은 웨이페어가 미국 이민세관단속국(US Immigration and Customs Enforcement)과 계약을 맺은 것에 대해 경영진에게 문제를 제기한 바 있으며, 만족스러운 답변을 받지 못하자 24시간 만에 7만 명의 팔로워를 확보하며 파업을 조직화하였습니다.[44] 홀푸드(Whole Foods)와 오길비(Ogilvy)의 고용자들은 회사가 정부 이민기관을 위해 일하는 것에 항의했고, 하버드 학생들은 석유 및 천연가스 기업을 위해 일하는 법률회사에 항의하였습니다.[45] 홍콩의 모든 주요 회계법인의 고용자들은 홍콩의 시위를 지지하는 대대적인 익명의 광고를 내보냈습니다.[46]

홍보 분야의 대기업 중 하나인 에델만(Edelman)의 수석 관리자는 엑손

모빌(ExxonMobil)에 기업홍보를 제공하는 것과 관련된 계약을 공개하면서 기후와 관련된 유명한 내부 고발자가 되었습니다.[47] 컨설팅기업 KPMG 영국 회장은 내부회의에서 '무의식적인 편견을 방지하기 위한 훈련'을 '완전한 쓰레기'라고 일축한 다음 날, '쓰레기'라는 발언이 뉴스에 대대적으로 보도되면서 직장을 잃었습니다.[48] '새는 바가지'가 되어 버린 KPMG는 고용자들에게 외부 언론이 아닌 내부 핫라인을 이용해 달라고 간청하기까지 했습니다.[49]

이러한 일련의 사건들은 경영자인 리더와 고용자들 사이의 권력관계와 그 균형에 대해 근본적 고찰이 필요하다는 것을 의미합니다. 2019년 허버트 스미스 프리힐즈(Herbert Smith Freehills)의 설문조사에 따르면, 최고경영진의 80%가 앞으로 10년 동안 고용자 행동주의가 지속적으로 증가할 것으로 예측하고, 95%는 더 많은 고용자가 소셜 미디어에서 자신의 견해를 공유할 것으로 예상했습니다.[50] 심지어 MBA 학생들도 자본주의에 큰 회의론을 드러내고 있습니다.[51] 인식조사를 넘어, 기업에 손해를 끼칠 수 있는 정보에 대한 통제력이 더 이상 기업에는 없습니다. 2022년 2월, 미투 운동이 해시태그(#MeToo)를 시작점으로 불붙었고 성폭행 및 학대에 대한 대항이 점점 더 세계적으로 빠르게 확산되었습니다. 그 결과, 조 바이든(Joe Biden) 대통령은 성폭행 사건에서 강제 중재를 제한하는 법안에 서명하였고, 기밀유지 조항 역시 지속적으로 압력을 받고 있는 상황입니다.[52]

과거 디지털 기술을 이용한 의사소통이 대중들에게 통용되기 이전까지, 기업 내부의 복잡한 사정은 오직 '스캔들의 폭로'를 통해서만 드러나곤 하였습니다. 그러나 지금은 누구나 관심만 있다면, 이메일을 뒤지고 정부기관의 결정을 평가하고, 슬랙(Slack)에 올라온 가십거리를 조롱할 수도 있으며, 자선행사에서 벌어진 주정뱅이들의 추행도 주위깊게 살필 수 있습니다. 기업은 이에 대응하기 위해 고용자, 공급업체, 그리고 소비자를 추적하고 감시하기 위한 다양하고 새로운 도구를 고안해 내기 시작했습니다.[53]

그러나 그런 도구만으로 충분하지 않다는 것을 현명한 경영자라면 알고 있을 것이고, 또한 자신의 말과 행동이 모두 공개될 수 있다는 점을 항상 유념해야 합니다.

직업적인 것들이 어떻게 개인적인 것이 되었을까?
How the Professional Became Personal

제가 26세에 컨설팅 회사에 정규직으로 입사했을 때, 저는 저의 우선순위가 전문적인 정체성을 보이고 고용주의 규범에 적응하는 것임을, 그 반대가 결코 아님을 잘 알고 있었습니다. 저는 바나나 리퍼블릭(Banana Republic)에서 비즈니스 캐주얼을 사곤 했고, 다른 사람들에게 지시를 내릴 수 있을 만큼의 연륜을 쌓을 때까지 견딜 인내를 준비했습니다. 그때의 저라면, '나 자신의 자아를 직장에 투영해야 한다(Bring my whole self to work).'는 오늘날의 인식에 어떻게 해야 할지 대응하지 못했을 것 같습니다.

과거의 통념이 지금은 얼마나 시대착오적인지 공감하실 것입니다. 뉴욕대학교 스턴경영대학원의 제 학생들은 이제 더 이상 자신의 가치관에 부합하고 긍정적인 영향을 미칠 수 있는 직업을 찾기를 열망하지 않습니다. 그들은 이것이 당연하다고 여기고 있습니다.[54] 공공문제위원회(Public Affairs Council)의 최고경영자인 더그 핑크햄(Doug Pinkham)은 이런 언급을 한 적이 있습니다.

"고용자는 이제 위선적이지 않으며 분명한 목적 아래에 기업가치를 고수하는 기업에서 일하기를 원합니다. 또한 고용자는 자신이 일하고 있는 기업에 대해 알길 원합니다. 또한, 고용자는 기업에게 묻습니다. 기업은 과연 세상을 위해 좋은 일을 하고 있나요? 그리고 나는 고용자로서 단순히 돈을 버는 기계가 아니라, 긍정의 일부로 기능하고 있나요? 물론, 과거의 기업이라면 쉽게 대답할 수 없었을 질문입니다. 하지만 오늘날의 기업은 '물론입니다! 우리는 올바른 일을 하기 위해 앞장서고 있다'고 말할 수 있습니다. 이처럼 기업이 사회적 문제에 관여하기를 바라는 압박은 점차 강해지고 있습니다."

우리는 이미 이러한 기조가 젊은 지식층이 지배하는 기술, 컨설팅, 미디어 분야나 비영리기구, 사회적 기업에서 조직문화에 미치는 영향을 확인할 수 있습니다.[55]

흔히 젊은이들의 특성을 단순히 진보적이고 깨어있는 것으로 일축하기도 하지만, 현실의 젊은이들은 훨씬 더 복잡합니다.[56] 미국에서는 Z세대와 밀레니얼(Millennials) 세대의 상당수가 민주주의의 미래를 걱정하면서 정치적 소외감을 느끼고 있다고 합니다.[57] 그들은 환경문제와 다양성 및 포용에 대한 초당적 일치, 그리고 경제에 대한 더 많은 정부개입을 지지하는 경향이 강합니다. 그러나 여전히 중년 남성이 대다수인 기업 리더를 위해 일하고 있는 것이 현실입니다. 이러한 흐름을 '빙하'가 녹는 속도에 비유하며 격하할 수도 있겠으나, 이건 빙하가 조금씩만 녹던 옛날 이야기에 불과합니다.

계층적, 세대 간의 갈등은 결코 새로운 것이 아닙니다. 이러한 긴장 양상은 코로나19 팬데믹이 개인의 정체성과 직업적 정체성 사이의 경계를 갑자기 해체시키지 않았더라면, 점진적으로 진행되었을 것입니다. 더 긴 근무 시간, 끊임없는 의사소통, 강화된 고용자감시, 번아웃, 정신건강 문제는 이미 증가하고 있으며, 성별 및 인종 불평등에 대한 불평도 커지고 있었습니다. 또한 조직 내에서 권력, 통제, 기회, 포용을 둘러싼 갈등이 새롭게 펼쳐지게 되었습니다.

코로나19 팬데믹이 오기 훨씬 전부터, 고용자를 더 많이 이해하고 통찰력을 얻고자 했던 기업은 고용자의 동기부여나 생산성에 영향을 미치는 것이라면 무엇이든 하고자 해왔습니다.

새로운 도구들은 객관적 데이터에 기반하여 효율성을 높이고 부정부패를 줄이는 방법으로, 관리자들로 하여금 꾸벅꾸벅 조는 고용자부터 사사로운 이메일까지 감시하도록 유혹합니다.[58] 관리자와 컴플라이언스팀(Compliance team)은 규정을 준수하게끔 하는 도구에 대한 유혹을 거부하기 어렵지만, 이는 동시에 고용자에게 공격적이며, 그들의 신뢰와 동기를 훼손할 위험이 있습니다.

기업이 수익성을 추구하는 것에서 나아가 더 높은 목표를 추구해야 한다는 요구를 통해 발전해왔던 것처럼, 직장이 더 이상 돈을 버는 수단에서 나아가 영적, 이데올로기적, 그리고 지적인 만족을 충족시킬 수 있어야 한다는 요구가 늘어났습니다.

이러한 추세는 계속될까요? 그 증거로 젊은 고용자들 사이에서 직장이 주는 심리적 만족감에 대한 관심이 늘어났다는 것을 예로 들 수 있습니다. 젊은 고용자들은 여전히 자아실현의 꿈과 경제적 안정성을 통해 크게 동기 부여를 받을 여지가 있는 집단입니다.[59] 수많은 연구는 코로나19 팬데믹이 정신건강 문제를 악화시키기 전에도 이미 Z세대의 불안, 우울증, 자살률은 빠르게 증가하고 있었고, 특히 이러한 문제점들이 여성에게서 심각하다는 점을 보고한 바 있습니다.[60] 학생들은 이미 불안이나 주의력 결핍 과잉행동장애(ADHD)에 대한 학교의 서비스에 익숙해져 있기 때문에, 학교를 졸업한 이후 직장에서도 똑같이 기대합니다. 젊은 고용자들은 유연성과 자유를 추구하지만, 동시에 사회화와 멘토링을 원합니다. 2019년, 스타벅스는 고용자에게 연간 20회의 정신건강 프로그램을 제공하는 여러 기업 중 하나이기도 합니다.[61]

직장이 여러분의 가치관을 드러낼 수 있는 곳이어야 한다는 생각은 다양성과 포용성을 외치는 사회운동의 원칙입니다.[62] 만약 고용자들이 직장에서 자신의 신념이나 성적 정체성 등과 같은 개인의 핵심적 부분을 숨겨야 한다면, 자유롭게 말하고 아이디어를 공유할 수 있는 능력은 제한될 것입니다. 그런 측면에서 이는 근거 있고 의도 또한 훌륭합니다. 하지만 이는 우리에게 또 다른 역설을 제공합니다. 즉, 기업이라는 조직은 명확한 가치와 문화적 규범을 설정하고 확립하는 동시에, 개인의 요구 및 요청에 맞게 적절히 적응해 나갈 것이라는 기대에도 부응해야 한다는 것입니다. 최선의 의도를 가진 기업이라 할지라도 이는 결코 간단하지 않습니다.

개방된 사회체제 하에서 기업들은 공정성, 불평등, 포용성에 대한 사회적 혼란으로부터 자신을 보호할 수 없습니다. 기업은 모든 수준에서 다양성을 추구하면서도 모든 수준의 고용자의 소속감을 높여야 한다는 압박을 받습니다. 뿐만 아니라, 관리자들은 채용과정을 관리 감독하고, 승진을 유지하면서도 발 빠른 대처와 변화를 이끌어 내야 하는 어려움을 겪고 있습니다.

이는 어쩌면 존재하지 않는, 일괄 해결이 가능한 턴키 솔루션을 찾는 것과 다르지 않습니다. '무의식적인 편견을 방지하기 위한 훈련'이나 거물급 인재를 채용하는 것만으로 문화적 변화를 가져올 것이라고 기대하는 것은 턴키 솔루션에 대한 갈망에 불과합니다. 이 중 어느 것도 소속감이나 포용성을 효과적으로 증가시킨다는 증거가 되기는 어렵습니다.[63]

이러한 측면에서도 젊은 고용자들은 내부정보를 무기화하여 기업의 리더들을 빠르고 강하게 압박하고 있습니다. 나이키, 글로씨에(Glossier), 아디다스, 에버레인(Everlane)의 흑인 고용자들은 인스타그램을 통해 직장에서의 경험을 공유합니다. 월마트는 흑인 고위직이 시작한 회사의 문화적 시각에 대한 설문을 수행해야 했는데, 이에 대한 불편한 결론은 신속하게 블룸버그 뉴스(Bloomberg News)로 유출되었습니다.[64] 한편, 다양성에 대한 주주 결의안도 늘어나고 있습니다.[65] 또한 기업의 포용성에 대한 모든 미사여구에도 불구하고, 기업은 다양한 측면에서 비판과 소송위험에 직면하고 있습니다.

문화전쟁 또한 지속적으로 확대될 것입니다. 행동주의를 표방하는 고용자들은 능력주의와 인종을 고려하지 않은 기업의 과거 서사를 강조하며, 오랫동안 방치해 두었던 역사적 차별을 겨냥하고 있습니다. 오늘날 세대, 성별, 인종 문제에 대한 초점은 만성적인 실패에 대한 반발로 나타났다는 점에 주목해야 합니다. 선의의 노력조차도 이러한 기대를 충족시킬 만큼 조직 최상부의 뿌리 깊은 권력구조를 빠르게 변화시킬 수 없습니다.

많은 기업이 리더십을 단순히 방향을 설정하고 부하 고용자들이 성과를 내도록 동기를 부여하는 문제라는 가정 하에 운영해 왔습니다. 그러나 젊은 고용자들은 더 이상 '경험과 권력'을 권위의 동의어로 보지 않습니다. 그들은 의사결정에 더 민주적으로 참여하기를 원합니다. 이는 업무속도를 늦추거나 영구적인 갈등을 유발하지 않으면서 고용자의 의견을 듣고 이로부터 기업의 이익을 얻을 수 있는 방안은 무엇인지에 대한 해법을 요구합니다. 관리자들은 기업의 재무적 목표를 달성함과 동시에, 부하고용자의 성과를 높이면서도 좋은 스승이나 멋진 부모님처럼 그들을 돌봐주고 지원해 주어야 한다는 고민에 둘러싸여 있습니다.[66]

아무리 좋은 조건에서도 거칠고 급변하는 세상을 항해하는 것은 결코 쉽지 않습니다. 지각이 급변하는 와중에도 우리는 물이 새는 장화를 신고 낡아빠진 도구를 사용하면서 진흙탕에 빠지지 않으려고 안간힘을 쓰고 있습니다. 더 이상 이러한 혼란에서 스스로를 보호할 수 없습니다. 이제 잠시 멈춰 서서 현재의 불안정한 전제를 검토하고 더 높은 고지로 나아가는, 더 나은 발판과 더 견고한 기반을 찾아야만 합니다.

미주

1. Economist, 'What it takes to be a CEO in the 2020s', 2020년 2월 6일(https://www.economist.com/leaders/2020/02/06/what-it-takes-to-be-a-ceo-in-the-2020s)
2. Chip Cutter and Emily Glazer, Wall Street Journal, 'Disney's clash with Florida has CEOs on alert', 2022년 5월 1일(https://www.wsj.com/articles/disneys-clash-with-florida-has-ceos-on-alert-11651440367)
   역자주: 'Table stakes'는 포커 용어로, 게임에 참여하기 위해 반드시 지불해야 하는 최소한의 금액을 의미한다.
3. Samuel J. Brannen, Christian S. Haig, and Katherine Schmidt, Center for Strategic and International Studies, 'The age of mass protests', 2020년 3월(https://csis-website-prod.s3.amazonaws.com/s3fs-public/publication/200303_MassProtests_V2.pdf)
4. EncyclopediaBritannica.com, 2023년 6월 7일(https://www.britannica.com/topic/Scylla-and-Charybdis)
   역자주: Scylla(스킬라)와 Charybdis(카립디스)는 고대 그리스 신화에서 등장하는 두 괴물이다. 스킬라는 바위에 위치한 괴물로, 여러 개의 머리를 가지고 있으며 바다를 지나가는 선원들을 잡아먹고, 카립디스는 스킬라 맞은편에 위치한 소용돌이 괴물로, 하루에 세 번씩 물을 삼키고 내뿜으며 지나가는 배들을 삼킨다. 그래서 이 사이에 있다는 것은 우리말로 '진퇴양난'을 의미한다.
5. Robb Mandelbaum, Bloomberg, 'The viral list that turned a Yale professor into an enemy of the Russian state', 2022년 12월 6일(https://www.bloomberg.com/news/articles/2022-12-06/list-of-companies-doing-business-in-russia-made-by-yale-professor), Elisabeth Braw, Foreign Policy (blog), 'Russia's clueless new oligarchs', 2022년 9월 29일(https://foreignpolicy.com/2022/09/29/russias-clueless-new-oligarchs/)
6. Elisabeth Braw, Politico, 'It's just not easy saying goodbye to China and Russia', 2023년 3월 15일(https://www.politico.eu/article/easy-goodbye-china-russia-west-war-ukraine/)
7. Primrose Riordan, Financial Times, 'Political pressure weighs on HSBC over Hong Kong activists', 2021년 1월 5일(https://www.ft.com/content/75313efa-e44b-4f73-9cd0-41a045f62749)
8. Chloe Cornish and John Reed, Financial Times, 'Myanmar rights groups complain to OECD over Telenor sale', 2021년 7월 27일(https://www.ft.com/content/

f7631bfb-25b5-48d8-9c15-39650c6b7f85)

9. Nicole Goodkind, CNN, 'Forget Disney and Florida, companies won't be able to stay silent on abortion', 2022년 5월 4일(https://www.cnn.com/2022/05/04/economy/abortion-roe-wade-companies-disney/index.html)

10. James Mackintosh, Wall Street Journal, 'What I Learned about 'Woke Capital' and Milton Friedman at the University of Chicago', 2023년 6월 9일(https://www.wsj.com/articles/to-get-politics-out-of-business-get-business-out-of-politics-ce492e1c) 이 언급은 맥킨토시(Mackintosh)가 참석한 수업 강의에서 사용되었으며, 직접 징갈레스 교수로부터 확인하였다.

11. 역자주: "The adults in the room"이라는 표현은 상황을 신중하고 책임감 있게 관리할 수 있는 성숙하고 경험 많은 사람들을 의미한다.

12. Economist, 'Ten years after Spain's Indignados protests', 2023년 6월 5일(https://www.economist.com/europe/2021/05/06/ten-years-after-spains-indignados-protests)

13. Lily Kuo and Quartz, Atlantic, 'Why Hong Kong's protesters have their hands up', 2014년 9월 29일(https://www.theatlantic.com/international/archive/2014/09/why-hong-kongs-protesters-have-their-hands-up/380903/)

14. Melissa Lemieux, Newsweek, 'Chilean government blames K-pop for recent protests', 2019년 12월 24일(https://www.newsweek.com/chilean-government-blames-k-pop-recent-protests-1479151)

15. Esteban Ortiz-Ospina and Max Roser, Our World in Data, 'Trust', 2016년 7월 22일 (https://ourworldindata.org/trust)

16. Robin Miller, GlobeScan, 'ESG performance tops list of corporate affairs risk priorities globally for organisations', 2021년 7월 15일(https://globescan.com/2021/07/15/report-oxford-globescan-global-corporate-affairs-survey-2021/)

17. David Gelles, New York Times, 'C.E.O. activism has become the new normal', 2018년 7월 25일(https://www.nytimes.com/2018/07/25/business/dealbook/ceo-activism-study.html)

18. 'We are still in', 2023년 6월 5일(https://www.wearestillin.com)

19. Jia Wertz, Forbes, 'Taking risks can benefit your brand—Nike's Kaepernick campaign is a perfect example', 2018년 9월 30일(https://www.forbes.com/sites/jiawertz/2018/09/30/taking-risks-can-benefit-your-brand-nikes-kaepernick-campaign-is-a-perfect-example/), Rachel Sugar, Vox, 'Chick-fil-a's controversial politics haven't stopped it from becoming one of the biggest fast-food chains in america', 2018년 12월 20일(https://www.vox.com/the-goods/2018/12/20/18146316/chick-fil-a-growth-controversy)

20 Aaron K. Chatterji and Michael W. Toffel, Harvard Business Review, 'The new CEO activists', 2018년 1월 1일(https://hbr.org/2018/01/the-new-ceo-activists)

21 Sarah Kessler, New York Times, 'A third of Basecamp's workers resign after a ban on talking politics', 2021년 4월 30일(https://www.nytimes.com/2021/04/30/technology/basecamp-politics-ban-resignations.html), Kim Lyons, Verge, 'Basecamp implodes as employees flee company, including senior staff', 2021년 4월 30일(https://www.theverge.com/2021/4/30/22412714/basecamp-employees-memo-policy-hansson-fried-controversy), Abigail Johnson Hess, CNBC, 'Companies like Basecamp and Coinbase have tried to ban political discussions at work—experts say it's not that simple', 2021년 5월 5일(https://www.cnbc.com/2021/05/05/banning-political-discussions-at-work-isnt-that-simple-experts-say.html)

22 Robert Eccles and Eli Lehrer, Harvard Corporate Governance (blog), 'It's time to call a truce in the Red State/Blue State culture war', 2023년 5월 29일(https://corpgov.law.harvard.edu/2023/05/29/its-time-to-call-a-truce-in-the-red-state-blue-state-esg-culture-war/)

23 Daniel Arkin, NBC News, 'Why Disney brought back Bob Iger and booted his handpicked replacement', 2022년 11월 21일(https://www.nbcnews.com/pop-culture/pop-culture-news/why-disney-replaced-ceo-brought-back-bob-iger-rcna58156)

24 'Home—Center for Political Accountability', 2023년 6월 5일(https://www.politicalaccountability.net/)

25 Amnesty International, 'Trafigura: A toxic journey', 2016년 4월 11일(https://www.amnesty.org/en/latest/news/2016/04/trafigura-a-toxic-journey/)

26 Robert Booth, Guardian, 'Trafigura: a few tweets and freedom of speech is restored', 2009년 10월 13일(https://www.theguardian.com/media/2009/oct/13/trafigura-tweets-freedowm-of-speech)

27 이는 너무 낙관적인 생각이었다. 2016년 국제사면위원회의 조사에 따르면, 영향을 받은 대다수가 지속적인 건강문제를 보고했으며, 유엔은 피해자의 거의 3분의 1이 전혀 보상을 받지 못했다고 추정했다. Amnesty International, 'Trafigura', OHCHR, 'Ten years on, the survivors of toxic waste dumping in Côte d'Ivoire remain in the dark', 2016년 8월 17일(https://www.ohchr.org/en/press-releases/2016/08/ten-years-survivors-illegal-toxic-waste-dumping-cote-divoire-remain-dark)

28 Daniel Victor and Matt Stevens, New York Times, 'United airlines passenger is dragged from an overbooked flight', 2017년 4월 10일(https://www.nytimes.com/2017/04/10/business/united-flight-passenger-dragged.html)

29 Michael Etter, Davide Ravasi, and Elanor Colleoni, Academy of Management

Review 44(1), 'Social media and the formation of organizational reputation', 2019년 1월(https://doi.org/10.5465/amr.2014.0280)

30 Emily Chasan, Bloomberg, 'New York pushes JPMorgan, BofA, Visa to reconsider gun sales', 2018년 4월 4일(https://www.bloomberg.com/news/articles/2018-04-04/new-york-pushes-jpmorgan-bofa-visa-to-reconsider-gun-sale-risk)

31 Amanda Albright and Danielle Moran, Bloomberg, 'BofA, Citi, JPMorgan see Texas muni business halt after gun law', 2021년 10월 1일(https://www.bloomberg.com/news/articles/2021-10-01/bofa-citi-jpmorgan-see-texas-muni-business-halt-after-gun-law)

32 Alli Joseph, Salon, 'Running for their lives: Native American relay tradition revived to protest Dakota Access Pipeline', 2016년 9월 12일(https://www.salon.com/2016/09/12/running-for-their-lives-native-american-relay-tradition-revived-to-protest-dakota-access-pipeline/)

33 Democracy Now, YouTube, 'Standing Rock special: unlicensed #DAPL guards attacked water protectors with dogs & pepper spray', 2016년 11월 24일(https://www.youtube.com/watch?v=cxcYNM9o6go)

34 Alleen Brown, Intercept, 'Medics describe how police sprayed Standing Rock demonstrators with tear gas and water cannons', 2016년 11월 21일(https://theintercept.com/2016/11/21/medics-describe-how-police-sprayed-standing-rock-demonstrators-with-tear-gas-and-water-cannons/)

35 'Investor statement to banks financing the Dakota Access pipeline', 2017년 2월 16일(https://www.calpers.ca.gov/docs/investor-statement-to-banks-financing-dakota-access-pipeline.pdf)

36 Su T. Fitterman, Harvard Law School, 'The Dakota Access Pipeline (DAPL)—environmental & energy law program', 2017년 10월 25일(https://eelp.law.harvard.edu/2017/10/dakota-access-pipeline/), Carla Fredericks, Mark Meaney, Nick Pelosi, and Kathleen Finn, SSRN scholarly paper, Rochester, NY, 'Social cost and material loss: The Dakota Access pipeline', 2018년 11월 19일(https://doi.org/10.2139/ssrn.3287216),

37 ING.com, 'ING and the Dakota Access Pipeline', 2017년 5월 19일(https://www.ing.com/Sustainability/ING-and-the-Dakota-Access-pipeline-1.htm)

38 Fitterman, Reuters, 'The Dakota Access Pipeline (DAPL)', Clark Mindock, 'Judge orders Enbridge to shut down portions of Wisconsin pipeline within three years', 2023년 6월 20일(https://www.reuters.com/world/us/us-judge-orders-enbridge-shut-down-portions-wisconsin-pipeline-within-3-years-2023-06-17/)

39 Alison Taylor, Quartz, 'Employees have given rise to something far more powerful than 'CEO Activism'', 2019년 9월 6일(https://qz.com/work/1703005/ceo-activism-

has-given-way-to-employee-activism)

40 Nitasha Tiku, Wired, 'Three years of misery inside Google, the happiest company in tech', 2019년 8월 13일(https://www.wired.com/story/inside-google-three-years-misery-happiest-company-tech/)

41 Casey Newton, Verge, 'The secret lives of Facebook moderators in America', 2019년 2월 25일(https://www.theverge.com/2019/2/25/18229714/cognizant-facebook-content-moderator-interviews-trauma-working-conditions-arizona)
역자주: 이 기사는 미국 내 페이스북 콘텐츠 모더레이터들의 비밀스러운 삶을 다루는데, 클로이(Chloe)라는 신입 콘텐츠 모더레이터가 교육 중 끔찍한 살인영상을 보고 공황발작을 겪는 이야기로 시작된다. 그녀와 동료들은 매일 증오 발언, 폭력, 외설적인 콘텐츠를 처리하며, 정신적 고통에 시달리고 있고, 계약회사인 코그니전트(Cognizant)에서 일하는 모더레이터들은 열악한 근무 환경과 낮은 임금($28,800)으로 고통받고 있으며, 이 과정에서 심각한 트라우마를 겪고 있다. 이들은 근무 중 마약을 사용하거나 자살 농담을 하며 스트레스를 해소하고, 심지어 음모론을 믿게 되는 경우도 있다. 기사에 따르면, 페이스북은 30,000명의 안전 및 보안 담당자를 두고 있으며, 이 중 절반은 콘텐츠 모더레이터인데, 많은 모더레이터들이 PTSD와 같은 증상을 호소하고, 회사는 이들에게 충분한 지원을 제공하지 않고 있다.

42 Annie Connell-Bryan, Politico, "'We're Just F---ing Illegal': leaked documents show Uber thwarted police and secretly courted politicians', 2022년 7월 10일 (https://www.politico.com/news/2022/07/10/uber-investigation-global-expansion-00044914)

43 Mia Sato and Alex Heath, Verge, 'Hundreds of employees say no to being part of Elon Musk's 'extremely hardcore' Twitter', 2022년 11월 17일(https://www.theverge.com/2022/11/17/23465274/hundreds-of-twitter-employees-resign-from-elon-musk-hardcore-deadline)

44 Irina Ivanova, CBS News, 'Wayfair employees walk out after company's sales to migrant children holding facility', 2019년 6월 26일(https://www.cbsnews.com/news/wayfair-employees-plan-walkout-after-companys-sales-to-detention-centers/)
역자주: 2019년 6월 26일, 수백 명의 웨이페어 고용자들이 텍사스의 이민자 어린이 수용시설에 가구를 판매한 회사의 결정에 항의하여 파업을 벌였다. 이들은 보스턴의 코플리 광장에 모여 회사가 이민자 수용시설과 거래를 중단하고, 그 판매로 얻은 $86,000의 수익을 이민자 지원 단체 Raices에 기부할 것을 요구했다.

45 Sara Fischer and Courtenay Brown, Axios, 'Employees revolt over immigration', 2019년 8월 16일(https://www.axios.com/2019/08/16/employees-revolt-corporate-ties-trump-immigration), Karen Sloan, Law.com, 'Harvard law students protest Paul Weiss over Exxon ties', 2020년 1월 16일(https://www.law.

com/2020/01/16/harvard-law-students-protest-paul-weiss-over-exxon-ties/)

46　Sui-Lee Wee and Raymond Zhong, New York Times, 'China pressures business over Hong Kong. workers get caught in the middle', 2019년 8월 18일(https://www.nytimes.com/2019/08/18/business/economy/hong-kong-china-business-workers.html)

47　Luz Corona, Adweek, 'Former PR exec makes the Earth her client as eco-activist', 2022년 1월 11일(https://www.adweek.com/inside-the-brand/former-pr-exec-makes-the-earth-her-client-as-eco-activist/)

48　Madison Marriage, Financial Times, 'KPMG's uk boss steps aside as firm probes comments that offended staff', 2021년 2월 10일(https://www.ft.com/content/3c3c07d1-ffb9-4288-aea4-41ac f3f3bbff)

49　Farah Ghouri, CityAM, 'KPMG encourages whistleblowing to avoid media leaks after CEO's exit', 2021년 8월 26일(https://www.cityam.com/kpmg-encourages-whistleblowing-to-avoid-media-leaks-after-ceos-exit/)

50　Herbert Smith Freehills, 'The new world of work: 2019 report warned of an unprecedented rise in workplace activism', 2019년 11월 26일(https://www.herbertsmithfreehills.com/latest-thinking/the-new-world-of-work-report-warns-of-an-unprecedented-rise-in-workplace-activism-v2)

51　Allison Schrager, Bloomberg, 'America's MBAs are the latest skeptics of capitalism', 2022년 6월 28일(https://www.bloomberg.com/opinion/articles/2022-06-28/america-s-mbas-are-the-latest-skeptics-of-capitalism)

52　Anya Meyerowitz, Glamour UK, 'The real impact of NDA abuse: 'I struggled with reading my emails or answering the door. Being silenced is choking'', 2022년 1월 14일(https://www.glamourmagazine.co.uk/article/non-disclosure-agreement-abuse)

53　Michael Barbaro, The Daily, 'The rise of workplace surveillance', 2022년 8월 24일(https://www.nytimes.com/2022/08/24/podcasts/the-daily/workplace-surveillance-productivity-tracking.html)

54　Deloitte, 'A call for accountability and action: The Deloitte Global 2021 Millennial and Gen Z survey', 2021(https://www.deloitte.com/content/dam/assets-shared/legacy/docs/insights/2022/2021-deloitte-global-millennial-survey-report.pdf)

55　Zapier editorial team, Zapier (blog), 'Misunderstood generations: What Millennials and Gen Z actually think about work', 2020년 1월 27일(https://zapier.com/blog/digital-natives-report/)

56　Kim Parker, Nikki Graf, and Ruth Igielnik, Pew Research Center's Social & Demographic Trends Project (blog), 'Generation Z looks a lot like millennials on key social and political issues', 2019년 1월 17일(https://www.pewresearch.

org/social-trends/2019/01/17/generation-z-looks-a-lot-like-millennials-on-key-social-and-political-issues/)

57 The Institute of Politics at Harvard University, 'Institute of Politics spring 2018 youth poll', 2023년 6월 5일(https://iop.harvard.edu/spring-2018-poll)

58 Jena McGregor, Washington Post, 'Employers are adding high-tech solutions to solve a low-tech problem: getting more sleep', 2020년 3월 9일(https://www.washingtonpost.com/business/2020/02/14/sleep-wellness-employer-oura/)

59 Deloitte, 'The Deloitte Global 2023 Gen Z and Millennial survey', 2023년 6월 6일(https://www.deloitte.com/global/en/issues/work/content/genzmillennialsurvey.html)

60 National Institute of Mental Health (NIMH), 'Mental illness', 2023년 3월(https://www.nimh.nih.gov/health/statistics/mental-illness)

61 Rachel Feintzeig, Wall Street Journal, 'Stressed out at the office? Therapy can come to you', 2020년 1월 31일(https://www.wsj.com/articles/the-latest-perk-for-stressed-out-office-workers-therapy-comes-to-you-11580486984)

62 Sumreen Ahmad, ATD, 'Bring your whole self to work', 2018년 6월 15일(https://www.td.org/magazines/ctdo-magazine/bring-your-whole-self-to-work)

63 Frank Dobbin and Alexandra Kalev, Harvard Business Review, 'Why diversity programs fail', 2016년 7월 1일(https://hbr.org/2016/07/why-diversity-programs-fail)

64 Matthew Boyle, Bloomberg, 'Walmart's black senior managers don't recommend working there', 2021년 7월 8일(https://www.bloomberg.com/news/articles/2021-07-08/what-s-it-like-to-work-at-walmart-wmt-black-senior-managers-don-t-recommend)

65 Attracta Mooney and Patrick Temple-West, Financial Times, 'Investors increase pressure on companies over racial issues', 2021년 7월 20일(https://www.ft.com/content/d0987e79-624a-4f95-bc0d-89f74efe8380)

66 Rebecca Knight, Business Insider, 'Companies can't do layoffs right because they're trying to act like 'cool parents'', 2023년 4월 13일(https://www.businessinsider.in/careers/news/companies-cant-do-layoffs-right-because-theyre-trying-to-act-like-cool-parents/articleshow/99473821.cms)

2 '책임경영'은 어떻게 얽히고설킨 가시덤불이 되고 말았나?
How "Responsible Business" Became a Tangle of Traps

책임경영에서 완벽은 오히려 선의 적이 될 수 있습니다. 2022년 9월, 이본 추이나르(Yvon Chouinard)가 1973년에 설립한 파타고니아(Patagonia Inc.)의 소유권을 비영리재단에 이전하겠다고 발표한 것을 생각해 보십시오.[1] 언론은 83세의 이 친환경 기업가가 "지구가 우리의 유일한 주주(Shareholder)입니다. 기업은 주식 상장(Going public)보다는 의미 있는 목적을 세워야 합니다(Going purpose)."라고 선언한 것에 대해 처음에는 열광적으로 반응했습니다. 그러나 며칠이 지나지 않아, 많은 평론가들은 파타고니아의 사업모델은 여전히 플라스틱에 의존한다는 점, 거래구조가 조세회피에 용이하다는 점, 그리고 파타고니아의 고용자에게는 돌아갈 몫이 없다는 점을 지적하기 시작했습니다.[2]

이와 같이 성공적인 기업이 자선단체로의 전환을 선언하더라도 '허점을 잡으려는 태도(Gotcha mindset)'를 오랫동안 막을 수는 없습니다. 양극화와 잘못된 정보가 만연하는 가열된 오늘날의 상황에서, 사실 대중의 비판을 피하고 모든 이해관계자를 만족시키면서도, 평판위험을 관리할 수 있는 확실한 방법은 없습니다. 지각이 급변하는 상황에서는 아무리 단단하고 높은 벽이 있다 하더라도 보호막이 되어 주기 어렵습니다. 이제 더 강력한 지지기반, 토대를 찾아야 할 때가 되었습니다.

우리는 기업을 사람처럼 여깁니다. 기업이 각각의 성격을 가지고, 그들이 무엇을 두려워하고, 결정하고, 상상하는지에 대해 논의합니다. '코카콜라 VS. 펩시', '마이크로소프트 VS. 애플'과 같이 소비자들이 기업 간 대결구도를 관전하는 새로운 스포츠가 등장하기 훨씬 전부터, 인간은 삶에 큰 영향을 미치는 기업을 의인화하려는 욕구를 가지고 있었습니다. 사람들은 국가, 폭동, 관계 신념 등에 자신의 인격을 투영합니다.[3] 심지어 가장 객관적이어야 할 언론인들조차도 자신이 취재하는 기업의 생각과 꿈을 생생하게 보도합니다.

그러나 법인격(The corporate person)이라는 개념은 호소력 있는 메타포(Metaphor) 그 이상입니다. 이는 상법의 근본입니다. 바빌로니아 법전(the Babylonian Code of Law)에서부터 고대 인도, 로마제국, 중세 길드, 르네상스 은행, 대영제국의 합자회사, 미국의 다양한 혁신에 이르기까지 민간기업은 마치 사람과 같은 기업을 만들어 내기 위해 진화해 왔습니다.[4] 우리가 알고 있는 기업의 '주체(Principal)'는 단일 정체성과 다양한 이해관계를 가지고 있습니다. 이에 대해서는 기업의 모든 구성원이 답을 할 수 있어야 합니다. 여러분이 알고 계신 것과 달리, 주주조차도 이를 소유하거나 통제하지 않습니다. 주주들은 단지 이익을 공유할 뿐입니다.

그러나 일상 생활에서 기업은 자신을 한 명의 시민, 혼자 이익을 독차지하려는 시민으로 보여지지 않습니다. 기업은 우리가 정치인들에게 하는 것처럼 지지하거나 반대표를 던질 수 있는 '사람'이 아닙니다. 기업은 두뇌를 가지고 있지 않기 때문에 아무것도 결정하지 못합니다. 기업은 권력, 자원, 전략, 그리고 방향을 논의하는 실제 인간들로 구성된, 끊임없이 움직이는 개방형 시스템일 뿐입니다. 단지 이러한 집단역학이 기업전통과 통념이라는 복잡한 베일 뒤에서 펼쳐질 뿐입니다.

이 사실은 변하지 않았습니다. 그러나 기업가치가 더 무형에 가까워지고 기업문화가 더 취약해짐에 따라 기업을 좋다 또는 나쁘다로 단정적으로 판단하는 것은 점점 더 무의미해지고 있습니다. 기업이 더 나아가려면, 우리는 세상에서 기업의 역할에 대한 새로운 메타포와 시각이 필요합니다.

이제 책임경영에 대한 일반적인 클리셰, 통념, 그리고 오해가 우리를 어떻게 혼란스럽게 하고 둔감하게 만드는지 함께 살펴봅시다. 이는 의도하지 않았지만 문제를 일으키고, 심지어 위험한 결과도 초래할 수도 있습니다. 그렇지만 다행히도 여러분은 몇 가지 간단한 조정을 통해, 이 얽히고설킨 함정을 피할 수 있습니다.

기업이 이해관계자 간의 이익 균형을 맞출 수 있다는 착각
Companies Can Balance the Interests of Their Stakeholders

2019년, 비즈니스 라운드테이블(Business Roundtable)은 기업이 주주가치에만 집중할 것이 아니라 고객, 고용자, 공급자, 지역사회, 그리고 마지막으로 투자자를 포함한 모든 이해관계자의 이익을 균형 있게 고려해야 한다는 메시지(Mantra)를 통해 기업의 목적을 재정의했습니다.

이 주장을 반박하기 어려운 이유는 너무나 당연한 사실이기 때문입니다. 우선, '이해관계자'라는 단어는 모호한 유행어입니다. 이해관계자는 현재 및 잠재적 이해관계를 가지고 있는 사람으로 정의할 수 있습니다. 이 정의에 따르면, 모든 기업은 이해관계자를 '관여(Engage)'시킵니다. 비평가들은 비즈니스 라운드테이블에서 그들은 기업 거버넌스의 근본적인 변화를 주장했지만, 비평가들은 이 변화에 대해 이사회와 협의한 최고경영자가 거의 없었다는 점을 단번에 지적했습니다.[5] 그들은 단지 이 성명이 현 기업의 상황과 별반 다르지 않아 변화할 필요가 없다고 느꼈기 때문에 서명했을 수도 있습니다.

나아가 이 주장은 이해관계자의 이익 간의 균형을 맞추라는 요구는 모호하며, 모두가 윈-윈하는 해결책이 항상 있을 것이라는 잘못된 암시를 줍니다. 만약 실제 여러분이 리더이고 이를 실현하려 한다면, 금방 지쳐버리고 말 것입니다. 예를 들어, 석유회사와의 거래를 중단해야 한다고 주장하는 고용자의 의견을 들어야 할까요? 또는 임금을 시장 수준 이상으로 인상하라고 압박하는 노조의 의견에 동조해야 하나요? '깨어 있는 자본주의(Woke capitalism)'에 반대하는 정치인에게 대응해야 할까요? 아니면 기업이 출산 선택권을 지지하는 최후의 보루가 되기를 기대하는 고용자의 요구에 응해야 할까요? 불평 불만을 해소하는 데에 집중하기를 바라는 활동가들에게는 어떻게 대처 해야할까요? 또는 동물권리나 플라스틱 폐기물을 최우선 순위로 생각하는 사람에게는요?

균형을 맞춘다기보다는 실용적인 호기심을 발휘하여 사각지대와 대안을 찾아내고, 어려운 상충관계를 해결할 용기를 갖는 것이 더 중요합니다. 주요 이해 집단에서 여러분이 그들을 무시한다고 주장할 위험도 있지만, 변화하는 여론에 기업의 결정을 끼워 맞추는 것이 더 위험합니다. 이는 결코 모든 사람을 만족시킬 수 없으며, 오히려 조급하고 우유부단하게 보이게 할 지도 모릅니다.

더 큰 문제는 이해관계자가 이익 간 균형을 찾는다는 생각이 생소하기만 하고, 여전히 이해관계자가 소중한 기업의 주체에 위협의 요소로 여겨진다는 점입니다. 컬럼비아대학의 저명한 법학 교수인 존 커피 주니어(John Coffee Jr.)의 말을 들어보십시오.

"이사회는 이해관계자에 대해 수탁의무를 갖고 있습니까? 이는 법적으로 모순된 표현입니다. 경영진의 수탁의무에 대한 법적정의에 근거하면, 경영진은 경영권을 위임한 위탁자에 대한 신의성실의 의무가 있으며 위탁자를 위협하는 세력들과는 수탁의무 관계를 맺을 수 없습니다."[6]

전통적인 기업 거버넌스 관점에서는 이해관계자 즉 고객, 공급자, 고용자, 그리고 지역사회와 같은 어떤 비즈니스든 자신들의 생존을 위해 적이 될 수 있습니다.

이러한 모순은 단순히 법적 수탁의무에만 한정되지 않습니다. 찰스 폼브룬(Charles Fombrun)은 1990년대에 '평판위험'이라는 개념을 형성할 때 다음과 같이 주장했습니다.

"기업의 평판은 이해관계자와의 일상적인 상호작용에서 '위험에 처한' 기업의 가치입니다."[7]

이는 이해관계자를 위협으로 간주하고 있는데, 이 같은 관점은 평판관리라는 기업의 운영을 위한 사회적 신뢰를 구축하는 어려운 작업을 단순히 평판을 축적하려는 도구적 목표로 격하하고 있음을 보여줍니다.

여러분의 주요 목표가 위험한 침입자들로부터 기업의 주체를 보호하는 것이라면, 이해관계자 자본주의를 실행하는 것은 당연히 어려울 수밖에 없습니다. 이 오래된 메타포들은 상호협력적 가치를 위해 노력할 수 있는 길을 단절시켜 버립니다. 더 큰 문제는 이해관계자들 없이 기업 혼자서 모든 것을 해결해야만 한다는 편협한 생각으로 기업을 인도한다는 것입니다.

여러분은 결코 모든 사람으로부터 좋은 평가를 받을 수 없고, 사람들의 평가란 금세 바뀌기 마련입니다. 3장에서는 기업의 평판을 떨어뜨리지 않으려는 노력보다는 이해관계자에 대한 기업의 영향을 이해하는 것이 왜 훨씬 유용하고 근본적인 해결책인지 알아보겠습니다. 격변하는 시기(Turblent times)에 나침반이 되어 줄, 이해관계자들과 탄탄한 관계를 맺는 사회적 영향력 혹은 영향에 대해 알아봅시다.

환경 및 사회적 책임은 기업의 성과에 언제나 도움이 될 수 있다는 착각
Environmental and Social Responsibility Is Always Good for the Bottom Line

요즈음 ESG(환경, 사회, 거버넌스) 요소를 의사결정에 반영하려는 투자자의 열정이 기하급수적으로 높아지는 현상은 결코 무시하기 어렵습니다. 2018년 1월, 가장 강력한 주주로 평가되는 자산운용사 블랙록(BlackRock)의 최고경영자 겸 회장인 래리 핑크(Larry Fink)는 "모든 기업은 다방면으로 재무성과를 공시하는 것처럼 사회에 어떻게 긍정적으로 기여하고 있는지 또한 공개해야 합니다."라고 주장했습니다.[8] 종종 지속가능성과 혼동되며, 근본적 문제에 대한 정치적 투쟁이 심화됨에 따라 변형되기도 하지만, ESG 투자의 옹호자들은 위험 감소나 가치창출과 관련된 문제를 식별하고 그 범위를 깨닫는다면 ESG 성과가 장기적으로 기업의 재무성과를 높일 것이라고 주장합니다. 역사적으로 사회적 영향 투자는 낮은 수익률을 창출하는 미미한 활동에 불과했습니다. 그러나 핑크와 다른 금융인들은 도덕성과 재정적 이익이 결코 서로 반대되는 개념이 아니라, 도덕적 결정을 내리면서도 재정적으로도 성과를 낼 수 있다고 주장하기 시작했습니다.

핑크는 2012년부터 최고경영자들에게 연례 서한을 보냈지만, 2018년의 서한은 큰 파문을 일으켰습니다. 불과 며칠 만에 미국의 모든 임원들이 저와 '래리 핑크 서한'에 대해 논의하고 싶어 했습니다. 영향력이 있는 사람들이 ESG 경영사례에 대해 더 많이 듣고 싶어 했기 때문에, 저는 올바른 선택으로 기업이 더 많은 수익을 창출한다는 증거를 제시해 달라는 요청을 수없이 받았습니다. 저는 이러한 새로운 흐름에 매료되어 많은 성공사례를 제시하고자 노력했습니다. 하지만 곧 우리가 주주수익에 대한 집착하는 문제점을 해결하려고 하면서도 여전히 주주수익을 최선의 기업 평가 기준으로 삼는 순환논리에 빠졌음을 깨달았습니다.[9]

핑크는 2006년 기업이 사회에 이익을 주는 동시에 이익을 창출함으로써 공유 가치를 창출할 수 있는 이니셔티브를 식별하고 우선순위를 정해야 한다고 주장한 마이클 포터(Michael Porter)와 마크 크레이머(Mark Kramer)의 영향력 있는 논문에서 크게 영감을 받았습니다.[10] 이러한 사고는 '사람, 지구, 이익(People, planet, profit)'에 따라 노력을 측정하고 '선을 행함으로써 성과를 낸다(Do well by doing good).'는 트리플 바텀 라인(Triple bottom line)의 개념에서도 나타납니다.[11]

왜 이러한 밈(Memes)이 매력적일까요? 그것은 우리가 듣고 싶어 하는 말을 해주기 때문입니다. 이해관계자에게 좋은 것은 주주에게도 좋고, 주주에게 좋은 것이 이해관계자에게도 좋다는 것이 결국 듣고자 했던 말이었으니까요. 그러나 이러한 밈은 좋은 일을 하려면 더 많은 비용과 시간이 들거나, 또는 그 결과가 언제 나타날지, 또는 나타날지조차도 확실하지 않은 경우에 무엇을 해야 할지에 대한 실제적인 도움을 주지는 않습니다.[12]

지속 가능한 금융 옹호자들은 자신들의 노력이 단순히 현명한 자본주의 실천이라고 주장하는 것을 좋아합니다. 즉, 그들의 주된 목적은 기업이 올바른 일을 하도록 돕기보다는 외부 위험을 관리하는 데 중점을 둡니다. 예를 들어, 모닝스타(Morningstar)의 지속가능성 연구 책임자인 호텐스 비오이(Hortense Bioy)는 "여전히 지속가능성과 기업윤리를 부적절하게 혼동하는 사람들이 있다."고 말했습니다.[13] 그녀의 견해는 일부 정치인들이 ESG를 이념적이고 '사회주의' 운동으로 잘못 규정하고 있는 행태를 보더라도 이해할 수 있습니다.[14] 그럼에도 불구하고 지속가능성과 윤리가 전혀 관련이 없다고 주장하는 것은 큰 착각입니다.

환경적·사회적 실수는 평판에 엄청난 악영향을 줄 수 있으며, 이는 재정적 손실로 이어질 수 있습니다. 이러한 실수는 사람들에게 미치는 부정적인 영향을 무시한 결과입니다. ESG 문제는 오늘날의 기업에게 복잡하고 다차원적인 도전과제를 제시합니다. 조직이 중요한 위험과 가치창출 기회를 명확히 구분하지 못하면, 이러한 문제들을 해결하고 우선순위를 정하는 것 또한 어렵습니다. 또한, 현재는 중요한 위험을 내포하거나 기회로 보이지 않지만, 미래에는 그렇게 될 수 있는 역학적 관계 또한 살펴야 하며, 그들 사이에서 우선순위를 정해야 합니다.

수많은 예시들이 보여주듯이 평판위험이 현실화될 때까지 기다리기만 한다면 너무 늦습니다. 2020년 조지 플로이드의 사망 이후에야 다양성, 형평성, 포용성에 뒤처진 것이 기업에 중요한 평판위험으로 다가왔습니다. 러시아가 우크라이나를 침공한 후에야 비로소 러시아에서의 기업운영이 심각한 평판위험을 초래했습니다. 비록, 러시아 정부가 이전부터 공격성과 부패를 보여왔음에도 불구하고 말입니다. 또한 플라스틱 폐기물이 환경에 해를 끼친다는 증거는 이미 과거부터 존재했음에도, 평판위험이 나타난 것은 데이비드 아텐버러(David Attenborough)의 포장관행에 관한 다큐멘터리가 나온 후였습니다. 이렇듯 평판위험은 결국 부정적인 임팩트(negative impacts)에서 비롯됩니다.

도덕성과 돈과 관련된 문제는 항상 엇갈립니다. 모든 기업은 부정적인 임팩트가 언제, 어떻게 위험으로 변할지 판단해야 하지만, 사실 이는 굉장히 어려운 문제입니다. 운영비용을 줄이는 에너지 절약 계획이나 고객충성도를 높이는 사회적 투자와 같은 긍정적인 사례도 물론 있겠지만, 불편한 결과 또한 있는 것이 사실입니다. 예를 들어, 공급망에서 더 나은 노동기준을 보장하거나 법적으로 요구되지 않는 경우에도 환경오염을 줄이는 데에는 언제나 비용이 수반되기 마련입니다. 기업은 규제대응과 조세회피를 위해 언제든 쉽게 자신들의 투자에 대한 경영논리를 만들어내곤 합니다. 부적절한 사회 서비스, 인권침해, 부패에 대한 대중의 분노는 모든 기업에 동일하게 또는 동시에 영향을 미치지 않습니다. 이러한 문제들은 항상 정량화할 수 없으며, 스프레드시트(비용과 수익을 정리한 표)에 깔끔하게 정리하기도 어렵습니다.

따라서 ESG 등급을 높이는 것만을 목표로 삼는 것은 오늘날 기업운영에 매우 비효율적입니다. 이는 단지 ESG 등급이 일관성이 없기 때문만이 아닙니다. ESG를 단순히 투자자를 유치하고 더 높은 수익을 창출하기 위한 점수로만 이해한다면, 목표를 달성할 수 있을지는 모르지만 핵심을 놓치게 될 것입니다.

복잡한 ESG 문제 수십 가지를 모두 동일한 우선순위에 두겠다고 누군가를 설득하려는 것도 좋지 않습니다. 그렇게 하는 것은 단지 이미지 관리에 지나지 않습니다. 4장에서는 더 나은 접근방식에 대해 논의할 것입니다. 이는 전략적으로 중요한 소수의 문제, 가장 이상적으로는 핵심적인 단일문제를 식별하는 것입니다. 이러한 문제는 기업의 생존과 재정적 기회를 위협할 수 있기 때문에 중요합니다. 그런 다음 이 문제를 확실히 해결하고 이를 사업에 통합하는 데 집중해야 합니다. 모든 상황에 동일하게 적용되는 접근방식은 효과가 없습니다. 성공하려면 혁신을 장려하고 무책임과 윤리적 위반에 대한 처벌이 필요합니다. 이를 위해서 무엇이 혁신이고 무엇이 무책임인지 명확히 구분해야 합니다.

기업윤리가 간단한 문제라는 착각: 단지 법을 어기지 않으면 된다
Business Ethics Is a Simple Matter: Just Don't Break the Law

기업에 너무 많은 기대를 하는 것이 비현실적이고, 이해관계자의 기대를 균형 있게 맞추는 것이 불가능하다면, 밀턴 프리드먼이 결국 옳았던 걸까요? 우리가 너무 복잡하게 생각하고 있는 걸까요? 저는 단순히 기본으로 돌아가 법을 어기지 않는 것에 충실해야 한다고 주장하는 것처럼 보일 수 있습니다. 예를 들어, 홍콩에 있는 금융기업은 중국과 미국의 상반되는 규정을 지켜야 하며, 미국의 자산 관리자는 주정부마다 다른 ESG 규정을 준수해야 합니다. 즉, 법을 지킨다는 게 결코 간단하지만은 않습니다.

저는 12년 동안 반부패를 위해 노력하였습니다. 그동안 이 분야의 저변이 확장되고 성장하는 과정을 지켜보았고, 그 결과 기업의 컴플라이언스가 어떻게 변했는지도 추적했습니다. 일련의 경험을 통해 규제당국의 관심이 기업의 기준과 행동을 긍정적으로 변화시키는 데 크게 기여할 수 있음을 확인했습니다. 그러나 법을 준수하는 것만으로는 기업의 행동에 충분한 영향을 미치지 못한다는 한계도 알게 되었습니다.

부패의 명백히 나쁜 예는 정부관료가 기업에 뇌물을 요구하고, 그 대가로 서비스나 계약, 정보 또는 특혜를 제공하는 경우입니다. 그러나 오랫동안 기업은 뇌물을 주는 것을 피할 수 없는 것으로 치부했습니다. 이러한 논리를 가진 기업은 경영이란 게 원래 이렇다는 말로 부패를 정당화해 왔습니다.

1970년대에 미국 상원 청문회와 개혁 법안이 도입되면서, 로비문제에 대한 관심이 잠시 가라앉았습니다. 그러나 냉전이 종식된 이후 세계화가 진전되면서 월드뱅크(World Bank)와 국제통화기금(IMF)과 같은 기관들은 부패한 정부가 개발을 저해하고, 천연자원을 낭비하며, 경쟁을 왜곡하는 문제에 주목하기 시작했습니다.[15] 그 후 9·11 테러 공격으로 자금세탁과 테러리스트 자금조달을 방지하는 데 더 많은 노력이 필요해졌습니다. 반부패 규제의 열풍은 미국에서 시작되었지만 이후 전 세계로 빠르게 확산되었습니다. 그 결과 반부패에 대한 규제는 몇십 년 만에 괄목할 만한 국제적 합의에 도달하였습니다.

또한 규제집행에 대한 강한 열정이 지금도 지속되고 있으며, 규제당국은 효과적인 반부패 프로그램을 만들기 위한 다양한 조언을 하고 있습니다.[16] 훌륭한 반부패 프로그램은 고용자가 뇌물을 주다가 적발될 경우 기업의 운영적 또는 법적 방어수단이 될 수 있습니다. 대부분 기업은 무관용 반부패 정책을 취하고 있는데, 많은 경영자들은 이미 미국의 해외부패방지법(Foreign Corrupt Practices Act, FCPA)과 유사한 국제법을 잘 알고 있으며, 귀사와 거래하려면 뇌물을 주지 않겠다는 약속에 서명해야 한다는 것을 인지하고 있을 것입니다.

따라서 현대의 기업 반부패 프로그램은 기후변화 운동가들이 꿈꾸는 수준의 꽤나 발전된 상태에 도달했다고 평가됩니다. 그럼에도 불구하고 여전히 기업의 뇌물 스캔들은 끊이지 않으며, 부패문제 또한 여전히 해결되지 않고 있습니다.

뇌물을 방지하기 위해 준법노력이 필수적이지만, 더 큰 부패로 인한 문제를 해결하기에는 충분하지 않다는 것을 5장에서 설명할 것입니다. 혹시 기업의 목표가 고용자들로 하여금 비윤리적으로 행동하도록 야기하는 것은 아닌지 하는 고려가 우선되어야 합니다. 기업의 보상체계가 준법정책과 연동되고 있습니까? 혹시 부패가 너무 만연해서 고용자들이 갈취나 신체적 위협을 피할 수 없는 국가에서는 기업의 무관용 정책이 정작 효과를 발휘하지 못하고 있는 것은 아닌가요?

뇌물과 특혜를 없애는 것만으로는 친족중용주의, 규제포획, 그리고 로비와 선거자금 압박 같은 문제를 제대로 해결할 수 없습니다. 또한, 약탈정치(Kleptocracy)[17] 국가에서 사업을 한다는 것이 반드시 권력자들에게 뇌물을 줘야 한다는 것을 의미하지는 않습니다. 그들과 협력하는 것이 시장에 진입하기 위한 조건이 되는 경우도 있습니다. 하지만 그들과 손을 잡는다고 해서 이러한 시장에서 계속적으로 안정적인 운영이 보장되는 것 또한 아닙니다. 정치적 상황이 변해 부패한 권력자들이 몰락하게 되면 또 다른 세력에 의해 보복이나 심지어 재산몰수가 이루어질 수도 있습니다. 따라서 뇌물을 금지하면서도 권력과 정치적 위험이라는 더 큰 문제를 고려하지 않으면, 상황이 매우 나빠질 수 있습니다.

특정 국가에서 부패위험을 효과적으로 다루기 위해서는 법적인 규제만으로는 부족합니다. 먼저, 부패가 여러분의 산업에 어떻게 영향을 미치는지 실질적으로 이해하는 것이 우선 필요합니다. 이후 기업이 예측할 수 없는 변화에 대응할 수 있도록 기업의 경영과 정치적 관계를 구축해야 합니다. 또한 보상체계와 규칙이 상충되지 않는 조직문화를 형성하고, 고용자들이 스스로 질문하고 판단할 수 있는 환경을 조성해야 합니다.

기업윤리에는 모순이 있다는 착각
Business Ethics Is an Oxymoron

기업윤리를 단순히 규제위험을 피하기 위한 방법으로 여기는 접근방식은 오랫동안 기업에 유리하게 작용해 온 것이 사실입니다. 그러나 이제 사회는 너무 투명해지고 또한 분노가 가득하며 동시에 예측할 수 없어서, 단순히 법적위험만으로는 기업의 의사결정을 이끌 수 없습니다. 만약 기업의 비밀을 감추고 법적인 문제를 피하려고만 한다면, 항상 소극적으로 대응하는 데 그칠 것입니다.

이러한 인식이 기업가치에 대한 논의를 활발하게 하는 주요 기폭제가 되었습니다. 이러한 논의에서는 '목표'라는 용어가 자주 사용됩니다. 그러나 아무리 좋은 의도를 가지고 있더라도, 가치에 초점을 맞추는 것은 기업을 곤란하게 하고 위험에 빠뜨릴 수 있는 가능성 또한 존재하기 마련입니다. 가치란 언제나 논쟁의 여지가 있고, 정치적이며, 이념적이기 때문입니다. 또한 기업의 강력한 주장이나 입장은 일부 이해관계자들을 소외시킬 수 있습니다. 이러한 소외감은 고용자들에게 불만을 품게 하고, 기업의 입장과 우선순위를 어떻게 수용할 것인지에 대한 기업 내부갈등을 야기시킬 수 있습니다.

그렇다면 기업윤리는 어떻게 만들어가야 할까요? 서론에서 언급했듯이, '모든 이들이 찬송가를 부르며 선한 마음을 갖기를 기대한다.'[18]는 것으로 인식된다는 점에서 전문가들은 기업윤리라는 용어를 기피합니다. 윤리에 대해 연설에서 열정적으로 말하는 경영진조차도 공식적인 서면으로 '정직하게 이끌겠다(Lead with integrity).'는 짧고 잊히기 딱 좋을 문구를 쓰는 것으로 그칩니다. 기업이 이처럼 소극적으로 행동하는 이유는 더 구체적이고 야심 찬 약속을 하면 자칫 소송에 걸릴 수 있다는 법무팀의 경고 때문일지도 모르겠습니다. 기업의 사내 변호사들은 그러한 실제 사례를 무수히 제시할 수 있을 것입니다.[19] 그래서 결과적으로 기업은 아무도 설득하지 못하면서도 기억에 남지도 않는 그런 별볼일 없는 발언을 선호하곤 합니다.

그렇다면 더 나은 대안이 있을까요?

있습니다. 하지만 이를 위해서는 노력이 필요하고 새로운 사고방식이 필요합니다. 윤리적인 경영이란 실제로 기업이 세상에 어떠한 임팩트를 미치는지 발견하고, 그에 따라 자신의 가치와 원칙을 확립하는 것을 의미합니다. 기업이 하는 일 중에 어떤 것이 세상에 긍정적인 임팩트를 미치고, 어떤 것이 부정적인 임팩트를 미치고 있나요? 종종 경제학자들은 이를 '외부효과'라고 부릅니다. 기업이 외부환경에 어떤 임팩트를 미치고, 그 영향이 다시 기업에 어떤 영향을 미칠까요? 이러한 결과는 또 어떻게 바꿀 수 있을까요?

기업은 전통적으로 임팩트(Impact) 개념을 관리하는 데 어려움을 겪어 왔습니다. 오로지 위험과 수익만을 평가하는 것이 더 간단하고 직접적이지만 이는 문제가 됩니다. 강력한 기업이 미치는 부정적 임팩트에 대한 우려가 커지면서, 복잡한 변화가 일어나기 때문입니다. 2020년대에 들어서면서, '윤리적 기업'의 의미를 정의하는 데 있어 임팩트가 가장 중요한 기준이 되고 있습니다.[20]

기업의 임팩트를 고려하는 것은 그렇게 낯설거나 어려운 일이 아닙니다. 모든 기업은 서비스를 제공하고, 필요를 충족시키거나 문제를 해결하는 것을 목표로 합니다. 즉, 긍정적인 임팩트를 만들어내어 이익을 창출하려는 것입니다. 과거에 공공 하수도로 산업폐수를 몰래 방류하듯이, 부정적인 임팩트를 무시하는 것은 더 이상 정당화될 수 있는 관행이 아닙니다. 피해를 주지 않고, 자신의 임팩트를 관리하려는 것이 사람들에게 그들이 동의하지 않는 가치를 강요하는 것보다 훨씬 더 타당한 접근방식입니다. 이는 다양한 의견을 존중하고 개인의 권리와 자유를 존중합니다. 이를 통해 이념적 혼란을 피하면서 사회적 신뢰를 구축할 수 있습니다.

가치를 임팩트의 문제로 다루는 또 다른 장점은 임팩트를 고려하는 방법에 대한 많은 사려 깊은 지침이 있다는 것입니다. 이 지침은 비교적 최근인 2011년에 체계화되었으며, 경영과 인권 분야에서 나온 것입니다.[21]

인권, 존엄성, 포용성을 아는 사람을 고용하는 모든 기업에 매우 중요한 문제입니다. 이러한 문제들은 기업 내부와 외부 모두와 관계되고, 개인적이면서도 정치적인 문제이며, 보편적으로 적용되지만 또한 각 문화에 따라 다르게 나타납니다. 환경, 사회, 거버넌스 문제도 포함하지만, 국제법에 기반을 두고 있어 윤리적 의무를 더 명확하게 고려합니다. 이 국제법은 기업과 정부의 윤리적 의무가 어떻게 연결되는지를 보여줍니다.

책임감 있는 경영은 정치와는 무관하다는 착각
Responsible Business Isn't about Politics

이 주장은 책임감 있는 경영을 반대하는 사람과 지지하는 사람 모두에게 인기가 있습니다. 자신의 목표를 합리적이고 당연한 것으로 여기고, 상대편만 정치적 목적이 있다고 보는 경향은 매력적입니다.

대기업들의 정치와의 거리두기는 오랫동안 고수된 원칙이었습니다. 공적으로 분열을 일으킬 수 있는 입장을 취해서 잠재적 고객을 잃고 싶지 않기 때문입니다. 그러나 경영과 정치가 명확하게 구분된다는 생각은 그저 단순한 생각일 뿐입니다. 주주들에게 최대한 많은 이익을 가져다준다는 단일의 목표를 추구하며, 유리한 규제와 낮은 세율을 위해 막대한 예산을 들여 로비스트들을 고용하는 것이 필수가 되었습니다. 인도 중앙은행 전 총재인 라구

람 라잔(Raghuram Rajan)은 "주주가치 극대화론은 정치적 현실을 외면하고 있습니다."라고 예리하게 지적했습니다[22]

　기업이 정치에 무관심한 것처럼 보이는 것은 의도된 것입니다. 기업은 정부와의 관계를 담당하는 팀의 불투명한 활동에 대해 이목이 집중되길 원하지 않습니다. 기업이 환경적 및 사회적 책임을 다해야 한다는 압력이 높아졌지만, 우리는 이를 객관적인 성과 지표로 나타내는 것을 선호합니다. 공화당 정치인들로부터 ESG에 대한 반발이 거세지자, 래리 핑크는 2022년에 "이해관계자 자본주의는 정치와는 관련이 없으며, 사회적이거나 이념적인 의제도 아니며, 소위 말하는 '깨어 있는' 생각과도 관련이 없습니다. 그게 바로 자본주의입니다."라고 말했습니다.[23] 1년 후, 그는 더 이상 ESG라는 용어를 사용하지 않겠다고 선언하며, 이 용어가 정치적으로 이용되는 것에 대해 매우 부끄럽게 느껴진다고까지 말했습니다.

　그러나 1장에서 살펴본 것과 같이, 이해관계자 자본주의는 부분적으로는 정치적 실패에서 비롯되었습니다. 행동주의자들과 고용자들이 최고경영진의 위선에 집중하면서, 기업의 ESG 우선순위를 정책 문제와 분리하기가 점점 더 어려워졌습니다. 만약 여러분이 파리협정을 지지한다면 기후법안에 반대하는 로비활동을 하는 것은 모순된 행동입니다. 또한, 여성의 권한 강화에 대해 지지한다고 하면서, 출산에 대한 권리를 약화시키는 정책을 펼치는 후보를 지지하는 것 역시 마찬가지입니다. 그럼에도 불구하고, 기업은 이러한 모순적인 접근방식을 계속 유지하고 있습니다.

　기업의 책임과 정치적 영향력을 별개의 주제로 다루는 것은 결코 바람직하지 못합니다. 이는 모든 기업이 혼자서는 해결할 수 없는 환경적·사회적 문제에 직면하고 있기 때문입니다. 사회적 또는 환경적 책임을 정의하려는 시도는 암묵적으로 기업의 자발적 행동과 정부의 감독 간의 적절한 역할에 대해 입장을 취해야 합니다. 규제와 세금인상에 대한 무조건적인 반대는 기업의 이익처럼 보일 수 있지만, 이는 많은 공공정책 문제를 기업의 과제로 떠안는 결과를 야기합니다. 또한 탄소가격에 대한 합의가 없다면, 예측 불가능한 여러 시나리오에서 기후변화에 적응하는 비용과 이익을 파악하는 것은 기업의 몫으로 전가될 뿐입니다. 대규모 산불이 발생하면 기업은 사무실과 고용자들의 출장에서부터, 공기의 질, 고용자 건강상태에 이르기까지 무엇부터 처리해야 할지 결정하고 책임져야 합니다.[24]

기업의 정치적 책임은 뜨거운 주제이며, 새롭게 떠오른 압력과 그에 대한 대응방안에 대해 7장에서 다룰 것입니다. 무역협회 가입, 로비활동, 조세회피, 정부보조금 등은 지속적인 감시의 대상입니다. 이러한 상황에 잘 대응하려면 많은 고민이 필요합니다. 외부와의 접촉을 제한하고, 정치적 영향력을 달성하기 위한 노력이 기업의 공개성명과 충돌해서는 안 됩니다. 따라서 ESG 항목을 형식적으로 채우거나 공적인 사건에 대해 빈말로 거짓된 대응을 하는 것보다, 환경 및 사회적 우선순위에 집중하는 것이 훨씬 더 나은 전략입니다.

투명성이 곧 책임감이라는 착각
Transparency Drives Accountability

오늘날의 기업, 규제기관, 투자자, 비정부기구 활동가들을 하나로 묶는 단 하나의 아이디어가 있다면, 그것은 투명성이 책임감을 촉진시킨다는 생각입니다.[25] 투명성이 강력하게, 기업의 운영환경을 변화시키고 있다는 증거는 충분히 많습니다. 예를 들어, 기업의 소유구조와 계약 수주 과정이 불투명하면 부패위험이 증가하고, 기밀유지 조항은 오랫동안 가해자를 보호해 왔습니다. 기업은 이제 더 이상 자신의 평판을 안정적으로 통제하거나 기밀유지 조항에 의존할 수 없게 되었습니다. 이는 투명성이 높아진 원인이자 결과입니다.

기업의 투명성은 수단이자 목적으로 여겨집니다. 이 용어는 모든 종류의 정보공개를 지칭하는 일반적인 약칭이 되었습니다. 오늘날에는 투명성을 거의 종교적인 신념처럼 중요하게 여기며, 투명성에 대해 의구심을 가지고 있다고 인정한다면 오히려 뭔가 엄청난 비밀을 숨기고 있다는 의심을 받을지도 모릅니다.

어렵고 정교한 질문은 언제나 복잡한 문제를 들추어 냅니다. 투명성은 소비자와 투자자가 기업의 공시를 통해 투명하게 정보를 얻음으로써, 그들로 하여금 자금을 철회하거나 거래를 중단하거나 사회적 지지를 철회하는 방식으로 '투표'를 하여 기업에 대한 신뢰를 형성한다고 합니다. 다시 말해, 공시를 의무화하면 '좋은' 기업은 두려울 것이 없으며, 투명성 덕분에 오히려 평판도 함께 향상되는 원-윈의 결과가 나옵니다.

이러한 주장 중 어느것도 정보의 수신자에 주목하지 않습니다. 투명성이 신뢰할 수 있는 책임으로 이어지려면 먼저 좋은 성과가 무엇인지에 대해 동의해야 합니다. 무엇보다 우리는 필요한 정보에 접근할 수 있어야만 합니다. 그리고 그 정보를 해석할 수 있는 전문 지식과 능력이 필요하며, 이를 바탕으로 대응을 요구할 수 있는 힘도 필요합니다.

그러나 현실에서 이러한 조건들이 모두 충족되기는 어렵습니다. 사람은 아주 단순한 정보를 받아들일 때조차도 자신의 편견과 믿음에 따라 반응합니다. 기업의 공시는 회사가 정보를 숨기려고 하지 않더라도 결코 단순하지 않습니다. 재무정보도 복잡하지만, 환경적·사회적 성과를 공개할 때는 더욱 복잡해집니다. 팀버랜드(Timberland)의 전 최고운영책임자인 켄 퍼커(Ken Purcker)는 "1리터의 코카콜라를 생산하는 데 필요한 물의 양을 생각해 보세요. 코라콜라 회사의 추정치는 방법에 따라 2리터에서 70리터까지 다양했습니다."라고 말했습니다.[26]

'옳은 것(Good)'이 무엇인지에 대한 객관적인 기준도 없고, 투명성을 추구하는 궁극적인 목표에 대한 합의도 없기 때문에, 기업은 자신의 모든 정보를 공개하고 이로 인해 혜택이 있을 것이라 믿을 만한 동기가 거의 없습니다. 실제로, 행동주의에 대한 학술적 연구는 리더와 낙오자 모두가 표적이 된다는 것을 보여줍니다. 기업이 더 투명하고 책임감 있다고 주장할수록 더 많은 비판과 감시를 받게 됩니다.[27] 반면에, 머리를 숙이고 중간 정도로 조용히 있으며 표적이 되는 것을 피할 가능성이 높습니다.

그래서 기업의 리더는 투명성에 대해 사실 두려워하고 주저하지만, 이를 공개적으로 인정하지는 못합니다. 그 결과, 기업은 자신의 행동을 최대한 긍정적으로 보이도록 신중하게 조정된 공시를 합니다. 이러한 공시는 종종 그린워싱(Greenwashing), 목적 왜곡(Purpose washing), 가식적 각성(Woke washing)으로 의심을 받습니다. 그 결과는 어떨까요? 결국 변화를 이루기보다는 끝없는 숨바꼭질을 하느라 더 많은 노력과 에너지를 소비하게 됩니다.

기업은 더 이상 잃을 것이 없다고 느낄 때, 자신의 이야기를 포장하려는 시도를 멈추고 진정한 투명성을 보여줍니다. 이러한 솔직한 공시는 기업 책임의 진정한 잠재력을 보여주며, 이는 복잡하고 역동적이며 유용한 개선 과정입니다. 설득력 없는 기업의 포장된 이야기에 실망하는 분위기 속에서, 진정성 있게 노력과 한계를 설명하는 것이 오히려 더 현명하고 덜 위험할 수 있습니다. 불완전함을 인정하는 것이 신뢰를 쌓는 강력한 방법이 될 수 있으며, 심지어 경쟁우위를 점할 수도 있을 것입니다.

'썩은 사과'만 골라내면 윤리적 기업이 될것이라는 착각
Becoming an Ethical Company Is Just a Case of Removing the Bad Apples

좋은 기업과 나쁜 기업에 대한 또 다른 클리셰 역시 고전에서부터 시작됩니다. 만약 좋은 기업이 되는 것이 단순히 썩은 사과와 같은 조직 구성원을 찾아 제거하는 문제라면 어떨까요? 구체적으로 컴플라이언스 프로그램은 고용자들이 도둑질하거나, 속이거나, 뇌물을 주는 것을 방지하는 것을 목표로 합니다. 이런 방식으로 그들은 기업의 주인을 이기적인 조직 구성원으로부터, 즉 대리인들의 행동으로부터 보호합니다. 이는 주인-대리인 문제(Principal-agent problem)로 알려져 있습니다.[28]

윤리 스캔들이 뉴스의 헤드라인을 장식할 때, 운이 없는 경영진이 마이크 앞에서 해당 사건이 단지 몇몇의 문제적 인물들의 문제라며 안심시키는 것은 흔한 일입니다. 이 주장은 편리하게 리더들의 개인적 책임을 면제하면서 최고경영자는 더 중요한 일을 하는 사람일 뿐, 스캔들은 윤리감독의 영역으로 치부될 수 있음을 암시합니다.

윤리적 경영방식을 구축하는 것이 단순히 '썩은 사과'와 같은 고용자를 골라내는 단순한 문제라면, 기업이 해야 할 일은 명확한 정책과 규칙을 정하고, 그것을 시행하기 위한 교육을 의무화하며, 고용자들이 발언할 수 있는 내부고발 메커니즘을 제공하고, 잘못을 저지른 사람들을 조사하고 해고하면 그뿐입니다.

그러나 불행하게도 윤리경영이란 그렇게 단순하지 않습니다. 물론 고용자 개개인의 타고난 성품은 어느 정도 중요하겠습니다만, 우리는 스스로가 용인하는 그 이상으로 사회적 환경에 영향을 받습니다. 고용자를 좋은 고용자와 나쁜 고용자로 단순히 구분하는 것은 기업을 좋은 기업과 나쁜 기업으로 양분하는 것만큼이나 별로 유용하지 않습니다.

그렇다고 해서 컴플라이언스가 반드시 기업과 그 리더의 이익에 반하는 비윤리적인 행동을 방지할 수 있다고 장담할 수도 없습니다. 컴플라이언스팀은 꽤 높은 빈도로, 그들이 감독해야 하는 체제에 굴복하기도 합니다. 크레딧스위스(Credit Suisse)의 몰락을 앞두고 발생할 문제로는 아치고스 캐피탈(Archegos Capital)의 붕괴로 인한 55억 달러의 손실, 고용자들에 대한 감시, 이사회 의장의 코로나19 팬데믹 정책 위반이 있었습니다. 이는 준법

실패라기보다는 리더십 실패로 컴플라이언스 부서의 미션과 권한에 대해 부정적 평가를 불러일으켰습니다. 페이스북의 컴플라이언스팀은 낙태를 시도한 모자를 추적하는 네브래스카 당국에 그들의 사적인 메시지 내역을 넘겨주는 것 외에는 별다른 법적대안이 없었습니다. 페이스북은 그들의 비즈니스 모델이 광범위하고도 민감한 개인정보를 캡처하고 수익화하는 것에 기반하기 때문에, 수많은 민감한 정보를 가지고 있었습니다.[29] 다시 말해, 기업이 돈을 버는 방식에 문제가 있다면, 준법감시 및 컴플라이언스 그 자체로 달성할 수 있는 목표에는 명백한 한계가 있습니다.

실제로 기업들이 윤리적 문제를 안고 있는 이유는 최고경영진의 잘못된 태도와 더불어, 조직 전체에 만연한 의도적인 무시, 유해한 보상체계, 그리고 비판을 회피하는 메커니즘 때문입니다. 이러한 조건들은 웰스 파고(Wells Fargo), 폭스바겐 그룹(Volkswagen Group), 보잉(Boeing)과 같은 몇 가지 사례를 통해 파악할 수 있습니다. 이러한 풍조는 여기저기로 퍼져나가는 경향이 있습니다. 만약 우리가 정말로 조직이 윤리적이기를 원한다면, 쉽게 윤리적인 사람이 될 수 있도록 만드는 문화를 설계하는 데 집중해야 합니다. 분노로 가득하고 더 이상 피할 곳이 없는 이 시대에 어떻게 회복탄력성이 강한 윤리적인 조직문화를 구축할 수 있는지 9장에서 방법을 탐구할 것입니다.

모든 것은 최고경영진의 의지에 관한 것이다: 윤리적 리더가 윤리적 비즈니스를 보장한다는 착각
It's All about Tone at the Top; Ethical Leaders Ensure an Ethical Business

별로 유용하지는 않더라도 '썩은 사과'라는 편리한 개념이 용인된다면, '최고경영진의 의지'라는 또 다른 진부한 문구는 어떤가요? 이 개념은 리더들이 고용자들을 조직에 사회화시키는 책임이 있기 때문에 더 설득력이 있습니다. 우리 모두가 회사에 입사할 때 행동강령에 서명하지만, 리더들이 무엇을 우선시하는지 그리고 누구를 보상하고 처벌하는지를 지켜보면서 우리가 성공하려면 어떻게 행동해야 하는지를 이해합니다. 따라서 리더들은 개인적으로 잘못된 행동에 관여하지 않더라도 그것에 대해 어느 정도 책임을 질 필요가 있습니다.

그럼에도 불구하고, '최고경영진의 의지'는 담론은 우리가 좋은 경영자를 찾아 선택하기만 하면 모든 문제가 해결될 것이라 말합니다. 그러나 조직의 현실은 훨씬 더 복잡하며, 단순히 리더가 좋은 사람인 것만으로는 결코 충분하지 않습니다. 윤리적 리더는 감독을 진지하게 받아들이고, 고용자의 도덕적 의사결정 능력을 확대하며, 조직 전체에 걸쳐 신뢰와 심리적 안전망을 구축하는 데 집중합니다. 그렇지 않으면 윗선의 의지는 불가피하게 중간 관리자의 의지로 대체되고, 일관성이 결여되는 문제가 발생합니다. 예를 들어, 저는 학교에서 높은 성과와 개인의 삶과 일의 균형, 일명 워라밸 '모두'를 우선시하라는 양립되지 못하는 목표를 최고경영자로부터 전달받고 고전하는 중간 관리자들을 매일 상대하고 있습니다.

리더가 되면 권력 격차가 생기고 이는 감수성과 판단력을 둔화시킵니다. 2022년 딜로이트(Deloitte)의 조사에 따르면, 리더의 91%는 자신이 고용자들에게 관심을 가진다고 그들도 느낄 것이라 믿었습니다. 그러나 고용자들 중 오직 56%만이 그에 동의했습니다.[30] 선도기업들은 고용자들의 발언권을 자산으로 여기고 최고경영자의 불가피한 맹점을 보완하기 위해 의식적으로 견제와 균형의 관계를 구축하는 데에 힘씁니다. 이러한 현실을 염두에 두고 조직을 설계하는 방법은 10장에서 탐구할 것입니다.

비윤리적 행동은 무관용으로 처벌해야 한다는 착각
We Should Have Zero Tolerance for Unethical Behavior

무관용을 선언하는 것은 '썩은 사과' 같은 문제적 고용자들을 확실히 제거하겠다는 강력한 의지를 보여주는 방법입니다. 이 표현은 상투적으로 사용되지만, 그럴 만한 이유가 있습니다. 일부 비윤리적 행위를 허용한다고 공개적으로 인정하는 것은 투명성의 이점을 의심하는 것만큼이나 상상할 수조차 없는 일입니다. 그러나 교수이자 비즈니스 윤리 컨설턴트인 베티나 팔라초(Bettina Palazzo)는 이런 이야기를 들려주었습니다.

"악! 소리 날만큼 강력하게 처벌하겠다는 태도는 굉장히 대담해 보이지만, 이는 동시에 이렇게 하는 것 외에는 달리 방법이 없다는 뜻이기도 합니다. 윤리경영을 논하는 업계의 관행처럼, 다른 사람들도 그저 흐름에 휩쓸려 가고자 할 뿐입니다."

잘못된 행동에 대해 강력한 조치를 취하는 것은 의심할 여지없이 중요합니다. 그러나 너무 자주, 엄벌주의를 표방하는 것은 고용자들이 실제로 함양해야 하는 개인적 판단과 발언을 약화시키고 대신 무관한 규칙과 절차를 배우도록 강요하는 무능한 엄격한 규제로 이어집니다.[31] 더 나쁜 것은, 많은 기업들이 무관용을 말하면서 실제로는 느슨한 집행을 하는 것인데, 특히 고위 직급에 대해 그렇습니다. 골드만 삭스(Goldman Sachs)의 1MBD 사기[32]와 글락소스미스클라인(GSK),[33] 웰스 파고(Wells Fargo)[34]를 포함한 대기업들의 여러 스캔들은 고성과자들에게 면책을 주면서 그들이 많은 것을 달성하기까지 무엇이 필요했고 어떤 행동을 했었는지에 대해서는 살펴보지 않는 잘못된 집행이 얼마나 흔한지를 잘 보여줍니다.

규제기관에 기업의 확고한 의도를 알리라는 압력 아래, 많은 컴플라이언스팀은 무의미한 규칙과 프로세스를 만듭니다.[35] 진부한 온라인 교육이나 복잡하기만 한 승인절차는 오히려 고용자들에게 소외감을 느끼게 합니다.

또한 컴플라이언스팀은 하위 직급을 추궁하기는하나, 고위 직급에 대해서는 권한이 부족합니다. 이것이 바로 수많은 컴플라이언스팀이 존재하고 준법 관련 산업이 기하급수적으로 성장했음에도 여전히 윤리적 스캔들을 억제하지 못하는 이유입니다.

컴플라이언스팀이 가장 우선순위에 두어야 할 것은 좋은 행동은 장려하고 나쁜 행동은 처벌하여 이에 대한 신뢰성을 얻고 공정하며 적절하게 체제를 운영해 나가는 것입니다. 그러나 실제로 컴플라이언스의 많은 부분은 조직 내 문제를 애매하게 하고 더 복잡하게 만듭니다.

11장에서는 컴플라이언스 프로그램의 효과적인 운영방안을 다룰 것입니다. 핵심규칙에 대하여 무관용 원칙을 적용하고, 두려움이나 편애 없이 공정하게 조사를 수행하며, 고위 직급에도 공정하게 책임을 물을 수 있도록 해야 합니다. 또한, 고용자 스스로 판단하여 직면한 복잡한 문제를 해결할 수 있도록 자력을 키울 수 있게 도와야 합니다. 이러한 접근은 작은 문제를 미리 해결하는 한편, 큰 스캔들이 터지지 않게 할 수 있는 믿음직한 방법입니다.

고용자가 무엇이 옳은지에 대해 말할 수 있는 '용기'가 부족하다는 착각
Employees Should Have the Courage to Speak Up about What's Right

오늘날 기업은 고용자들에게 발언권을 부여하고 있지만, 도대체 왜 그들이 실제 발언을 하기까지 그렇게 많은 용기를 필요로 하는지 그 이유에 대해서는 알고 싶어 하지 않습니다. 계층구조라는 현실에서 내부고발은 대체로 경력 제한으로 이어집니다. 물론 의무적·표면적으로는 익명제보의 형태를 보이지만, 실제 이는 신뢰받지 못합니다.

고용자들의 발언의 범위가 보다 광범위해지고, 역동적 행태를 보인다는 것은 기업에게는 더 큰 골칫거리가 되었습니다. 게다가 정보를 무기화하는 것은 오늘날 선호되는 내부고발 방식입니다. 익명제보는 제보자의 신원을 보장하기 위해 고안되었지만 조직의 비밀을 소셜 미디어에 집단적으로 유출하곤 하는 오늘날에는 무용지물입니다.

전통적으로 익명제보는 사기나 부패, 차별, 괴롭힘 같은 비교적 단순한 위험을 식별하기 위해 설계되었습니다. 물론 오늘날의 고용자들도 이 위험들로 고민할 수 있겠으나, 기후변화에 대해 무관심한 기업에도 그만큼 고민해야 하는 상황이라는 점에서 차이가 있습니다. 오늘날의 고용자들은 부당하게 사적이익을 편취한 그들의 상사를 핫라인으로 신고하는 대신, 그 좌절감을 소셜 미디어에 표현하는 것을 선호하며, 이는 회사에 걷잡을 수 없는 피해를 야기하게 됩니다.

12장에서 저는 회복탄력적인 경영을 위해서는 고용자들의 불만표현을 금지해서는 안 된다고 주장할 것입니다. 고용자들의 불만표현은 경영자에게는 사전에 조직의 문제를 파악하고 대응할 수 있는 기회가 되며, 위기를 예방할 수 있습니다. 리더들은 고용자들의 중요한 의견을 반영하는 것과 동시에 모든 결정을 끊임없이 논의하고 다수결로 해결하려는 우유부단함에서도 균형점을 찾아야 합니다. 만약 리더가 그들의 소리에 귀 기울이고, 리더의 결정을 신중히 설명한다면, 고용자들은 스스로 기업이 자신의 가치와 야망에 부합하는지 결정할 수 있을 것입니다.

고용자가 온전한 자아를 직장에 투영해야 하고
직장이 개인의 가치와 부합해야한다는 착각
Employees Should Bring Their Whole Selves to Work;
Jobs Should Align with Personal Values

일이 개인적 가치와 일치해야 한다는 믿음은 우리가 자아를 직장에 온전히 투영해야 한다는 생각과 함께 인기를 얻었습니다. 이러한 열망은 직장에서의 의미에 대한 고용자들의 열정을 활용하는 기업의 목표 지향성에서 그 출구를 찾을 수 있습니다. 유니레버(Unilever)의 전 최고경영자인 폴 폴만(Paul Polman)은 다음과 같이 주장했습니다.

"목표 지향적인 회사가 되려면, 여러분 스스로도 목표를 가지고 있어야 하며, 자신의 목적을 찾고, 그러한 믿음을 위해 싸워야 합니다. 여러분이 믿고 목적하고 말한대로 행동하십시오."[36]

오늘날에는 수많은 기업의 목적 선언(Purpose statements)이 넘쳐납니다. 안타깝게도 이들은 기억이 나지 않거나 별 영향력도 없으며 때로는 과장되고 조잡한 헛소리처럼 들리는 경우도 있습니다(헛소리라는 단어를 사용할 때, 저는 해리 프랑크푸르트(Harry Frankfurt)의 정의를 따른 것인데, 여기서 헛소리는 거짓말이 아니라 진실에 대한 고려 없이 만들어진 진술을 의미합니다.).[37] 직장이 가족과 같을 수 있다거나 결제 담당자나 공장 감독자 역할이 자아를 실현할 수 있을 것이라는 개념에는 자기중심적인 측면이 있습니다. 이러한 접근방식은 해결보다 도리어 문제를 야기합니다. 무의식적으로 예민한 갈등을 조장한 기업은 이제 고용자들에게 발생한 모든 논란에 대답해야만 하는 압박을 받고 있습니다.

이 책의 결론에서 저는 목적을 마케팅 수법이 아닌, 그 이상의 것으로 구현하는 방법을 탐구하고자 합니다. 고용자의 가치를 소중히 여기고, 그들의 말에 귀 기울이고, 그들의 보상체계를 위해 현실적인 조치를 취하는 것은 야망에 찬 브랜드 재정립보다 훨씬 더 효과적일 것입니다. 고용자들이 근무 시간 동안 존중받지 못한다고 느낀다면, 더 높은 목표를 위한 조직의 헌신은 모래성처럼 허무하게 무너질 수 있습니다.

저는 앞서 열거한 과거의 미신이나 신화와 같은 해법을 경시하는 것이 아닙니다. 이러한 개념은 이미 기업윤리 및 책임성에 뿌리 깊이 박혀 있습니다. 대부분의 상투적 표현이 그렇듯, 이러한 개념에는 진실이라는 핵심이 포함되어 있는 동시에 오해와 낭비된 노력, 결과적으로 기득권의 이익과 관련된 것이 많습니다. 현실의 세계는 격변하고 있고, 그렇기에 이러한 진부한 도구나 아이디어로는 당면한 과제를 해결하는 데 어려움이 있습니다.

얽히고설킨 가시덤불을 헤쳐나가 하이어 그라운드에 다다라 확 트인 전망과 더 맑은 하늘을 즐길 수 있는 신선하고도 확실한 방법을 소개하고자 합니다. 먼저, 이해관계자의 신뢰를 진중하게 다루는 것이 과연 어떤 의미인지부터 시작해 봅시다.

미주

1. Yvon Chouinard, Patagonia, 'Yvon Chouinard donates Patagonia to fight climate crisis', 2023년 6월 6일(https://www.patagonia.com/ownership/)
2. Scott Nover, Quartz, 'Patagonia's $3 billion corporate gift is also a convenient way to avoid taxes', 2022년 9월 16일 (https://qz.com/patagonia-s-3-billion-corporate-gift-is-also-a-conveni-1849543678), Norman Vanamee, Town & Country, 'the world reacts to Patagonia founder's unprecedented gift', 2022년 9월 16일(https://www.townandcountrymag.com/society/money-and-power/a41234265/yvon-chouinard-patagonia-philanthropy-news/)
3. Adam Waytz, Nicholas Epley, and John T. Cacioppo, Current Directions in Psychological Science 19(1), 'Social cognition unbound: insights into anthropomorphism and dehumanization', 2010년 2월(https://doi.org/10.1177/0963721409359302)
4. Leonardo Davoudi, Christopher McKenna, and Rowena Olegario, The British Academy, 'The historical role of the corporation in society', 2018년 10월 31일 (https://www.thebritishacademy.ac.uk/publishing/journal-british-academy/6s1/historical-role-of-corporation-in-society/)
5. '기업 거버넌스' 학자들은 이 성명이 이사회의 승인을 받지 않았다는 사실을 최고경영자들이 심각하게 여기지 않는다는 신호라고 주장했다. Lucian Bebchuk and Roberto Tallarita, The Harvard Law School Forum on Corporate Governance (blog), 'The illusory promise of stakeholder governance', 2020년 3월 2일(https://corpgov.law.harvard.edu/2020/03/02/the-illusory-promise-of-stakeholder-governance/)
6. ProMarket Writers, ProMarket (blog), 'eBook: Milton Friedman 50 years later, a reevaluation', 2020년 11월 18일(https://www.promarket.org/2020/11/17/ebook-milton-friedman-50-years-later/)
7. Charles J. Fombrun, Naomi A. Gardburg, and Michael L. Barnett, Business and Society Review 105(1), 'Opportunity platforms and safety nets: corporate citizenship and reputational risk', n.d.(https://cmapspublic2.ihmc.us/rid=1NBX3QCQT-20Z9NTZ-25ZZ/Fombrun%20et%20al%202002%20on%20reputational%20risk.pdf)
8. Larry Fink, The Harvard Law School Forum on Corporate Governance (blog), 'A sense of purpose', 2018년 1월 17일(https://corpgov.law.harvard.edu/2018/01/17/a-sense-of-purpose/)

9　사실, 배심원들은 여전히 ESG 전략의 잠재적, 재정적 보상에 대해 토론 중이다. 지난 10년간 ESG에 대한 경영사례에 관한 수많은 학술 연구가 발표되었고, 잘 실행된 전략이 장기적으로 재정적 성공을 가져올 수 있다는 일부 증거가 있다. 그러나 상관관계가 인과관계를 의미하는 것은 아니며, ESG 지표가 일관성이 없고 미성숙하기 때문에 구체적인 증거가 부족하다. 옹호자들과 회의론자들이 자신에게 유리한 주장과 통계를 선택하고, 불확실성에 대해 인정하는 경우가 드물어 혼란이 가중되었다.

10　Michael E. Porter and Mark R. Kramer, Harvard Business Review, 'Strategy and society: the link between competitive advantage and corporate social responsibility', 2006년 12월 1일(https://hbr.org/2006/12/strategy-and-society-the-link-between-competitive-advantage-and-corporate-social-responsibility)

11　Kelsey Miller, Business Insights (blog), 'The triple bottom line: what it is & why it's important', 2020년 12월 8일(https://online.hbs.edu/blog/post/what-is-the-triple-bottom-line)

12　Andrew Crane et al., California Management Review 56(2), 'Contesting the value of 'creating shared value'', 2014년 2월(https://doi.org/10.1525/cmr.2014.56.2.130)

13　Saijel Kishan, Alastair Marsh, and Frances Schwartzkopff Bloomberg, Los Angeles Times, 'How did ESG funds wind up investing in Putin's Russia?', 2022년 3월 7일 (https://www.latimes.com/business/story/2022-03-06/esg-funds-ukraine-russia)

14　Mike Pence, Wall Street Journal, 'Republicans can stop ESG political bias', 2022년 5월 26일(https://www.wsj.com/articles/only-republicans-can-stop-the-esg-madness-woke-musk-consumer-demand-free-speech-corporate-america-11653574189)

15　James D. Wolfensohn and Andrew Kircher, Washington, DC: World Bank, 'Voice for the world's poor: selected speeches and writings of World Bank president James D. Wolfensohn 1995-2005', 2005

16　예시는 다음을 참조: 'FCPA resource guide', 2023년 3월 29일(https://www.justice.gov/criminal-fraud/fcpa-resource-guide), Ministry of Justice, Gov.UK, 'The Bribery Act 2010-guidance', 2011년 3월(https://www.justice.gov.uk/downloads/legislation/bribery-act-2010-guidance.pdf)

17　역자주: 약탈정치 혹은 도둑정치로 번역되는 Kleptocracy는 정부 고위 관료들이 공공 자원과 자금을 조직적으로 횡령하고, 개인적인 이익을 위해 국가자산을 약탈하는 정치 체제다. 그리스어에서 유래한 이 용어는 'Klepto(도둑질하다)'와 'Cracy(지배)'로 이루어져 있다. 조세프 모부투(Joseph Mobutu)의 자이르(현재의 콩고 민주 공화국)나 페르디난드 마르코스(Ferdinand Marcos)의 필리핀이 대표적인 예이다.

18　역자주: 'People expect you to start singing hymns.'라는 표현은 누군가가 도덕적이거나 매우 고결한 행동을 할 것으로 기대한다는 의미로 사용될 수 있다. 여기서는, 기업이 높은 윤리적 기준을 지키거나 사회적 책임을 다하는 것을 기대한다는 의미다.

19 Yousuf Aftab and Jonathan Drimmer, CorpGov, 'Expert ESG attorneys: how corporate sustainability creates legal risk–CorpGov', 2023년 6월 6일(https://corpgov.com/lessons-from-cobalt-in-the-congo-how-corporate-sustainability-creates-legal-risk/)
20 UN 기업과 인권 이행지침에 기반한 영향에 대한 아이디어는 EU의 ESG 관련 신규규제의 기초를 형성하고 있어, 이는 결코 소수의 관점이 아니다.
21 UN Guiding Principles on Business and Human Rights, 2011년(https://www.ohchr.org/sites/default/files/documents/publications/guidingprinciplesbusinesshr_en.pdf)
22 Raghuram Rajan, ProMarket (blog), "50 years later, it's time to reassess': Raghuram Rajan on Milton Friedman and maximizing shareholder value', 2020년 9월 18일 (https://www.promarket.org/2020/09/18/50-years-later-its-time-to-reassess-raghuram-rajan-on-milton-friedman-and-maximizing-shareholder-value/)
23 BlackRock, 'Larry Fink's annual 2022 letter to CEOs', 2023년 6월 6일(https://www.blackrock.com/corporate/investor-relations/larry-fink-ceo-letter)
24 Talia Varley, hbr.org, 'Is your company prepared for the effect of wildfires?', 2023년 6월 13일(https://hbr.org/2023/06/is-your-company-prepared-for-the-effects-of-wildfires)
25 CDP, 'Why disclose as a company', 2023년 6월 6일(https://www.cdp.net/en/companies-discloser)
26 Kenneth P. Pucker, Harvard Business Review, 'Overselling sustainability reporting', 2021년 5월 1일(https://hbr.org/2021/05/overselling-sustainability-reporting)
27 Brayden King and Mary-Hunter McDonnell, SSRN Electronic Journal, 'Good firms, good targets: the relationship between corporate social responsibility, reputation, and activist targeting', 2012(https://doi.org/10.2139/ssrn.2079227)
28 Investopedia, 'Principal-agent problem causes, solutions, and examples explained', 2023년 2월 15일(https://www.investopedia.com/terms/p/principal-agent-problem.asp)
29 Naomi Nix and Elizabeth Dwoskin, Washington Post, 'Search warrants for abortion data leave tech companies few options', 2022년 8월 12일(https://www.washingtonpost.com/technology/2022/08/12/nebraska-abortion-case-facebook/)
30 Steve Hatfield, Jen Fisher, and Paul H. Silverglate, Deloitte Insights, 'The C-suite's role in well-being', 2022년 6월 22일(https://www2.deloitte.com/xe/en/insights/topics/leadership/employee-wellness-in-the-corporate-workplace.html)
31 Todd Haugh, Notre Dame Law Review 92(3), 'The criminalization of compliance', 2017년 1월 1일(https://scholarship.law.nd.edu/ndlr/vol92/iss3/5)

32 역자주: 말레이시아 전 총리인 나집 라작과 그의 측근, 특히 조 로우(Jho Low)가 중심이 되어 자금을 횡령하고 사적으로 유용한 사건으로, 골드만 삭스는 말레이시아 정부가 설립한 투자 개발 기금 1MDB(1Malaysia Development Berhad)와 관련하여 부패와 돈세탁을 저질렀다. 2009년부터 2014년 사이에 골드만 삭스는 말레이시아와 아부다비의 고위 관리들에게 16억 달러 이상의 뇌물을 제공하여 1MDB와의 사업 기회를 확보하려고 했고, 골드만 삭스는 1MDB를 통해 65억 달러의 채권을 발행하면서 6억 달러의 수수료를 챙겼다. 이 과정에서 고위 경영진과 관련자들이 부적절한 방법으로 자금을 횡령하고 돈세탁을 했다. 골드만 삭스는 이 스캔들로 인해 미국 법무부와의 합의로 29억 달러의 벌금을 지불하기로 했으며, 이는 미국 역사상 가장 큰 외국 부패 방지법(FCPA) 사건의 벌금 중 하나다.

33 역자주: GSK(GlaxoSmithKline)의 최근 두가지 스캔들은 다음과 같다. (1) GSK의 중국 지부는 제품판매를 촉진하기 위해 광범위한 뇌물수수 계획에 가담했다. GSK는 여행사 네트워크를 통해 약 4억 8천 9백만 달러의 뇌물을 의료진과 정부관료들에게 제공했고, 이 과정에서 약 700개의 여행사가 사용되었으며, 가짜 행사나 과다 청구를 통해 자금을 마련한 뒤, 이를 뇌물로 사용했다. 이러한 행위는 GSK 제품의 판매와 가격을 인위적으로 높이기 위한 것이었다. 이 스캔들은 GSK의 중국 지사장인 마크 라일리와 그의 동료들이 체포되면서 폭로되었고, 중국 당국은 여러 지방에서 GSK 사무실과 관련 여행사들을 수사했다. 그 결과 GSK는 2014년 중국 법원으로부터 4억 9천만 달러의 벌금을 부과받았다. (2) 또 다른 주요 사건은 GSK가 미국에서 30억 달러의 벌금을 지불하고 유죄를 인정한 사건이다. 이 사건은 GSK가 특정 처방약의 불법적인 판촉, 안전 데이터 보고 실패 및 허위 가격 보고로 인한 민사 책임을 해결하기 위한 것이었다. 여기에는 Paxil, Wellbutrin, Advair, Lamictal, Zofran 등의 약품이 포함되어 있었으며, GSK는 이러한 약품을 승인되지 않은 용도로 판촉하고 의사들에게 리베이트를 제공한 혐의가 있었다.

34 역자주: 웰스 파고(Wells Fargo) 스캔들은 2016년에 폭로된 대규모 부정행위 사건으로, 웰스 파고 고용자들이 판매목표를 달성하고 보너스를 받기 위해 고객의 동의 없이 약 200만 개의 예금 및 신용카드 계좌를 비밀리에 개설했다. 고객의 계좌에서 자금을 무단으로 이체하여 계좌를 개설하는 방식으로 이루어졌으며, 그 결과 고객에게 부당한 수수료와 요금이 부과되었다. 이 사건으로 인해 웰스 파고는 미국 소비자 금융 보호국(CFPB)으로부터 1억 달러의 벌금을 부과받았고, 총 3억 5천만 달러에 달하는 추가 벌금을 포함하여 총 3억 850만 달러를 지급하게 되었다. 또한, 웰스 파고는 5,300명 이상의 고용자를 해고하고, 고객에게 부과된 수수료를 환불하였다. 이 사건으로 인해 당시 최고경영자인 존 스텀프는 사임하였고, 웰스 파고는 내부통제를 강화하고 판매목표를 재조정하는 등 여러 가지 구조적 변화를 도입했다. 또한, 웰스 파고는 2020년에 이 사건과 관련된 민사 및 형사조사 해결을 위해 30억 달러를 지불하기로 합의했다. 이 합의에는 허위 은행기록 작성 및 신분도용에 대한 형사조사와 관련된 조건들이 포함되어 있다.

35 Cass R. Sunstein, Behavioural Public Policy 6(4), 'Sludge audits', 2022년 10월 (https://doi.org/10.1017/bpp.2019.32)

36 Paul Polman and Adi Ignatius, hbr.org, 'Former Unilever CEO Paul Polman says aiming for sustainability isn't good enough—the goal is much higher', 2021년 11월 19일(https://hbr.org/2021/11/former-unilever-ceo-paul-polman-says-aiming-for-sustainability-isnt-good-enough-the-goal-is-much-higher)

37 Jeff Harrison, Literature and Theology 19(4), 'Review of On Bullshit, by Harry G. Frankfurt', 2005년 11월 1일(https://doi.org/10.1093/litthe/fri049)

2부

올바른 일을 하는 비즈니스

BUSINESS DOING THE RIGHT THING

3   이해관계자의 신뢰 얻기
Building Stakeholder Trust

2022년 코카콜라는 샤름엘셰이크(Sharm el sheikh)에서 열린 제27차 유엔 기후변화협약 당사국총회(COP27)에서 이집트 정부를 후원하는 계약을 체결한 후 비판의 소용돌이에 빠졌습니다.[1] 코카콜라는 자신들이 연간 30억 톤의 플라스틱 포장재를 사용하지만 2030년까지 판매되는 코카콜라 한 병당 하나를 재활용하겠다고 약속했습니다.[2] 물론, 2015년까지 코카콜라 병의 25%를 재활용하겠다는 1990년의 약속은 대실패로 끝났지만, 엘렌 맥아더 재단(Ellen MacArthur Foundation)과 월드 와일드라이프 펀드(World Wildlife Fund) 등 주요 환경 비영리기구와의 장기적 협업을 맺었는데, 이러한 파트너십은 효과적으로 기업의 평판을 관리하기 위한 지침과도 같았습니다.[3] 사실 이러한 공시, 약속, 파트너십, 후원의 조합은 이해관계자의 참여에 대한 기업의 전통적인 접근방식이었습니다.

그러나 소규모 활동가 조직이 코카콜라의 COP27 후원에 반대하는 청원을 시작했을 때, 풀뿌리 캠페인은 급속히 확산되었습니다.[4] 그로부터 코카콜라의 후원은 대중과의 불성실하고 조작된 관계의 최신 사례로 거론되곤 합니다. 또한 다수의 보고서는 코카콜라가 수십 년 동안 선언한 목표와 약속을 로비전략과 비교하였는데, 약속 이행에 대한 의미 있는 증거는 찾지 못했습니다.[5]

기업의 평판위험을 관리한다는 것은 지극히 제한적인 활동입니다. 이는 기업이 전달하고자 하는 바를 기업의 근본적 행위와 별개의 목적으로 간주하기 때문에, 기업의 대외홍보는 단지 '평판 세탁(Reputation laundering)'에 중점을 두곤 합니다.[6] 이에 반해 신뢰를 형성하려는 노력은 서로 간의 이해에서 시작해야 합니다. 신뢰를 정의하는 것이 어려운 까닭에, 조직을 신뢰한다는 것이 무엇인지는 자주 논쟁거리가 됩니다. 신뢰란 한쪽이 다른 쪽을 착취하지 않을 것이라는 상호 신뢰로도 간주할 수 있습니다.[7] 또한 신뢰는 신뢰성, 정직, 공정, 능력, 존중, 투명성과도 결을 같이하는데, 이는 대부분의 사람들이 기업이 어떻게 행동해야 한다고 믿는 방식과도 일맥상통합니다.

단순히 평판을 향상시키려는 것이 아니라 이해관계자에 대한 영향을 이해하고 신뢰를 구축하려고 노력하는 기업은 회복탄력성이 높을 가능성이 큽니다. '모든 불꽃에 불이 붙지는 않는다.'라는 제목의 한 연구는 광업부문 기업위기의 배경을 조사했는데, 깊이 신뢰할 수 있는 외부 관계를 유지하면 위기상황에서 도움을 받을 수 있다는 것을 보여주었습니다. 반면, 이러한 신뢰가 부족하면 위기상황에서 벗어나기 어려울 것입니다.[8]

그렇다면 기업은 어떻게 호혜적이고 회복력 있는 관계를 구축할 수 있을까요? 많은 기업과 주된 투자자들은 '이해관계자 자본주의'라는 접근방식을 지지하고 있습니다. 이는 기업이 이해관계자와 소통하고 다양한 이익을 균형 있게 고려하여, 광범위하게 사회적으로 기업의 경영에 대하여 인정받아야 한다는 것을 의미합니다. EU의 기업 지속가능성 보고지침(Corporate Sustainability Reporting Directive)과 기업 및 인권에 관한 유엔 기본원칙(UN Guiding Principles on Business and Human Rights, UNGPs)과 같은 최근의 프레임워크는 한 발 더 나아갑니다.[9] 이들은 기업의 위험을 독립적으로 고려하는 것에서 벗어나 기업의 임팩트에 대해 더 깊은 이해를 추구합니다. 이러한 사고방식의 변화는 기업 내부에 고착되어 내부에서 외부를 바라보는 관점에서는 결코 이루어질 수 없습니다. 기업은 겸손함과 호기심을 가지고 기업의 영향을 이해하며, 영향을 받는 사람들의 의견을 듣고, 또한 그러한 관계를 유지하는 능력 정도에 따라 진행방향을 결정해야 합니다.

그러나 이를 달성하는 데에 실질적인 지침이 부족한 것도 사실입니다. 많은 혼란은 모호한 이 용어에서 비롯되곤 하는데, 그렇다면 도대체 이해관계자란 무엇일가요?

이해관계자 자본주의 분야의 권위자인 에드워드 프리먼(R. Edward Freeman)은 이해관계자를 '조직의 목표 달성에 영향을 미치거나 영향을 받는 모든 집단이나 개인'으로 정의하였습니다.[10] 이러한 이해관계자의 개념에는 기업에 대해 현재 관심을 가지고 있는 사람뿐만 아니라, 내일 관심이 생길지도 모르는 모든 사람이 포함됩니다. 이러한 개념 하에서 주요 이해관계자는 '고객, 고용자, 공급업체, 지역사회 및 주주'를 포함합니다.[11] 실질적인 결정을 내릴 때, 기업은 또한 규제기관, 정부기관, 산업협회 및 비영리기구와 같은 2차 이해관계자는 물론 심지어 환경까지도 함께 고려해야 합니다.

이러한 다양한 목소리는 기업에 혼란을 가중시킵니다. 아스펜 연구소(the Aspen Institute)의 주디 새뮤얼슨(Judy Samuelson)은 "이해관계자라는 용어는 너무 일반적이며, 그 개념은 실제 변화를 위한 출발점으로서는 너무 단순하고 이해하기 어렵다."고 지적했습니다.[12] 또한 윤리경영 분야를 연구하는 무엘 캅테인(Muel Kaptein)은 이해관계자와 관련된 문헌에서 "이해관계자가 아닌 사람이 누구인지 한정할 수 없다."는 정답을 말한 바 있습니다. 캅테인은 그의 저서에서 "기업의 윤리적 책임은 무한하고 끊임없다."고 썼습니다.[13]

이해관계자의 이익을 균형 있게 조정하려는 시도는 모든 측면에서 비판받을 수 있습니다. 이는 과연 누구의 이익을 중시할지, 언제 협력하고 언제 경쟁할지 결정하는 것을 포함합니다. 이는 미국 내 200대 대기업 협의체 중 하나인 비즈니스 라운드테이블(Business Roundtable)에서 설명하는 것보다 훨씬 복잡한 과정입니다.

"우리에게 모든 이해관계자는 필수적입니다. 우리는 기업, 지역사회 및 국가의 성공을 위해 그들에게 가치를 제공할 것을 약속합니다."[14]

하지만 그렇기 때문에, 많은 리더가 이러한 말을 공허하고 혼란스럽다고 여기는 것도 당연합니다.

그들이 어떤 과정이라고 이름 붙이던 간에, 최고경영자는 자원을 할당하고 권한을 부여하며, 고용자를 채용하고 그들의 보상체계, 그리고 사회적 투자를 하고 정치체제에 영향을 미치는 동시에, 가치를 설정하고 원칙을 고수하는 모든 의사결정에서 누구의 이익을 우선시 할지 결정합니다. 이러한 판단은 깊고 회복력 있는 네트워크를 구축하는 데 도움이 될 수 있지만, 잘못된 판단으로 문제가 발생한다면 기업을 위기로 내몰 수도 있습니다.

게다가 기업은 직면한 많은 환경적 및 사회적 문제를 단독으로 해결할 수 없으므로 공급망 감시를 개선하거나 에너지 사용 프로필을 변환하거나 또는 제품라인을 조정하려는 등의 노력이 필요한데, 이는 경쟁만큼이나 협력이 중요합니다.[15]

이해관계자 참여는 하나의 과정이자 사고방식입니다. 만약 기업의 목표가 단순한 평판관리라면, 당신은 이해관계자를 기업가치에 대한 위협으로 인식하게 될 것이고, 결과적으로 기업의 주된 임무는 단순한 메시지의 전달, 반박, 그리고 무력화일 것입니다. 그 대신 기업이 신뢰를 구축하고자 한다면, 회사의 임팩트를 실질적으로 이해하는 데 집중할 것입니다. 이 일을 하나의 팀에 전부 일임하는 것은 적절하지 않습니다. 작은 의견을 교환할 때조차도 사려 깊고 신중하게 진행할 필요가 있습니다. 에스티 로더(Estée Lauder)의 지속가능성 최고책임자인 낸시 마혼(Nancy Mahon)은 "이해관계자 분석은 특정 시점에 확정되는 것이 아니라, 진정한 대화를 통해 이루어집니다. 다만, 희망적인 것은 사람들은 기업에 완벽한 것을 기대하는 것이 아니라 투명한 것을 기대한다는 점입니다."라고 언급한 바 있습니다.

복잡한 이해관계자 관여의 현실
The Messy Realities of Stakeholder Engagement

저는 이해관계자 분석 및 참여와 관련된 수십 개의 프로젝트에 참여해 왔습니다. 그중 많은 부분이 명확한 목적 없이 공허하게, '우리는 선한 기업이다.'라는 선전(Virtue signaling)에 불과했습니다. 그 원인은 제가 일했던 팀의 전략적 영향력이 부족했기 때문입니다. 이해관계자 상호작용을 그 자체로 수행하는 것은 가치를 창출하지 못합니다. 그러나 이해관계자 상호작용을 진심으로 수행하는 진취적 기업이라면 이해관계자 참여는 어려운 상충관계에 놓여 있는 중요한 문제에 대한 깊은 통찰력을 제공해 줄 것입니다.

대규모 다국적 기업조차도 모든 이해관계자 상호작용을 동등하게 비중을 두어 관리하는 것은 사실상 어렵습니다. 그렇기 때문에 기업은 자신들의 경영모델에 있어서 가장 중요한 이해관계자 그룹과의 상호작용에서 전문성을 함량하려는 경향이 있는데, 그 이유는 이해관계자와의 마찰이나 압력 때문입니다.

책임경영 분야에서 일하다 보면, 논란이 없는 기업이라고 해서 반드시 성과가 좋은 것도, 또 눈에 띄는 노력을 한다고 기업이 감시망을 피할 수 있는 것도 아니란 것을 깨닫게 됩니다. 샬롯 무어(Charlotte Moore)는 기업의 활동과 노력에 대해서 보고하는 기관인 시그워치(Sigwatch)의 상무이사입니다.

"활동가들은 특정 산업에서 가장 잘 알려진 기업을 타깃으로 하고, 특정 기업을 지목하여 비판의 강도를 높여갑니다. 그들의 표적은 엑슨모빌(ExxonMobil)과 같은 악명 높은 기업일 수도, 지속가능성과 인권에서 스스로를 리더라고 자부하는 기업일 수도 있습니다. 행동주의자들은 변화를 주도하기 때문에, 이미 지속가능성 분야에서 두드러진 활동하고 있는 기업을 타깃으로 삼는 경우도 많습니다. 그렇게 하는 것은 그들의 요구사항 중 일부라도 충족될 가능성이 높고, 지속가능성에 대해 덜 수용적인 경쟁기업에도 새로운 산업표준을 충족하도록 만드는 계기가 되기 때문입니다."

공급망 이슈와 관련해 폭로하는 미디어나 활동가 대부분은 소비재부문의 기업들을 타깃으로 합니다. 여기에는 그럴 만한 이유가 있습니다. 포장재 관련 문제 외에도, 이들은 자신들이 사용하는 원재료의 출처와 안전성에 대해 강도 높은 감시를 받고 있기 때문입니다. 그렇기 때문에 제가 가장 최신의 공급망 지도 구축 작업에 참여했던 상당수가 음식, 의류, 약품, 스마트폰과 같은 물리적 제품을 판매하는 기업에 대한 것이었습니다. 이러한 조직들은 기업의 임팩트를 고용자에서부터 소스 커뮤니티와 관련된 것까지 모두 추적해야 하므로, 물리적으로 멀리 떨어져 있는 현지의 농장, 공장 및 광산과 신뢰할 수 있는 관계를 개발하기 위한 노력의 최전선에 서게 됩니다.

각 산업은 고유의 이해관계자에 대한 중요성을 기초로 저마다의 우선순위를 가지고 있습니다. 예를 들어, 광업부문의 조달관행은 소비재부문에 비해 훨씬 감시가 적기 때문에 이런 기업은 자사 공급망에 대한 감독에 신경을 덜 쓰게 됩니다. 반면에 이들 광업부문 기업의 경우에는 인권문제의 직접적 영향권에 있습니다. 또한, 광물채취는 주변 지역사회의 삶의 질에 큰 영향을 미치며, 소비자와 투자자는 기업의 윤리적 위반으로 인한 부정적 영향을 싫어합니다. 그렇다 하더라도 실제 모든 식품 및 의류 기업이 공급망의 지속가능성에 대한 작업을 잘 수행하고 있거나, 모든 광업부문 기업이 인권과 관련하여 최선의 관행을 따르고 있다는 것을 의미하지는 않습니다. 이는 단순히 해결하기 어려운 지속가능성 문제의 최전선에 있는 기업들의 관행을 살펴봄으로써 많은 것을 배울 수 있다는 것을 의미합니다.

3장의 후반부에서는 이해관계자와의 신뢰를 구축하는 방법을 설명합니다. 이해관계자의 의견을 듣는 것은 기업이 내부의 맹점을 해결하며, 정답이 존재하지 않는 문제를 해결하기 위해 회복력 있고 호혜적인 네트워크를 구축하는 일련의 과정을 포함합니다. 이는 기업이 직면한 문제를 해결하기 위해 외부인을 고용한다는 의미가 아닙니다. 각 기업이 처한 상황에 따라 이해관계자의 요구는 다를 수 있겠지만, 일관성을 지켜야 한다는 사실만은 모든 이해관계자의 요구입니다.

더 빠르게 핵심에 도달하기
Getting to the Point Faster

체계적으로 외부적 개입을 시작해야만 하는 가장 중요한 이유는 기업이 개인과 커뮤니티에 미치는 임팩트를 더 잘 이해하기 위해서입니다. 만약 기업이 임팩트에 대한 근본적인 이해를 가지고 있다면, 환경적·사회적 우선순위를 결정하고, 굳건하게 윤리적 약속을 이행하고, 외부효과를 관리하며, 신뢰할 수 있는 관계를 만들 수 있습니다. 임팩트를 이해하는 것은 윤리 및 책임경영을 위한 일관된 접근방식이자 전제조건입니다. 실제로 기업의 임팩트는 여러분의 윤리적 약속을 위한 단단한 기반이 될 것입니다.

물론 이것은 말처럼 간단한 과정은 아닙니다. 그러나 기업은 수천 명, 때로는 수백만 명에 대한 임팩트를 가지고 있기 때문에, 이들을 이해하려고 들면 조직은 금방 지쳐버릴 것입니다. 실제로 많은 기업이 특정 주제에 대해 집중적으로 참여하거나 이해관계자로 구성된 자문위원회 또는 외부위원회 등을 통해 지속적인 거버넌스 메커니즘을 구축하기 위해 노력합니다.

집중적 참여는 종종 특정 질문이나 우려에서 시작됩니다. 이에 대한 접근방식을 실질화하는 방법 중 하나는 해당 우선순위에 대한 전문적이거나 임팩트의 최전선에 있는 이해관계자에게 집중하는 것입니다. 여기에는 플라스틱 폐기물, 수자원, 산림채벌, 동물복지 등이 있을 수 있으며, 우선순위를 식별하는 방법에 대해서는 이어지는 4장에서 계속 논의하겠습니다.

위험성이 높은 질문에 대해 의견을 구할 때는 다양한 이해관계자의 이익과 의제를 포괄적이면서도 깊게 고려해야 합니다. 이는 약간의 긴장을 유발할 수 있지만, 해결하고자 하는 문제에 대해 처음부터 솔직한 것이 중요합니다.

회사의 임팩트를 이해하려고 할 때 직면할 수 있는 문제는 리더의 결정에 가장 큰 영향을 받는 사람이 정작 리더에게 영향을 미칠 수 있는 목소리, 역량, 또는 수단이 부족할 수 있다는 것입니다. 지속가능성과 인권을 옹호하는 사람들은 취약계층에 가해지는 부담을 충분히 인지하지 못한 채, 취약계층의 참여를 권장하곤 합니다. 당사자에게 미칠 부담을 충분히 이해하지 않고 회사에 취약계층의 참여를 권합니다. 예를 들어, 인권 옹호자들은 종종 투자자가 회사가 수행하는 인권실사 외에도 투자자 스스로 인권실사를 수행해야 한다고 말합니다.[16] 그러나 진정으로 착취를 근절시킬 수 있는 대안은 지역관점을 대표할 수 있는 시민사회와 사회단체를 찾는 것입니다.

인권에 대한 모범 사례는 여기서 더 나아갑니다. 이는 이해관계자 고려사항을 공식 거버넌스 메커니즘에 포함시키도록 제안합니다. 예를 들어, 새로운 프로젝트와 투자를 위해 지역사회로부터 '자유롭고 사전 정보에 입각한 동의'를 구하는 것입니다.[17] 광업회사 안토파가스타(Antofagasta)는 칠레의 소모스 초아파(Somos Choapa) 프로젝트에서 이해관계자에게 결정을 강요하지 않고, 지역 자치단체와 협력하여 해당 지역에 대한 투자를 결정했습니다.[18] 인권영향에 대해서는 6장에서, 내부 거버넌스에 대해서는 3부 '미래를 이끌고 구상하기'에서 더 자세히 논의하겠습니다.

확고한 윤리적 원칙을 세우고자 한다면
If you aim to build robust ethical commitments

법적의무는 더 이상 윤리적 의무에 대한 신뢰할 만한 대용치가 아니기 때문에, 어디에 노력을 기울여야 하는지 고민할 필요가 있습니다. 윤리적 문제는 역동적이고 논란의 여지가 있기 때문에, 많은 선도기업들은 전문가의 자문을 통해 윤리에 대한 의지가 확고하고 현실에서도 반영될 수 있도록 노력합니다.

네덜란드의 ABN암로(ABN Amro)의 윤리 책임자 마틴 호크스트라(Maarten Hoekstra)는 은행이 윤리적 문제에 접근하는 방식을 설명했습니다. 이는 모든 이해관계자의 이익을 평가하는 것을 바탕으로 한 기업의 선택을 정당화하는 것으로 시작됩니다.

우리의 목적은 미래 세대를 위한 더 나은 은행을 만드는 것입니다. 우리는 상업적으로 매력적인 것을 골라내기 위해 숫자를 다루고 합법적인 단어를 선택하는 데에는 매우 능숙합니다. 그러나 도덕적 영역에 대한 탐구와 관련해서는 체계가 부족하다는 것과 선함(Goodness)을 쉽게 정의할 수 없다는 것을 깨달았습니다. 그것이 어려운 이유는 이러한 논제들이 많은 논란을 야기하고 또한 가변적이기 때문입니다. 그렇기 때문에 우리는 현재 상황이 어떤지, 어떠한 가치 및 이익이 있는지, 그리고 선택지는 무엇인지에 대해 끊임없이 고민합니다. 또한 최고경영자가 복잡한 문제들에 대해 윤리강령을 조정할 수 있도록 돕기도 합니다.

한편 많은 기업들은 가장 핵심적인 질문으로서 기업의 윤리가 과연 '누구의 윤리인가?'라는 의문을 제기합니다. 이에 관해 세일즈포스(Salesforce)의 윤리 및 인도적 사용에 대한 최고책임자(Chief Ethical and Humane Use Officer) 폴라 골드만(Paula Goldman)은 다음과 같이 말합니다.

"ABN암로와 마찬가지로, 세일즈포스도 고객이 자사 제품을 어떻게 사용하는지에 관한 윤리정책을 수립하기 위해 외부의 다중 이해관계자 프로세스를 사용하고 있습니다. 우리는 최전선 근로자, 기업 전체의 임원진, 외부의 기술 및 윤리와 관련된 전문가로 구성된 자문위원회를 조직했습니다. 우리는 자문위를 통해 발생한 문제에 대해 다양한 관점에서 논의하고 해결책을 모색할 것입니다. … 우리는 이 과정을 통해, 특정 문제를 어떻게 처리할지에 대한 권고안을 경영진에게 제시할 것입니다."

위기를 관리하고자 한다면
If you aim to manage a crisis

극단적인 상황에서는 보다 깊은 관계를 형성해야 할 수도 있습니다. 만약 스스로 위기를 자초했다면, 이러한 노력은 너무 늦어 효과가 없을 것입니다. 스타브로스 가디니스(Stavros Gadinis)와 아멜리아 미아자드(Amelia Miazad)의 논문에서는 기업이 2020년 코로나19 팬데믹의 초기 확산에 어떻게 대응했는지에 대해 언급하며, 중요한 이해관계자에게 미치는 임팩트를 이해하려고 노력했습니다.

"실질적인 관점에서, 임팩트를 받은 당사자의 의견 없이는 어둠 속에서 결정을 내리는 것과 같다는 것을 경영진은 인식했습니다. 이해관계자들은 현장에서 기업활동을 직접적으로 목격하는 사람들입니다. 그들은 또한 회사의 관행을 모니터링하고, 강점과 약점을 파악하며, 개선점을 제안할 수 있습니다."[19]

그들의 논문은 영향을 받은 그룹과의 협의를 통해 기업이 어떻게 상충관계를 성공적으로 관리했는지에 대한 여러 사례를 제시하였습니다. 예를 들어, 생활용품 기업 클로락스(Clorox)는 전략적 소매관계보다는 의료기관을 우선시할 것을 결정했고, 에어비앤비(Airbnb)는 관광객과 지역사회 모두를 보호하기 위해 취소정책을 유연하게 변경했습니다. 또한 리바이스(Levi's)는 장기 공급업체의 수요가 급감하는 동안 그들이 사업을 유지할 수 있도록 재정지원을 제공했습니다. 이들 기업은 중요한 전략적 결정을 내리는 데 필요한 외부 관점을 빠르게 파악하고 반영하는 성공적인 예입니다.

비판을 예측하고자 한다면
If you aim to anticipate critiques

외부 이해관계자와 소통해야 하는 중요한 이유는 이를 통해 미처 파악하지 못했던 우려를 예측하고 이해할 수 있기 때문입니다. 코카콜라 같은 주요 다국적 기업이 저명한 비정부기구들과 관계를 형성하는 이유 중 하나는 사회적 비판이나 그러한 여론과 평가를 사전에 알기 위함입니다. 이해관계자와의 폭넓은 소통은 예측할 수 없는 불만과 관련된 온라인 캠페인에 직면하기 전 문제를 사전에 파악하는데 도움이 됩니다.

한 연구에 따르면 효과적인 행동주의가 산업규범을 변화시킬 수 있다고 합니다. 이때, 중요한 신호를 잡아내기 위해 소음을 걸러내는 것이 중요한데,[20] 이러한 작업은 결코 쉽지 않습니다. 가장 목소리가 크고 대립적 시각을 가진 비판자들에게 엄청난 시간과 주의를 기울인다 하더라도 결국 그들의 지지를 얻지 못할 수 있습니다. 또한 사소한 문제에 과도하게 집중할 때, 또 다른 그룹은 이를 빌미로 비판을 시작할 수도 있습니다. 실제 비정부기구가 활동을 시작할 때, 그들은 소규모 전문그룹의 독창적인 통찰에 의존하곤 합니다. 즉, 플라스틱 빨대를 규제하자는 최신 온라인 청원에 급히 대응하는 것보다 바이오플라스틱이나 친환경 화학분야의 주요 학술 전문가와의 관계를 구축하는 것이 더 유용할 수 있습니다. 잘못된 정보로 시작된 캠페인으로 인해 특정 기업이 타깃이 된다면 이는 대응할 필요가 없을 것입니다. 아마도 내일이면 대중은 새로운 문제에 관심을 보일 것입니다. 그러나 외부 문제가 여러분의 경영전략과 이해관계자에 모두 중요한 경우, 활용할 수 있는 전문지식이라면 확보할 가치가 충분합니다.

혁신을 목표로 한다면
If you aim to innovate

외부 그룹과 소통해야 하는 또 다른 이유는 협력이 전략적 통찰을 제공할 수 있기 때문입니다. 외부 사람이나 조직은 기업이 얻기 어려운 관점과 지식을 보유하고 있을 수 있습니다. 예를 들어, 프랑스의 통신 회사 오렌지(Orange)는 아프리카에서 현지 시장을 위한 제품과 서비스를 개발하기 위해 비정부기구 및 정부기관과 파트너십을 시작했습니다. 웨스턴 유니온(Western Union)은 세계 교육시장을 위한 금융상품을 개발하기 위해 교육 전문가들과 협력했습니다.[21] 외부 관점은 두 기업이 더 나은 고객 서비스를 제공하는 식으로 확장되는 데 도움을 주었습니다.

핵심경영에 대한 기회를 탐색할 때, 제품 개발팀은 물론 토론에 참여하는 최종 소비자에게도 적절한 보상이 이루어져야 합니다. 즉, 협력적인 혁신과 착취는 명확히 구분될 필요가 있습니다.

조율을 목표로 한다면
If you aim to take coordinated action

때때로 기업은 어려운 문제를 해결하기 위해 협력을 필요로 합니다. 심지어 반독점에 대한 우려를 해결하는 데도 협력이 필요합니다. 한 예로 방글라데시에서는 라나 플라자(Rana Plaza) 붕괴 후 의류 제조업체들이 안전기준을 조율하기 위해 협력했습니다. 또한 많은 기업은 분쟁광물과 전자제품 공급망의 윤리적 기준에 대한 산업 행동강령을 설계하기 위해 협력하기도 했습니다. 2005년에 설립된 글로벌 네트워크 이니셔티브(Global Network Initiative)는 인권과 기술문제에 대한 중요한 사고를 형성했습니다. 이 단체는 기업이 사용자의 프라이버시와 표현의 자유를 균형 있게 유지하고, 인권을 훼손하려는 정부의 요구에 대응하기 위한 방법을 규정하는 데에 중요한 역할을 했습니다.[22] 한편, 세계 경제 포럼의 퍼스트 무버 연합(First

Movers Coalition)은 50개 이상의 기업의 구매력을 활용하여 아직 상업적으로 매력적이지 않은 신기술에 대한 시장을 부흥시키고자 노력합니다.[23]

협력은 규제당국의 감시를 줄일 수 있지만, 꼭 그것을 목표로 하지는 않습니다. 예를 들어, 공급업체와의 협력을 통해 다양한 계약조건을 충족하는 대신 작업자 안전 및 환경과 관련된 일관된 요구를 충족함으로써 실질적으로 더 큰 혜택을 얻을 수 있습니다. 그렇지만 다양한 이해관계자와 협력을 이끈다는 것은 많은 자원을 소모하고, 때로는 좌절감을 주기도 하며, 오히려 역효과가 나타날 수도 있습니다. 그렇기에 협력은 언제나 신중하게 선택해야 하고, 실효성 없는 연합에 동조함으로써 기업의 신뢰성에 흠집을 내어서는 안 됩니다. 모든 자발적 기준이나 서약에 가입해야만 하는 것은 아닙니다.

존중하며 전진하라
Proceed with Respect

기업은 아직 주요한 의사결정을 내리는 데에 있어서 이해관계자 자본주의를 반영하지 않고 있습니다. '우리의 이해관계자와 함께 일하는 것이 가치를 창출하는 데 도움이 된다.'는 기업성명에도 불구하고, 신뢰를 구축하고 더 나은 결정을 내리기 위해서는 먼저 핵심 참여원칙을 확립해야 합니다. 명확한 과정과 절차를 준수하는 소통은 역효과를 낼 가능성이 훨씬 적습니다.

가장 중요한 원칙은 존중입니다. 이해관계자에 대한 존중은 행동강령, 공급업체 계약, 소비자 수용정책 및 사회적 투자전략과 같은 주요 공약의 기초가 되어야 합니다. 이는 기업의 권력과 임팩트가 타인에게 어떻게 영향을 미치는지 이해하는 것에서 시작됩니다. 또한 외부 전문가의 의견과 가치를 제대로 평가하는 것도 중요합니다.

저는 최근 미국의 주요 도시에서 통신 기업의 서비스와 역량에서 가장 큰 격차를 파악하는 프로젝트를 큐비(qb.) 컨설팅과 함께 진행했습니다. 최종 목표는 새로운 제품과 서비스를 더 잘 개발하는 것이었기 때문에, 프로젝트팀은 먼저 이해관계자에게 기업의 상업적 이익을 명확히 전달했습니다. 그리고 고용주가 없는 상태에서 솔직하고 생생한 토론을 진행했습니다. 참가자들은 그들의 전문지식에 대해 보상을 받았고, 경력을 인정받았습니다.

해결하려는 문제에 대해 명확히 이해하십시오. 모든 사람과 동일한 수준의 강도로 소통하려는 것은 비현실적이고 쉽게 지치게 할 수 있습니다. 모니터링과 메시지 전달은 물론 중요하지만, 요점은 수동적 청중에게 기업의 이야기를 전달하는 것이 아니라는 점입니다. 무엇을 배우거나 달성하려는지 대해 항상 명확해야 합니다. 예를 들어, '푸마(Puma)가 공급망과 지속가능성 노력을 Z세대의 평가에 맡기다.'라는 제목의 언론보도는 푸마가 자사의 노력을 평가하기 위해 네 명의 인플루언서를 고용했다는 내용을 담고 있었습니다.[24] 그러나 이러한 내용은 실제 Z세대인 저의 학생들을 감동시키지 못했습니다. 그들은 해당 인플루언서들이 Z세대가 아니고, 푸마의 제조국 출신도 아니며, 또한 공급망 관리에 필요한 전문성도 부족하다고 지적했습니다. 이제는 젊은 고객에게 어필하기 위한 진짜 인플루언서를 찾아야 할 필요가 있으며, 동시에 공급망 관리를 개선하기 위해 외부 전문가를 확보하는 것도 중요합니다. 하지만 두 가지 목적을 혼동하면 명확성이 부족해집니다.

누군가에게 의견을 물을 때는, 그 사람에게 기대감을 심어주세요. 많은 사람들이 기업의 문화와 리더십에 대한 설문조사에 응한 경험이 있을 것입니다. 그러나 의견이 반영되지 않고 아무런 변화가 이루어지지 않으면, 우리는 그것을 신뢰할 수 없는 행위로 치부합니다. 외부 이해관계자와 협력할 때도 마찬가지로 그들의 의견을 들을 생각이 없다면, 그런 협력은 반감과 냉소만 불러일으킬 것입니다.

중요한 것은 배우는 것입니다. 어떤 개인이나 그룹은 기업과 협력하려는 경향을 보이기도 합니다. 그러나 타인의 의견을 묻는 것은 자신의 목표를 뒷받침할 만한 단순한 지지자를 찾는 것이 아니라, 그들의 의견을 위해 경청하고 의식적으로 대안을 찾는 것이 중요합니다. 주요 시장의 큰 공급업체나 목소리가 큰 활동가들과만 대화한다면, 새로운 것을 배울 가능성은 낮습니다.

조언을 구한 사람들에게 기업의 결정을 설명하십시오. 항상 결정, 행동, 그리고 결과를 요약하고 공유하며, 이상적으로는 대중과도 공유해야 합니다. 소셜미디어에서 콘텐츠 중재 결정을 내리는 것은 어려운 일이지만, 모범적인 것이 무엇인가에 대한 한 예시를 제공합니다. 이 분야에서는 사기업이 온라인 콘텐츠를 통제하는 것에 대한 불편함과 정부규제의 문제로 인해 이해관계자 거버넌스 모델이 빠르게 발전하고 있습니다. 예를 들어, 페이스북은 언제나 투명하지는 않지만, 콘텐츠 중재 결정에 대한 커뮤니티 대화를 주최하고 회의록을 공개합니다.[25] 마찬가지로, 일론 머스크(Elon Musk)의 인수로 콘텐츠 중재 노력이 축소되기 전, 트위터는 합성 및 조작된 미디어에 대한 정책을 개발하기 위해 6,500명 이상의 사람들과 협의하고 모든 사용자가 초안에 대해 의견을 제시할 수 있게 했습니다.[26]

실용적으로 접근하세요
Make the Exercise Practical

이해관계자 분석은 복잡하고 중요한 문제를 다루는 데 도움이 될 수 있습니다. 이는 획일적인 접근방식이나 가장 시끄러운 불만세력을 달래는 반사적 노력을 피하는 방법입니다. 그러나 이해관계자 매핑과 분석은 많은 자원을 소모합니다. 고용자에게 단순히 엑셀 스프레드시트를 주고 제공한 항목을 채우라고 하는 것으로는 충분하지 않습니다. 그런 엑셀 스프레드시트는 결국 클라우드 어딘가에 오랫동안 방치될 뿐입니다.

또한 포괄적 관점을 추구해 너무 상투적이고 모호하게 접근한다면 실패할 것입니다. 이해관계자를 분석하기 위한 일반적인 기준에는 영향력, 전문성, 적대감, 취약성, 그리고 임팩트를 포함합니다. 기업의 목표에 맞는 기준을 선택하십시오.

기업이 부정적인 외부효과를 줄이거나 인권에 대한 약속을 이행하려는 경우, 각 이해관계자의 취약성과 역량을 이해해야 합니다. 협력적 또는 적대적 관계의 잠재력을 이해하면 협상 접근방식을 추진하는 데 도움이 될 것입니다.

위험을 예측하고 줄이려는 경우, 각 이해관계자가 해당 위험에 대해 얼마나 영향을 미치는지, 그들의 전문성과 전반적인 신뢰성, 그리고 그들이 협력적인지 또는 대립적인지를 평가해야 합니다. 이러한 접근방식을 통해 이해관계자와의 관계에서 부정부패가 발생할 가능성이 있는지 알 수 있으며, 이에 대해서는 5장에서 심층적으로 논의하도록 하겠습니다.

가치를 창출하고 혁신하려면 이해관계자의 통찰력, 전문성 및 역량을 평가하는 것이 중요합니다. 현재의 상호 신뢰 수준과 이해관계자의 조직적·기술적 역량이 고려되어야 합니다. 이는 궁극적으로 전략적 파트너십을 추구할지 아니면 제공된 통찰력에 대해 이해관계자에게 보상할지 결정하는

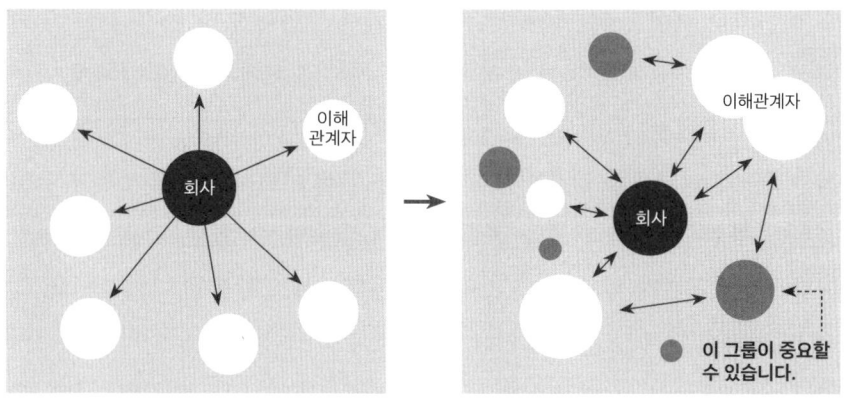

그림 3-1 네트워크 분석

이러한 중요하지만 또한 불확실한 상황에서 생태계 전반에 걸친 주요 참여자들을 매핑하고 그들이 서로에게 미치는 영향을 탐구하는 것은 유용할 수 있습니다. 이는 현재 기업에 대한 직접적인 영향력이 낮더라도 향후 문제의 전개에 영향을 미칠 수 있는 이해관계자들을 식별하는 데 도움이 될 수 있습니다.

자료: Alison Taylor, Charlotte Bancilhon, Cecile Oger, and Jonathan Morris, "Five-Step Approach to Stakeholder Engagement," BSR.org, 2019, https://www.bsr.org/en/sustainability-insights/download/stakeholder-engagement-five-step-approach-toolkit. BSR의 허가를 얻어 재수록.

데 도움이 될 수 있습니다.

특히 중요한 상황에서는 네트워크 분석이 도움이 될 수 있습니다. 그림 3-1에서 볼 수 있듯이 네트워크 분석은 직접 접촉하지 않는 그룹 간의 관계를 매핑하고, 이들과 관련된 네트워크 및 정치적 의제 등을 식별하는 과정입니다. 이러한 포괄적인 관계를 이해하면 예기치 못한 불상사를 피할 수 있습니다. 얼핏 보기에는 지역사회 및 단체가 별로 영향력이 없어 보일 수 있지만 실제로는 지역 정치인들과 긴밀히 연결되어 여러분이 필요로 하는 허가를 받는 데에 장애물이 될 수도 있습니다. 저는 기업을 도와 경쟁자와 부패한 정치인 간의 관계를 탐색하는 데 도움이 되는 네트워크 분석을 수행한 바 있는데, 그 결과 피해를 입은 제3자에 대한 보복과 노출을 방지할 수 있었습니다.

2016년, 저는 극적인 정치적 변화가 일어나고 있는 고위험 신흥개발국 미얀마로 사업을 확장하려는 에너지 기업과 협력한 바 있습니다. 이 기업이 식별한 프로젝트 지역은 국가 및 주 정부 수도에서 멀리 떨어져 있었습니다. 그곳에서 우리는 마을 주민단체와 지역사회 지도자들 및 현지 비정부기구와 인터뷰를 진행했습니다. 이를 통해 지역사회 투자계획과 프로젝트의 사회·경제적 기준을 정립하는 데 활용할 수 있는 통찰을 얻었습니다. 또한 주정부, 국가, 그리고 국제적 차원에서도 활동을 이어갔는데, 국제 및 현지 비정부기구, 규제기관, 정치인, 그리고 경쟁사들의 의제를 파악하고, 인근에서 탐사 허가를 받은 경쟁사들의 활동 또한 조사했습니다. 우리는 이해관계자 간의 관계뿐만 아니라 각 이해관계자 그룹이 고객과 우리 관계와 영향을 고려하여 상호갈등과 정치적 보복가능성을 예측하고 줄일 수 있었습니다. 이러한 통찰은 기업이 국제사회와 미국 정부의 인권 요구, 미얀마 내의 정치적 및 상업적 혼란, 그리고 모순적인 압력을 초래하는 긴장에 대비할 수 있는 시나리오를 개발하는 데에 크게 기여했습니다.

누가, 왜 일을 하는지 고려하십시오
Consider Who Does the Work – and Why

이해관계자와의 소통방법에 대한 많은 조언이 있지만, 정작 누가 소통을 하는지, 그리고 어떤 주제로 소통하는지에 대한 핵심이 빠져 있는 경우가 많습니다. 현실세계에서는 '기업'이 '이해관계자'와 직접 소통하는 것이 결코 아니며, 지엽적으로 구매팀의 팀원이 공급업체와, 사업개발팀의 팀원이 고객과 상호작용합니다. 즉, 사람이 사람과 상호작용합니다. 이를 고려하지 않으면 기업의 대표로 누가 임명되는지, 그들의 충성심이 어디에 있을지에 대한 중요한 질문이 혼란스러워질 수 있습니다. 고용자들은 독립적인 의제와 의견을 가지고 있으며, 각자의 행동은 결과적으로 이해관계자들의 인식에 영향을 미칠 것입니다.[27] 이러한 사실만으로도 고용자를 기업의 가장 중요하고 영향력 있는 이해관계자 그룹으로 대할 필요가 있습니다. 즉, 기업과 이해관계자 간 상호작용의 중심에 누가 있어야 하는지 매우 신중히 고려해야 합니다. 흔히 이해관계자와의 상호작용을 지속가능성팀에 위임해야 한다고 제안하는 경우가 많습니다. 이는 마치 좋은 기업임을 보여주는 것은 핵심사업에서 주주 몫인 수익창출과는 별개인 것과 비슷합니다.[28] 그러나 단지 목적을 위해서만 설정된 선의의 노력은 목소리가 큰 이해관계자 그룹을 설득하는 데 실패할 것입니다. 이런 행동은 흔히 '그린워싱'이라고 비판받으며, 오히려 감시를 강화시킬 가능성만 높아지게 합니다.

그러므로 이해관계자 관계를 지속가능성팀에 위임하는 것은 역효과를 초래할 수 있습니다. 지속가능성 팀원들은 기업의 주된 이익부서가 아니기 때문에 상대적으로 고립되고 무력감을 느낄 수 있습니다. 일부는 회사의 변화를 목표로 하는 활동가로 자신을 인식할 수 있으며, 이는 위험을 초래할 수 있습니다. 수십 년 동안 지속가능성 문제에 몰두한 한 전문가는 "지속가능성 부서의 고용자는 자신의 정신건강에 주의를 기울여야 합니다. 왜냐하면 그들은 계속해서 벽에 맞닥뜨리는 좌절감을 느낄 것이기 때문입니다. 그러나 그들이 존재하지 않으면 결코 그 기업은 바뀌지 않을 것입니다. 따라서 모든 것이 하룻밤 사이에 이루어지지 않는다는 점을 이해해야 합니다."라고 말합니다.

진정으로 고용자의 의견표명과 그러한 용기를 중요하게 여기는 기업이라면, 이러한 성실한 고용자를 찾아내고 이들을 가치 있게 여깁니다. 그러나 외부와의 관계를 이들에게 위임하는 것은 이해관계자들의 신뢰에 의도치 않은 결과를 가져올 수 있습니다. 일부는 회사의 약속을 과장하여 이해관계자들을 안심시키려고 할 수 있습니다. 한편 의욕을 잃은 고용자들이 외부인에게 불만을 드러낼 수도 있습니다. 이 두 가지 모두 기업에게 비판적인 행동주의를 야기할 수 있습니다. 그리고 만약 내부 이해관계자와의 내부적 결속력과 영향력이 부족하다면, 외부 이해관계자들과의 다양한 상황 속에서 내부 고용자들조차도 서로 다른 메시지를 전달하게 되고, 결국 회사 전체가 제대로 목표를 수행하지 못한다고 결론내릴 수도 있습니다.

고위 경영자부터 고객 서비스 담당자에 이르기까지 모두가 기업의 신뢰성 확립에 영향을 미칩니다. 전사적으로 의사소통을 엄격하게 통제하지 않는 한, 외부에 일관된 메시지가 전달될 것이라고 기대하긴 어렵습니다. 이는 매우 어려운 과제이므로, 이해관계자들과의 관계를 잘 유지하기 위해서는 그들을 존중하고 예의를 다하는 조직문화를 만들어야 합니다.

드렉셀대학의 교수 다니엘 코르천(Daniel Korschun)은 '고용자들의 경계 확장'을 연구하였습니다. 이들이 조직의 이익에 얼마나 동질감을 느끼고 충성심을 갖느냐에 따라 외부 이해관계자에 대한 행동과 반응이 달라졌습니다.[29] 코르천 교수는 특히 헌신적인 고용자들이 외부 이해관계자를 적대적인 '외부그룹'으로 취급할 가능성이 더 높다고 봅니다. 그는 기업이 의미 있는 협력을 촉진하는 가장 좋은 방법은 고용자들이 관련 이해관계자 이익을 조직의 목적에 필수적인 것으로 인식하도록 장려하는 것이라고 주장합니다. 이는 '조직의 사명을 사회적 관점에서 구성하고, 조직이 자기 이익에 의해 동기부여하는 것이 아니라 주요 이해관계자를 포함한 더 넓은 집단의 다양한 이익에 기반을 두고 있다는 점을 강조하는 것'을 포함합니다.

이해관계자의 신뢰를 구축하는 것은 단순한 과정이 아닙니다. 전체 조직에 걸쳐 새로운 사고방식을 길러내는 것을 포함합니다. 모든 도전과제를 인식하고 상호작용을 신중하고 겸손하게 계획하는 것이 좋은 시작입니다. 4장에서 논의할 몇 가지 전략적 우선순위에 집중하는 것 또한 매우 유용할 수 있습니다.

적절한 의사소통 방식을 선택하세요
Choose the Right Format

특정 문제에 대한 의견을 구하거나 단일 질문에 답변하고자 하는 경우, 토론을 위한 그룹을 조직할 수 있습니다. 물론 일대일 논의는 개념적이고 깊이 있는 논의가 될 수 있지만 많은 시간이 소요됩니다. 이러한 방식은 합의를 도출하는 데 도움이 되지 않으며, 이해관계자 간의 역학관계와 관계에 대한 통찰력을 제공하는 데에도 한계가 있습니다. 반면, 실시간 그룹 토론은 비록 시간이 많이 소요될 수 있지만 신뢰와 친밀감을 형성하는 데 도움이 됩니다. 이는 온라인이나 일대일 미팅에서는 구현하기 매우 어렵습니다.

어떤 형식을 선택하든, 모든 당사자가 정보를 충분히 제공받아 준비할 수 있고, 그들에게 왜 의견을 구하는지를 진정으로 이해할 수 있도록 하는 것이 중요합니다. 기대하는 바를 명확히 공유하고, 참가자들의 기대사항도 파악할 필요가 있습니다. 미리 질문과 제안사항을 요청한다면, 향후 혼란이나 예상치 못한 갈등을 겪을 가능성이 줄어들 것입니다.

토론에 초점을 맞추고 다양한 형식으로 의견을 제출할 수 있도록 하는 것도 중요합니다. 특히 권력 차이가 큰 상황에서는 모든 사람이 자유롭게 발언하기 쉽지 않을 것입니다. 따라서, 숙련된 외부 진행자를 활용하고 참가자들이 원하는 경우 익명으로 의견을 제출할 수 있도록 한다면, 기업은 더 넓은 시스템에서 단지 하나의 행위자일 뿐이라는 것을 이해관계자들이 인식하는 데 도움이 될 수 있습니다.

이와 같은 의사소통에 대한 적절한 형태를 고민할 때에는 언어, 형식, 접근성, 비용에 관한 문제를 신중히 고려하는 것이 중요합니다. 이해관계자에게 보상을 제공하지 않는 것은 착취적이지만, 보상을 제공하면 특정 결과를 확보하려 한다는 인상을 줄 수 있습니다. 따라서 모든 보상은 그들의 참여와 전문성을 보상하기 위한 것이며, 어떠한 기대도 수반하지 않는다는 점을 분명히 해야 합니다. 제3의 진행자(Third-party facilitators)를 고용하고 회사의 직접적인 참여를 피하면 오해의 위험을 줄일 수 있지만, 중요한 것은 이해관계자들은 기업의 참여, 자금지원, 그리고 의제를 명확히 알고 있어야 한다는 것입니다.

행사가 끝난 직후 모든 참가자와 정확한 서면요약을 공유하세요. 가장 중요한 것은 모든 관련자와 공유할 수 있는 확실한 행동계획으로 이어져야 한다는 점입니다. 이는 기업들이 피하고 싶어하는 것이지만, 노력이 완벽하지 않았음을 공개적으로 인정하는 것을 의미할 수 있습니다. 만약 논의가 예상만큼 도움이 되지 않아 행동을 취하지 않을 경우에도 이유를 설명해야 합니다.

이러한 모든 이유로, 중요한 문제와 명확한 딜레마가 있는 상황에서만 이러한 대화를 진행하는 것을 추천합니다. 또한 외부의 관점을 통해 전략을 수립하는 데 도움이 필요하고 그럴 의지가 있을 때만 진행해야 합니다. 만약 기업의 목표가 단순히 이해관계자에게 메시지를 전달하고 기업의 입장을 관철시키려 하는 것이라면, 실시간 대화는 적절한 형식이 아닙니다. 이는 부정적이고 의도하지 않은 결과를 초래할 수 있습니다.

이해관계자 거버넌스: 자문위원회를 설립할 것
Stakeholder Governance: Establishing an Advisory Board

기업이 중요한 비평가 네트워크와 지속적인 관계를 구축할 수 있다면, 이는 어떤 내부위원회, 위험평가, 또는 소셜 미디어 분석보다 더 가치 있을 것입니다. 이를 실현하는 가장 급진적이고 결정적인 방법은 고용자조합과 같은 새로운 형태를 탐구하는 것입니다.[30] 하지만 기득권 세력이 기업 거버넌스의 변화를 꺼린다 하더라도, 특정 질문에 대답하는 것을 넘어서 이해관계자의 관점을 의사결정 과정에 더 의미 있게 반영할 수 있는 방법이라는 점은 부인하기 어렵습니다.

많은 기업에서 전략 및 윤리적 결정을 형성하거나 귀사의 제안이 타당한지 확인하는 데 도움을 줄 수 있는 지속적인 이해관계자 자문 패널을 구성합니다. 이사회 구성원들을 참여시키면 패널의 영향력이 증가하는 것과 같이, 조언을 실제 운영상의 변화로 전환하는 데는 고위 경영진의 적극적인 참여를 확보하는 것이 더 중요합니다. 한편, 패널의 역할과 임무는 명확해야 하며, 단순히 주기적으로 참석하여 의견을 제시하는 것 이상의 구체적인 활동을 기대하는 것이 좋습니다. 예를 들어, 보다폰(Vodafone)과 네슬레(Nestlé)는 '그린워싱' 혐의를 피하기 위해 전문가 패널을 구성한 바 있습니다.[31]

이해관계자 자문 패널은 유지비용이 많이 든다는 단점이 있으나 심도 있는 전문지식을 제공할 수 있으며, 높은 독립성을 제공한다는 장점이 있습니다. 패널 구성원들은 직접적인 업무성과에 관여하거나 책임을 지는 게 아니기 때문에, 패널을 유지하는 것은 고위 경영진들이 수립한 최종적인 목적에 도달하는 효과적이고 도전 가능한 탁월한 방법을 제공합니다. 또한 이들의 임기제한은 독립성을 유지하고 새로운 문제가 발생할 때 기업이 대응할 수 있도록 도와줍니다.

또는 기업이 자문위원회 구성원의 의견을 진지하게 받아들일 수 있을 만큼 그들에 대한 신뢰성이 보장되어야만 합니다. 이는 기업이 자문위원회의 패널을 개인적 명성을 가진, 인정받는 사람들을 선택하는 이유입니다. 하지만 존경받는 비영리기구의 고위 지도자, 학자, 전문가가 실무경험이 부족하다는 점을 항상 기억하십시오. 실무지식의 부족은 결과적으로 이해관계자 자문 패널의 신뢰성을 약화시킬 것입니다.

대규모 이해관계자 패널은 다양한 분야의 사람들로부터 관점을 수집할 수 있게 함으로써 다각화된 사업에 도움이 될 수 있습니다. 이는 광범위한 영역을 다루면서 새롭게 부상하는 트렌드와 혁신을 파악하는 가장 좋은 방법이지만, 한편으로는 비효율적으로 성장할 수도 있습니다. 이러한 경우에는 작고 집중화된 그룹이 의미 있는 팀워크와 신뢰를 구축하는 데 더 효과적일 것입니다.

    동료애 또한 중요한 요소이지만, 동료 간의 직접적이고 솔직한 비판도 중요합니다. 많은 이사회가 감독에 실패하는 이유는 진정한 토론과 책임보다 합의와 상호성을 더 중시하기 때문입니다. 외부 패널에게는 조직 내 집단사고에 도전하고 비판할 수 있는 권한을 주어야 합니다.

    이해관계자 참여 및 전반적인 기업전략을 위해 어떤 문제를 우선시해야 할지 본격적으로 살펴보기에 앞서, 지금까지의 여정을 요약해 보겠습니다.

하이어 그라운드로 나아가는 과정
STEPS TO HIGHER GROUND

여러분의 목표는 이해관계자와의 신뢰와 상호성을 구축하는 것입니다. 이는 행동강령과 기타 가치 및 약속에 대한 성명을 통해 명확히 드러나야 합니다. 그러나 또한 사람들에게 미치는 임팩트를 이해하고, 그 피해를 해결하며 혜택을 제공하는 구체적인 행동으로 이어지는 과정을 거쳐야 합니다.

이해관계자 자본주의로의 전환은 이해관계자들의 이익을 균형 있게 조정해 보겠다는 모호하고 일반적인 논의로 이루어지지만, 이 전환을 실제로 어떻게 해야 하는지에 대한 구체적인 지침은 거의 없는 것이 현실입니다. 따라서 이는 종종 기존의 평판 위험을 관리하기 위한 방어적인 노력으로 끝나는 경우도 많습니다. 저는 내부적 영향력이 부족하거나 새로운 것을 배우는 데 관심이 거의 없는 팀과 함께 이해관계자 참여 프로젝트를 진행한 경험이 있습니다. 이러한 경험을 통해 이해관계자로부터 기업가치를 방어하기 위해 무한한 에너지를 소비하는 것은 더 이상 좋은 방법이 아님을 깨달았습니다.

이해관계자들에게 너무 많은 질문이 쏟아진다면 집중할 수 없을 터이고, 결국 질문에 지쳐 버려 피상적인 의사소통을 하는 데에 국한될 수 있습니다. 그렇기 때문에 우선, 기업이 해결하려는 문제에 초점을 맞추고 명확히 하는 것으로 시작하세요. 그런 다음, 여러분이 임팩트에 대해 실질적인 호기심을 가지고 탐구하며, 필요한 변화에 대해 솔직하고 투명하게 소통해야 합니다.

이해관계자와의 소통을 지속가능성팀에 전적으로 위임하거나 이 과정을 전략, 가치, 자본배분에 대한 결정과 분리하여 독립적이고 단편적인 노력으로 취급하는 것은 상당히 위험한 발상입니다. 진정한 신뢰를 구축하기 위해서는 이해관계자 참여를 위해 선택한 고용자들에게 적절한 직급과 영향력을 부여해야 합니다.

미주

1. Esme Stall, BBC News, 'COP27: Activists 'Baffled that Coca-Cola will be sponsor', 2022년 10월 5일(https://www.bbc.com/news/science-environment-63096760)
2. BBC News, 'Coca-Cola reveals how much plastic it uses', 2019년 3월 14일 (https://www.bbc.com/news/newsbeat-47569233)
3. Judith Evans, Financial Times, 'Coca-Cola and Rivals fail to meet plastic pledges', 2020년 9월 16일(https://www.ft.com/content/bb189a2a-57ca-44ce-82ab-1d015a20ca1c), Ellen MacArthur Foundation, 'The Coca-Cola Company', 2023년 6월 8일(https://ellenmacarthurfoundation.org/the-coca-cola-company), World Wildlife Fund, 'The Coca-Cola Company', 2023년 6월 8일 (https://www.worldwildlife.org/business/the-coca-cola-company)
4. Stallard, 'COP27'
5. Alice Delemare Tangpuori et al., Talking Trash, 'The corporate playbook of false solutions to the plastic crisis', 2020년 9월 (https://talking-trash.com/wp-content/uploads/2021/01/TalkingTrash_FullVersion.pdf)
6. Rachel Wolcott, Thomson Reuters Institute, 'Reputation launderers, disinformation campaigns hinder sanctions and financial crime compliance efforts', 2022년 6월 9일(https://www.thomsonreuters.com/en-us/posts/news-and-media/reputation-launderers-evade-sanctions/)
7. Andrew C. Wicks, Shawn L. Berman, and Thomas M. Jones, Academy of Management Review 24(1), 'The structure of optimal trust: Moral and Strategic Implications', 1999년(https://doi.org/10.2307/259039)
8. Sinziana Dorobantu, Witold J. Henisz, and Lite Nartey, Administrative Science Quarterly 62(3), 'Not all sparks light a fire: stakeholder and shareholder reactions to critical events in contested markets', 2017년 9월(https://doi.org/10.1177/0001839216687743)
9. European Commission, 'Corporate sustainability reporting', 2023년 8월 20일(https://finance.ec.europa.eu/capital-markets-union-and-financial-markets/company-reporting-and-auditing/company-reporting/corporate-sustainability-reporting_en), UN Guiding Principles on Business and Human Rights, 2011년(https://shiftproject.org/wp-content/uploads/2020/06/GuidingPrinciplesBusinessHR_EN-7.pdf)
10. R. Edward Freeman, Cambridge, UK: Cambridge University Press, 'Strategic

management: A stakeholder approach', 2010년(https://doi.org/10.1017/CBO9781139192675)

11. Business Roundtable, 'Business roundtable redefines the purpose of a corporation to promote an economy that serves all americans', 2019년 8월 19일(https://www.businessroundtable.org/business-roundtable-redefines-the-purpose-of-a-corporation-to-promote-an-economy-that-serves-all-americans)

12. Judy Samuelson, Arthur W. Page Society, 'Why I don't love the term stakeholder', 2022년 4월 21일(https://page.org/blog/why-i-don-t-love-the-term-stakeholder)

13. Muel Kaptein, 'The limits of the ethical responsibilities of corporations: In search of boundary principles', 2023년 6월 14일(https://www.researchgate.net/publication/364329660_The_Limits_of_the_Ethical_Responsibilities_of_Companies_In_Search_of_Boundary_Principles)

14. Business Roundtable, 'Business Roundtable redefines the purpose of a corporation to promote an economy that serves all americans'

15. Peter Gassmann and Will Jackson-Moore, The Harvard Law School Forum on Corporate Governance (blog), 'The CEO's ESG dilemma', 2023년 1월 23일 (https://corpgov.law.harvard.edu/2023/01/23/the-ceos-esg-dilemma)

16. Investor Alliance for Human Rights, 'The Investor case for mandatory human rights due diligence', n.d(https://investorsforhumanrights.org/sites/default/files/attachments/2020-04/The%20Investor%20Case%20for%20mHRDD%20-%20FINAL_0.pdf), OHCHR, 'OHCHR Response to Request from BankTrack for Advice Regarding the Application of the UNGPs on Business and Human Rights in the Context of the Banking Sector', 2017년 6월 12일(https://www.ohchr.org/sites/default/files/Documents/Issues/Business/InterpretationGuidingPrinciples.pdf)

17. United Nations, 'Free Prior and Informed Consent—an Indigenous Peoples Right and a Good Practice for Local Communities—FAO', 2016년 10월 14일(https://www.un.org/development/desa/indigenouspeoples/publications/2016/10/free-prior-and-informed-consent-an-indigenous-peoples-right-and-a-good-practice-for-local-communities-fao/)

18. Antofagasta PLC, 'Social management: Our community engagement and social investment practices', 2021년 12월(https://www.antofagasta.co.uk/media/4212/reporte_social_eng.pdf)

19. Stavros Gadinis and Amelia Miazad, SSRN(scholarly paper, Rochester, NY), 'A test of stakeholder governance', 2021년 6월 15일(https://doi.org/10.2139/ssrn.3869176)

20. Estefania Amer and Jean-Philippe Bonardi, Strategic Organization, 'Firms, activist attacks, and the forward-looking management of reputational risks', 2022년 9월

6일(https://doi.org/10.1177/14761270221124941)

21 Sara Enright and Alison Taylor, BSR, 'The Future of Stakeholder Engagement', 2016년 10월(https://www.bsr.org/reports/BSR_Future_of_Stakeholder_Engagement_Report.pdf)

22 Dunstan Allison-Hope, BSR (blog), 'What does the Global Network Initiative tell us about the value of multi-stakeholder initiatives?', 2010년 7월 9일(https://www.bsr.org/en/blog/what-does-the-global-network-initiative-tell-us-about-the-value-of-multi-st)

23 World Economic Forum, 'First Movers Coalition', 2023년 6월 8일(https://www.weforum.org/first-movers-coalition)

24 Bella Webb, Vogue Business, 'Puma opens up supply chain, sustainability efforts to Gen Z scrutiny', 2023년 4월 6일(https://www.voguebusiness.com/sustainability/puma-opens-up-supply-chain-sustainability-efforts-to-gen-z-scrutiny)

25 Meta, 'Product policy forum minutes', 2018년 11월 15일(https://about.fb.com/news/2018/11/content-standards-forum-minutes/)

26 Dunstan Allison-Hope, Lindsey Andersen, and Joanna Lovatt, BSR, 'A human rights-based approach to content governance', 2021년 3월(https://www.bsr.org/reports/A_Human_Rights-Based_Approach_to_Content_Governance.pdf)

27 Rio Tinto and Georgetown University conducted a Stakeholder Engagement Academy from 2012 until around 2016; the company's well-documented scandal in Australia arose in 2020. Alison Taylor and Sara Enright, BSR(blog), 'Is It Time to Overhaul Stakeholder Engagement?', 2016년 10월 4일(https://www.bsr.org/en/blog/is-it-time-to-overhaul-stakeholder-engagement)

28 Elisa Farri, Paolo Cervini, and Gabriele Rosani, hbr.org, 'The 8 responsibilities of chief sustainability officers', 2023년 3월 2일(https://hbr.org/2023/03/the-8-responsibilities-of-chief-sustainability-officers)

29 Daniel Korschun, Academy of Management Review 40(4), 'Boundary-spanning employees and relationships with external stakeholders: a social identity approach', 2015년 10월(https://doi.org/10.5465/amr.2012.0398)

30 Employee ownership is one of the most effective and meaningful commitments to stakeholder capitalism you can make, see here for more detail: Hans Taparia, Stanford Social Innovation Review, 'How to make stakeholder capitalism work', 2021년 여름(https://ssir.org/articles/entry/how_to_make_stakeholder_capitalism_work)

31 Dieter Holger, Wall Street Journal, 'Vodafone and Nestle created panels to avoid 'greenwashing' allegations', 2023년 5월 23일(https://www.wsj.com/articles/vodafone-and-nestle-created-panels-to-avoid-greenwashing-allegations-63fff965)

4 사회 및 환경 우선순위 정하기
Setting Social and Environmental Priorities

기업에 대한 신뢰를 얻고자 한다면, 그것이 사람에게 미치는 임팩트에 주의를 기울이지 않고서는 결코 성공하기 어렵습니다. 이때, 이해관계자의 의견을 진지하게 듣는 것이 매우 중요합니다. 이해관계자들에 대한 기업의 임팩트를 이해하는 것은 어떤 환경 및 사회문제를 우선시할 것인지 결정하는 데 있어 중요한 요소입니다.

또한 전략이란 무엇을 하지 않을지 선택하는 기술입니다. 환경 및 사회문제에 있어서 무엇을 하지 않을지를 선택하는 것을 먼저 명확히 해야 합니다. 이해관계자의 압력과 요구는 범위가 넓기 때문에, 전략적 접근을 방해하는 요인으로 작용하는 경우가 많습니다. 예를 들어, 기업은 탄소배출 감소에 큰 투자를 할 수 있으나 이것이 고용자의 임금과 복리후생에 대한 비판으로부터 기업을 보호해주지는 않을 것입니다. 이러한 일관성 문제로 인해 지속가능성팀은 기업이 실제로 해결할 수 있는 문제에 집중하는 대신 성과가 드러나는 깔끔한 방법과 설명을 제시하는 데에 급급한 경우도 있습니다.

대부분의 기업은 노력의 범위를 명확하게 제한하는 것을 꺼립니다. 그 이유 중 하나는 모든 관련 문제에 대해 대범하게 행동할 수 없다는 불편한 진실을 공개적으로 인정해야 하기 때문입니다. 모든 문제를 다루어야 한다는 압박은 실제로 존재하며, 이는 사회의 진정한 필요와 요구를 반영합니다. 하지만 이는 다음과 같은 문제를 초래합니다. 첫째, 당신의 노력이 충분하다고 여겨지는 지점에 결코 도달하지 못할 수 있습니다. 이와 관련해 유니레버(Unilever)의 사례를 살펴봅시다.

파타고니아와 함께 유니레버는 지속가능성의 대표적인 사례입니다. 유니레버는 수상, 평가, 언론보도, 경영대학의 사례연구에서 리더로 인정받으며, 다른 기업의 모범으로 여겨집니다. 폴 폴만이 2009년 최고경영자가 된 지 이틀 만에 분기별 보고서 발행을 중단하기로 결정한 것은 장기적 사고를 장려하고자 하는 지속가능성 실무자들에게 큰 영감을 주었습니다.[1] 2019년 그의 후임자 앨런 조프(Alan Jope)는 '목적이 없는 브랜드는 유니레버와 함께 장기적인 미래가 없을 것'이라고 선언했습니다.[2] 그는 또한 기업의 28개 '지속 가능한' 브랜드가 나머지 사업보다 69% 더 빠르게 성장하면서, 전체 성장의 75%를 차지했다고 강조했습니다.[3]

이러한 성과에도 불구하고 유니레버는 투자자들과 탐사기자들의 비판, 또는 활동가들의 소송에서 벗어날 수 없었습니다. 재무성과가 기대에 미치지 못하자, 행동주의 주주들은 유니레버의 목적과 지속가능성에 대한 헌신이 성과를 저해하고 있다고 비난했습니다.[4] 이스라엘 점령지역에서 아이스크림을 판매하는 문제로 벤앤제리스(Ben & Jerry's) 자회사와 벌인 법적 분쟁은 언론에서 기업의 '목적'이 무엇인지에 대한 개념적 고찰로 보도되었습니다.[5] 한편, 개발도상국에서 플라스틱 폐기물을 줄이겠다는 공약을 이행하지 못한 것으로 인식된 유니레버는 블룸버그와 로이터의 상세한 폭로 기사에 직면했습니다.[6]

환경 및 사회문제를 관리하는 방법에 대한 많은 조언은 미묘한 차이나 긴장을 간과한 채 기업은 이분법적으로 최소주의 또는 최대주의 입장을 취합니다. 밀턴 프리드먼의 원래 주장은 기업이 환경 및 사회문제를 전적으로 무시해야 한다는 것이었습니다. 이 주장은 여전히 많은 이들로부터 지지를 받고 있으며 강력한 후원자들과 함께 '반ESG' 투자기구를 설립하고, 여기에는 미국 대통령 선거에 출마한 기업가 비벡 라마스와미(Vivek Ramaswamy)도 포함됩니다.[7]

반대쪽 극단에서는 책임경영에 대한 많은 옹호자들이 모든 직·간접적 임팩트를 고려하여 경영모델의 모든 측면을 변화시키고, 사회정의를 추구하며, 폭넓은 사회문제를 해결할 것을 제안합니다.[8] 예를 들어, 언스트앤영(EY)의 2022년 보고서 『Enough』의 저자들은 다음과 같이 언급했습니다.

"지속가능성은 동사가 아니라 명사입니다. 즉, 지속가능성은 활동도, 산업도, 주제도 아닙니다. 그것은 경제활동이 지속 가능한 한도 내에서 유지되는 특정 지점입니다. 그것이 지속 가능성의 의미이며, 그렇지 않다면 그 의미가 무색해집니다. 만약 이로 인해 지속 가능한 기업이 가능성의 경계를 넘어서는 소수의 집단으로 축소된다면 그 또한 어쩔 수 없는 일입니다."[9]

그러나 이러한 이분법적인 입장은 모두 기업전략에 확고한 기반을 제공하지 못합니다. 환경 및 사회적 압력을 무시하는 것은 현실적인 선택이 아닙니다. 또한 명확한 최종 목표 없이 모든 문제를 동시에, 같은 강도로 다루는 것도 옳지 않습니다.

행동주의 헷지펀드 엔진 넘버 1(Engine No. 1)과 협력하고 있는 와튼스쿨의 ESG 학자 비톨트 헤니스(Witold Henisz)는 저에게 ESG에 대한 확고한 접근방식에는 강한 판단력이 필요하다고 말합니다.

"기업은 기후변화나 공급망에서의 인권 위험과 같은 문제를 어떻게 관리해야 할지 이해하려 할 때 어려움에 직면합니다. 이 문제는 몇 년 후에야 매출이나 비용구조에 영향을 미칠 수 있으며, 종종 이를 관리할 책임이 없는 부서에서 먼저 나타날 것입니다."

제가 만나는 경영자들은 더 나은, 더 윤리적인 경영을 원합니다. 그들은 단지 수단에 그치는 것이 아니라 임팩트에 기반을 둔 접근이 필요하다는 것을 인식하고 있습니다. 그러나 더 높은 수준에 도달하는 방법을 알아내는 것이 문제입니다. 지속가능성 노력이 결코 단편적이거나 일관성이 없어서는 안 된다는 점을 받아들인다는 것이 기업의 재무성과나 전문성과 무관하게, 수십 가지의 사회적 문제를 모두 떠안아야 한다는 것을 의미할까요? 만약 그것이 지속 가능한 기업이 되기 위해 필요한 것이라면, 세상의 어떤 기업도 자격을 갖출 수 없을 것입니다.

만약 기업의 노력으로 결코 충분하지 않으며, 대중의 기대를 만족시킬 수 없다면 어떻게 나아가야 할까요? 어디에 초점을 맞춰야 할까요? 그리고 언제, 어떻게 기업의 행동이 적절한지 알 수 있을까요? 때때로 저는 이런 질문을 받습니다.

"지속가능성 문제가 아닌 것이 있기는 한가요?"

그렇다면 여러분은 이러한 압박 속에서 어떻게 방향을 설정해야 할까요?

모든 기업은 집중할 부분과 기여할 방법을 신중하게 식별할 시간을 가져야 합니다. 다국적 제약회사 아스트라제네카(AstraZeneca)에서 오랜 기간 일한 후 작은 바이오테크 기업의 지속가능성 최고 책임자가 된 짐 매시(Jim Massey)는 이렇게 말합니다.

"기업의 정체성과 사명의 핵심이 무엇인지 파악하는 데 시간을 투자해야 합니다. 그렇지 않으면 내부적 지지를 얻을 수 없습니다. 저는 대규모 다국적 기업에서부터 작은 스타트업에 이르기까지 다양한 기업과 일해 왔지만, 어떤 조직에서든 성공과 모멘텀의 핵심은 바로 집중입니다. 모든 요구에 반응하고 제한된 영향력을 가진 곳에서 해결하기 어려운 문제를 해결할 수 있다고 거짓으로 제안하는 것은 팀과 기업 모두에게 위험합니다. 그렇게 되면 여러분의 조직은 인내심을 잃을 것이고, 결국 아무것도 이루지 못할 것입니다."

초점을 명확하게 잡는 것은 소음을 걸러내는 데에 효과적입니다. 이를 위해서는 일반적으로 중대성 평가라고 알려진 우선순위 설정 과정이 필요합니다. 여기서 중대성은 관련성의 다른 표현입니다. 사람들이 어떤 문제가 관련성이 있는지에 대해 논쟁하지만, 그 조건들에는 기후변화로 인해 특정 원재료 조달이 어려워질 수 있다는 위험, 경쟁사보다 에너지 전환에 더 잘 준비하거나 변화하는 고객 우선순위를 일찍 예측한다면 더 많은 시장 점유율을 확보할 수 있으리라는 기회, 그리고 사업이 화석연료나 노동자 착취에 의존한다면 과연 기업에게 미래가 존재할지에 관한 윤리적 의무가 포함될 수 있습니다. 모든 기업은 이러한 조건들의 조합에 직면하게 되고, 하나의 문제가 세 가지 조건을 모두 포함할 수도 있습니다.

기업들은 역사적으로 법적체제에서 달리 명시하지 않는 한, 사회에 미치는 임팩트는 고려하지 않는 경향이 있었습니다. 경제학자들은 '재화나 서비스의 생산, 소비가 다른 사람들에게 미치는 영향이 가격에 반영되지 않는 경우' 그 혜택이나 비용을 '외부효과'로 취급합니다.[10] 재무회계에서는 아직 이러한 개념을 반영하고 있지 못하지만 이러한 가정들을 재검토하는 것이 중요합니다. 무형가치의 시대에 접어든 지금, 기존의 접근방식으로 더 이상 외부영향의 결과로부터 자신을 안정적으로 차단할 수 없습니다.

즉, 정직성과 일관성을 위해, 소수의 중요한 문제를 식별한 후 그것에 집중하는 것이 더 현명합니다. 전문성이 부족한 사회적 과제를 해결하겠다는 부적절한 약속을 하는 것은 목적을 달성하는 데 도움이 되지 않습니다. 근거가 부족한 서약은 주의를 분산시키고 목적을 희석시키며, 종종 득보다 실이 많습니다. 이와 관련된 몇 가지 흔한 함정들을 살펴보겠습니다.

ESG 점수에 집착하기
Obsessing about your ESG score

저는 거의 모든 분야에서 중대성 평가를 수행해 왔습니다. 이는 많은 경우 더 나은 ESG 점수, 더 낮은 자본비용, 개선된 평판을 얻으려는 이사회나 최고경영자의 초기관심에서 비롯되었습니다. 저는 초기평가에 필요한 예산을 확보하기 위해 ESG 경영사례를 제시해달라는 요청을 받았습니다.[11] 하지만 ESG 평가의 존재 이유는 투자자들이 더 나은 수익을 창출하기 위해 기업을 비교할 수 있도록 하는 것입니다. 이러한 평가는 광범위한 공시를 장려합니다. 이를 주가를 올리는 수단으로만 본다면 성과 보너스를 받기는 쉬울지 모르겠지만, 기업이 어디에 집중해야 할지에 대한 지침은 거의 얻지 못할 것입니다.

ESG 프레임워크와 평가기관은 관련 이슈들의 스펙트럼을 식별하는 데 도움을 줄 수 있습니다. 하지만 아무리 규모가 크고 인력이 풍부한 다국적 기업조차도 수십 개의 환경 및 사회 이니셔티브를 동시에 실행하는 데는 어려움을 겪을 것입니다. 흔히 인용되는 '측정되지 않으면 관리할 수 없다(You manage what you measure).'는 진부한 문구는 목적 없는 측정을 경계하라는 경고입니다.[12] 측정할 수 있는 모든 것이 중요한 것은 아니며, 중요한 모든 것을 측정할 수 있는 것도 아닙니다.

문제를 관리하지 않고 메시지만 관리하기
Managing the message, not the issue

최근까지 재무보고에서 주주에게 지속가능성 보고와 공시는 일반 대중, 고용자, 활동가, 비정부기구를 포함한 모든 이해관계자들에게 목표를 두는 것이 기본 접근방식이었습니다. 이는 냉소적 의도라기보다는 이해관계자들의 인식을 전략적 과제가 아닌 메시지 전달의 문제로 다루는 경향을 반영한 것입니다. 아무리 좋은 의도를 가지고 있더라도, 다양한 비판을 관리하기는 어렵습니다. 그래서 우리는 안전모를 쓴 미소 짓는 여성과 개발도상국의 행복한 아이들 사진으로 꾸며진 난해한 전문용어, 완곡어법, 오해의 소지가 있는 서약들로 가득 찬 얇은 보고서들을 쉽게 볼 수 있습니다. 저는 여러 지속가능성 팀들과 긴밀히 협력하여 의미 있는 변화를 위한 명확한 우선순위를 파악하는 데에 성공했지만 그러한 성공은 인기 있는 대의에 동참해야 한다는 압박감에 의해 무시되는 경우를 종종 보았습니다.

기업의 지속가능성 보고서를 읽고 난 후 핵심위험과 재무적 성과에 대한 공시를 살펴보면, 두 개의 서로 다른 기업에 대한 논의처럼 느껴집니다.[13] 이러한 이중적 접근방식은 점점 더 기업에 대한 신뢰성을 잃게 합니다.

안전을 위한 무리 형성하기
Herding together for safety

대부분의 대형 상장기업은 지속가능성 보고서를 발행하지만, 선도적인 기업의 경우에도 주주와 주주가 아닌 모든 이들과 소통하는 것은 불가능하다는 것을 알고 있습니다.[14]

그럼에도 불구하고, 여러 청중에게 호소해야 할 필요성으로 인해 광범위한 지표(Metric)가 구축되어야 합니다. 지속가능성 보고서와 공시는 폭넓은 환경 및 사회문제에 대한 데이터를 공시하고, 산업 규범에 맞추어야 하는 요구사항과 구체적인 행동을 위한 명확하고 전략적인 초점을 제시해야 할 필요성 사이의 긴장을 극명하게 보여줍니다.[15]

2022년 테네오(Teneo)[16]가 200개 이상의 지속가능성 보고서를 검토한 바에 따르면, 대부분의 기업이 깊이보다는 폭을 강조하며 무리를 이루어 비난을 피하려는 경향을 보였습니다.[17] 이는 이해할 만하지만, 현재 지속가능성 표현의 질을 감안할 때 이러한 접근방식은 기업이나 사회 모두에게 큰 도움이 되지 않습니다.

거의 모든 것이 중요하다고 결론 내리는 평가처럼 흔한 함정에 빠지지 마십시오. 전략적으로 초점을 맞추는 것은 핵심 기업전략에 속하는 소수의 중요한 문제에 집중할 수 있게 할 것입니다. 그러면 지속가능성 우선순위가 명확해져서 겉으로 보기에도 분명해질 것입니다.

문제의 본질을 외면하기
Ignoring the elephant in the room

기업의 지속가능성 노력은 종종 기업이 수익성을 위해 활용하고 심지어 의존하는 부정적인 외부효과에서 주의를 돌리기 위해 이용됩니다. 중요한 것에 집중하면서도 본질적인 문제를 간과하는 경향이 있습니다. 소셜 미디어 플랫폼들은 자신들의 재생에너지 이니셔티브에 대해 말하지만, 기업의 핵심제품이 정신건강, 민주주의, 극단주의에 미치는 영향에 대해서는 말하지 않습니다. 소매업체들은 공급업체에 요구하는 환경기준에 대해서는 이야기하지만, 정작 왜 고용자들에게 최저임금을 지급하지 않는지에 대해서는 언급하지 않습니다. 정크푸드 제조업체들은 소비자 선택을 강조하지만, 그들이 제품을 중독성 있게 제조한다는 사실은 인정하지 않습니다.[18] 그래서 대대적으로 홍보된 많은 지속가능성 노력들이 기업의 책임연극으로 치부되는 것은 놀라운 일이 아닙니다.

기업들이 자신의 경영모델에 대한 본질적인 도전을 인정하고 해결하는 경우는 드뭅니다. 그렇게 하는 기업들은 대체로 위협받는 분야에서 생존을 위해 노력하고 있습니다. 필립 모리스 인터내셔널(Philip Morris International)은 여전히 논란의 여지가 있지만, 담배가 야기하는 위험을 인정함으로써 업계의 전형적인 스토리라인과는 다른 접근을 취하고 있습니다.[19] 이 기업의 지속가능성 최고책임자인 제니퍼 모틀스(Jennifer Motles)는 "ESG 공시 압력이 너무 포괄적이기 때문에, 기업은 자신의 위험, 기회, 영향에 대해 어떤 이야기를 하고 싶은지 선택할 수 있습니다."라며 이어서 이렇게 말합니다.

이로 인해, 역사적으로 담배 산업의 기업들이 탈탄소화나 공급망 노동자와 같은 덜 중요한 주제에 지속가능성 관련 공시를 집중할 수 있었습니다. 하지만, 담배산업에서 가장 중요한 문제는 핵심제품의 건강에 대한 영향입니다. 이를 성공적으로 다루면서 진행 상황을 투명하게 보고하는 것이 모든 담배 기업의 지속가능성 전략의 핵심이 되어야 합니다. 인권 변호사인 제가 이 역할을 맡은 것은 이 본질적인 문제를 해결하기 위해 비즈니스를 바꿀 기회가 있기 때문입니다. 제 업무는 기업전략의 중심이고 보상체계와 자본배분 결정에 영향을 미칠 수 있습니다.

한때 유럽 에너지부문에서 석탄 의존도가 가장 높은 기업 중 하나였던 오스테드(Ørsted)는 2009년 재생연료를 수용하기로 약속한 이후, 현재는 해상 및 육상 풍력 발전소, 태양광 발전소, 바이오에너지 공장, 에너지 저장 시설을 만들어 운영하고 있습니다.[20]

논란이 있는 분야의 일부 기업들이야말로 사회에 미치는 임팩트에 대한 과거의 잘못된 관리로부터 회복하기 위해 가장 발전된 지속가능성 전략을 가지고 있습니다. 이처럼 적극적으로 재집중을 선택한 기업들로부터 많은 것을 배울 수 있습니다.

불일치하는 목표와 보상체계
Misaligned goals and incentives

환경적 및 사회적 우선순위를 핵심경영 의사결정에 포함시키는 것은 어려운 일입니다. 운영의 실질보다는 평판압력을 강조하면서, 기업들은 환경적 및 사회적 도전, 기회, 위험을 지속가능성 사항이라는 범주로 분류하는 경향이 있습니다.

해당 문제를 다루는 것이 혁신을 장려해야 하는지(기존 비즈니스 지표를 사용하여 관리할 수 있음), 위험을 관리해야 하는지(경우에 따라 노출을 줄이고 결과를 완화하는 조치가 필요하며, 다른 위험은 전략적 기회도 제공함), 또는 윤리적 의무를 결정해야 하는지(정책, 금지, 감독이 필요하며, 영향을 기반으로 하는 것이 가장 좋음)를 구분하지 못하면 노력은 실패할 것입니다. 또한 의무들을 구분

표 4-1 중대성 평가를 통한 환경 및 사회문제 우선순위 설정

1단계	모든 관련된 환경 및 사회문제의 전체 범위를 식별한다.
2단계	내부 및 외부의 우호적인 사람들, 비평가들, 비판적 친구들과 논의한다.
3단계	냉철하게 우선순위를 정한다. 내부 및 외부 이해관계자 모두에게 중요한 전략적 문제를 식별한다.
4단계	언제, 어떻게 행동할지 결정한다. 행동하지 않으면 위험이 될 수 있는 위험, 혁신기회 및 임팩트를 구분한다.
5단계	우선순위를 기업전략에 포함시킨다.

할 수 없다면, 일관된 목표나 보상체계를 설계할 기회가 없을 것입니다.

단순히 가능한 모든 관련 사항을 선택하고 보고하는 것이 중대성 평가를 엄격하게 수행하는 것이 아닙니다. 스마트하고 전략적인 방식으로 우선순위를 설정하는 방법을 살펴보겠습니다(표 4-1 참조).

1단계: 모든 관련 문제 식별하기
Step One: Identify All Relevant Issues

첫 번째 단계는 기업운영과 직접적으로 관련된 모든 환경 및 사회문제를 식별하는 것입니다. 이는 산업, 규모, 경영모델에 따라 다를 것입니다. 석유 및 가스사업의 경우, 기후변화가 분명히 중요한 문제입니다. 식품제조업체라면 원재료 조달 방식이 중요한 문제입니다. 근로조건은 공급업체에 더 즉각적이고 직접적인 영향을 미칠 수 있습니다. 모든 기업은 상업적 성과와 운영위험에 명확하고 직접적으로 영향을 미치는 다양한 환경 및 사회문제, 즉 '외부에서 내부로(Outside in)'의 임팩트와 위험을 가지고 있을 것입니다.

이러한 문제들을 식별하기 위해 많은 기업들은 지속가능성 회계기준위

원회(Sustainability Accounting Standards Board, SASB)[21]의 섹터별 분류법을 검토하는 것으로 시작합니다.[22] 이는 기업에 직접적인 재무적 영향을 미칠 가능성이 가장 높은 외부효과에 대한 산업별 평가입니다. SASB의 프레임워크는 '기업이 장기적으로 가치를 창출할 수 있는 능력을 유지하거나 향상시키는 기업활동'을 측정하도록 설계되었습니다. 이러한 상세한 작업을 통해 ESG 투자자들과 평가기관들이 사용하는 지표에 정보를 제공합니다.

SASB는 시작점으로는 괜찮지만 전체 그림을 보여주지 못할 수 있습니다. 여전히 재무성과 결과를 선택기준으로 사용하며, 직접 통제할 수 있는 핵심운영 고려사항에만 초점을 맞춥니다.

당신의 위험환경을 고려하십시오. 일반적으로 기업내부에서 위험관리와 지속가능성 우선순위 사이에는 접점이 없습니다. 2017년까지만 해도, 지속 가능한 개발을 위한 세계 비즈니스 협의회(World Business Council for Sustainable Development)는 기업의 지속가능성 보고서에서 기업의 법적 공시에서 '중요'하다고 간주된 영역의 29%만 위험으로 공개되었다고 보고했습니다.[23]

위험평가와 중대성 평가를 완전히 별개의 활동으로 보는 것은 문제가 있는 구시대적 사고방식의 대표적인 예입니다. 전통적으로 투자자들은 리스크 공시를 요구하는 반면, 자발적인 지속가능성 노력은 암묵적으로 기업이 리스크와 법규준수를 넘어 좋은 기업시민이 되기 위해 '있으면 좋은 것(nice to have)'으로 여겨졌습니다. 그러나 자발적 노력과 규제노력을 구분하는 것은 이 분야가 계속 성장함에 따라 점점 더 의미가 없어지고 있습니다. 예를 들어, 인권실사는 EU에서는 규제요건이 되었으나 다른 곳에서는 아니며, 기후공시는 전 세계적으로 규제와 소송의 중심이 되고 있습니다.

이러한 바가 의미하는 것은 기업이 더 나아가기 전에 ESG에 영향을 미칠 수 있는 기업위험 평가를 검토해야 한다는 것입니다. 일부 위험은 순전히 재정적이거나 운영적입니다. 예를 들어, 환율 변동이나 관세 등을 생각해 보십시오. 기업의 외부 위험은 모든 중요 이슈목록에 포함되어야 하며, 적어도 위험과 중대성 평가가 같은 용어와 개념을 사용하는지 확인해야 합니다.[24] 많은 기업들은 또한 아직 전략적 우선순위는 아니지만 그렇게 될 수 있는 새로운 위험을 이슈목록에 포함시켜야 합니다.

리스크팀과 지속가능성팀 간의 깊은 관계를 장려하는 것은 매우 유익합니다. 저는 이러한 관계가 양쪽 모두의 분석 품질과 영향력을 향상시키는 것을 보았습니다.[25] 제가 성공적으로 수행한 프로젝트 중 일부는 컴플라이언스팀과 함께 고위 임원들의 위험 및 지속가능성 등 중요한 이슈에 대해 장기적인 시나리오를 계획하는 워크샵에서 비롯되었습니다. 중요한 것은 지속가능성을 위험의 감소와 동일시하면 안 된다는 것입니다. 위험과 지속가능성팀 간의 깊은 관계는 위험과 기회 모두를 명확히 하는 데 도움이 됩니다.

기업이 세상에 미치는 임팩트를 고려하십시오. 일반 시민들이 기업이 주목해야 할 문제에 대해 생각할 때, 기업의 위험성향과 재정적 취약성에 따라 판단하지 않습니다. 그들은 다음과 같은 임팩트를 고민합니다. 사업이 환경 오염을 일으키나요? 고객을 기만하나요? 산림을 파괴하나요? 노동자를 착취하나요? 독재정권을 지원하나요? 또는 대중의 의견을 저해하는 것처럼 보이는 방식으로 로비활동을 하나요? 만약 기업이 이러한 행위에 대해 책임을 지지 않는 것처럼 보이거나 혹은 부정적인 영향을 통해 더 많은 돈을 벌고 있다면 대중은 더욱 분노할 것입니다. 따라서 기업의 임팩트에 대해 명확히 평가하는 것이 중요합니다. 이는 모든 근거 없는 비판에 대해 사과하며 대응해야 한다는 의미는 아닙니다.

폐기물관리나 고용자 안전관리처럼 기업이 핵심활동을 수행하는 과정에서 발생하는 일부 임팩트는 명백할 것이고, 어떤 것은 조달전략이 공급망의 임금에 어떤 영향을 미치는지와 같이 덜 명백할 것입니다. 소셜 미디어에서 얼마나 강하게 비판하는지는 신뢰할 만한 지표가 아닙니다. 회사가 이해관계자들에게 어떤 영향을 미치는지 실용적인 호기심을 갖는 것이 훨씬 더 현명합니다. 최소한 기업의 관련 분야에서 행동주의 비정부기구, 시민사회 단체, 선도적인 학자들, 사회적 책임 투자자들이 집중하고 있는 문제들은 자세히 살펴봐야 합니다.

활동가의 요구가 기업행동에 미치는 영향에 대한 연구는 샬롯 무어(Charlotte Moore)의 주장을 뒷받침합니다. 그녀의 주장은 기업행동을 가장 효과적으로 바꾸는 법은 산업 전반에 걸쳐 기준을 높이는 것이고, 이는 특히 평균적 성과를 내는 기업들이 미래의 요구를 예상하고 지속가능성 목표를 높이도록 독려하는 것입니다.[26] 따라서 기업이 속한 산업에서 앞으로 10년 동안 지속가능성 캠페인이 어떻게 진화할지 예상해 보는 것은 가치가 있습니다. 기업이 직면할 가장 어려운 결정 중 일부는 현재 심각한 리스크나 기회를 제시하지는 않지만, 해결하지 않으면 문제가 될 수 있는 영향을 우선순위로 두는 것입니다. 예를 들어, 아직은 물 사용으로 비판받지 않을 수 있지만, 특정 지역에서는 가뭄이 반복되고 있습니다.

정보수집 단계가 끝나면, 기업은 모든 중요한 잠재적인 환경 및 사회문제를 담은 긴 목록을 작성하게 될 것입니다. 이 목록에는 외부 리스크(제품 품질과 안전 관리 또는 폐기물 처리 방법)와 규정 준수 요구사항, 기회와 목표(다양한 인력을 구성하는 것), 그리고 산업 특정 문제(책임 있는 연구 개발 또는 임상시험의 접근성 확보)가 포함될 것입니다.

이슈환경을 최종적으로 정리하세요. 이제 이 목록을 최대 30개의 이슈로 통합해야 합니다. 여러분이 이해하고, 추적하며, 공개해야 할 이슈들의 전반적인 환경을 포함하지만, 어디에서 행동해야 할지에 대한 지침은 아닙니다. 이 이슈환경에서 우선순위를 선택함으로써 여러분은 기업의 위험, 기회, 그리고 윤리적 의무를 더 잘 이해하게 될 것입니다.

이제 유사한 개념이나 아이디어를 결합하되, 어느 것도 사전에 정해진

의제를 포함하지 않도록 주의해야 합니다. 예를 들어 '지속 가능한 포장'은 좋은 선택인데 '플라스틱 폐기물 제거'는 목표를 전제로 합니다. 만약 어떤 이슈가 기업의 성장에 관한 것이고 사회적 또는 환경적 영향과 연관성이 희박하다면, 해당 이슈는 제외할 수 있습니다. '지역사회 역량 강화' 또는 '공중보건 증진'과 같은 모호한 용어는 피하도록 노력하십시오. 명확한 용어를 사용하고, 해당 문제를 간단히 설명하십시오. 만약 이슈를 짧은 문장으로 정의할 수 없다면, 그것은 충분히 확고하지 않기 때문입니다.

이제 평가의 프레임워크를 개발했으므로 세부적인 정보수집 단계로 넘어갈 수 있습니다.

2단계: 친구, 비평가 그리고 비판적 친구와 상담하기
Step Two: Consult Friends, Critics, and Critical Friends

다음으로 정한 이슈환경과 관련하여 회사 내부와 외부의 광범위한 정보를 가진 사람들에게 무엇을 우선해야 하는지 물어봐야 합니다. 이미 어디에 집중해야 하는지 명확하다 하더라도, 이러한 이해관계자들의 관점은 행동을 취할 때 큰 도움이 될 것입니다.

내부 설문조사와 함께 상세한 내부 및 외부 인터뷰를 진행하면 가장 포괄적인 통찰력을 얻을 수 있습니다. 인터뷰는 추가적인 전략적 통찰력을 제공하며, 여러분이 필요로 하는 비평가 친구들과 장기적인 관계를 형성하는 첫 단추로 활용될 수 있기 때문에, 비용과 노력을 들일 가치가 있습니다. 소셜 미디어 분석에도 제한적으로 의존할 수 있습니다. 다만 이러한 분석은 아무것도 없는 것보다는 낫지만 깊이가 부족할 것입니다.

기업의 최고경영진과 인터뷰하십시오. 기업내부에서는 모든 주요기능의 리더들과 대화하는 것이 중요합니다. 그러나 특정 부서와 업무를 하는 리더들이 자기 관심사와 이해관계에 맞는 것만 골라서 선택할 것을 예상해야 합니다. 방어적인 정치적 행동도 흔합니다. 예를 들어, 최고 컴플라이언스 책임자들은 부패위험이 잘 관리되어 문제가 되지 않는다고 말하는 경향이 있고, 구매부서의 리더들은 회사 공급망이 견고하다고 강조합니다. 이러한 왜곡을 방지하려면 인터뷰를 하는 최고경영진에게 중대성 평가는 해당 이슈가 얼마나 잘 해결되고 있는지를 묻는 게 아니라, 해당 이슈가 회사의 경영에 얼마나 태생적으로 중요한 것인가에 관한 것임을 강조해야 합니다.

인터뷰를 기업의 미래와 전략적 우선순위에 대한 폭넓은 논의로 시작하고 환경 및 사회적 문제가 이러한 우선순위에 얼마나 영향을 미치는지 다루십시오. 인터뷰는 시야를 넓힐 수 있는 절호의 기회입니다. 허리케인과 산불이 기업의 운영을 어떻게 방해할 수 있을까요? 인권에 대한 대중의 우려가 중국의 공급업체와의 작업에 어떻게 영향을 미칠 수 있을까요? 이러한 논의 후, 인터뷰 대상자들에게 기준을 정해 이슈들의 중요성을 평가하도록 요청하십시오. 하지만 숫자만으로는 전체 그림을 볼 수 없다는 걸 명심하세요.

다른 고용자들을 무시하지 마십시오. 최고경영진을 넘어 평가를 확대하는 것이 현명하므로, 이제는 다른 고용자들의 견해를 수집할 때입니다. 일반적으로 더 넓은 고용자층은 중대성 평가에서 제외되어 왔지만, 지속가능성 주제에 대한 고용자들의 관심이 증가하고 있는 것을 고려하면 우선순위와 상충 관계를 고려하는 데 모든 사람을 참여시키는 것이 바람직합니다. 다양한 지역과 기능을 대표하는 고용자들과 포커스 그룹을 운영하는 것이 이상적이지만, 설문조사도 좋은 대안이 될 수 있습니다. 상대적으로 낮은 직급의 고용자들은 개인적인 관심사에 더 집중할 우려도 있지만, 지위, 충성도, 평판에 대해 덜 신경 쓴다는 장점도 있습니다. 실제로 고용자들의 피드백이 경영진의 견해와 크게 다르다면, 이는 잠재된 불만이나 의견충돌의 징조를 발견한 거나 다름없습니다.

　대화를 통해 어디서 압박감을 느끼는지, 무엇에 열정을 느끼는지, 어떤 점이 고통스러운지, 그리고 어떤 갈등이 있는지 등 조직 내부의 실태를 생생하게 파악할 수 있습니다. 고용자들이 무엇을 기대하고 중요하게 여기는 것이 무엇인지도 더 잘 이해하게 될 겁니다. 게다가 누가 새로운 프로젝트를 이끌고 중요한 결정을 내릴 만한 인재인지도 찾아낼 수 있습니다.

　결국 이런 과정을 거치고 나면 실제로 무언가 해낼 수 있는 준비를 갖추게 될 겁니다.

외부 이해관계자를 식별하고 의견을 수렴하세요. 이제 기업외부의 중요한 의견을 포착해야 합니다. 이는 고객, 공급업체, 투자자, 정부, 지역사회 등 다양한 관점을 대표하는 사람들의 의견을 반영해야 하므로 더욱 까다로운 과정입니다. 3장에서 설명한 이해관계자 분석을 아직 수행하지 않았다면, 우선순위를 정하는 데 도움을 줄 수 있는 사람들을 식별하고 관계를 구축하는 것이 좋은 시작점이 될 것입니다.

　여러분은 이미 전략적 투자자, 고객, 규제기관, 공급업체 목록을 가지고 있을 것이며, 가능한 한 많은 이들과 대화하는 것이 좋습니다. 본사 관점에서 익숙한 연락처에만 국한하지 마십시오. 늘 보던 얼굴들로만은 부족합니다.

　중요한 고객들에게 그들의 우선순위와 목표에 대해 물어보십시오. 많은 고객들이 기업에 자신들의 요구사항을 관철시키려 하고 있을 겁니다. 시야를 넓혀 보세요. 디트로이트뿐만 아니라 다카에 있는 공급업체의 관점으로 보세요. 규제기관에 문의해서 우리 기업이 경쟁사들과 비교해 어떤지, 그리고 그들이 예측하는 신흥 트렌드가 무엇인지 알아보고, 다양한 투자자들의 의견도 들어보세요. 아마 예상보다 훨씬 다양하고 흥미로운 견해를 들을 수 있을 겁니다.

　마지막으로, 사업에 영향을 받는 모든 사람들과 그룹을 고려해야 합니다. 그들은 공식적인 영향력이 없을 수 있지만, 그들을 화나게 한다면 상황이 달라질 수 있습니다.

 기업의 인권 임팩트 평가는 실제 이해관계자 임팩트를 이해하는 가장 좋은 방법입니다. 중대성 평가와 인권평가는 보통 서로 다른 목적을 가진 별개의 활동으로 취급됩니다.[27] 그러나 인권평가를 회사의 중대성 지도에서 이해관계자 축의 기반으로 사용하는 것은 매우 좋은 아이디어입니다. 인권 임팩트 평가는 기업의 중대성 지도를 채우는 데 도움을 주는 것을 넘어, 그 이상을 할 수 있습니다. 이 주제는 6장에서 다시 살펴볼 것입니다. 설령 그런 시각들이 아무리 부당하게 여겨진다 하더라도, 최소한 사업에 대한 가장 적대적인 시각들을 의식적으로 이해하려고 노력해야 합니다.

 이러한 대화는 새로운 네트워크와 관계를 형성하는 데 도움을 줄 수 있고, 심지어 이를 자문위원회로 공식화하는 것도 고려해볼 수 있습니다. 또한 이런 대화를 통해 사업의 어떤 부분에 직접적으로 영향을 줄 수 있고, 어떤 부분에 영향을 줄 수 없는지에 대해 사람들이 가지고 있는 일반적인 오해를 파악하는 데 도움이 됩니다. 앞으로 진행하면서 마주칠 수 있는 저항을 미리 예측하는 데도 도움이 됩니다.

3단계: 과감하게 우선순위 정하기
Step Three: Prioritize Ruthlessly

일단 환경과 이해관계자 의견을 이해하게 되면, 과감하게 우선순위를 정해야 합니다. 다양한 관련 이슈들을 확인하고 나면, 균형과 일관성을 위해 모든 이슈에 동등한 우선순위를 두고 싶어질 수 있습니다. 하지만 확실한 선택 없이 모든 것을 중요하게 여기다 보면, 결국 아무런 차별화 없이 도덕성 과시의 늪에 빠지게 됩니다.

이제 상황이 불편해질 수 있습니다. 그토록 공들여 진행한 엄격한 평가도 내부의 권력역학에 의해 쉽게 무너질 수 있습니다. 일부 이슈를 과장하고, 부정적 주목을 받을 만한 다른 이슈들은 축소하라는 압박을 받게 될 것입니다. 결국 외부의 비판과 내부의 저항 사이에 갇히기 쉽습니다. 그래서 중대성 평가로 시작한 과정이 그저 형식적인 절차로 끝나 버리는 겁니다. 독립적인 목소리가 있으면 도움이 될 수 있겠지만, 내부적으로 신뢰를 얻고 있을 때만 가능한 얘기입니다.

그래도 결국 이 작업의 핵심은 우선순위를 정하는 것입니다. 좋은 접근 방법 하나를 소개해 드리겠습니다. 4분면 매트릭스를 만들어보세요. 세로축(y축)에는 외부 이해관계자들의 우선순위를, 가로축(x축)에는 내부 이해관계자들의 우선순위를 배치하는 겁니다. 이렇게 하면 어떤 이슈들이 내부적으로 최우선 과제로 떠올랐는지 시각화할 수 있고, 이를 외부의 최우선 과제들과 비교해볼 수 있습니다(그림 4-1 참조).

내부 및 외부 인터뷰 대상자들이 우선순위를 매긴 방식에 따라 중요 이슈를 매트릭스에 배치하십시오. 어떤 이슈들이 어디에 배치되었나요? 충분한 데이터가 있다면, 특정 이해관계자 그룹이나 특정 지역 또는 부서의 관점을 반영한 구체적인 지도를 만들 수 있습니다. 많은 중대성 평가에서 상세한 정량적 분석을 권장하지만, 이는 과학적인 과정이 아닙니다. 완전히 객관적일 수는 없습니다.

가장 중요한 질문은 각 이슈가 어느 사분면에 위치하는가입니다. 왼쪽 하단 사분면에 있는 이슈는 가장 낮은 우선순위입니다. 이러한 이슈는 모니터링하고 추적하며 평가해야 하지만, 적극적인 우선순위가 되지는 않을 것입니다. 이제 오른쪽 하단 사분면의 이슈를 보십시오. 이 이슈들은 내부에서는 중요해 보이지만 외부에서는 덜 중요한 것들입니다. 여기서는 핵심운영 위험 우선순위와 컴플라이언스가 포함될 수 있습니다. 이 사분면에는 외부 이해관계자들에게 크게 와닿지 않는 주력 사업들도 포함될 수 있습니다. 문

그림 4-1 **우선순위 설정 매트릭스**

이해관계자의 중요도

y축을 완성하기 위해, 이해관계자들에게 기업이 어떤 영향을 미치는지에 대해 물어보세요. 이 질문을 보다 철저하게 탐구하기 위해 기업 인권영향 평가를 고려하세요.

	낮음	높음
높음	기업 성공에 미치는 영향이 높지만 관심이 부족하거나 무엇을 해야 할지 모르는 문제들	기업의 최우선 과제들로, 기업이 주도하고 선제적으로 대응해야 할 문제 3개를 선택
낮음	최소 기준을 충족하고 대응할 준비가 되어 있어야 하는 문제들	내부적으로는 우선순위이지만 외부적으로 반향을 일으키지 않는 문제들

경영 성공에 미치는 영향

x축을 완성하기 위해, ESG 보고 기준을 시작점으로 삼아 재무적으로 중요한 이슈를 식별하세요. 주요 경영진들과 대화하여 이 중 어떤 것들이 전략에 중요할지 우선순위를 정하세요.

제는 기업이 이런 이슈들을 어떻게 소통하고 프레임을 만드느냐에 달려 있습니다. 또는 산업재해와 같이 문제가 발생하지 않는 한 이해관계자들이 큰 관심을 가지지 않는 이슈일 수도 있습니다.

이제 왼쪽 상단 사분면의 이슈들을 살펴보세요. 아직 내부적으로 많은 주목을 받지 못하고 있는 이해관계자의 우선순위들입니다. 일반적으로 공중보건, 기후변화, 동물권리, 기술의 사회적 영향과 같은 주요 사회적 관심사가 해당됩니다. 이해관계자들은 해당 문제에 대한 기업의 영향력 정도나 임팩트의 범위를 과대평가할 수 있습니다. 만약 그렇다면, 결국 외부의 압력에 맞서 의연하게 대처해야 할 수도 있습니다. 그래야 주변적인 문제에 귀중한 자원을 낭비하는 것을 막을 수 있습니다. 예를 들어, 제약회사라면 기후변화 대응에 우선순위를 두라는 압박을 받을 수 있습니다. 하지만 실제로는 개발도상국에서 의약품 접근성을 높이는 것이 더 즉각적이고 긍정적인 변화를 만들어낼 수 있을 것입니다.

주의하십시오. 이 사분면에는 기업이 아직 명확히 이해하지 못했거나,

결단력 있게 행동할 준비가 되어 있지 않거나, 책임을 지고 싶어 하지 않는 이슈들이 포함될 수 있습니다. 이슈에 대한 책임의 인식수준은 경영진과 부서들 사이에 서로 달라, 조직수준에서는 중요함에도 불구하고 문제를 어떻게 관리해야 할지에 대해 내부적으로 명확하지 않을 수 있습니다. 이런 사안들은 미래의 윤리적 위기의 씨앗이 될 수 있으며, 격렬한 활동가 캠페인의 표적이 될 수도 있습니다. 이러한 이슈들은 기업의 명시된 가치나 행동강령의 요구사항을 통해 관리해야 할 수도 있으므로 일종의 조기 경보시스템으로 생각하면 됩니다.

4단계: 언제, 어떻게 행동할지 결정하기
Step Four: Determine When and How to Act

가장 중요한 것은 오른쪽 상단 사분면입니다. 여기에는 내부 및 외부 관찰자 모두가 중요하다고 여기는 환경 및 사회문제가 포함됩니다. 이 사분면에 있는 이슈는 다차원적인 특성을 가질 가능성이 높습니다. 각 이슈는 위험과 기회를 동시에 내포하고 있으며, 윤리적 의무와 상업적 필요성을 함께 제시합니다.

    이 사분면과 관련된 이슈들은 주요 외부전문가 및 기타 이해관계자들과의 긴밀하고 지속적인 대화를 통해서 가치 있는 영역들을 발견할 수 있습니다. 문제들 사이의 연결점을 찾아보면, 기후변화나 노동자의 권리와 같은 모두가 동일한 근본적인 원인과 관련되어 있을 것입니다. 지금이 바로 활발한 토론을 통해 말과 행동을 일치시켜야 할 때입니다. 이때 가능하다면 자신 있게 하나의 집중영역을 선택하는 것을 가장 추천합니다. 하지만 주의해야 할 점이 있습니다. 집중영역을 선택할 때 세 가지 이상의 이슈를 선택한다면, 감당할 수 있는 것보다 더 많은 것을 떠안게 됩니다.

만약 기업이 분석을 철저히 수행했다면, 우선순위 이슈들에는 기업의 핵심 경영모델에 있어서 중대하고 심지어 생존과 직결되는 문제가 포함될 수 있습니다. 예를 들어 여러분이 제약회사라면 제품에 대한 책임과 안전 문제가 눈에 띌 것입니다. 의류제조업체라면 공급망에서의 환경에 대한 영향과 노동자의 권리문제를 피할 수 없을 것입니다. 흔히 이런 이슈들을 단순히 위험이나 문젯거리로만 바라보는 경향이 있습니다. 하지만 이러한 이슈들이 혁신과 전략적 우위를 얻기 위한 중요한 기회가 될 수 있습니다.

기업이 기술 하드웨어를 제조한다고 가정한다면, 오른쪽 상단 사분면에는 고용자 개발 및 참여, 책임 있는 구매 및 조달, 데이터 또는 개인정보 보호 같은 이슈들이 포함될 수 있습니다. 한편, 오른쪽 하단 사분면에는 보건 및 안전에 대한 운영과 관리, 폐기물, 수자원 및 에너지 사용에 대한 이슈가 있을 수 있습니다. 이러한 이슈는 내부 우선순위로, 문제가 발생하지 않는 한 이해관계자들은 큰 관심을 두지 않을 것입니다. 한편, 왼쪽 상단 사분면에서는 인권, 제품 사용 및 무결성, 기술의 사회적 영향과 같은 이해관계자들의 관심사가 포함될 수 있을 것입니다.

이 모든 것을 종합해 보면, 고용자가 기업에서 가장 큰 기회와 위협의 원천이라는 결론에 도달할 수 있습니다. 전혀 새로운 깨달음은 아닐 수 있겠지만, 그렇기 때문에 정규직 고용자만큼 공급망 내의 고용자에게도 주의를 기울일 필요가 있다는 것을 이해하게 될 것입니다. 또한, 좁은 범위의 데이터 보호 정책보다는 핵심제품에 대한 광범위한 인권 평가가 더 가치 있을 수 있다는 점도 깨닫게 될 것입니다.

명확한 우선순위 설정은 전략 수립을 훨씬 수월하게 만듭니다. 우선순위를 설정하면 다양하고 서로 상충되는 이슈들을 ESG라는 하나의 큰 범주에 무분별하게 포함해 버리려고 한다던가, ESG의 실질적인 내용보다는 메시지 전달에만 집중하려는 경향을 줄일 수 있습니다.

5단계: 우선순위를 전략에 포함시키기
Step Five: Embed Priorities into Strategy

우선순위를 잘 식별했다면, 이제 혁신을 장려하고, 위험을 더 잘 관리하며, 나아가 윤리적 감독을 확립하는 방법을 고려할 수 있습니다. 물론, 경쟁사가 무엇을 하고 무엇에 대해 이야기하는지 궁금할 수도 있겠지만, 기업이 추구해야 할 목표는 모방이 아닌 차별화입니다. 지속가능성 컨설팅 회사인 큐비(qb.)를 운영하는 샘 하트삭(Sam Hartsock)은 이렇게 언급했습니다.

"우리는 특정 문제가 운영위험, 윤리적 의무, 또는 임팩트나 혁신의 기회 등 무엇을 나타내는지를 탐색하게 됩니다. 이러한 접근방법은 성급하게 해결책을 찾기 전에, 더 깊은 성찰을 하는 데 도움이 됩니다."

만약 여러분이 전략적 초점을 명확히 하고, 각 이슈가 제시하는 도전과 기회를 분명히 인식한다면, 핵심 사업부서가 이러한 이슈들에 집중하도록 동기부여하는 것이 훨씬 쉬워질 것입니다. 보다 중요한 것은, 여러분의 지속가능성팀이나 이사회가 어떤 전문성을 필요로 하는지 알 수 있다는 점입니다. 반면, 전략적 초점을 제대로 맞추지 못하면 어떨까요? 만약 그렇게 된다면, 특정 이슈의 전문가를 영입하는 대신, 지속가능성팀의 업무가 단순히 데이터 수집, 조정, 그리고 이미지 관리에 그치게 될 것입니다. 연구자인 킴 슈마허(Kim Schumacher)는 이러한 역할은 주로 자격을 갖추지 못한 고용자들에게 할당하는 경향이 많다고 지적하며, 이러한 리더들은 자신들이 모르는 것이 무엇인지 알아야 한다고 말했습니다.[28]

제너럴 모터스(GM)는 기후변화에 대한 근본적 원인에 대한 집중화된 전략을 채택한 좋은 사례입니다. 내연기관 자동차산업이 저물어 가면서 엄청난 위험에 처하지만, 제너럴 모터스는 이러한 위기를 언제, 어떻게 해결할지 선택하는 것이 전략적 이점의 주요 원천이 될 수 있다고 보았습니다. 제너럴 모터스는 다차원적 전환이 환경 및 사회적 위험을 관리하는 동시에 기업가치를 창출할 수 있다는 점을 명확히 인식하고, 이에 따라 2035년까지 생산 차량의 100% 전기차로 전환하기로 결정했습니다. 제너럴 모터스는 이러한 자신들의 투자노력을 상세히 설명하고 이를 추진하기 위해 헷지펀드인 엔진 넘버 1과도 긴밀히 협력하고 있습니다. 한편, 이들은 규제지원의 필요성 및 단기간에 공급망 내 배출량 증가 예측 등을 포함한 다양한 이슈를 투명하게 공개하고 있습니다.[29] 뿐만 아니라 의미 있는 약속을 하고, 그 약속이 왜 중요한지, 성공과 실패를 어떻게 측정할 것인지 상세히 밝혔습니다. 제너럴 모터스의 핵심목표와 직접 관련되지 않는 주요 우선순위는 다양성과 포용성, 안전, 윤리적 행동과 같은 오직 윤리적 의무에 대한 사항으로 국한됩니다. 광범위한 목표를 제안하고 적극적인 입장을 보인 제너럴 모터스와 이슈마다 단 하나의 지표만으로 효과를 측정하려고 하는 다른 기업의 단편적인 노력을 비교해 보십시오. 이들은 제너럴 모터스의 접근법과는 큰 차이를 보입니다.

전략적 초점은 성과향상을 위한 동기부여에 도움이 됩니다. 반면, 너무 많은 문제를 다루려고 하면 노력이 희석되고 신뢰성이 저하될 수 있습니다. 맥도날드(McDonalds)의 사례를 살펴보겠습니다. 2021년, 맥도날드는 새로운 인적자원 정책의 일환으로 임원보상을 고위 임원에서부터 여성 및 소수자의 연간 증가 수준과 연계하겠다고 발표했습니다.[30] 이는 얼핏 듣기에는 긍정적으로 들렸지만, 당시 언론보도를 고려하면 이야기가 달라집니다. 맥도날드는 오랫동안 흑인 가맹점주들을 차별했다는 소송을 합의로 마무리 지은 상태였는데, 구체적으로 흑인 가맹점주들에게 가장 불리한 위치의 매장을 맡기고, 비현실적인 리노베이션을 요구했으며, 해당 매장들에 대해서만 더 엄격한 점검을 실시했다는 혐의를 받고 있었습니다.[31] 물론 맥도날드는 합의 과정에서 잘못이 없었다고 부인했지만, 관련 혐의가 너무 많았기 때문에 너무 많은 우선순위를 갖는 것이 왜 그렇게 위험한지, 그리고 의미 있는 조직적 약속이 왜 단일 지표에 의존해서는 안 되는지를 알려줍니다.

만약 기업의 중대성 평가에서, 장기적 안목에서 고객, 공급업체, 그리고 고용자의 기대를 충족시키는 데에 다양성이 필수적이고, 따라서 생존하기 위해 필수불가결한 경영요소라면, 이를 근본적인 전략적 목표로 삼아야 합니다. 그렇다면 이를 어떻게 실행에 옮길 수 있을까요? 한 가지 방법으로는 기업의 임원들에게 자신의 부서 및 부서가 수행하는 기능에 있어서 어떻게 하면 다양성에 대한 요구사항을 충족할 수 있을지에 대한 계획을 수립하고, 혁신을 테스트하면서 서로 경쟁하도록 장려할 수 있습니다. 이 과정을 통해 경영진들은 자연스럽게 다양성에 대해 더 깊이 이해하고, 이를 증진시킬 수 있는 다양한 방법을 배우게 됩니다.

니키타 미첼(Nikita Mitchell)은 시스코(Cisco)의 목적 전략 및 혁신에 대한 업무를 수행하고 있습니다. 그녀는 이렇게 말했습니다.

"우리는 5년 간 3억 달러를 투자하여, 12가지 사회 및 정의에 대한 조치를 가지고 있으며, 이는 책임성 있는 사업부서 각각에 깊이 내재되어 있습니다. … 우리가 투명성을 위해 진행상황에 대한 데이터를 공개적으로 공유한다는 점을 자랑스럽게 여깁니다. 우리는 여전히 여정 중에 있지만, 우리의 약속은 진실합니다. 또한 더 중요한 것은, 그것이 혁신적이라는 점입니다."[32]

전략적 초점을 맞추면 어떤 행동을 장려하려는지가 명확해집니다. 기업이 고안해야 하는 신뢰할 만한 인센티브 구조는 그 과제가 혁신을 장려하는 것인지, 리스크를 줄이는 것인지, 아직 리스크는 아니지만 미래에 그럴 수 있는 부정적 영향을 관리하는 것인지 명확해야 합니다. 그것을 파악하지도 못한다면, 곧 문제에 부딪힐 것입니다. 탄소배출을 줄이는 목표를 설정한다면, 임원들에게 인센티브를 부여하는 데 사용할 수 있습니다.[33] 그러나 보상계획은 감독과도 균형을 이루어야 합니다. 한 가지 두드러진 예로, 매러선 페트롤리엄

(Marathon Petroleum)의 임원들은 2018년 탄소배출 감소로 보너스를 받았는데, 같은 해에 회사는 대규모 기름 유출로 벌금을 물었습니다.[34] 다시 말하지만, 탄소감축에 대한 좁은 초점보다 환경책임에 대해 포괄적으로 고려하는 것이 이해관계자와 투자자에게 훨씬 더 설득력 있을 것입니다.

정확한 적용과 정직한 평가를 통해 기업은 명확한 운영 우선순위, 목표, 그리고 보상체계를 추구할 수 있는 토대를 마련할 수 있습니다. 필립 모리스 인터내셔널의 사례를 살펴봅시다. 회사는 핵심목적, 전략, 재무성과, 환경 및 사회적 영향을 연결하는 19개의 ESG 핵심성과지표를 만들었습니다. 이들은 2025년까지 금연사업을 주력 사업으로 한다는 목표를 달성하기 위해서, 임원의 보상체계와 목표를 연계하였습니다.[35]

이와 같은 목표와 인센티브의 통합은 아직까지도 흔치 않은 접근법이기 때문에, 실제 이를 실행에 옮긴다면 상당한 경쟁우위를 가질 수 있습니다. 그렇다고 이게 끝은 아닙니다.

전략적 초점은 혼자 해결할 수 없는 문제들을 식별하는 데에도 도움이 됩니다. 앞서 중요한 문제들을 검토하고 토론하는 과정에서 불가피하게 기업의 임팩트가 주는 재무적 결과가 불확실하고 야심찬 행동을 취하더라도 문제를 완전히 해결하지 못할 수 있다는 점을 인지했을 것입니다. 아마도 불편한 질문들을 야기하는 이슈를 발견할 것입니다. 다양성에 대한 우선순위로 법정기준 이상의 최저 임금을 설정을 설정해야 하나요? 만약, 아동노동의 위험을 식별했다면 공급업체를 감사하는 것으로 충분합니까, 아니면 보육시설을 제공하거나 학교에 자금을 지원해야 합니까? 이 문제가 기업의 전문성을 넘어서거나, 해당 국가에 충분한 교사가 없다면 어떻게 해야 할까요? 기업의 행동이 의도하지 않은 결과를 초래할 가능성이 있습니까?

강력한 중대성 평가는 온실가스 배출, 삼림파괴, 과도한 물 사용, 공중보건의 부정적 영향, 오염과 같은 기업의 외부효과를 해결하기 위한 정부와 시민사회 기관의 노력에 어떻게 대응할 것인지에 대한 질문을 제기할 것입니다. 이는 민주적 참여나 성평등 지원과 같은 더 넓은 정책적 고려사항을 수반할 수 있습니다. 인권이 좋지 않은 지역에서 원자재를 조달해야 할 수도 있습니다. 이런 경우, 행동을 취하는 것은 기업의 단기적인 재무적 이익과 공공복지 사이의 갈등을 초래하는 것처럼 보일 수 있습니다.

    이는 기업의 도덕적 의무를 진지하게 받아들인다면, 법적·정책적 환경을 피할 수 없다는 것을 의미합니다. 5장에서 법의 역할에 대해 다루겠습니다.

하이어 그라운드로 나아가는 과정
STEPS TO HIGHER GROUND

환경이나 사회문제에 대해 최소주의적 입장과 최대주의적 입장 사이에서 갈등하기 쉽습니다. 하지만 기업의 무형자산의 가치가 중요해지고 외부효과의 영향에 대한 인식이 높아지면서, ESG 이슈를 무시하는 것은 불가능해졌습니다. 또한 이러한 이슈들이 기업의 수익에 위협이 될 때까지 기다렸다가 뒤늦게 행동하는 것은 현명하지 않습니다. 동시에 ESG 점수에 지나치게 집착하거나, 여러분의 통제력이나 전문성에서 벗어난 문제를 해결하려고 서두르지 마세요.

최대 3개 정도의 핵심적 이슈에 집중하지 않는다면, 향후 경영 의사결정에 이러한 이슈들이 고려될 가능성은 낮아집니다. 환경 및 사회적 이슈가 진정으로 기업의 전략에 해당한다면, 별개의 지속가능성 노력으로는 이를 관리할 수 없으며 핵심 기업전략의 일부로 고려해야 합니다.

또한, 정직하고 엄격한 중대성 평가를 실시하여 기업경영과 이해관계자 모두에게 중요한 이슈를 파악하세요. 이는 여러분의 전략에 초점이 될 것입니다. 핵심 우선순위를 정했다면, 혁신기회, 운영위험, 윤리적 의무를 구분하세요. 이를 통해 효과적인 보상체계의 설계가 용이해지고, 가치관, 원칙, 감독구조를 명확히 하는 데 도움이 됩니다.

그러나 전략적 초점을 명확하게 정했다고 해서 다른 이슈들을 무시해도 된다는 뜻은 아닙니다. 최소한 기업의 중대성 지도(Materiality map)에 있는 모든 문제에 대한 정보를 보고하고 공개해야 할 것입니다. 중대성 평가는 조직이 이해관계자들에게 상당한 영향을 미치지만 초점이 맞지 않거나 행동할 준비가 되어 있지 않은 영역을 식별하는 데 도움이 됩니다. 또한 당연히 잘 처리할 것으로 기대되는 핵심운영 우선순위를 식별하는 데에도 도움이 될 것입니다. 이슈와 이해관계자로부터의 압력에 대한 이러한 세밀한 이해를 갖추면 자신감 있게 앞으로 나아갈 수 있을 것입니다.

미주

1. Owen Walker, Financial Times, 'The long and short of the quarterly reports controversy', 2018년 7월 2일(https://www.ft.com/content/e61046bc-7a2e-11e8-8e67-1e1a0846c475)
2. Richa Naidu and Ross Kerber, Reuters, 'Unilever under pressure to show sustainability focus is good for business', 2022년 2월 9일(https://www.reuters.com/business/retail-consumer/unilever-under-pressure-show-sustainability-focus-is-good-business-2022-02-09/)
3. Unilever, 'Unilever's purpose-led brands outperform', 2019년 6월 11일(https://www.unilever.com/news/press-and-media/press-releases/2019/unilevers-purpose-led-brands-outperform/)
4. Judith Evans and Eva Szalay, Financial Times, 'Activist investor Nelson Peltz to join board of Unilever', 2022년 5월 31일(https://www.ft.com/content/f7e72c63-9531-4d2b-9206-6e723dd1b3f0)
5. Cassie Werber, Quartz, 'Corporate purpose took a step backward this week', 2022년 8월 24일(https://qz.com/ben-and-jerrys-israel-palestinian-territories-unilever-1849450069)
6. Margaret Sutherlin, Bloomberg, 'Corporate giants promised to clean up their plastic mess—they haven't', 2022년 8월 19일(https://www.bloomberg.com/news/newsletters/2022-08-19/big-take-toxic-trash-spurs-blame-game-in-west-africa), Joe Brock and John Geddie, Reuters, 'Unilever's plastic playbook', 2022년 6월 22일 (https://www.reuters.com/investigates/special-report/global-plastic-unilever/)
7. Maggie Astor, New York Times, 'A wealthy 'anti-woke' activist joins the 2024 Presidential Field', 2023년 2월 22일(https://www.nytimes.com/2023/02/21/us/politics/vivek-ramaswamy-presidential-candidate-2024.html)
8. Alex Edmans, Business Fights Poverty (blog), 'How business can and should solve social problems', 2020년 3월 4일(https://businessfightspoverty.org/grow-the-pie-how-great-companies-deliver-both-purpose-and-profit/)
9. Ernst & Young, 'Enough: A review of corporate sustainability, in a world running out of time', 2022(https://assets.ey.com/content/dam/ey-sites/ey-com/en_au/pdfs/ey-au-enough-report-june_2022.pdf)
10. CFI Team, Corporate Finance Institute, 'Externality', 2023년 5월 30일(https://corporatefinanceinstitute.com/resources/economics/externality/)

11 Alison Taylor, hbr.org, 'We shouldn't always need a 'business case' to do the right thing', 2017년 9월 19일(https://hbr.org/2017/09/we-shouldnt-always-need-a-business-case-to-do-the-right-thing)

12 V. F. Ridgway, Administrative Science Quarterly 1(2), 'Dysfunctional consequences of performance measurements', 1956년 9월(https://doi.org/10.2307/2390989)

13 Alison Taylor, Quartz, 'The corporate responsibility facade is finally starting to crumble', 2020년 3월 4일(https://qz.com/work/1812245/the-corporate-responsibility-facade-is-finally-starting-to-crumble)

14 2022년 Governance and Accountability Institute의 연구에 따르면 S&P 500 기업의 96%가 이를 수행했다. G&A Institute, '2022 Sustainability reporting in focus', 2022(https://www.ga-institute.com/research/ga-research-directory/sustainability-reporting-trends/2022-sustainability-reporting-in-focus.html)

15 Tensie Whelan, hbr.org, 'ESG reports aren't a replacement for real sustainability', 2022년 7월 27일(https://hbr.org/2022/07/esg-reports-arent-a-replacement-for-real-sustainability)

16 역자주: Teneo는 글로벌 최고경영자 자문 및 컨설팅 회사로, 주로 기업 리더십, 전략, 커뮤니케이션, 정부관계, 위기관리, 평판관리 등의 분야에서 서비스를 제공한다.

17 Martha Carter, Matt Filosa, and Rhea Brennan, The Harvard Law School Forum on Corporate Governance (blog), 'What's ESG got to do with it?', 2022년 10월 13일 (https://corpgov.law.harvard.edu/2022/10/13/whats-esg-got-to-do-with-it/)

18 Michael Moss, New York Times, 'The extraordinary science of addictive junk food', 2013년 2월 20일(https://www.nytimes.com/2013/02/24/magazine/the-extraordinary-science-of-junk-food.html)

19 Sarah George, Edie, 'PMI CSO: ESG reporting risks becoming 'moot' if corporates keep hiding their 'elephants in the room'', 2022년 8월 25일(https://www.edie.net/pmi-cso-esg-reporting-risks-becoming-moot-if-corporates-keep-hiding-their-elephants-in-the-room/)

20 Martin Neubert and Christer Tryggestad, McKinsey, 'Ørsted's renewable-energy transformation', 2020년 7월 10일(https://www.mckinsey.com/capabilities/sustainability/our-insights/orsteds-renewable-energy-transformation), Georgia Makridou, LSE Business Review (blog), 'Lessons from the world's most sustainable energy companies', 2022년 6월 9일(https://blogs.lse.ac.uk/businessreview/2022/06/09/lessons-from-the-worlds-most-sustainable-energy-companies/)

21 역자주: Sustainability Accounting Standards Board (SASB)는 2011년 7월 만들어진 북미 기반의 지속가능성 기준 제정기구로 산업별 공시에 특화하고 있었다. 이 기구는 2021년 6월 Value Reporting Foundation에 합병되었으며, 이 합병기구는 다시 2022년

8월 1일 IFRS Foundation과 합병했다. 이 합병으로 기존의 모든 SASB 기준서와 관련된 프로젝트는 국제지속가능성기준위원회(ISSB)로 이관되었고, 이를 기반으로 ISSB는 추후 단일의 글로벌 산업별 지속가능성 기준을 개발할 예정이다.

22　SASB, 'SASB', 2023년 6월 9일(https://sasb.org/)

23　Rodney Irwin, World Business Council for Sustainable Development, 'Sustainability and enterprise risk management: The first step towards integration', 2017년 1월(https://www.wbcsd.org/contentwbc/download/2548/31131/1)

24　Alison Taylor, BSR (blog), 'How aligning sustainability and risk can overcome organizational blind spots', 2019년 8월 19일(https://www.bsr.org/en/blog/how-aligning-sustainability-and-risk-can-overcome-organizational-blind-spot)

25　Alison Taylor, Risk Management Magazine, 'Aligning sustainability and risk management', 2019년 11월 1일(http://www.rmmagazine.com/articles/article/2019/11/01/-Aligning-Sustainability-and-Risk-Management-)

26　Estefania Amer and Jean-Philippe Bonardi, Strategic Organization, 'Firms, activist attacks, and the forward-looking management of reputational risks', 2022년 9월 6일(https://doi.org/10.1177/14761270221124941)

27　또 말하지만, 이러한 행태는 기업들의 분절된 사고방식 때문에 생긴다.

28　Kim Schumacher, APO (blog), 'Environmental, Social, and Governance (ESG) factors and green productivity: The impacts of greenwashing and competence greenwashing on sustainable finance and ESG investing', 2022(https://www.apo-tokyo.org/publications/environmental-social-and-governance-esg-factors-and-green-productivity-the-impacts-of-greenwashing-and-competence-greenwashing-on-sustainable-finance-and-esg-investing/)

29　Bloomberg, 'Engine No. 1 announces support for General Motors Co.'s transformative electric vehicle plan in advance of automaker's', 2021년 10월 4일(https://www.bloomberg.com/press-releases/2021-10-04/engine-no-1-announces-support-for-general-motors-co-s-transformative-electric-vehicle-plan-in-advance-of-automaker-s)

30　Emily Glazer and Theo Francis, Wall Street Journal, 'CEO pay increasingly tied to diversity goals', 2021년 6월 2일(https://www.wsj.com/articles/ceos-pledged-to-increase-diversity-now-boards-are-holding-them-to-it-11622626380)

31　Susan Berfield, Bloomberg, 'How McDonald's made enemies of black franchisees', 2021년 12월 17일(https://www.bloomberg.com/news/features/2021-12-17/black-mcdonald-s-franchise-owners-face-off-with-fast-food-restaurant-over-racism)

32　Cisco, 'Cisco Social Justice', 2023년 6월 19일(https://www.cisco.com/c/en/us/about/social-justice.html)

33　Ross Kerber, Reuters, 'Climate pay links for CEOs do little to cut emissions, study finds', 2022년 9월 29일(https://www.reuters.com/business/sustainable-business/climate-pay-links-ceos-do-little-cut-emissions-study-finds-2022-09-29/)

34 Douglas MacMillan and Julia Ingram, Washington Post, 'Despite spills and air pollution, fossil fuel companies award CEOs for environmental records', 2021년 10월 10일(https://www.washingtonpost.com/business/interactive/2021/fossil-fuel-climate-bonus/)

35 Philip Morris International, 'ESG KPIs', 2023년 6월 19일(https://www.pmi.com/sustainability/esg-kpis), Robert Eccles and Alison Taylor, Harvard Business Review, 'The Evolving Role of Chief Sustainability Officers', 2023년 7-9월(https://hbr.org/2023/07/the-evolving-role-of-chief-sustainability-officers)

5   (실제로) 부패를 해결하기
Tackling Corruption (for Real)

2003년으로 거슬러 올라가 저는 기업들이 중동과 아프리카에서의 정치 및 운영상의 위험을 관리하는 데 조력하는 일을 하게 되었습니다. 이 일을 통해 다국적 기업들이 변화하는 규범과 법률, 특히 부패위험과 관련된 것들에 어떻게 대응하는지 관찰할 수 있는 좋은 시각을 얻었습니다.

제 고객 대부분은 석유 및 가스, 광업, 통신, 또는 인프라 분야의 서구 다국적 대기업들, 그들의 변호사와 은행으로 구성되어 있었습니다. 그들은 막대한 이윤을 창출하기 위해 많은 위험을 감수했습니다. 외국 투자자들은 정부 장관들의 변덕에 성공이 크게 좌우되는 예측 불가능한 환경에 대처해야 했습니다. 변화하는 권력역학의 잘못된 편에 서서 허가가 취소되고 자산이 몰수되기 십상이었기 때문입니다. 제 고객들은 이에 대처하는 데 도움을 바라면서 윤리에 대한 강의는 듣고 싶어 하지 않았습니다. 기업 회의에서 뇌물수수를 언급하면 어색한 침묵만이 이어질 뿐이었습니다.

다국적 기업들이 투명하지 않은 개척시장(Frontier markets)에서 어떤 활동을 하고 있는지가 기업 변호사들에게 점차 중요한 문제가 되기 시작했습니다. 2005년 즈음부터, 저는 컴플라이언스(Compliance)부서와 고객관리 부서로부터 자신들의 고객 신용도에 대해 더 알고 싶다는 연락을 받았습니다. 그들의 부의 출처가 합법적인가? 기업이 비밀리에 정치인이나 혹은 정치인의 친구나 친척에 의해 소유되고 있는가? 그 기업이 진정한 실체가 있는가, 아니면 뇌물을 주거나 국가 수입을 빼돌리기 위한 수단인가?

2006년 다국적 기술기업 지멘스(Siemens)가 대규모 글로벌 뇌물수수 사건으로 조사를 받게 되었을 때, 반부패 규제가 중대한 전환점을 맞이했습니다.[1]

위험과 처벌이 증가하고 있었고, 이제는 반부패 프로그램을 갖추는 것이 선택사항이 아니었습니다. 저희 팀은 나이지리아 사업 파트너의 숨겨진 주주를 파악하거나, 에미레이트 유통업체가 이란 자금을 세탁하고 있는지 평가하거나 경쟁사가 콩고 장관에게 광업 허가를 취소하도록 뇌물을 줬는지 조사해달라는 고객들의 요청으로 넘쳐났습니다.

저는 이 소식을 듣고 매우 기뻤습니다. 왜냐하면 제 사업이 번창했을 뿐만 아니라, 비윤리적인 기업 스파이에서 반부패 운동가로 전환할 수 있는 기회가 생겼기 때문입니다. 서구 기업들이 글로벌 사우스에서의 운영방식에 대해 책임감이 필요하다고 오래전부터 확신했고, 그 해결책의 일원이 되고 싶었습니다. 하지만 저의 새로운 임무는 새로운 도전 과제들을 안겨줄 뿐이었습니다.

우리가 직면한 첫 번째 문제는 컴플라이언스팀이 답하기 어렵거나 불가능한 질문을 하고 있다는 것이었습니다. 기업의 문서를 검토했을 때, 우리는 소유주와 이사의 이름이 가짜이거나, 케이맨 제도(Cayman Islands)의 신탁으로 등록되어 있는 것을 발견했습니다. 중동과 아프리카의 많은 국가에서는 언론이 엄격히 통제되어 있어, 현지 기자들이 저에게 정보를 전해줄 수 있었지만, 이를 공개할 수 있는 매체는 없었습니다. 실제로 이런 이야기를 공개하면 그들의 생명이 위험해질 수 있었습니다. 하지만 현지 정보원들과 호텔 바에서 이야기를 나누면, 대개 답변을 듣기보다는 더 많은 의문이 생겼습니다.

확실한 증거가 부족했기 때문에, 고객들은 스스로의 위험 선호도와 기업문화에 따라 조사결과를 해석했습니다. 일부 경영자들은 특정 사업관계가 그들의 평판, 청렴성, 그리고 경쟁력에 어떤 영향을 미칠 수 있는지 진정으로 이해하고자 했고, 우리는 그들에게 유용한 지침을 제공할 수 있었습니다. 반면에, 다른 이들은 단지 기업실사 항목을 확인하며 거래를 마무리하고 싶어 했습니다. 공들여 모은 정보에 대해 투자자들이 트집을 잡고, 비판적인 인용구를 서면으로 남기지 말라고 지시하며, 컴플라이언스 담당자들이 소극적인 반대로 일축하는 회의도 있었습니다. 저는 보너스를 노리는 영업팀의 권력과 지위 앞에 굴복하도록 감독기능에 가해지는 끊임없는 압력을 반복해서 보았습니다. 그래서 이 일이 무엇을 위한 것인지에 대해 더 의문을 가졌지만, 명확한 답변을 찾기 어려웠습니다.

　3장과 4장에서는 기업이 고용자(雇傭者, 삯을 받고 남의 일을 해 주는 사람), 투자자, 고객, 그리고 대중으로부터 환경 및 사회적 영향에 대한 압력을 어떻게 대처할 수 있는지에 초점을 맞췄습니다. 변화하는 기대와 요구로 인해 단순히 법을 위반하지 않는 것에만 초점을 맞추는 것이 훨씬 더 위험해졌습니다. 실제로, 이러한 문제들은 법적 위험에만 한정되는 것이 아니라 윤리적인 기업을 운영하는 데도 중요합니다.

　이러한 새로운 사회적 압력과 기대를 반영하여, 대부분의 상장기업들과 비상장기업들까지도 지속가능성 공시를 하고 있습니다. 이러한 공시는 이해관계자들에게 기업이 좋은 기업이라는 것을 알리는 '있으면 좋은' 신호로 취급됩니다. 한편, 윤리 및 컴플라이언스팀이라는 별도의 부서는 규제 요구사항은 충족하고 기업과 고용자들이 법을 위반하지 않도록 하는 데 초점을 두고 있습니다.

　지속가능성과 규제위험을 별개의 영역으로 간주하는 것은 이 두 기능이 서로 연관성이 없으며, 그들의 의제 자체가 충돌할 수도 있다는 이유를 설명하기도 합니다. 이 둘의 관련성은 법적 요구사항과 지속가능성 문제 사이에 명확하고 실질적인 구분이 있다면 의미가 있을 수 있습니다.

하지만 법률을 준수한다고 해서 지속가능성과 같은 기업의 사회적 책임으로부터 완전히 벗어날 수 있는 것은 아닙니다. 그리고 수많은 발전으로 인해 더 이상 현상유지는 어려워졌습니다. 왜냐하면 언론의 자유, 기후변화, 인권과 같은 큰 문제들에 대해 국가규제가 현저히 달라졌기 때문입니다. 또한 정치적 의제는 국가 내부와 국가 간에 양극화되었습니다. 예를 들어, 개인정보 보호와 언론의 자유에 대한 접근방식은 미국과 유럽에서 극단적으로 다릅니다. 유럽에서는 개인정보 보호가 더 강력하고 광범위한 반면, 미국에서는 헌법상 언론의 자유권리가 우선시됩니다.

환경 및 사회적 규제가 국제적으로 일관되지 않음에도 불구하고 이에 대한 법제화 및 사회적 움직임은 빠르고 광범위하게 진행되고 있습니다. 지속가능성 공시가 법적으로 요구되기 시작하면서, 지속가능성을 컴플라이언스 이상의 문제로 보는 기존의 관점은 더 이상 의미가 없어졌습니다. 유럽의 기업 지속가능성 보고지침과 기업 지속가능성 실사지침에서는 환경 및 인권영향에 대해 훨씬 더 많은 감독을 요구하고 있습니다. 또한, EU의 수많은 신생 법안들이 기술관련 기업들에 대한 요구사항을 명시하고 있습니다. 한편, 증권거래위원회(Securities and Exchange Commission, SEC)는 미국 내의 극심한 양극화에도 불구하고 기업의 기후공시를 의무화하려고 합니다.[2]

법률이 명확하고 일관된 경우에도, 고용자들이 이를 위반하지 않도록 하는 것은 여전히 복잡한 문제입니다. 여기서는 전략적으로 생각하는 것이 중요합니다. 기업의 임팩트, 관계 및 책임의 범위에 대해 더 체계적으로 생각하지 않는 한, 이 의무들로부터 기업을 보호하려는 노력은 충분하지 않을 것입니다. 이 장에서는 기업이 규제환경을 어떻게 관리하는지, 그리고 이것이 어떻게 그리고 왜 진화하고 있는지에 대해 논의하겠습니다. 3부 '미래를 이끌고 형성하기'에서 내부 거버넌스에 대한 질문을 계속 탐구할 것입니다.

사회적 임팩트, 정치적 위험, 그리고 반부패의 증가
Social Impact, Political Risk, and the Rise of Anti-Corruption

기업정보 전문가로 일한 12년 동안, 저는 세계가 더 분노로 들끓고 더 투명해지는 한편, 규제기관들은 더 눈을 부릅뜨고 정교해지는 것을 목격했습니다. 2009년 한 로펌을 통해 앙골라 해안의 석유개발을 위한 사전탐사를 의뢰를 받은 적이 있습니다. 의뢰인은 골드만 삭스(Goldman Sachs)로부터 투자를 받고 있는 코발트 국제 에너지사(Cobalt International Energy)였습니다.[3] 앙골라 정부는 코발트에게 현지 파트너를 두도록 요구했고, 우리는 새로 설립된 나자키 오일 앤 가스(Nazaki Oil and Gaz)에 대한 실사를 수행하도록 요청받았습니다. 앙골라는 특히 불투명한 국가이기 때문에 신뢰할 만한 정보를 얻기가 어려웠습니다. 우리가 문서를 검색하고 질문을 하기도 전에, 나자키의 현지 후원자들이 상당한 인맥을 가지고 있을 것이라는 것은 분명했습니다. 제가 궁금했던 것은 현지의 어떤 토착재벌(Oligarch)이 이 거래로부터 이익을 얻게 될 것인가 뿐이었습니다.

수개월 동안, 우리는 앙골라의 석유산업이 그 나라의 정치체제와 어떻게 얽혀 있는지, 그리고 나자키를 후원하는 세력이 누구인지를 상세히 전했습니다. 하지만 그 결과로 돌아온 것은 차가운 침묵뿐이었고, '사실만을 다루라.'는 지시를 받았습니다. 우리의 최종 보고서는 검색한 문서를 단순하게 요약한 내용과 나자키의 소유권에 대해 결정적인 증거를 찾을 수 없음을 인정하는 내용이었습니다. 결국 코발트는 2010년에 계약을 진행했습니다.[4]

앙골라에서는 오랫동안 언론의 자유가 억압되어 왔지만, 여기서도 인터넷 담론이 주요 언론의 통제된 메시지를 무력화시키기 시작했습니다. 2011년, 라파엘 마르케스 데 모라이스(Rafael Marques de Morais)라는 활동가는 '나자키가 국내 가장 강력한 세 명의 인물에 의해 통제되고 있다.'고 온라인에서 주장했고, 이듬해 그는 검찰총장에게 공식적으로 고소장을 제출

했습니다.[5] 그가 고발한 사람 중 한 명은 마누엘 비센테(Manuel Vicente)로, 코발트와 나자키가 허가를 받을 당시 국영 석유기업인 소난골(Sonangol)을 맡고 있었습니다. 다른 두 사람은 마누엘 헬더 비에이라 디아스 주니어(Manuel Helder Vieira Dias Jr., 보통 코펠리파(Kopelipa)로 불림)와 레오폴디노 프라고소 두 나시멘토(Leopoldino Fragoso do Nascimento, 일반적으로 디노 장군(General Dino)으로 알려짐)로 저명한 장군들이었습니다. 우리는 실사과정에서 두 사람을 잠재적 소유주로 보았지만, 이에 대한 증거는 없었습니다. 결국 두 사람 모두 파이낸셜 타임즈에 자신들의 지분을 인정했고, 저는 결국 미국 정부의 반부패 조사에서 증인으로 출석하게 되었습니다.[6]

수년 간의 법적 공방 끝에 미국 법무부는 사건을 취하했습니다. 하지만 코발트의 이미지는 많이 손상된 상태였습니다. 코발트는 프로젝트를 중단하고, 주가는 큰 타격을 입었으며, 대통령의 딸인 이사벨 도스 산토스(Isabel dos Santos)가 통제하는 소난골에 지분을 매각해야 했습니다.[7] 부의 출처와 관련된 지속적인 의혹에도 불구하고, 그녀는 거대한 국제 이해관계 네트워크를 구축했고 항상 아프리카의 가장 부유하고 영향력 있는 인물 중 한 명으로 꼽혔습니다.[8] 2017년, 그녀의 아버지인 호세 에두아르도 도스 산토스(José Eduardo dos Santos)가 38년 만에 대통령직에서 물러났습니다. 그리고 같은 당의 후계자인 주앙 로렌수(João Lourenço)가 선출되었습니다.[9] 도스 산토스 가문의 변화 속에 앙골라의 새 정부는 대규모 반부패 캠페인을 시작하며 이사벨 도스 산토스와 나자키의 소유주들을 포함한 권력자들을 조사하기 시작했습니다. 2019년 정부는 그녀의 현지 자산, 은행계좌, 사업체들을 압류했고, 국제 은행들은 언론의 집중조명을 받아 그녀와 거리를 두기 시작했습니다.[10] 1년 후, 앙골라 공영 TV에서 '잔치(O Banquete, The Feast)'라는 프로그램이 방송되었는데, 마누엘 비센테와 이사벨 도스 산토스를 포함한 몇몇 권력자들이 "공금을 횡령하여 부를 축적했다."고 설명했습니다.[11] 하지만 이에 대해 비평가들은 로렌수 대통령의 반부패 캠페인이 개혁을

제도화하기 위한 것이 아니라 적들을 겨냥하기 위한 것이라고 비난했습니다.[12]

2020년 초 국제탐사보도언론인협회(International Consortium of Investigative Journalists)가 이른바 루안다 리크스(Luanda Leaks)를 공개하면서 이 반부패 캠페인은 국제적으로 큰 탄력을 받았습니다. 해외로 유출된 대규모 문서에 따르면, 이사벨 도스 산토스와 그녀의 남편이 41개국에 400개의 기업을 소유하고 있으며, 그중 최소 94개가 해외에 등록되어 있고, 보스턴 컨설팅 그룹(BCG), 프라이스워터하우스쿠퍼스(PwC), KPMG 등 기타 신뢰할 만한 기업들을 고용하여 이를 관리하도록 도왔다는 것이었습니다.[13] 이는 전 대통령의 딸이 글로벌 은행 시스템에서 외면받고 있는 상황에서 그녀와 계속 일했던 기업들의 입장을 난처하게 만들었습니다.[14] 제가 이 글을 쓰는 시점에, 현재 도스 산토스는 심각한 법적위기에 처해 있으며, 미국 입국 금지 조치를 받았습니다.

이 모든 것이 의미하는 바는 무엇일까요? 규제 요구에 직면했을 때 기업은 무엇을 할 수 있고, 해야 하며, 향후 무엇을 할 것인지를 이해하고자 한다면, 지난 20년 동안의 반부패 노력의 진전과 한계를 평가해보는 것이 매우 유익한 사례연구가 될 것입니다.

부패란 무엇일까요? 주요 비정부기구인 국제투명성기구(Transparency International)는 이를 '사적이익을 위해 위임된 권력의 남용'으로 광범위하게 정의합니다. 우리가 일상적으로 사용하는 부패의 의미는 더욱 광범위합니다. 조직과 사람들이 어떻게 '부패'하는지 논의하는 것은 일반적이지만 기업의 반부패 노력에 대해 구체적으로 이야기할 때, 보통 특정 유형의 부패에 한정하여 이야기합니다. 구체적으로 뇌물은 불공정한 이익을 얻기 위한 대가성 교환으로 대부분 계약수주, 정보, 승인 등을 담당하는 정부관료를 통해 이루어집니다.

뇌물수수는 기업에 있어 중대한 문제입니다. 뇌물거래로 인해 공정한 경쟁이 왜곡되고, 자격이 있는 경쟁자나 최상의 가치를 제공하는 기업이 아닌, 개인적인 이익을 위해 뇌물을 제공하는 쪽이 거래를 따내기 때문입니다. 또한 정부에도 문제인데, 뇌물을 요구하는 공무원들이 사적이익을 위해 의사결정 권한을 오용하기 때문입니다. 두 경우 모두 주인-대리인 문제로 인한 비효율이 야기된 사례로 볼 수 있습니다. 즉, 비윤리적인 고용자가 고용주의 비용으로 개인적인 재정적 이익을 얻는 것입니다.

부패는 사회에도 큰 문제입니다. 이는 정부자원을 직접적으로 낭비하고 서비스와 인프라의 품질을 저하시킵니다. 심각한 부패는 낮은 성장과 투자, 높은 인플레이션, 통화 가치 하락, 과도한 군사 지출, 열악한 의료 및 교육, 나쁜 환경정책, 테러리스트 자금조달, 그리고 분쟁 등에도 영향을 미칠 수 있습니다.[15] 또한 부패는 인권침해, 빈곤, 그리고 저개발의 근본원인으로 점점 인식되고 있습니다.

부패는 역사적으로도 골치 아픈 문제였습니다. 고대와 중세 문학에서 이해상충, 매수, 직권남용, 그리고 부정한 조달이 등장합니다. 모든 주요 종교는 부패를 비도덕적인 것으로 봅니다. 그러나 기업의 반부패 노력의 역사는 놀랍도록 짧습니다. 1960년대만 해도 학자들은 개발도상국에서의 관료주의적 장애물을 극복하기 위해 뇌물수수는 필수적인 것으로 받아들였습니다.[16] 1970년대 워터게이트 스캔들(Watergate scandal)의 여파로, 미국 정부는 기업의 정치적 기부금을 조사하면서 일부 대기업에서 뇌물을 위한 거대한 비자금이 있다는 사실을 밝혔습니다.[17] 이에 대응하여, 워싱턴에서 외국 정치인에 대한 뇌물을 금지하는 해외부패방지법(Foreign Corrupt Practices Act, FCPA)이 법률로 제정되었습니다. 미국 기업들은 해외부패방지법이 다른 국가의 경쟁자들과 경쟁할 수 있는 능력을 약화시킬 것이라는 이유로 강력히 반대했습니다. 법으로 제정되었음에도 해외부패방지법은 수십 년 동안 실제로 시행되지 않았습니다.[18]

냉전이 끝난 직후, 부패가 시장과 제도를 왜곡하는 방식에 대한 학계의 관심이 급증했습니다. 1993년 베를린에서 국제투명성기구가 설립되었을 때, 독일에서는 여전히 기업의 뇌물이 세금 공제 대상이었습니다. 부패를 정치적 악습으로만 여겼던 월드뱅크(World Bank)는 1996년 제임스 울펀슨(James Wolfensohn) 총재가 '부패'를 암이라 비난하면서 태도를 바꾸었습니다.[19] 이후 UN과 OECD의 국제 조약이 이어졌습니다.

2001년 9월 11일, 뉴욕 세계무역센터에 대한 테러공격(9·11 attacks)이 발생하면서 미국 정부는 국제 뇌물수수, 자금세탁, 테러리스트 자금조달에 집중하기 시작했습니다.[20] 규제당국이 감시와 조사를 강화하면서 저는 기업의 컴플라이언스 노력이 실시간으로 발전하는 것을 목격했습니다. 2008년 글로벌 금융위기는 감독과 위험관리를 강화하기 위한 추가적인 노력을 촉발시켰습니다. 이러한 문제에 대한 적극적인 접근방식은 영국, 캐나다, 노르웨이, 중국, 브라질 등 다양한 국가에서 국내 및 국제 뇌물수수의 범죄화를 촉진했습니다.

오늘날 국제적인 뇌물수수 방지 노력은 화이트칼라 범죄단속에서 눈에 띄는 긍정적인 영향을 미치고 있습니다. 국제적인 수사와 소송협력이 활발해지면서, 규제기관들이 영향력 있는 다국적 기업들을 상대로 효과적으로 법적조치를 취할 수 있게 되었습니다.[21] 비록 광산 대기업 글렌코어(Glencore)는 2015년까지도 부패를 저질렀지만, 오늘날에는 아프리카 전역에 전용기를 타고 현금을 운반하는 것이 위험을 감수할 만한 가치있는 일이라고 생각하는 것은 어리석은 일입니다.[22] 처벌에는 수백만 달러의 벌금, 뇌물로 얻은 부당이익의 환수 요구, 고위 경영진의 징역형, 그리고 정부계약에 대한 입찰 자격 박탈 등이 포함됩니다. 여기에 법률비용과 부정적인 언론보도로 인한 막대한 손실도 감수해야 합니다.[23]

이러한 강력한 규제집행으로 인해 규제기관들은 반부패 프로그램을 어떻게 설계해야 하는지에 대한 많은 조언을 제공하게 되었습니다.[24] 좋은 반부패 프로그램의 구성요소에 대한 공감대가 형성되어 있습니다. 최고경영진의 태도, 명확한 행동강령, 위험평가, 대리인, 유통업자 및 기타 제3자에 대한 실사, 교육훈련, 보고체계, 그리고 조사 등이 포함됩니다.

이처럼 반부패 프로그램은 환경 운동가나 인권 운동가가 바라는 정도의 발전된 상태에 도달했습니다. 대부분 기업의 행동강령에는 부패에 대한 무관용 원칙이 명시되어 있습니다. 이제 전 세계 어디서든 잠재적 사업 파트너들은 여러분과 거래하려면 뇌물을 주지 않겠다는 보증에 서명해야 한다는 것을 이해해야 합니다. 이는 불과 20년 만에 절차와 규범에서 놀라운 변화를 보여줍니다. 그와 동시에 기업조사와 관련된 산업은 수십억 달러 규모의 감사, 변호사, 포렌식 전문가 및 컨설턴트가 포함된 거대한 산업으로 성장했으며, 이는 해외부패방지법 기업(FCPA Inc.)이라고 불리기도 합니다.[25]

이러한 모든 규제상의 발전은 실제로 어떤 영향을 미쳤을까요? 부패에 대한 우려는 선진국이나 개발도상국 모두에서 줄어들지 않았습니다.[26] 오히려 부패에 대한 대중의 분노는 더 광범위한 시위를 촉발하고 있습니다.[27] 국제인권단체 프리덤 하우스(Freedom House)에 따르면, 정부의 투명성과 책임성이 증가하기는커녕 오히려 감소하고 있습니다.[28]

동일한 기간 동안 부패가 단순히 후진국이나 개발도상국에서만 일어나는 문제가 아니라는 사실은 불편한 진실입니다. 서구의 금융기관과 그들의 대리인들이 광범위하고 심각한 부패를 조장하고 있습니다. 대규모 데이터 유출을 통해 권력을 남용하는 도둑 정치인들뿐만 아니라 명망 있는 다국적 기업들도, 심지어 권위 있는 변호사와 회계사들까지, 역외계좌와 신탁을 이용하여 자신들의 부를 감시로부터 보호하고 있다는 것이 드러났습니다.

뇌물수수 문제에 대한 우리의 진전은 축하할 만하지만, 세계 곳곳에서 부패는 여전히 만연해 있습니다. 따라서 기존방식에 대한 전면적인 제고가 이루어지고 있습니다. 서식스대학교(University of Sussex)의 반부패 실습 교수이자 전 영국 국제투명성기구 대표인 로버트 배링턴(Robert Barrington)은 이렇게 말합니다.

"피해자와 피해에 초점을 맞추는 것이 점차 반부패 노력의 중심이 되고 있습니다."

부패한 환경에서 윤리적으로 운영하기
Operating Ethically in a Corrupt Environment

기업들은 종종 문제가 생길 경우를 대비한 일종의 보험처럼 컴플라이언스에 마지못해 돈을 씁니다. 하지만 이와 같은 안일한 태도로는 부패가 초래하는 정치적, 전략적 위험에 대처하는 데 아무런 도움이 되지 않습니다. 다시 말씀드리지만 부패는 단순히 법적·윤리적 위험에 그치지 않습니다. 그것은 본질적으로 정치적인 문제입니다. 앙골라의 사례에서 볼 수 있듯이, 새로운 정치 지도자들은 실제 적대세력이나 적으로 여겨지는 대상들을 상대로 부패 방지 캠페인을 종종 시작하기도 합니다. 왜냐하면, 이는 매우 파괴적이고 효과적일 수 있으며, 대중의 지지를 받을 수 있기 때문입니다.

부패를 정말로 막기 위해서는 더 체계적이고 신중한 관점이 필요합니다. 내부 프로세스와 계약에만 집중하는 것은 운영맥락을 고려하고 평가하는 노력에 부합하는 성과가 아닙니다.

즉, 부패가 만연한 시장에서는 단순히 뇌물을 금지하는 것만으로는 한계가 있습니다. 도둑 정치인들에게 이익을 얻기 위해 뇌물이 아니더라도 외국 기업과의 모든 거래를 개인적인 이익을 위해 조작합니다. 이는 주로 석유, 광물, 목재, 토지 또는 카카오와 같은 천연자원에 대한 통제권 형태로 나타납니다.[29] 부패한 국가란 그 구성원들이 공식적인 정치적 지위를 가지고 있든 아니든 권력을 가진 자가 정부의 수입원을 장악하고 통제하는 곳을 의미합니다.[30] 시스템이 부패해서가 아니라, 부패가 시스템 그 자체가 되었기 때문입니다.

부패가 만연한 곳에서는 소규모와 대규모 부패가 공존하는데, 이는 클렙토크라시(Kleptocracy) 네트워크가 수직적으로 통합되어 있기 때문입니다. 상급자는 하급관리들이 받은 뇌물의 일부를 요구합니다. 이는 자금 부족과 비효율적인 정부기관들로 인한 문제를 일으키고 일반대중 사이에 불만과 불공평한 감정을 키웁니다. 예를 들어 시민들은 단지 전기를 연결하거나, 경찰 검문소를 통과하거나, 수입물품을 통관하기 위해서도 뇌물을 강요당할 수 있습니다. 만약 기업이 충분히 크고 강력하다면, 뇌물을 주지 않고도 정부에 압력을 가해 직면한 일부 문제를 해결할 수 있지만, 단순히 내부 예방 시스템에만 의존하기에는 역부족입니다.

소지 아팜파(Soji Apampa)는 나이지리아에서 가장 잘 알려진 반부패 운동가입니다. 그는 만연한 부패가 있는 환경에서 어떻게 기업을 운영해야 하는지에 대해 유용한 지침을 제공해 왔습니다. 2000년대 초, 그는 기업자원관리 프로그램 기업인 SAP의 나이지리아 공공부문 사업을 구축하는 업무를 맡았습니다. 이 과정에서 그는 뇌물 없이 강력한 외교기술을 연마해야 했습니다. 그는 이렇게 말했습니다.

제가 가장 먼저 한 일은 제 자신을 확립하기 위해 주목받는 인물이 되려고 한 것입니다. 그래서 미국 대사관에서 두 집 떨어진 곳에 집을 구했고, 칵테일 파티를 많이 열었습니다. 또 사람들은 자신이 알고 신뢰하는 사람으로부터 물건을 구매하는 경향이 있으므로 주요 관리들과 골프도 치며 제 입지를 다졌고, 동시에 제 반부패 신념도 분명히 보여줘야 했습니다. 이건 처음부터 명확해야 하지만, 저는 최대한 친근하게 다가가 '찾아가고 싶은 사람'이 되어야 했습니다.

어느 정도 시간이 지나 입찰하려고 시도할 때 이런 전화가 오곤 했습니다. '신경 쓰지 마세요. 이건 당신 몫이 아닙니다.' 그러면 저는 그냥 조용히 있었습니다. 때로는 누군가가 입찰공고를 보았냐고 물으며 입찰을 권유하기도 했습니다. '혹시 모르니 한번 시도해 보시는 게 어떨까요?' 그러면 저는 이 계약이 이미 누군가의 것이 아니라는 걸 알고 입찰할 수 있었습니다. 마침내 나이지리아의 주요 정부부처와 큰 기회를 잡았습니다. 저는 4대 컨설팅 법인과 계약을 맺었습니다. 그들은 부패를 저지를 수 없는 입장이기 때문입니다. 저는 줄곧 '최선을 선택하세요.'라고 말했습니다. 이 전략은 다른 기업들이 우리를 끌어내리려는 시도를 막아내는데 효과적이었습니다. 만약 저희 기업이 혼자서 대가를 바라는 부패한 사람들을 상대해야 했다면, 어떤 식으로든 저희는 뇌물을 제공해야 했을 것입니다. 하지만 저희는 혼자가 아니었고 사람들은 우리가 뇌물을 제공하는 기업이 아니라는 점을 잘 알고 있기에, 뇌물을 요구받지 않았습니다.

대부분의 사람들은 부패한 환경에서는 모든 사람이 부패하다고 믿지만, 그것은 사실이 아닙니다. 만약 사람들이 이러한 거짓말을 믿고 있다면, 달리 선택권이 없다고 생각하여 부패와 타협하려 할 것입니다. 하지만 실제로는 옳은 일을 하는 기업들을 찾아 함께 성장할 수 있습니다.

아팜파의 나이지리아 경험은 부패한 환경에서 성공적으로 운영하는 데 실제로 무엇이 필요한지를 알려줍니다. 내부적으로 뇌물을 금지하고 통제 프로세스를 마련하는 것은 필요하지만, 이것만으로는 충분하지 않습니다. 부패에 저항하기 위해 무엇이 더 필요할까요?

부패한 경쟁자들을 이기기 위해 품질을 강조하세요. 고품질의 제품과 경쟁력 있는 가격은 도움이 됩니다. 이는 어느 시장경제에서도 통용되는 논리이나 특히 부패한 환경에서는 더욱 고객에게 이익이 되는 고품질의 제품을 보유하고 있다는 것을 보여주는 것이 중요합니다. 프로젝트 자체가 좋다면 품질이 더 중요시될 수 있습니다.

누가 권력과 영향력을 가지고 있는지 분석하세요. 기업은 지역사회를 잘 이해하고 지역유지들과 좋은 관계를 맺어야 합니다. 일반적으로 권력을 가진 사람은 소수입니다. 이 사실은 권력을 가지지 못한 자들에게는 화나는 일입니다. 한편으로는 기업의 이해관계자 간 관계와 각자가 가진 의제를 이해하는 것이 어려운 일은 아님을 의미하기도 합니다. 시장이 불안정할 때가 이해관계자와의 신뢰를 구축하기에는 오히려 좋은 시기입니다.

권력과 영향력은 여기서 살펴볼 주요기준입니다. 이들은 공식적 권력과 비공식적 권력 사이의 간극에 대해 특별한 시각을 제공합니다. 더 넓은 네트워크를 이해하는 것이 중요합니다. 예를 들어, 여러분의 주요 경쟁사가 입찰을 관리하는 관료와 가까운 사이라면, 이는 여러분에게 좋은 기회가 아닐 수 있습니다. 영향력 있는 네트워크를 파악하는 것은 반부패 노력뿐만 아니라 성공적인 인권전략을 구축하는 데도 중요합니다.

가치를 지속적으로 소통하세요. 정보는 양방향으로 흐릅니다. 높은 내부기준을 유지하는 것 외에도, 시장에 뇌물을 주지 않을 것이라는 신호를 지속적으로 보내야 합니다. 이는 정책과 금지사항을 만드는 것에서 시작하지만, 이를 지속적으로 알려야 합니다. 그래야 공무원들과 사업 파트너들이 자신들이 누구를 상대하고 있는지, 그리고 무엇을 기대할 수 있는지 알 수 있습니다. 일단 공무원들이 특정 기업이 절대로 뇌물을 주지 않는다는 것을 알게 되면, 인위적인 행정적 장애물을 만들려는 노력이 줄어들 것입니다. 서류처리를 지연시키거나 상품을 잘못 분류하는 것으로 얻을 것이 없기 때문입니다.

반대로, 마지못해서라도 뇌물을 지급하는 것으로 알려진 기업들은 공무원들과 정치인들로부터 더 약탈적인 행동을 겪을 가능성이 높습니다. 단 한 번이라도 뇌물을 주게 되면, 관료들이 일부러 일을 지연시키거나 행정절차에 문제를 만들어내도록 부추기는 꼴이 됩니다. 그래야 기업이 그 문제를 '해결하기 위해' 돈을 낼 테니까 말입니다.

단일 중개인이나 파트너에 의존하지 말고 폭넓게 지역적으로 제휴하세요. 누구와 파트너십을 맺을지에 대해 세심한 주의를 기울여야 합니다. 왜냐하면 파트너십이 여러분을 보호할 수도 있지만, 오히려 더 취약하게 만들 수도 있기 때문입니다. 또한 보복은 자주 일어나는 일이니 누구와 경쟁하는지도 중요합니다. 일부 연구자들은 어떤 이해관계자가 더 윤리적인지 파악하여 우호적인 관계를 구축하라고 제안합니다.[31] 특히 현지 환경에 익숙하지 않고 그들이 제공하는 정보에 의존해야 하는 상황이라면, 한 명의 현지 파트너에게만 의존해 관계를 구축하는 것은 위험합니다. 해당 국가에서의 활동이 제한적이더라도, 지역사회, 무역협회, 외교분야, 그리고 타 기업 등과 폭넓은 네트워크를 구축할 필요가 있습니다.

일이 얼마나 오래 걸리는지에 대해 현실적으로 생각해야 합니다. 시간과 마감일에 대해 현실적인 태도를 가져야 합니다. 서두르고 있다는 인상을 주면 협상에서 가질 수 있는 모든 이점을 잃게 될 것입니다. 적절한 프로젝트 계획과 판매 보상 및 목표에 대한 생각을 통해, 여러분과 주변 사람들에게 무리한 지름길인 '부패관행'을 택할 필요가 없다는 것을 알릴 수 있습니다.

비용을 측정하세요. 로비를 위해 사용한 비용은 기업의 재무제표에 나타나지 않기 때문에, 많은 기업은 로비를 위해 많은 비용을 써놓고도 정작 그 재무적 영향은 파악하지 못합니다. 만약 부패로 인한 실제 재무적 영향을 인식하게 된다면, 기업 스스로 그러한 문제를 해결해 나가려는 내부적 의지가 고양될 것입니다. 해양 반부패 네트워크(Maritime Anti-Corruption Network, MACN)가 성공적이었던 부분적 이유는 관세 공무원의 선박기업에 대한 갈취로 인해 발생하는 지연 비용을 선박회사들이 측정해 왔기 때문이었습니다. 이렇듯 많은 기업은 로비를 위해 자산을 얼마나 사용했는지가 눈에 띄지 않기 때문에 지나쳐 버리곤 합니다.

안호이저부시 인베브(AB InBev)에서 컴플라이언스를 이끌었던 매트 갈빈(Matt Galvin)은 동료들에게 부패가 미치는 재무적 영향을 이해시키기 위해 노력했고, 이를 통해 그들이 자신을 이해하고 지원해 주길 바랐습니다. 갈빈은 이렇게 언급했습니다.

"부패와의 싸움은 더 넓은 의미에서 환경적·사회적 열망에 대한 핵심입니다. 왜냐하면, 부패는 강력한 유인책이면서 동시에 큰 장애물이기 때문입니다. 문제의 원인이 단순히 밀실에서 은밀히 만나는 불량한 고용자와 부패한 공무원 두 사람 때문인 경우는 거의 없습니다. 대부분의 경우는 시장 유인과 이에 미치는 영향과 관계되는 경우가 더 많습니다. 또한, 부패는 매우 전염성이 강하기 때문에 급속도로 확산되곤 하는데, 모든 사람이 무언가를 차지하기 위해 가담하면서 전체적인 부패의 생태계가 형성되곤 합니다."[32]

갈빈은 그의 동료들이 판매량에 미칠 부정적인 영향을 두려워했음에도 불구하고, 인도에서 이러한 부패의 위험을 해결하기 위해 안호이저부시 인베브의 통제 및 할인체계를 분석했습니다. 매출은 일시적으로 하락했지만 곧 이전수준으로 회복되었습니다.

고용자들에게 통찰력을 구하고 실질적으로 지원하세요. 부패위험을 다루는 일은 본사가 아닌 영업이나 사업개발 부서의 고용자들에게 더 큰 스트레스가 될 것입니다. 그렇기 때문에 그들과 소통하고 실질적인 인센티브 제공하지 않고, 단순히 뇌물을 주지 않겠다는 서약서에 서명하게끔 하는 것은 도리어 매우 위험한 상황을 야기합니다. 최전선의 고용자들은 상황을 이해하고 통찰력을 얻는 강력한 원천이 될 수 있습니다. 그들이 현장에서의 이러한 압박에 대처할 수 있도록 가능한 모든 교육과 지원을 제공해야 합니다.

시장의 과제를 해결하기 위해 집단행동을 고려해 보세요. 마지막으로 집단행동의 여지를 면밀히 살펴볼 필요가 있습니다. 이러한 집단행동은 상호협력의 노력에는 부족한 초기단계의 행태이나, 선진적인 반부패에 대한 아주 좋은 접근방식이기도 합니다. 이에 대해서는 좀 더 자세히 논의해 보도록 하겠습니다.

집단행동에 대해 다시 생각해 보기
Rethinking Collective Action

우리는 앞서 부패가 대부분의 기업윤리 문제와 마찬가지로 주인-대리인 문제로 널리 이해되고 있다는 점을 논의했습니다. 기업과 정부 모두가 제안하는 해결책은 독점과 재량권을 줄이고 책임성을 높이는 데 초점을 맞추고 있습니다.[33] 해결책으로, 기업은 법적처벌, 실사, 투명성에 집중하고, 정부는 감시기관과 반부패 위원회, 감독체제 구축 및 제재조치 등을 마련합니다. 하지만 부패가 일상화된 환경에서는 이러한 도구들이 쉽게 왜곡되거나 정치화될 가능성이 높습니다. 부패는 시스템적인 문제가 되어, 기업들이 함께 협력할 때만 효과적으로 해결될 수 있습니다.

특히 작은 기업의 경우에는 큰 기업들과 연합하여 기준을 설정하는 데 동참한다면, 큰 도움을 받게 될 것입니다. 기업의 부패와 관련하여 오랫동안 일해 온 전문가인 제인 시브룩 엘리스(Jane Seabrook Ellis)는 이렇게 말합니다.

"부패가 만연한 곳에서도 최선을 다해 윤리적으로 운영하려는 몇몇 기업이 있습니다. 이들은 직면한 어려움에 대해 매우 열린 자세로 소통하고 모든 것을 투명하게 공개합니다. 그러나 이렇게 실행할 수 있는 기업은 대부분 대기업에 한정됩니다. 이들이 떠나면 나라 경제에 큰 타격을 줄 수 있는 기업들이죠. 이에 반해, 중소기업의 경우는 상황이 훨씬 더 어렵습니다. 그렇기 때문에 중소기업 간의 강력한 네트워크가 형성될 필요가 있습니다."

따라서 집단행동은 뿌리 깊은 부패와 씨름하는 기업들에게는 희망적이고 강력한 도구가 될 수 있습니다. 국제 민간기업 센터(Center for International Private Enterprise, CIPE)의 존 모렐(John Morrell)은 태국에서 부패에 맞서는 집단행동 연합을 감독하고 있습니다. 처음에 국제 민간기업 센터는 태국에서 운영 중인 1,000개의 기업을 대상으로 부패가 흔하고 만연한 문제인지에 대한 현지 인식을 조사했습니다. 이는 합리적인 접근이었습니다. 사회심리학에 따르면, 나쁜 행동을 피할 수 없는 것으로 여길 때 그러한 행동에 가담할 가능성이 훨씬 더 높아집니다. 국제 민간기업 센터의 조사 결과, 응답 기업 중 99%가 부패가 나쁘며 악화되고 있다고 답했으며, 단 3%만이 이를 해결할 수 있다고 말했습니다.

하지만 제가 존 모렐과 대화를 나눌 때쯤에는 이러한 상황이 크게 바뀌어 있었습니다. 국제 민간기업 센터의 연합에는 이제 1,100여 개의 기업이 참여하고 있는데, 이 중 60%는 태국에 본사를 둔 기업이고 40%는 다국적 기업입니다. 놀랍게도 이들 중 거의 3분의 2가 부패에 맞서 진전을 이룰 수 있다는 데 동의하게 되었습니다. 국제 민간기업 센터는 어떻게 이를 해냈을까요?

존 모렐은 이렇게 말합니다.

"이 프로그램에는 실질적인 강제력이 있습니다. 우리 연합에 참여하려면 기업은 매우 구체적이고, 실행 가능하며, 검증 가능한 내부 반부패 통제 약속을 지켜야 합니다. 우리는 그들의 말만 믿고 넘어가지 않습니다. 처음 평가에서 절반이 탈락하지만, 그중 80%는 다시 도전합니다. 우리에게는 그들이 기준을 충족할 수 있도록 도와주는 프로그램이 있고, 일부 기업은 이 프로그램을 자체 공급업체에까지 확대 적용하기 시작했습니다. 우리는 수백 개의 대형 태국 기업들이 운영방식을 바꾸는 것을 목격했고, 이는 더 넓은 사업 환경에 영향을 미치고 있습니다."

아팜파 역시 나이지리아에서 집단행동에 초점을 맞추고 있습니다. 그는 거버넌스가 취약한 국가에서 이것이 가장 효과적인 접근방식이라고 봅니다. 그의 말에 따르면, 기업이 끊임없이 뇌물을 요구받고 갈취당하는 상황에서는 자체규제와 내부통제만으로는 충분하지 않습니다. 그리고 정부의 단속에서 많은 것을 기대하는 것은 순진한 생각입니다. 그는 "이 시스템에서 이익을 수혜 받는 사람들이 그들 스스로에게 불리하게 시스템을 규제할 것이라고 기대하기는 어렵습니다."라고 말합니다.

아팜파는 앞서 언급한 글로벌 해양 반부패 네트워크(MACN)를 포함한 여러 외부 책임 메커니즘을 개발했습니다.[34] 이런 네트워크는 부패한 행위자들과 더 넓은 시장에 '다른 곳을 찾아보시길 바랍니다.'라는 강력한 신호를 보냅니다. 그는 이렇게 설명합니다.

"이는 마치 자신의 입장을 공개적으로 선언하는 것과 같아서, 뇌물을 원하는 사람들에게 접근하지 말라고 알려줍니다. 그들은 여러분을 괴롭혀봤자 아무것도 얻을 수 없다는 걸 알게 됩니다. 차라리 다른 사람에게 가는 것을 선택하겠죠."

그러면서 '집단행동에 참여하는 것은 일종의 보험'이라고 말합니다.

MACN의 최고경영자인 세실리아 뮐러 토르브랜드(Cecilia Müller Torbrand)는 동일산업에 속하거나 유사한 부패관행에 노출된 기업들이 공통의 문제와 비용을 명확히 파악한 후, 부패에 맞서 힘을 모으려는 의지를 갖게 될 때 진전이 가능하다고 합니다. 이는 내부 컴플라이언스에도 도움이 됩니다. 그녀는 이렇게 말합니다.

"집단행동의 큰 장점은 책임전가를 줄이는 것입니다. 내부 컴플라이언스 담당자는 뇌물을 요구하는 정부 관리들을 탓하고 자신을 피해자로 여기기 쉽습니다. 하지만 그 정부 관리들과 한 자리에 모이면 그들은 '도리어 기업들이 우리에게 뇌물을 주려고 합니다.'라고 말할 겁니다. 모두가 한자리에 모여야만 서로 책임을 떠넘기는 일을 멈추고, 구체적이고 건설적인 해결책을 찾을 수 있습니다."

곤잘로 구즈만(Gonzalo Guzman)은 GSK에서 시작하여, 현재는 유니레버에서 기업의 부패 문제 해결을 위해 노력해 왔습니다. 유니레버는 컴플라이언스 프로그램을 넘어서 기업윤리에 대해 체계적인 접근을 취하는 드문 기업 중 하나입니다. 그는 이렇게 말합니다.

"우리는 주요 주제에 대한 대외 옹호 전략을 가지고 있습니다. 그중 하나는 실질적 소유권에 관한 것으로, 제3자 위험을 쉽게 식별할 수 있도록 기업 소유권 공시에 대한 규칙 변경을 촉구하는 것입니다. 두 번째는 전반적으로 경영 편의성을 높이기 위한 것으로, '전자 정부(E-government)'와 기타 행정 간소화 노력을 지지합니다. 또한 우리는 인권팀과 긴밀히 협력하여 위험 평가를 수행하고 현지에서 인권을 옹호하는 개인들을 지원하고 있습니다."

구즈만은 자신의 경험을 통해 지속가능성과 거버넌스 문제는 현실에서 서로 교차하고 얽혀 있다는 것을 배웠다고 말합니다. 또한 내부예방만으로는 시스템 위험에 대한 의미 있는 대응을 대체할 수 없다고 강조합니다.

컴플라이언스를 넘어서
Beyond Compliance

1970년 밀턴 프리드먼은 기업이 법을 준수해야 한다고 조언하는 데 그치지 않았습니다. 그는 기업과 정치가 명확히 구분된 영역에서 운영되어야 한다고 주장했습니다. 하지만 만약 이런 뚜렷한 구분이 실제로는 존재하지 않고, 게임의 규칙이 계속 바뀐다면, 우리는 어떻게 해야 할까요?

로잔대학(the University of Lausanne)의 기업윤리학 교수인 귀도 팔라초(Guido Palazzo)는 수십 년 동안 기업의 영향과 책임에 대해 깊이 고민해왔습니다. 1990년대에 들어서면서, 유명 기업들은 공급망 내 고용자를 제대로 돌보지 않거나 산림파괴를 일으킨다는 이유로 비난받기 시작했습니다. 두 경우 모두 직접적인 원인은 다국적 기업들이 법치를 시행할 능력이나 의지가 없는 국가로 이전하여 현지 규제를 회피하려는 시도였습니다. 초기의 기업 책임 노력은 이러한 거버넌스의 빈틈을 자발적으로 메우도록 기업에게 압박을 가했습니다.

팔라초는 이렇게 말합니다.

"이러한 노력은 밀턴 프리드먼의 주장과 대립되는 것이었습니다. 하지만 제가 항상 흥미롭게 생각한 점은, 프리드먼이 이런 주장을 할 당시의 자본주의는 유럽, 미국, 일본에서만 존재했다는 사실입니다. 그래서 그가 '정부가 이런 문제들을 해결합니다.'라고 말했을 때, 이들 국가에서는 대체로 정부가 일정 부분 그러한 역할을 담당했습니다. 하지만 베를린 장벽이 무너진 후 기업은 중국, 러시아, 이란, 콩고 등에서 사업을 시작했습니다. 이때부터는 이러한 노동분업이 더 이상 통하지 않았습니다."

이번 장에서는 컴플라이언스가 단순히 흑백논리로 구분될 수 있는 문제가 아님을 살펴보았습니다. 변화하는 규범과 관행에 적응하는 데 법적체계가 중요하지만, 단순히 법조문을 따르는 것만으로는 모든 거버넌스 과제를 해결할 수 없다는 점을 보았습니다. 이해관계자들의 의도를 이해하고, 이를 통해 자신의 영향력을 활용하는 것이 부패에 대한 회복력을 키우는 핵심 요소입니다.

정치적 역학관계를 이해하고 탐색하는 것은 엄청난 가치가 있습니다. 우리가 살펴본 집단행동의 사례들은 기업이 윤리적이고 일관된 운영환경을 만드는 데 역할을 할 수 있고, 해야 하며, 실제로 하고 있다는 것을 보여줍니다.

하지만 기업은 어떻게, 언제, 왜 이렇게 해야 할까요? 여기에 어떤 한계가 있을까요? 그리고 정치적 영역에 발을 들이는 것의 위험은 무엇일까요? 6장에서 자세히 살펴보겠습니다.

하이어 그라운드로 나아가는 과정
STEPS TO HIGHER GROUND

법을 준수하는 것은 여전히 기본적인 운영 요구사항이며, 실질적인 과제로 남아 있습니다. 하지만 윤리적 기업으로 인정받고자 한다면, 이제 이것만으로는 충분하지 않습니다. 이는 지속가능성과 이해관계자 자본주의의 확대를 전반적으로 설명하며, 기업들이 윤리 및 컴플라이언스팀과 지속가능성팀을 별도로 운영하는 경향이 있는 이유이기도 합니다.

반부패 컴플라이언스의 역사는 기업이 법적 요구에 단호하게 대응하며, 이를 통해 사회적 규범과 기대를 변화시킬 수 있음을 보여줍니다. 기업을 법적책임으로부터 보호하려는 내부 프로세스는 필수적이 되었지만, 그것만으로는 충분하지 않습니다. 부패 연구와 캠페인의 초점은 이제 부패가 인류 사회에 미치는 영향으로 이동하고 있습니다. 이러한 문제나 다른 복잡한 사회적 문제를 해결하려면, 여러분의 행동이 운영 환경에 어떤 임팩트를 주는지 더 잘 이해하고 더 견고한 관계를 구축해야 합니다.

부패한 환경에서 기업을 윤리적으로 운영하려면 명확한 기준, 좋은 제품, 강력한 이해관계자 관계, 그리고 일관된 소통이 필요합니다. 이해관계자들이 쏟아내는 요구에 휘둘리기보다는, 상업적 목표를 그에 맞게 설계해야 합니다. 심지어 경쟁사와도 협력하여 시스템적 압력에 대처하고 집단의 힘을 키울 수 있습니다.

어려운 환경에서 성공적인 반부패 접근법을 채택하려면 먼저 '현지에서의 일하는 방식'에 대해 진실하고 실용적인 호기심을 가져야 합니다. 또한 환경을 이상적으로 바라보는 것이 아니라 현실적으로 받아들여야 합니다. 이는 결과적으로 여러분이 선택할 수 있는 옵션을 제한할 수 있습니다. 이를 통해 게임의 규칙에 영향을 미칠 수 있는 지점을 어디에서 찾아야 할지에 대한 질문을 던질 수 있습니다.

미주

1. Siri Schubert and T. Christian Miller, New York Times, 'At siemens, bribery was just a line item', 2008년 12월 20일(https://www.nytimes.com/2008/12/21/business/worldbusiness/21siemens.html)
2. BSR, 'How new regulations are a game-changer in just and sustainable business', 2023년 6월 13일(https://www.bsr.org/en/sustainability-insights/insights-plus/how-new-regulations-are-a-game-changer-in-just-and-sustainable-business)
   역자주: SEC는 2010년에 공시지침을 처음 마련했지만 그동안 강제성은 없었던 상장기업의 기후변화 정보공개 규정인 '기업 기후공시 의무화 규칙'을 2024년 3월 6일 승인했다. 그러나 해당 규제와 관련해 25개의 보수 주정부·에너지·환경단체의 소송이 이어지자 2024년 4월 4일 제도의 합법성에 대한 법정다툼을 진행하는 동안 새로운 규칙의 시행을 일시 중단할 것이라고 밝혔다. 2024년 3월 22일 미 법원은 추첨을 통해 모든 SEC 기후 관련 소송을 제8 순회항소법원에 병합해 배정했다. 미주리주 세인트루이스의 제8 항소법원은 17명의 판사 중 민주당 지명자가 1명인 보수적 법원이다. 이에 대응해 뉴욕주 등 민주당이 집권한 18개주 법무장관은 제8 항소법원에 소송 참여를 신청해 놓은 상태이다. 일부 관측자들은 2024년 11월의 대통령 선거의 결과도 기후공시에 영향을 미칠 수 있다고 판단한다.
3. United States District Court Southern District of Texas Houston Division, 'Second consolidated amended class action complaint for violations of the federal securities laws', 2017년 3월 15일(https://static.blbglaw.com/docs/Cobalt%20%5B200%5D%20031517%20Second%20Am.%20Class%20Action%20Complaint.pdf)
4. Global Witness, 'Goldman Sachs backs Angolan oil deal despite corruption risks', 2010년 5월 20일(https:///en/archive/goldman-sachs-backs-angolan-oil-deal-despite-corruption-risks/)
5. Tom Burgis and Cynthia O'Murchu, Financial Times, 'Spotlight falls on Cobalt's Angola partner', 2012년 4월 15일(https://www.ft.com/content/1225e3de-854d-11e1-a394-00144feab49a)
6. Tom Burgis and Cynthia O'Murchu, Financial Times, 'Angola officials held hidden oil stakes', 2012년 4월 15일(https://www.ft.com/content/effd6a98-854c-11e1-a394-00144feab49a)
7. Tom Burgis, Financial Times, 'Cobalt cuts ties with two Angola oil partners', 2014년 8월 28일(https://www.ft.com/content/c6c7028a-2e94-11e4-bffa-00144feabdc0), Tom Burgis, Financial Times, 'Cobalt's $1.8bn Angola buyer pulls out', 2016년 8월

2일(https://www.ft.com/content/66b512ae-58ce-11e6-9f70-badea1b336d4)

8. Kerry A. Dolan, Forbes, 'How Isabel dos Santos, once Africa's richest woman, went broke', 2021년 1월 22일(https://www.forbes.com/sites/kerryadolan/2021/01/22/the-unmaking-of-a-billionaire-how-africas-richest-woman-went-broke/)

9. Stephen Eisenhammer, Reuters, 'Angola's ruling MPLA wins election with 61 percent of vote: electoral commission', 2017년 9월 6일(https://www.reuters.com/article/us-angola-election-idUSKCN1BH2LR)

10. 'Angola court orders seizure of Isabel dos Santos' assets', 2019년 12월 31일(https://www.bbc.com/news/world-africa-50956370), BBC News, 'Isabel dos Santos: EuroBic severs ties with angola billionaire', 2020년 1월 21일(https://www.bbc.com/news/world-africa-51192729)

11. Estelle Maussion, The Africa Report.com, 'Angola: is Lourenço using his anti-corruption fight to settle scores?', 2021년 5월 12일(https://www.theafricareport.com/87503/angola-is-lourenco-using-anti-corruption-fight-to-settle-scores/)

12. Maussion, 'Angola'

13. Ben Hallman et al., International Consortium of Investigative Journalists, 'Western advisers helped an autocrat's daughter amass and shield a fortune', 2020년 1월 19일(https://www.icij.org/investigations/luanda-leaks/western-advisers-helped-an-autocrats-daughter-amass-and-shield-a-fortune/)

14. Will Fitzgibbon, International Consortium of Investigative Journalists, 'Banking documents reveal consulting giants' cash windfall under Angolan billionaire Isabel dos Santos', 2021년 2월 15일(https://www.icij.org/investigations/luanda-leaks/banking-documents-reveal-consulting-giants-cash-windfall-under-angolan-billionaire-isabel-dos-santos/)

15. Carnegie Endowment for International Peace, 'Corruption: the unrecognized threat to international security', 2014년 6월(https://carnegieendowment.org/files/corruption_and_security.pdf)

16. Samuel P. Huntington, New Haven, CT: Yale University Press, 'Political order in changing societies', 1968년

17. Jane Ellis, Oxfordshire, UK: Routledge, 'Corruption, social sciences and the law: exploration across the disciplines', 2020년

18. Ellis, 'Corruption'

19. 'Wolfensohn cancer of corruption speech', 1986년(https://www.worldbank.org/en/news/video/2022/08/12/wolfensohn-cancer-of-corruption)

20. SEC, 'SEC enforcement actions: FCPA cases', 2023년 5월 17일(https://www.sec.gov/enforce/sec-enforcement-actions-fcpa-cases)

21. OECD, 'International co-operation in combating foreign bribery', n.d.(https://

www.oecd.org/corruption/international-co-operation-in-combating-foreign-bribery.htm)

22　Jasper Jolly, Guardian, 'Mining giant Glencore flew cash bribes to Africa via private jet, UK court hears', 2022년 11월 2일(https://www.theguardian.com/business/2022/nov/02/mining-giant-glencore-flew-cash-bribes-to-africa-via-private-jet-uk-court-hears)

23　'Foreign corrupt practices act: statistics & analytics', 2023년 6월 13일(https://fcpa.stanford.edu/statistics-top-ten.html)

24　예시는 다음을 참조: 'FCPA Resource Guide', 2015년 6월 9일(https://www.justice.gov/criminal-fraud/fcpa-resource-guide), Ministry of Justice, Gov.UK, 'The Bribery Act 2010', 2010(https://www.justice.gov.uk/downloads/legislation/bribery-act-2010-guidance.pdf)

25　Economist, 'The anti-bribery business', 2015년 5월 9일(https://www.economist.com/business/2015/05/09/the-anti-bribery-business)

26　Economist, 'Corruption is getting worse in many poor countries', 2022년 1월 25일(https://www.economist.com/graphic-detail/2022/01/25/corruption-is-getting-worse-in-many-poor-countries), Pew Research Center's Global Attitudes Project, 'Crime and corruption top problems in emerging and developing countries', 2014년 11월 6일(https://www.pewresearch.org/global/2014/11/06/crime-and-corruption-top-problems-in-emerging-and-developing-countries/), Richard Wike et al., Pew Research Center's Global Attitudes Project (blog), 'Many in U.S., Western Europe say their political system needs major reform', 2021년 3월 31일(https://www.pewresearch.org/global/2021/03/31/many-in-us-western-europe-say-their-political-system-needs-major-reform/), Henry Ridgwell, VOA, 'Global corruption on the rise amid 'democratic decline'', 2022년 1월 26일(https://www.voanews.com/a/global-corruption-on-the-rise-amid-democratic-decline-/6413643.html)

27　Naomi Larsson, Guardian, 'Anti-corruption protests around the world—in pictures', 2016년 3월 18일(http://www.theguardian.com/global-development-professionals-network/gallery/2016/mar/18/anti-corruption-protests-around-the-world-in-pictures)

28　Freedom House, 'Government accountability & transparency', 2022년 4월 20일(https://freedomhouse.org/issues/government-accountability-transparency)

29　Jeffrey Frankel, 'The natural resource curse', 2012년 4월(https://www.hks.harvard.edu/centers/cid/publications/faculty-working-papers/natural-resource-curse)

30　Sarah Chayes, New York: Norton, 'Thieves of state: why corruption threatens global security', 2015년

31 S. Ramakrishna Velamuri, William S. Harvey, and S. Venkataraman, hbr.org, 'Being an ethical business in a corrupt environment', 2017년 3월 23일(https://hbr.org/2017/03/being-an-ethical-business-in-a-corrupt-environment)
32 Interview conducted on August 5, 2021, when Galvin was in this role.
33 Robert Klitgaard, Berkeley: University of California, 'Controlling corruption', 1988년
34 MACN, 'MACN—maritime anti-corruption network', 2023년 6월 12일(https://macn.dk/home/)

6 인간에 대한 임팩트를 바탕으로 가치관 확립하기
Grounding Your Values in How You Impact Human Beings

우리는 오늘날 좋은 기업이 무엇인지 알고 싶어하는 리더가 직면한 딜레마의 핵심에 도달했습니다.

기업가치는 더 이상 선택사항이 아니지만 또한, 그 어느 때보다 논란의 여지가 있고 이견이 분분합니다. 컴플라이언스는 더 이상 윤리적 기업운영을 위한 노력의 확고한 기반을 제공하지 못합니다. 반면, 이해관계자 모두의 압력과 요구사항을 반영하여 기업의 가치와 약속을 적립하려는 태도는 일관성 없고 파편화된 결과를 낳을 뿐입니다.

아무리 열심히 기업가치를 면밀한 조사와 사회적 격변으로부터 보호하려 해도, 여러분은 이미 구멍이 뚫리고 약해진 조직적 방어에 의존하고 있을지도 모릅니다. 이를 강화하고 배가하려는 시도는 물론 논리적이고 예측 가능한 대응이기는 하지만 그 전제가 이미 퇴색했기 때문에 효과가 미미할 것입니다. 기업이 사회에서 해야 할 역할에 대한 수많은 이념적·정파적 의견 차이에도 불구하고, 대부분의 사람은 기업이 자신이 야기한 논란 정도는 스스로 해결하고, 자신이 영향을 미치는 대상을 존중해야 한다는 점에는 동의합니다.

서론에서 저는 기업이 광범위한 압력에 대응하여 어디서, 어떻게 행동할지 가장 쉽고 확실하게 결정할 수 있는 방법으로 '임팩트'를 바탕으로 윤리적 약속을 정립할 것을 주장한 바 있습니다.

　인권을 기업가치를 위한 노력의 중심에 두는 것은 큰 도움이 될 것입니다. 인권은 개인의 주체성, 신체의 자율성, 존엄성에 초점을 맞추는데, 이는 보편 타당한 개념으로 각 개인이 서로 공유하지 않을 수도 있는 가치를 말합니다. 회사가 인간에게 미치는 영향은 법적, 운영적, 평판적 측면에서 위험의 근원으로, 그 위험은 기업에 어떻게 나타날지 예측하기 어렵습니다. 그러나 다행스러운 점은 기업이 이러한 가치에 열린 마음을 가지고 체계적으로 접근하며 기업의 실제적·잠재적 영향을 탐구한다면, 기업의 윤리적 약속은 더욱 일관되고 신뢰될 수 있습니다.

　결코 간단하지 않고 종종 논란의 여지가 있지만, 기업이 세계에 미치는 영향을 이해하고 관리하는 데 도움이 되는 최선의 지침은 2011년에 만들어졌는데, 이는 비즈니스와 인권이라는 새로운 분야에서 도출되었습니다. 비즈니스와 인권은 새로운 영역으로, 이와 관련된 많은 기업의 노력 또한 초기단계에 있습니다. 하지만 이 영역에 바탕을 둔 인권 프레임워크는 ESG나 컴플라이언스보다 상당한 이점을 제공하며, 이러한 장점을 이번 장에서 설명하고자 합니다. 지속 가능한 비즈니스 네트워크이자 컨설팅 기업인 BSR(Business for Social Responsibility)의 인권부문 부국장인 팔로마 무뇨즈 퀵(Paloma Muñoz Quick)이 한 신문에서 다음과 같이 말했습니다.

　"ESG는 여전히 그저 '있으면 좋은 것'으로 여겨지지만, 인권은 그렇지 않습니다. 그리고 그래서는 안 됩니다."[1]

비즈니스와 인권 입문
A Quick Primer on Business and Human Rights

　제2차 세계대전 직후, 신생 유엔총회는 세계인권선언의 초안을 발표하였고,

모든 회원국 정부는 이에 동의했습니다. 인류를 위한 행동강령을 열망하는 이 역사적인 합의는 기업이 아닌 국가로부터 인간을 보호하는 데 초점을 맞췄습니다. 1966년 유엔총회는 두 가지 추가 조약을 채택했습니다. 구체적으로, 경제적·사회적 및 문화적 권리에 관한 국제규약(International covenant on economic, social and cultural rights)과 시민적·정치적 권리에 관한 국제규약(International covenant on civil and political rights)입니다. 이 세 가지 조약은 국제권리장전(International bill of rights)으로 알려져 있습니다.[2] 이후 수많은 협약들이 있었는데, 국제노동기구(ILO)의 핵심협약들도 포함됩니다.[3] 전 세계적으로 인권을 보호하고 옹호하기 위한 견고한 국제법의 체계와 시민사회 조직들이 생겨났습니다.

한때, 인권은 정부의 의무로 여겨졌습니다. 그러나 1980년대와 1990년대에 기업은 신흥시장으로 그들의 경영을 확장하기 위해 글로벌 사우스의 원자재와 저렴한 노동력에 접근하려는 것뿐만 아니라 본국의 엄격한 규제를 피하려는 경향이 있었습니다. 다만, 시간이 지나면서 대중은 기업과 인권침해 및 환경파괴의 연관성에 대해 경각심을 갖게 되었습니다. 1984년 인도 보팔(Bhopal)에서 미국 기반 유니온 카바이드(Union Carbide)의 화학물질 누출사고로 수천 명이 사망하고 50만 명 이상이 질병에 걸렸습니다. 또한, 1986년에는 소련의 체르노빌 원전사고가 우크라이나에서 일어났고, 1989년에는 엑손 발데즈 기름 유출사고로 알래스카 해역이 오염되었습니다.

1990년대부터 나이키, 홈 디포(Home Depot), 갭(Gap)과 같은 많은 대기업은 공급망 내의 삼림파괴, 아동노동, 노동자 착취문제로 대중과 언론의 지속적인 압박을 받았습니다.[4] 이와 같이 비난의 대상이 되었던 기업들은 마지못해 공급업체에 거버넌스 기준을 부과하기 시작했습니다. 하지만 이러한 조치만으로는 논란을 잠재울 수 없다는 것이 분명해지자, 일부 기업들은 감사와 검사를 넘어 아동 노동자를 위한 교육자금을 지원하는 등 체계적인 접근을 시도하기 시작했습니다.

윤리적 관점에서 이는 논리적으로 보입니다. 이러한 신흥시장에 진출한 대기업은 일관성이 없고 거버넌스가 취약하며, 또한 적절한 사회적 보장 제도를 갖추지 못해 시장과의 격차를 메워야 할 윤리적 의무에 직면한 것 같았습니다. 2007년 팀 바틀리(Tim Bartley)는 이렇게 주장했습니다.

"많은 학자들은 공급망의 세계화와 더불어 규제수준이 글로벌 기준에 미치지 못하는 취약한 기존 규제능력에 대하여 새로운 형태의 글로벌 거버넌스를 요구하는 것에 동의합니다."[5]

따라서 세계화는 기업 시민의식의 시대, 즉 사회에서 기업의 역할이 더 넓게 변화하는 시대로 변모하는 것처럼 보였습니다. 한편, 2005년 데이비드 보겔(David Vogel)은 『시장의 미덕(The Market for Virtue)』이라는 영향력 있는 저서를 통해 다음과 같이 주장하였습니다.

"만약 기업이 진정으로 책임감 있게 행동하는 것을 고려하고 있다면, 자신들의 관행을 개선하는 것뿐만 아니라 정부와의 관계도 재검토해야 합니다. 그리고 기업이 더 어질고 너그러워지기를 바라는 사람들은 기업이 두 가지 측면 모두에서 더 책임감 있게 행동하기를 기대해야 합니다."[6]

기업과 정부 간의 관계를 재검토하자는 보겔의 주장은 이후 ESG의 요란한 부상과 컴플라이언스의 유행에 묻혀 버렸습니다. 이 둘은 모두 기업가치에 대한 외부위협에 초점을 맞췄습니다. 그러나 그동안 비즈니스와 인권을 위한 프레임워크가 형성되어 왔으며, 이 프레임워크는 더 높은 수준으로 나아갈 수 있는 유망한 해법을 제시합니다.

1990년대 후반 인권에 대한 고려는 부패와 함께 기업에게 더 큰 관심을 요구하는 주요 문제로 대두되었습니다. 2000년 당시 유엔 사무총장이었던 코피 아난(Kofi Annan)은 유엔 글로벌 콤팩트(UN Global Compact)를 시작했습니다. 이의 첫 번째 원칙은 인권을 존중하고 인권침해에 가담하지 않겠다는 약속이었습니다. 같은 해 석유, 가스, 광업분야의 많은 기업이 자발적 안전 및 인권원칙을 수립했습니다. 이는 특히 권위주의적 신흥시장에서 정부 보안군과 협력할 때 수반되는 위험을 더 잘 관리하기 위함이었습니다. 이 이니셔티브는 나이지리아 델타(Niger Delta) 지역에서의 셸(Shell)의 운영과 관련하여 오고니족(Ogoni) 공동체에 대한 수십 년 간의 항의의 결과로, 1995년 나이지리아 보안군이 활동가 켄 사로-위와(Ken Saro-Wiwa)를 비롯한 다른 8명을 처형하면서 절정에 이르렀습니다.[7]

이 사건 이후 기업은 정부관료에 대한 뇌물을 포함한 부패와 관련된 규제를 더 강화하면서, 자연스레 인권에 대한 기업의 자발적 노력은 우선순위에서 밀려났습니다. 5장에서 살펴보았듯이, 반부패와 관련된 기업의 활동은 변호사나 컴플라이언스팀의 영역이 되었습니다. 반면, 기업의 인권에 대한 노력은 대부분 심각한 위반사실이 드러난 후 대중의 극심한 압박에 대응해서야 이루어지곤 했습니다.

2005년, 아난은 하버드대학의 존 러기(John Ruggie) 교수를 다국적 기업에 관한 특별 대표로 임명하여 인권에 관한 정부와 기업 각각의 의무를 사려하도록 했습니다. 러기는 전 세계의 기업, 정부, 시민사회, 국제기구와 50회 이상의 협의를 진행했고, 그 결과 이전의 실패를 극복하고 세계적 합의를 이루어냈습니다.[8]

그 결과로 기업과 인권에 관한 유엔 기본원칙(UNGPs)이 발표되었습니다. 이는 기업이 인권에 대한 부정적 영향을 회피, 예방, 완화, 구제하기 위해 해야 할 일을 명확히 제시하는 상세한 일련의 지침입니다.[9] 여기에는 기업이 야기하는 인권침해, 기업이 기여하는 침해, 그리고 기업의 운영, 제품, 서비스가 사업관계를 통해 직접 관련된 침해를 포함합니다. 다시 말해 이 획기적인 프레임워크는 정부가 저지른 인권침해에 대한 기업의 공모 또한 엄격하게 다루고 있습니다.[10]

유엔 기본원칙은 2008년과 2011년에 각각 UN 인권이사회와 UN 회원국들의 승인을 받았습니다. 모든 정부는 인권을 보호할 의무가 있지만, 기업의 책임은 인권을 존중하는 것입니다. 기업 관련 인권침해가 어떤 국가에서 발생했을 때, 해당 국가는 이를 조사하고 처벌해야 하며, 기업은 피해자에게 구제책을 제공함으로써 협력해야 합니다.[11]

유엔 이행지침(UN Guiding Principles)의 제정은 초국가적 기업활동의 인간에 대한 영향을 다루려는 유일한 포괄적 시도입니다. 이 원칙들은 기업이 더 넓은 정치적·사회적 환경과 어떻게 상호작용하는지 고려하고 기업 책임의 범위와 한계를 설정하는 데 가장 명확한 지침을 제공합니다. UN 자체의 신뢰성 문제는 잘 알려져 있지만, 그들의 인권 프레임워크는 사회에 대한 기업의 범국가적인 책임에 관해 가장 강력하고 실용적인 지침입니다.[12]

효과적인 책임성은 여전히 국내법의 제정과 시행에 의존한다는 점에 주목해야 합니다. 2011년 이전에는 인권침해에 대해 기업에 조치를 취하는 경우가 드물었습니다. 그 이후 인권에 관한 기업의 의무는 법적 구속력이 없는 자발적 표준(Soft law)에서 법적 구속력이 있는 법(Hard law)으로 점진적으로 전환되었습니다. 초기의 규제노력은 강제노동, 인신매매, 현대판 노예제에 집중되었습니다. 또한 초기 반부패 노력과 마찬가지로, 기업인권에 대한 법적 노력은 국가별로 개별적으로 이루어졌습니다.

인권 중심 접근의 장점은 무엇인가?
What Are the Advantages of a Human Rights Focus?

인권에 관한 기업의 노력은 아직 초기단계에 있기 때문에, 기업은 위험이나 수익창출과 같이 비교적 익숙한 영역에 비해 이를 이질적이고 난해하게 여길 수 있습니다. 하지만 인권에는 불편함과 어려움을 감수할 가치가 충분히 있습니다. 인권 프레임워크는 개념적·절차적 엄격성을 부여하여 기업의 윤리적 약속을 이행하는 데 도움이 될 수 있는데, 그 이유는 다음과 같습니다.

인권은 보편적입니다. 인권은 종종 서구 중심적이라고 비난받기도 하며, 논란의 여지가 있고 정치화되어 있습니다. 그러나 이념이나 민족에 관계없이 누구도 자신의 권리와 존엄성이 침해되는 것을 환영하지 않는다는 점은 분명합니다. 따라서 기업의 인권에 대한 긍정적인 접근방식은 점점 더 이질적이고 다원화되는 국제환경, 그리고 개인의 권리에 대한 높아지는 글로벌 초점과 양립할 수 있습니다.

인권은 포괄적입니다. 인권문제에 대한 언론보도는 종종 강제노동과 인신매매에 좁게 초점을 맞춥니다. 그러나 인권 플랫폼의 주요 장점은 경제, 시민, 정치, 안보, 환경문제의 전 범위를 포괄하는 보편적이라는 특성이 있습니다. 예를 들어, 2022년 유엔총회는 깨끗하고 건강하며 지속 가능한 환경에 대한 권리를 인정한 바 있습니다.[13] 따라서 인권을 환경책임 프로그램의 최전선에 두면 기업이 환경과 사회적 책임을 별개의 문제로 다루는 흔한 함정을 피하는 데 도움이 될 수 있습니다. 예를 들어, 재생 에너지 프로젝트 설계자들은 배출량을 줄이기 위한 현실적이고 광범위하게 수용 가능한 전략을 수립할 때 인권영향을 고려해야 합니다.[14]

인권은 사회에 대한 책임에 기반합니다. ESG와 지속가능성 프레임워크가 아무리 잘 실행되더라도, 무엇을 할지, 언제 행동할지는 개별기업이 결정하도록 남겨둡니다. 인권은 윤리적 의무를 단순히 재정적 이익의 관점에서 바라보는 대신, 일반사회에 대한 기업의 의무에 중점을 둡니다. 기업이 긍정적인 변화를 추구할 수 없다는 것이 아니라, 그러한 시도가 해를 끼치지 않는다는 사명 또는 더 나쁘게는 우리의 주의를 흐리려는 시도보다 우선시되어서는 안 된다는 것입니다.

인권은 다른 윤리적 프레임과 일치합니다. 인권 프레임워크는 컴플라이언스의 법적 엄격성과 지속가능성의 외부초점을 모두 포함합니다. 따라서 윤리경영에 대한 일관되고 전체적인 접근방식을 수립하는 데 도움이 될 수 있습니다. 인권에는 자기 결정권이 포함된다는 점에 주목하는 것이 중요합니다. 따라서 기업이 정치적 참여, 다양성, 공정성, 포용성과 같은 도전적인 문제에 접근하는 데 도움이 될 수 있습니다.

인권은 기업의 책임과 지정학적(Geopolitics) 교차로에 서 있습니다. ESG와 달리, 인권 프레임워크는 기업이 다른 행위자, 권력역학 및 정치적 압력이 없는 세계에서 선행을 행하거나, 오직 그러한 경영방식에 대한 경험이 있어야만 실행할 수 있다고 상정하지 않습니다. 이 프레임워크는 사회에서 기업과 정부의 상대적 위치와 책임을 명시적으로 고려합니다.

인권은 우리의 열망과 일치합니다. 기업의 부정적 영향에 대한 대중의 불만은 사라지지 않을 것입니다. 그리고 인권과 자유에 대한 전 세계적 관심 또한 증가하고 있습니다. 1장에서 대중들의 시민운동이나 시위의 급증에 대해 살펴본 바 있는데, 그중 많은 부분이 개인의 권리와 기회를 요구하고 있습니다.[15] 인권존중을 함양하는 것은 기업이 새롭게 직면하게 되는 도전과제를 예측하는 데 도움이 될 수 있습니다.

인권은 규제당국의 관심과 일치합니다. EU는 법적으로 의무화된 인권 의무 목록을 확대하고 있으며, 미국은 인신매매와 강제노동과 관련된 조치를 취하고 있습니다. 미국, 필리핀, 네덜란드 등의 국가들은 기후변화가 인간에 미친 영향에 관한 집단소송의 기반을 마련하고 있습니다.[16] 예를 들어, 2023년 8월 몬태나주의 청소년들을 대표하는 공익 법률기업은 한 소송에서 승리했습니다. 이 소송은 석유, 가스, 석탄 생산을 장려하는 주 법률이 건강한 환경에 대한 권리를 가진다고 명시한 주 헌법을 위반했다고 판결했습니다.[17]

전반적으로 사회 및 환경문제에 대한 미래의 규제를 예상하고 계획하고자 한다면, 인권영향을 조사하는 것이 탁월한 시작점이 될 수 있습니다.[18]

인권은 상충관계를 고려합니다. 인권은 분할해서 고려할 수 없기 때문에 복잡하다는 특성은 어쩔 수 없습니다. 따라서 일부 인권은 프라이버시권과 표현의 자유권처럼 서로 모순되는 것처럼 보입니다. 강력한 지침과 법체계는 이들의 우선순위를 정하고 협상하는 방법을 고려하는데, 이러한 방법은 실용적일 수 있습니다. 예를 들어, BSR은 메타(Meta)가 인권압력을 더 잘 이해하고 해결할 수 있는 방법에 대해 권고했습니다. 사용자의 프라이버시를 보호해야 할 필요성과 아동착취로부터 사용자를 보호해야 할 필요성 사이의 명확한 상충관계에도 불구하고, 인권에 기반한 방법론은 앞으로 나아갈 길을 제시했습니다.[19]

인권은 기업 중심적이지 않습니다. 인권 프레임워크는 이해관계자와의 직접적인 협의를 요구하기 때문에, 기업의 이익만을 추구하는 경향을 지양시킬 수 있습니다. 동시에 인권 프레임워크는 영향과 원인을 다룸으로써 이해관계자의 요구에 우선순위를 매기는 방법을 제공합니다.

인권 임팩트 평가방법
How to Assess Human Rights Impacts

유엔 기본원칙에 따르면, 좋은 인권을 평가하기 위해서는 다음 기준을 충족해야 합니다. 첫째, 기업이 인식하는 위험이 아니라 인간에 대한 기업의 임팩트에 관한 것입니다. 이는 기업이 자신의 이익을 중심에 두는 것이 아니라, 기업활동의 영향을 받는 사람들의 견해, 경험, 우려사항에 관한 것입니다. 둘째, 어떤 영향이 가장 관련성이 있을지에 대해 기업의 판단이 아니라 국제적으로 인정된 인권에 비추어 영향을 평가해야 합니다.

이는 인권 임팩트 평가를 시작하는 가장 좋은 것이 이해관계자 신뢰를 구축하는 방법에 대한 원칙이라는 것을 의미합니다. 다음 장에서는 인권 임팩트 평가과정을 설명하겠습니다. 이를 통해 기업 중요성 평가의 이해관계자 축을 채울 수 있습니다.

인권평가의 범위는 기업의 운영과 비즈니스 모델에 따라 다를 것입니다. 기업 인권 임팩트 평가는 훌륭한 출발점이지만, 많은 다국적 기업은 더 나아가려고 합니다.[20] 주류 기업 디아지오(Diageo)는 모든 시장에서 인권 임팩트 평가를 수행한 대표적인 기업입니다. 디아지오는 경영진에게 인권에 대한 책임을 부여하고, 행동강령에 인권존중 약속을 포함시켰으며, 고용자들의 노조 가입 권리를 존중한다는 명시적 조항도 포함시켰습니다.[21] 지역적으로, 인권위험은 위험 관리 위원회에 의해 관리되며, 이 위원회는 다시 글로벌 감사 및 위험 위원회에 보고됩니다.

많은 기업들이 특정 제품이나 서비스에 대한 인권영향 평가를 수행하며, 지역색이 강한 기업은 특정 지역이나 국가에 초점을 맞출 수 있습니다. 예를 들어, 구글은 유명한 인식 애플리케이션 프로그램의 인터페이스에 대한 인권 평가를 수행했고, 광업회사인 골드코프(Goldcorp)는 과테말라의 마를린(Marlin) 광산의 운영 기간과 폐쇄 기간 동안의 인권영향을 평가했습니다.[22] 이를 위해 기업들은 일반적으로 독립적인 비정부기구의 전문성과 신뢰성을 활용합니다.

시장에 진입할 때, 현 상황을 평가하면 예상되는 운영에 대한 기본적인 사항을 이해할 수 있습니다. 회사의 영향력과 시민, 당국, 그리고 기타 이해관계자의 기대는 지리적 운영범위를 넘어설 수 있음을 명심하시기 바랍니다. 인권문제는 계속 진화할 것이라고 예상해야 합니다. 예를 들어, 인프라 프로젝트는 건설, 운영, 폐쇄단계에서 해당 범위에서 매우 다양한 영향을 미칠 것입니다.

부패에 대한 국가, 지역, 지방 차원의 맥락을 검토한다면, 동시에 인권을 평가하는 것이 합리적입니다. 부패는 인권에 대한 위험을 악화시킵니다.[23] 정치 및 규제영역에서의 공식적·비공식적 권력역학을 이해하면 영향력, 변화에 대한 욕구에 대한 통찰력을 얻을 수 있습니다. 평가 범위를 결정했다면 다음 단계로 진행할 수 있습니다.

1단계: 임팩트의 이해
Step 1: Understand all relevant impacts

첫 번째 단계는 기업의 분야와 관심 지역에 관련된 인권을 철저히 이해하는 것입니다. 국제권리장전과 국제노동기구 핵심협약에 명시된 권리를 시작점으로, 어떤 권리가 기업의 운영맥락에 해당하는지 파악하세요. 소셜 미디어 기업은 개인정보 보호와 표현의 자유에 임팩트를 줄 것입니다. 석유 및 가스 기업은 안전, 이동의 자유, 깨끗한 환경에 대한 권리에 영향을 줄 것입니다. 제약, 담배, 설탕음료제조업체는 건강권을 고려해야 합니다. 집회와 시위의 자유는 거의 모든 기업에 해당될 것입니다.

4장에서 우리는 사업과 관련된 환경 및 사회적 문제의 전반적인 상황을 파악하는 방법을 논의했습니다. 이를 검토하면 이제 적용 가능한 권리를 식별하는 데 도움이 될 수 있습니다. 비즈니스 및 인권 자원 센터(Business & Human Rights Resource Centre)는 수년간 산업 평가를 제공해 왔으며, 다양한 분류 체계와 자원을 이용할 수 있습니다.[24]

2단계: 임팩트의 직접적 이해관계자와 협의하기
Step 2: Consult the humans you affect

두 번째 단계는 이해관계자(인권 용어로는 '권리 소유자')와 상담하여 그들이 가장 중요하고 두드러진다고 생각하는 인권 임팩트를 파악하는 것입니다.

이는 영향을 받는 지역사회와의 인터뷰 및 (광산 탐사에서 일반적인 접근방식인) 집중 그룹 세션뿐만 아니라 개별 전문가와의 논의도 포함할 수 있습니다. 고위 의사결정자뿐만 아니라 현장 고용자와 대화하는 것이 중요합니다. 중대성 평가와 마찬가지로, 참가자에게 해당 임팩트와 권리에 대한 설명해야 하며, 명확하고 존중하는 방식으로 소통하려고 노력해야 합니다. 권리가 어떤 이해관계자에게 적용되는지, 또는 기업의 어떤 활동이나 제품이 특정 권리에 영향을 미칠 수 있는지 고려하는 것이 도움이 될 수 있습니다.

3단계: 위험이 아닌 임팩트에 기반하기
Step 3: Prioritize on the basis of impact, not risk

임팩트를 이해했다면 우선순위를 정하는 어려운 작업을 시작해야 합니다. 유엔 기본원칙은 다음을 고려하도록 조언합니다.

(1) 범위(Scope): 얼마나 많은 사람이 영향을 받을 것인가

(2) 규모(Scale): 피해의 수준과 심각성(예: 경미한 오염사건은 고용자의 생명을 위협하는 안전관리 부재보다 덜 해롭다.)

(3) 구제 가능성(Remediability): 피해자가 겪는 피해를 얼마나 완화하거나 되돌릴 수 있는가

새로운 프로젝트나 투자의 경우, 아무런 조치를 취하지 않을 경우 어떤 영향이 있을지, 그리고 행동을 취할 수 있는 옵션이 무엇인지도 고려해야 합니다.[25]

다음으로, 이러한 임팩트에서 기업의 역할을 고려하세요. 이는 기업의 운영이 직접적으로 임팩트를 미치는지(예: 공장에서 근로자들에게 적절한 안전장비를 제공하지 않음), 또는 간접적으로 임팩트를 주는지(예: 공급업체에 대한 마감일이나 비용압박으로 안전위반 가능성이 높아짐)를 생각해보는 것입니다. 그리고 직접적으로 문제를 야기하거나 기여하지 않더라도, 기업의 운영, 제품, 서비스로 인해 문제(예: 공급망 공장에서 인권을 존중하려고 노력하지만, 해당 국가

정부가 현지 주민에 대해 공격적인 감시와 임의 구금을 하고 있어 고용자에게 영향을 미치는 경우)가 발생할 수 있습니다.[26]

환경 및 사회적 임팩트를 측정하고 계량화하는 데 도움이 되는 다양한 도구들이 있으며, 혁신은 지속적으로 이루어지고 있습니다. 한 예로, 하버드대학의 조지 세라핌(George Serafeim)과 같은 저명한 학자들은 기업의 외부효과 비용을 측정하여 이를 재무회계에 포함시키기 위해 노력하고 있습니다.[27] 이러한 측정노력은 경영과 인권 프레임워크와 잘 맞아떨어지며, 지속적인 주목을 받고 있습니다.

4단계: 임팩트 관리하기
Step 4: Manage your impacts

유엔 기본원칙은 기업 전반에 걸쳐 인권을 '통합'하고, 이를 특정 기능과 프로세스에 인권관리를 포함시키는 것을 권장합니다. 이를 가장 잘 수행하는 방법은 인권이 법적책임과 환경 및 사회적 우선순위 모두에 필수적이라는 것을 인정하는 것입니다. 왜냐하면 인권 의무에 가치를 기반으로 두면 자연스럽게 부서 간의 단절된 접근방식을 줄이는 데 도움이 될 수 있기 때문입니다. 디아지오 외에도, 베스타스 윈드 시스템즈(Vestas Wind Systems)는 인권에 대한 헌신을 기반으로 한 투명성과 사회적 책임 노력을 통합한 훌륭한 사례입니다. 베스타스는 '에너지 전환과정에서 인권을 통합하겠다.'고 명시적으로 약속했습니다.[28]

특히 정부활동에 영향을 미치는 것과 관련하여 기업이 가진 영향력에 대해 현실적으로 인식하는 것이 매우 중요합니다. 이는 부패문제와 관련된 영향력과 크게 겹치는 경우가 많습니다. 만약 기업이 지배적인 분야에서 활동하는 대기업이고, 흠잡을 데 없는 평판을 가지고 있다면, 정부가 기업의 우려에 대응할 가능성이 큽니다. 그러나 많은 상황에서 연루와 철수 사이에서 더 극단적인 선택을 해야 할 수도 있습니다.

중국 신장(Xinjiang)에서의 인권문제를 생각할 때, 인권원칙을 적용하면 기업이 가장 먼저 해야 할 일이 분명해집니다. 바로 사업을 책임감 있게 관리하고, 고용자를 직접적인 인권침해로부터 보호하는 것입니다. 중국의 강제노동, 침투적인 감시, 신장의 무슬림 소수민족에 대한 종교적·문화적 탄압이라는 더 넓은 맥락을 고려할 때, 이 지역에서의 운영이나 소싱을 유지할 정당한 이유가 없습니다. 서구 기업은 이러한 관행에 대해 중국 정부에 대한 의미 있는 영향력이 부족하며, 독립적인 감사와 실사는 중국의 반간첩법을 쉽게 위반할 수 있습니다.[29]

그럼에도 불구하고, 서구 기업이 중국에서 광범위하게 철수하는 것은 비현실적입니다. 또한 중국에서의 대규모 투자철회가 인권향상으로 이어질 것이라는 명확한 사례도 없습니다. 중국 정부와 공식적으로 협력하는 기업은 신장에서의 인권침해와 직접적으로 연관되어 있지만, 독립적으로 운영되는 많은 기업(예: 의료 분야)은 중국에서 생계와 인권을 개선할 가능성이 있습니다.

미국 대법원이 로 대 웨이드(Roe v. Wade) 판결을 무효로 한 것과 관련하여, 인권원칙은 건강권이 가장 중요하며 출산권이 핵심요소라고 시사합니다. 미국 전역의 모든 고용자와 계약직 근로자에게 출산 및 건강관리를 동등하게 제공하는 것(여행 포함)은 이 판결의 부정적인 인권 임팩트를 해결하는 데 중요한 대응입니다(이는 낙태권에 대해 '의견을 개진'한 것을 의미하지 않습니다. 의견 개진에 대해서는 12장에서 논의할 것입니다.).

가장 현명한 기업대응은 사생활 보호와 선택의 자유원칙을 존중하는 것입니다. 고용자들이 인력관리 부서와 자신의 선택에 대해 논의할 필요 없이 자금을 제공하고 의료지원을 받을 수 있도록 해야 합니다. 낙태에 반대하는 여성들에게 이러한 의료 서비스를 강요하지 않는 한, 미국 어디에서나 모든 고용자에게 동일한 접근성을 제공하는 것은 인권원칙에 부합합니다. 동료에게 이러한 의료 서비스를 제공한다고 해서 가치 기반의 반대 의견을 가진 고용자의 권리가 침해되는 것은 아닙니다. 그러나 이 권리를 제한하려는 후보자와 조직에 자금을 지원하는 기업은 부정적인 인권 임팩트를 초래하는 것이므로, 이러한 기부는 중단되어야 합니다.

해결해야 할 과제
Outstanding Challenges

인권원칙은 강력하고 일관되며 정당성을 지니고 있습니다. 이러한 원칙은 기업가치의 기반으로 삼기에 가장 합리적이며, 단순히 위험관리와 컴플라이언스 활동의 하나로 여겨져서는 안 됩니다. 이런 식의 오래된 관료주의적 대응은 두 가지에 집중합니다. 하나는 외부 관계자들을 점검하고 감사하는 것이고, 다른 하나는 법적 위험을 관리하고 부정적인 언론보도를 피하려는 것입니다.

이러한 사고방식은 여전히 체계적인 문제를 해결하려는 선의의 노력을 압도하는 경향이 있으며 때로는 상황을 더 악화시킬 수도 있습니다. 럿거스 대학(Rutgers University)의 사라 다두시(Sarah Dadush) 교수는 이렇게 말합니다.

"EU 법규가 강화됨에 따라 많은 기업들이 공급계약을 통해 실사를 수행하고 그 비용을 부담하는 책임을 공급업체에 전가하려는 유혹을 느낄 것입니다. 구매자의 가격압박이나 촉박한 마감기한 등으로 인해 문제가 발생할 경우, 공급업체는 계약상 책임을 지게 되며, 심지어 구매자에게 손해배상을 해야 할 수도 있습니다. 이는 분명히 인권개선에 도움이 되지 않습니다. 우리는 책임전가 관행을 버리고 계약을 포함하여 유엔 기본원칙에 명시된 공동 책임을 실현하는 근본적으로 다른 접근방식이 필요합니다."

다음의 사례는 코코아 산업의 명성에 대한 압박을 의미 있는 행동으로 대응하는 것이 얼마나 어려운지를 보여줍니다. 2021년 미국 노동부 보고서에 따르면, 서아프리카 코코아 재배지역에서 150만 명 이상의 아동이 위험한 노동에 종사하고 있습니다.[30] 10세 정도의 어린이들이 인접국에서 코트디부아르의 코코아 농장으로 인신매매되고 있습니다. 워싱턴 포스트 기사에서 인터뷰한 아동의 약 절반이 집으로 돌아갈 수 없으며, 일하는 동안 위협이나 신체적 폭력을 당할 수 있다고 했습니다.[31] 작업 환경은 위험하며 유해한 농약, 무거운 짐 나르기, 들판 태우기, 날카로운 도구 사용 등이 이루어지고 있습니다. 삼림벌채도 마찬가지로 심각한 영향을 미치고 있습니다. 1970년 이후 코트디부아르의 산림손실의 약 4분의 1이 코코아 생산확장과 관련되어 있습니다. 한 보고서에서는 인권운동이 성숙해가는 동안 삼림파괴와 아동노동이 계속 증가했다는 것을 발견했습니다.[32]

왜 진전을 이루기가 그렇게 어려웠을까요? 전 세계 코코아의 대부분이 가나와 코트디부아르에서 재배되기 때문에, 근본적인 문제가 나타나는 서아프리카에 자연스럽게 관심이 집중됩니다. 코코아 산업의 제조업체와 무역업체는 상대적으로 집중되어 있습니다. 정부는 규제와 기관감독을 개발하기 위해 협력해왔습니다. 인권문제를 해결할 수 있을 것으로 기대할 수 있는 산업이 있다면 바로 코코아 산업일 것입니다. 그러나 20년간의 노력에도 불구하고 문제는 여전히 해결되지 않았습니다.

2019년, 저는 글로벌 식품업체 마스(Mars)의 회장인 스테판 배저(Stephen Badger)가 컨퍼런스 연설에서 단일 기업의 행동 한계를 인정하는 것을 지켜보았습니다.[33] 글로벌 공급망의 빈곤을 줄이겠다는 감동적인 약속을 하면서, 그는 청중들에게 이렇게 말했습니다

"이러한 노력을 매우 어렵게 만드는 것은 이것이 우리의 직접적인 통제 범위를 벗어나 있기 때문입니다. 진전을 이루는 유일한 방법은 다른 이들과의 협력을 통해, 그리고 우리의 영향력을 사용하여 행동을 변화시키는 것입니다."

저는 수년 간 코코아 산업의 인권문제에 대해 일해온 전문가와 스테판

배저의 발언에 대해 이야기를 나누었습니다. 그녀는 신원을 밝히길 원하지 않았지만, 여전히 대형 제과 제조업체에서 인권 관련 역할을 맡고 있습니다. 그녀는 이렇게 설명합니다.

> 모니터링에만 집중하는 것은 현장상황의 근본적인 원인을 바꾸지 못할 것입니다. … 결국 만성적인 빈곤상황에서 행동을 변화시키는 것이 중요합니다. 농부들은 자녀들이 농장을 물려받고 유지해야 하기 때문에 농사 짓는 법을 배울 수 있도록 자신의 농장에서 일하기를 원합니다. 이는 노예제와는 매우 다릅니다. 또한 열악한 인프라, 약한 법 집행, 불충분한 정부능력과 우선순위 지정이라는 전반적인 맥락도 있습니다. 학교에 가는 것이 선택지가 아니라면 아이들이 학교에 가야 한다고 말하는 것만으로는 충분하지 않습니다. 이러한 것들은 실제로 기업의 책임이 아니지만, 우리가 그 지역사회에서 코코아를 공급받고 있기 때문에 필요한 경우 지역사회 인프라 개선에 기여하는 것이 타당할 수 있습니다.

그녀는 기업이 마을저축 및 대출협회와 유사한 프로그램을 만들기 위해 자금을 지원했던 프로그램의 확대를 주장합니다.

"우리는 약 8만 명의 회원이 있으며, 이들은 사업을 키우고 접근하기 어려운 자금을 얻을 수 있도록 창업 지원을 받고 있습니다. 이는 매우 강력한 접근방식으로, 사람들에게 자립할 수 있는 기회를 제공하고, 빈곤에서 벗어날 수 있는 길을 열어주고 있습니다."

그녀는 이러한 노력이 투명성과 추적 가능성(Traceability)으로 언론의 비판에 대응하는 것에 비해 낮은 우선순위로 취급되는 경향이 있다고 말합니다.

"추적 가능성은 비용도 많이 들고 번거롭습니다. 게다가 근본문제도 해결하지 못합니다. 하지만 이런 문제의 실제 원인에 대해 말하기가 어렵습니다. 그렇게 하면 마치 아동노동이나 서구에서 용납할 수 없는 관행들을 옹호하는 것처럼 들릴 수 있기 때문입니다."

실제로 기업들이 인권의무를 준수하기 위해 노력했지만 그 결과 많은 사람들에게 부정적인 결과를 가져온 여러 상황이 있습니다. 예를 들어, 2021년 미얀마 군사 쿠데타 이후 대규모 기업 투자 철수가 일어났습니다. 많은 서구 기업들이 결국 비윤리적 투자자들의 손에 넘어갔고, 여성 실업률이 급증했습니다.[34]

기업의 능력과 의지에 맞춰 노력은 하지만, 어떤 시도들은 그저 부족한 수준에 그치고 맙니다. 예를 들어, 미국에서 여성 고용자의 출산권을 보호하기 위한 움직임은 강력한 의료혜택이 없는 계약직 근로자(대부분이 해당)나 실업자들에게는 도움이 되지 않았습니다. 이들은 정작 제한으로 인해 부정적인 영향을 받을 가능성이 가장 높은 여성 근로자들입니다.[35]

이는 복잡한 질문을 제기합니다. 미국 기업들이 보편적 의료서비스를 위해 로비해야 할까요? 낙태권을 제한하는 대법원 결정에 반대 입장을 취해야 할까요? 유엔 기본원칙에 따르면, 기업이 인권과 관련하여 정부에 영향을 미칠 수 있는 영향력을 사용해야 한다는 조언이 포함되어 있습니다. 이는 기업이 이러한 맥락에서 정치적 영향력을 행사하는 것이 정당하다는 의미일 수 있습니다.

다른 맥락에 대해서는 7장에서 다루겠습니다.

하이어 그라운드로 나아가는 과정
STEPS TO HIGHER GROUND

ESG나 법적준수 체계는 기업에게 명확한 길잡이가 되지 못합니다. 이는 기업이 자기 이익만 따지는 것을 넘어서 사회 전체에 대한 윤리적 의무를 진지하게 고민하도록 돕지 못합니다. 가치관과 목표에 대해서는 논쟁의 여지가 있으며, '우리는 정직하게 하겠다.'는 식의 일반적인 약속은 별 도움이 안 됩니다. 특히 이해관계자의 기대와 정치적 압박이 커지는 상황에서는 말입니다.

인권에 대한 고려는 이런 복잡한 상황을 해결할 수 있는 길이 될 수 있습니다. 인권은 보편적이고 비이념적이기 때문에, 인권의무는 컴플라이언스를 넘어서는 윤리적 약속을 제시할 수 있는 확고한 토대를 제공합니다. 기업의 목적, 가치관, 그리고 이를 뒷받침하는 윤리적 약속을 사람에게 미치는 임팩트에 기반을 두면, 장기적으로 볼 때 견고하고 방어 가능한 접근법이 될 가능성이 높습니다.

인권체계가 기업에게 주는 또 다른 중요한 장점은 국제법에 기반을 두면서도 기업이 사회에 미치는 영향을 고려할 수 있는 방법을 제공한다는 것입니다. 이 체계는 기업의 핵심 책임에 초점을 맞춥니다. 특히, '최대한 해를 끼치지 않도록 노력하겠다.'는 기본적인 약속에 중점을 둡니다. 이는 전통적인 기업책임의 개념과 기업이 어떻게 행동해야 하는지에 대한 우리의 기대와 일치합니다.

또한, 인권은 기업이 가이드라인을 만들고 경계선을 정하는 데 도움을 줄 수 있습니다. 이는 금지사항을 포함하지만, 팀이 투자나 프로젝트를 평가할 때 도움이 되는 지침도 포함합니다. 이런 가이드라인은 기업의 환경 및 사회전략과 인센티브의 방향을 잡아줍니다. 또한, 인권의무는 법 준수와 사회적 책임 사이의 연결고리를 만드는 데 도움이 됩니다.

인권이 모든 체계적인 문제를 해결할 수는 없지만 기업이 정치적 영향력을 행사하려는 어떤 노력의 정당성과 한계에 대해 중요한 질문을 제기합니다.

미주

1. Daina Lawrence, Globe and Mail, 'Do human rights get enough attention from ESG investors?', 2022년 11월 15일(https://www.theglobeandmail.com/investing/article-do-human-rights-get-enough-attention-from-esg-investors/)
2. OHCHR, 'International Bill of Human Rights', 2023년 6월 14일(https://www.ohchr.org/en/what-are-human-rights/international-bill-human-rights)
3. International Labour Organization, 'Conventions and recommendations', 2023년 6월 14일(https://www.ilo.org/global/standards/introduction-to-international-labour-standards/conventions-and-recommendations/lang–en/index.htm)
4. Tim Bartley, American Journal of Sociology 113(2), 'Institutional Emergence in an Era of Globalization: The Rise of Transnational Private Regulation of Labor and Environmental Conditions', 2007년 9월(https://doi.org/10.1086/518871)
5. Bartley, 'Institutional emergence in an era of globalization'
6. David Vogel, Washington, DC: Brookings Institution Press, 'The market for virtue: the potential and limits of corporate social responsibility', rev. ed., 2006년
역자주: 우리나라에서는 2006년 거름 출판사에서 김민주의 번역으로 '기업은 왜 사회적 책임에 주목하는가'라는 제목으로 출판되었다.
7. Judith Schrempf-Stirling, Harry J. Van Buren, and Florian Wettstein, Business & Society 61(5), 'Human rights: a promising perspective for business & society', 2022년 5월(https://doi.org/10.1177/00076503211068425)
8. Shift, 'UN guiding principles 101', 2023년 6월 14일(https://shiftproject.org/resources/ungps101/)
9. UN Guiding Principles on Business and Human Rights, 2011년(https://www.ohchr.org/sites/default/files/documents/publications/guidingprinciplesbusinesshr_en.pdf)
10. Toby Nangle, Financial Times, 'A Trillion-dollar blind spot for asset managers', 2023년 1월 13일(https://www.ft.com/content/92e9ab44-a852-4c96-86e6-3b10f796e858)
11. OHCHR, 'Access to remedy', 2023년 6월 14일(https://www.ohchr.org/en/special-procedures/wg-business/access-remedy)
12. Janne Mende, Journal of International Political Theory 17(1), 'Are human rights western—and why does it matter? a perspective from international political theory', 2021년 2월(https://doi.org/10.1177/1755088219832992)

13 ISD, 'UNGA recognizes human right to clean, healthy, and sustainable environment', 2022년 8월 3일(https://sdg.iisd.org:443/news/unga-recognizes-human-right-to-clean-healthy-and-sustainable-environment/)

14 Columbia Center on Sustainable Investment, 'Enabling a just transition: protecting human rights in renewable energy projects', 2023년 4월(https://ccsi.columbia.edu/sites/default/files/content/docs/publications/final_Renewables AndHumanRights%20(Brief).pdf)

15 Christian Stirling Haig, Katherine Schmidt, and Samuel Brannen, CSIS, 'The age of mass protests: understanding an escalating global trend', 2020년 3월 2일(https://www.csis.org/analysis/age-mass-protests-understanding-escalating-global-trend)

16 Chloé Farand, Climate Home News, 'Philippines inquiry finds polluters liable for rights violations, urging litigation', 2022년 5월 10일(https://www.climatechangenews.com/2022/05/10/philippines-inquiry-finds-polluters-liable-for-rights-violations-urging-litigation/)

17 Kate Selig, Washington Post, 'Judge rules in favor of Montana youth in landmark climate decision', 2023년 8월 14일(https://www.washingtonpost.com/climate-environment/2023/08/14/youths-win-montana-climate-trial/)

18 Dunstan Allison-Hope et al., BSR (blog), 'Human rights everywhere all at once', 2022년 9월 8일(https://www.bsr.org/en/blog/human-rights-everywhere-all-at-once)

19 BSR, See chapter 10 of 'Human rights impact assessment: Meta's expansion of end-to-end encryption', 2022년(https://www.bsr.org/reports/bsr-meta-human-rights-impact-assessment-e2ee-report.pdf)

20 Vattenfall, BSR, 'Summary of Vattenfall's human rights assessment by BSR', 2021년 (https://group.vattenfall.com/dk/siteassets/danmark/om-os/baeredygtighed/summary_of_human_rights_assessment.pdf)

21 Diageo, 'Human rights', 2023년 6월 14일(https://www.diageo.com/en/esg/doing-business-the-right-way-from-grain-to-glass/human-rights)

22 Dunstan Allison-Hope, Hannah Darnton, and Michaela Lee, BSR (blog), 'Google's human rights by design', 2019년 10월 30일(https://www.bsr.org/en/blog/google-human-rights-impact-assessment-celebrity-recognition), BSR, 'Marlin Mine at closure: a review of Goldcorp commitments to the 2010 Human Rights Assessment', 2017년 6월(https://ilas.sas.ac.uk/sites/default/files/reports/BSR-Report-Marlin-Mine-at-Closure.pdf)

23 Alison Taylor, BSR (blog), 'FIFA and bribery in Qatar: it's time to approach corruption and human rights together', 2015년 6월 25일(https://www.bsr.org/en/

blog/fifa-and-bribery-in-qatar-its-time-to-approach-corruption-and-human-rights)

24 'Human rights impact assessment guidance and toolbox', 2020년 8월 25일(https://www.humanrights.dk/tools/human-rights-impact-assessment-guidance-toolbox), Oxfam Policy & Practice, 'Human rights impact assessment archives', 2023년 6월 14일(https://policy-practice.oxfam.org/keyword/human-rights-impact-assessment/)

25 Jenny Vaughan, BSR, 'Human rights assessments: identifying risks, informing strategy', 2021년 12월 9일(https://www.bsr.org/en/reports/human-rights-assessments-identifying-risks-informing-strategy)

26 Stuart Lau, Joshua Posaner, and Hans Von Der Burchard, Politico, 'What genocide? Volkwagen's morally expensive bet on China', 2023년 6월 20일(https://www.politico.eu/article/volkswagen-china-xinjiang-forced-labor-how-to-get-away-with-genocide/)

27 Impact-Weighted Accounts Project, Harvard Business School, 'Mission statement', 2023년 6월 14일(https://www.hbs.edu/impact-weighted-accounts/Pages/default.aspx)

28 Vestas, 'Corporate scial responsibility', n.d.(https://www.vestas.com/en/sustainability/corporate-integrity/csr)

29 Vincent Brusse and Kai von Carnap, Mercator Institute for China Studies, 'Amended anti-espionage law aims to curate China's own narrative', 2023년 5월 25일(https://merics.org/en/comment/amended-anti-espionage-law-aims-curate-chinas-own-narrative)

30 US Department of Labor, 'Child labor in the production of cocoa', 2023년 6월 14일(http://www.dol.gov/agencies/ilab/our-work/child-forced-labor-trafficking/child-labor-cocoa)

31 Peter Whoriskey and Rachel Siegel, Washington Post, 'Cocoa's child laborers', 2019년 6월 5일(https://www.washingtonpost.com/graphics/2019/business/hershey-nestle-mars-chocolate-child-labor-west-africa/)

32 Etelle Higonnet, Marisa Bellantonio, and Glenn Hurowitz, Mighty Earth, 'Chocolate's dark secret: how the cocoa industry destroys National Parks', 2017년 9월 12일(https://www.mightyearth.org/wp-content/uploads/2017/09/chocolates_dark_secret_english_web.pdf)

33 BSR, 'Stephen Badger, Chairman, Board of Directors, Mars Incorporated | BSR19', YouTube, 2019년 11월 18일(https://www.youtube.com/watch?v=LnIt0RPmL24)

34 Tan Hui Yee, Straits Times, 'Effects of Myanmar coup especially devastating for women: UN survey', 2022년 3월 8일(https://www.straitstimes.com/asia/se-asia/

effects-of-myanmar-coup-especially-devastating-for-women-un-survey)

35　Suein Hwang, Charter, '4 experts on how workplaces will respond to the loss of Roe v. Wade', 2022년 6월 27일(https://www.charterworks.com/4-experts-on-how-workplaces-will-respond-to-the-loss-of-roe-v-wade/)

7   기업의 정치적 책임

Getting Serious about Corporate Political Responsibility

2022년 10월, 유니레버의 전 최고경영자인 폴 폴먼은 오하이오의 사형폐지 법안을 지지하기 위해 기업들이 나서야 한다고 주장했습니다. 그는 기업들이 "사형제도는 우리 사회를 분열시키고 불안정하게 만드는 것이 아니라 오히려 형사사법 시스템을 지원해줍니다."라고 말했지만, 사형이 재정적으로 무책임하다고 덧붙였습니다. 폴먼은 최고경영자에 대한 기대가 높아지고 있는 점을 근거로 자신의 주장을 정당화했습니다. 그는 "사회는 점점 더 기업의 지도자가 기업가치와 관련된 중요한 문제에 대해 입장을 표명하고, 기본적인 존엄성과 정의를 증진시키기를 기대하고 있습니다."라고 말했습니다.[1]

여기서의 문제는 사형제도가 어떤 신뢰할 만한 중대성 평가에서도 찾아볼 수 없다는 점입니다. 미국의 형사사법 시스템의 일부 측면이 명백한 인권문제를 가지고 있긴 하지만, 기업이 사설 교도소를 운영하거나 사형에 사용되는 약품이나 장비를 제조하지 않는 한 원인을 제공하거나 기여하고 있지는 않습니다. 마지막으로, 사형제도는 논란이 많고 당파적인 문제입니다.

폴먼의 주장은 기업이 공공정책 문제에 어떻게 그리고 언제 개입해야 하는지에 대한 중요한 질문을 제기합니다. 사이버보안, 형사사법, 이주정책, 공중보건에 이르기 까지 이미 환경, 사회·정치, 리더십 문제를 구분 없이

'ESG 문제'라는 하나의 통합된 범주에 넣고 기업이 이에 대해 조치를 취해야 한다는 요구가 끊임없이 증가하고 있습니다. 심지어 여기에는 국가위험도 포함됩니다. 2022년 3월, 나택시스 자산운용(Nataxis Asset Management)의 300억 달러 규모의 지속가능 투자부문인 미로바(Mirova) 최고경영자 필립 자우아티(Philippe Zaouati)는 러시아의 우크라이나 침공을 '우리가 지금까지 겪은 가장 중요한 ESG 문제 중 하나'라고 설명했습니다.[2]

이 장에서는 기업이 환경 및 사회적 우선순위와 영향력과 관련된 공공정책은 어떻게 대응해야 하는지, 또 어떤 것을 삼가야 하는지 살펴보겠습니다. 예를 들어, 기업의 중대성 평가에서 기후변화가 최우선 과제로 나타났다면, 이는 기후변화 관련 규제에 대한 기업의 입장에 어떤 영향을 미칠까요? 또한, 다양성과 포용성 증진이 필요하지만 현재 채용과정에서 다양성이 부족하다면, 이를 개선하기 위해 교육 시스템에 투자해야 할까요? 마지막으로, 고용자들이나 다른 중요한 이해관계자들이 뜨거운 정치적 이슈에 대해 기업의 입장표명을 요구할 때, 어떤 점들을 고려하여 대응해야 할까요?

2022년 봄 텍사스주 총기난사 사건 이후, 수천 명의 세일즈포스 고용자들이 공개서한을 통해 공동 최고경영자 마크 베니오프(Marc Benioff)와 브렛 테일러(Bret Taylor)에게 전미총기협회가 세일즈포스 플랫폼을 통해 마케팅과 모금활동을 하지 못하도록 막아달라고 요청했습니다.[3] 스타벅스와 유니레버처럼 세일즈포스도 지속가능성 분야의 선두기업으로 여겨집니다.[4] 베니오프 최고경영자는 총기규제에 대해 적극적으로 목소리를 내는 인물로, 한때 CNBC와의 인터뷰에서 기업 경영자는 총기안전과 낙태권 같은 사회문제에 대해 '직접적인 행동을 취해야 한다.'고 말한 바 있습니다.[5] 하지만 최고경영자들은 과거에 자동소총의 판매를 플랫폼에서 금지하면서도, 자사 소프트웨어를 사용하는 것은 금지하지 않겠다고 답변했습니다.[6]

기업이 운영에서 약속을 이행하는 방법 외에도, 사회문제 중 어떤 것을 해결하고자 노력할지, 또는 그러한 노력을 할지 말지도 결정해야 합니다. 이 과정에서 일관성과 명확성을 유지하는 것은 큰 도전과제입니다. 기업의 제품, 서비스, 그리고 의사결정이 사회에 미치는 임팩트에 대해 이해관계자들의 의견을 듣는 것이 중요합니다. 이를 통해 피해를 줄이기 위한 일관된 내부정책과 절차를 수립할 수 있습니다. 그러나 정책영역에서 이해관계자들의 견해를 대변하려 하면, 기업의 영향력과 책임의 범위, 더 나아가 기업의 존재목적에 대한 큰 의문을 제기합니다. 이해관계자 자본주의 프레임워크는 이러한 책임에 대해 명확한 한계를 설정하지 않습니다. 이는 규범적인 문제와 실질적인 문제 모두를 야기합니다.

기업의 영향력을 고려해야 하는 의무를 다하기 위해서는 여러분의 목표가 공공정책과 규제에 어떤 영향을 미치는지, 그리고 반대로 어떤 영향을 받는지 생각해 볼 필요가 있습니다. 이 장에서는 특히 이러한 문제에 대해 논란이 많고 중요한 미국의 독특한 정치적 상황에 초점을 맞추겠습니다. 이는 다른 나라에도 잠재적으로 영향을 미칠 수 있습니다.

기업의 정치적 무책임
Corporate Political Irresponsibility

여러 설문 조사결과에 따르면, 최고경영자들이 사회에서 리더십 역할을 맡아야 한다고 생각하는 대중의 요구가 늘어나고 있는 것으로 보입니다. 유명한 조사기관인 에델만 트러스트 바로미터(Edelman Trust Barometer)의 2021년 조사에 따르면, 응답자 10명 중 6명이 자신의 개인적 신념에 맞춰 직장을 선택한다고 답했습니다.[7] 2022년 조사에서는 더욱 흥미로운 결과가 나왔습니다. 응답자의 81%가 최고경영자들이 공공정책 문제를 논의할 때 직접 나서서 목소리를 내야 한다고 생각했습니다. 또한 60%는 최고경영자들이 논란의 여지가 있는 사회적 이슈에 대해 공개적으로 발언해야 한다고 기대했습니다.⁸ 다만, 이 설문에서는 최고경영자들이 응답자 개인의 가치관과 상충되는 공개적 입장을 취하는 것에 대해서는 묻지 않았다는 점에 주목할 필요가 있습니다.

고용자들의 압력과 언론의 메시지가 결합되면 기업 경영자들이 이를 무시하기는 어렵습니다. 1장에서 최고경영자들이 기업가치를 대중적 입장과 연결시켜 브랜드의 이점을 얻을 기회로 평가하는 것을 살펴보았습니다. 예를 들어, 2017년에는 주로 기술분야의 약 400명의 최고경영자들이 도널드 트럼프 대통령에게 오바마 시대의 다카 프로그램(DACA program)을 취소하지 말라고 요구하는 캠페인에 서명했습니다. 다카 프로그램은 어린 시절 미국으로 불법 이민된 사람들의 추방을 막는 내용입니다.⁹ 사실 최고경영자들은 직접적인 영향을 받는 소수의 고용자들에게 이민지원을 제공함으로써 더 효과적으로 고용자들의 인권을 지원할 수 있었을 것입니다. 하지만 이런 비공개 활동은 큰 관심을 끌지 못했습니다. 대신 최고경영자들은 이 뜨거운 논쟁의 주제에 대해 공개적으로 목소리를 냈습니다. 이는 중요한 문제에 대해 기업이 입장을 밝혀야 한다는 새로운 사회적 기대에 부응하기 위한 것이었습니다.

기업의 경영자들이 자신들의 가치가 대중적 이슈를 추진하는 데 역할을 한다고 주장함으로써, 무심코 주주가치를 넘어선 광범위한 선언과 개입의 범위를 확장했습니다. 이제 주요 브랜드들은 다음과 같은 다양한 이슈에 대해 의견을 표명할 것이라는 기대 받고 있습니다. 군사침공, 출산권, 인종평등, 성정체성, 환경문제 또는 특정 법안 등, 이러한 변화는 '의견개진'이라는 주제를 완전히 새로운 차원으로 변화시켰습니다.

많은 기업들에게 더 위험한 것은, 사람들이 기업이 한 말을 진심으로 했는지 묻기 시작하는 것은 시간 문제라는 것입니다. 주드 레검(Judd Legum)의 '인기 정보(Popular Information)' 뉴스레터는 기업의 말과 행동 사이의 불일치를 열심히 추적해 왔습니다. 정치적 책임 센터(Center for Political

Accountability)와 인플루언스맵(Influence Map) 같은 조직들도 마찬가지입니다.[10] 2018년 BSR 연례회의에서 아난드 기리다라다스(Anand Giridharadas)는 참석한 수백 명의 지속가능성 리더들에게 경고했습니다.

"여러분의 기업에 워싱턴 DC에서 멋진 정장을 입고 여러분의 노력을 무효화시키는 로비스트 동료들이 있을 수 있습니다."

그러다 2021년 1월 6일 미국 국회의사당 침입사건은 민주주의에 대한 표면적 지지와 선거 부정론자에 대한 정치자금 지원 사이의 모순을 더욱 부각시켰습니다.

2015년 미국 대법원의 판결로 전국적으로 동성 결혼이 합법화되었을 때, 일부 주는 이에 반발했습니다. 노스캐롤라이나는 트랜스젠더들이 특정 화장실을 사용하는 것을 금지하고, 지방정부가 차별 금지법이나 최저임금 수준을 제정하는 것을 막았습니다. 200명 이상의 최고경영자들이 트랜스젠더 화장실 금지법에 반대하는 서한에 서명했습니다.[11] 그러나 이 항의 서한에 서명한 기업 중 최소 45곳은 법을 통과시킨 의원들을 선출하는 데 도움을 준 공화당 주 지도위원회에 자금을 지원한 책임이 있었습니다.[12]

기업의 발언과 지출 간의 이러한 이중적 접근방식은 흔한 일입니다. 정치적 책임 센터의 보고서에 따르면 인종차별에 반대하면서 인종을 근거로 한 게리맨더링(Gerrymandering)을 지원하고, 기후변화에 대해 목소리를 내면서 기후공개 기준에 반대 로비를 하며, 심지어 피임약 제조업체가 가족계획연맹(Planned Parenthood)의 자금지원을 중단하려는 의회의 후보자들을 선출하는 데 도움을 사례들이 있습니다.[13]

환경 또는 사회문제가 사업에 중대한 영향을 미친다면, 이익을 달성하기 위한 정책을 지지하는 것은 당연해 보입니다. 그럼에도 불구하고 입장표명과 자금지출을 일치시키는 데 성공한 기업이 거의 없다는 것은 기업의 경영자들이 환경 및 사회적 책임을 여전히 홍보문제로 간주하고 있음을 시사합니다. 최근에는 기업 최고위층의 탑다운(Top-down) 이니셔티브가 고용자들의 바텀업(Bottom-up) 압력 캠페인으로 변모하고 있습니다. 이로 인해 기업들은 고용자들의 활동과 정치적 위험이 교차하는 고통스러운 상황에 놓이게 됩니다.[14]

문제가 되는 자금의 규모는 상당합니다. 많은 국가들이 기업의 정치자금 지출과 로비활동을 제한하고 있지만, 미국 대법원의 '시민연합' 판결은 기업들이 주주의 돈을 정치적 영향력 행사에 무제한으로 사용할 수 있도록 허용했습니다.[15] 이 판결로 인해 무제한의 예산을 가진 정치활동위원회 (Political Action Committees, PACs)의 설립이 가능해졌습니다. 대부분의 경우, 이후 정치자금은 주로 억만장자인 거액 기부자들로부터 나왔습니다. 그러나 후속 판결들로 인해 공개규정이 완화되어 기업들이 '추적하기 어려운 정치자금'을 정치활동위원회에 기부할 수 있게 됐고, 이로 인해 기업들의 실제 기부내역이 대중에게 드러나지 않게 되었습니다.[16]

이러한 상황은 주주가치의 관점에서나 이해관계자 자본주의의 관점에서나 모두 정당화되기 어렵습니다. 밀턴 프리드먼의 원래 비전은 기업이 법을 준수하면서 그리고 그가 많이 논의하지는 않았지만 '윤리적 관습'도 존중하면서 주주가치를 극대화해야 한다는 것이었습니다. 프리드먼은 경영진의 자의적 판단으로부터 주주를 보호해야 한다고 주장했습니다. 그 근거로 그는 다른 회사 이해관계자들은 이미 직접적인 영향력을 가지고 있다고 보았습니다. 예를 들어, 고용자는 임금을 받고, 대출자는 이자를 받으며, 고객은 다른 곳에서 물건을 살 수 있습니다.[17]

프리드먼은 정부권력을 제한하는 것이 기업이 주주가치를 높이기 위해 정치 시스템에 영향을 미치려는 위험을 관리하는 최선의 방법이라고 보았습니다.[18] 그러나 오늘날의 기업들은 단순히 시장의 규칙을 받아들이는 데 그치지 않고, 자신들의 이익에 더 유리하도록 이를 변화시키기 위해 개입하고 있습니다. 전 연방준비제도 이사인 앨런 블라인더(Alan Blinder)는 규제가 일반적으로 대중을 보호하기 위한 조항들을 약화시킴으로써 기업을 위해

봉사한다는 점을 보여주었습니다.[19]

이러한 사례는 계속해서 쌓여가며 대중의 분노를 불러일으키고 있습니다. 보잉이 안전실패로 인해 법적책임을 지게 된 후, 내부 이메일에서 고용자들이 737 MAX 비행기를 '광대들이 설계하고 원숭이들이 감독한 것'이라 묘사하고, 규제당국을 '(스타워즈) 제다이 마인드 트릭'으로 속여 회사가 엄청난 돈을 절약했다'고 자랑하는 내용이 드러났습니다.[20] 오하이오에서 열차가 폭발해 지역사회가 타는 염화비닐 가스로 뒤덮인 후, 철도회사인 노퍽 서던(Norfolk Southern)과 그 동료 기업들이 더 엄격한 안전 규제를 반대하기 위해 로비를 해왔다는 사실이 밝혀지기도 했습니다.[21]

주주가치를 최우선 목표로 여긴다면, 특히 다른 모든 기업들이 그렇게 하고 있는 상황에서, 규제부담을 줄이거나 경쟁력 있는 영향력을 높이기 위한 기업의 정치자금 지출을 옹호할 수도 있습니다. 하지만 현실적으로, 빈번하고 극적인 선거결과의 역전 속에서 정치활동을 통한 재무적 수익은 거의 보장되지 않습니다.[22] 그리고 그토록 자랑스럽게 여기는 주주들의 권리에 대해 말하자면, 대부분의 주주들은 기업의 정치자금 지출에 대해 거의 알지도 못하고 의견을 낼 기회도 없습니다.

또한 기업이 사회의 이익을 희생하면서 편협한 자기 이익을 추구할 때 모든 투자자가 이득을 보는 것은 아니라는 점을 주목해야 합니다. 어떤 기업은 자사의 탄소배출에 대한 책임, 알고리즘이 정신건강에 미치는 영향, 또는 제품 속 설탕이 공중보건에 끼치는 해악에 대해 책임지지 않아도 된다는 설득력 있는 경영논리를 만들어낼 수 있습니다. 조세회피에 대한 비즈니스 논리도 있습니다. 심지어 더 높은 사망률에 대한 논리도 말입니다.[23]

그러나 기업의 비용을 외부화 하려는 노력이 결국 사회체제의 근간을 훼손하기 시작하는 지점은 언젠가는 오기 마련입니다. 2019년 슈로더스(Schroders) 자산운용사의 글로벌 공개 시장 연구에 따르면, 전 세계 상장기업들이 1년 동안 4.1조 달러의 이익을 창출하는 동시에, 2.2조 달러의 순 사회적·환경적 비용을 발생시켰습니다.[24] 설령 기업이 화재나 홍수를 직접 일으키지 않더라도, 기후변화로 인해 일부 지역은 연중 큰 부분이 너무 더워서 제대로 기능할 수 없게 되고, 산불 연기는 수천 마일을 이동할 수 있습니다.[25] 아마존 유역의 파괴는 결국 이 지역이 흡수하는 것보다 더 많은 탄소를 배출하게 만들어, 모든 이에게 영향을 미치게 될 것입니다.[26]

비영리기구 셰어홀더커먼즈(The Shareholder Commons)의 릭 알렉산더(Rick Alexander)는 주주행동주의의 저명한 옹호자로 이들은 사실상 세계의 일부를 소유할 만큼 광범위한 자산을 가진 '초대형 분산 투자자(Universal owner)'로서, 기후변화에 대처하고 건강하고 기능적인 민주주의와 사회 서비스를 유지하는 데 큰 사회적 가치를 찾을 수 있다고 지적합니다.[27] 따라서 기업의 정치적 활동은 연금기금과 같이 가장 크고 영향력이 있는 투자자들과 갈등을 일으킬 수 있습니다.[28]

이해관계자 자본주의에 대해 말하자면, 기업은 민주주의가 아니며 이해관계자들은 유권자가 아닙니다. 기업에는 이해관계자(심지어 고용자들의) 관점을 공정하고 민주적인 방식으로 수렴할 근거도, 거버넌스 메커니즘도 갖추고 있지 않습니다.[29] 이는 세 가지 방식으로 나타납니다. 첫 번째 방식에서는, 최고경영진이 자금지출 대상에 대해 하향식 결정을 내리는데, 이 경우 경영진의 편견과 성향이 반영되며, 종종 고용자들의 의견을 무시하게 됩니다.[30] 두 번째로, 경영진이 가장 목소리가 큰 이해관계자들에게 반응하여 양극화를 악화시킵니다. 세 번째이자 최악의 경우, 경영진은 고용자들과 대중을 위장된 이야기로 달래는 한편, 비밀리에 정치적 영향력을 행사하여 자신들의 의제를 실현하려 합니다.

이와 동시에 좌파와 우파 모두 더 많은 정치적 노출을 요구하고 있습니다. 좌파는 대의를 위해 나서는 것을 선호하고, 우파는 비공개적인 자금 지출을 옹호합니다. 하지만 정작 일반대중이 원하는 것은 최고경영자들이 정치에서 손을 떼는 것입니다. 1월 6일 폭동 이후 저스트캐피탈(JUST

Capital)이 실시한 설문조사에 따르면, 미국의 양대 정당 지지자들 대부분은 기업들이 정치적 관여를 제한하면서도 자신들이 하는 모든 정치적 기부에 대해 더 투명해지기를 원하는 것으로 나타났습니다.[31]

정치적 노출을 관리하라
Managing Political Exposure

기업의 정치적 노출은 다양한 형태를 띱니다. 다음은 주요 형태를 위험도가 높은 순서부터 낮은 순서로 나열한 것입니다.

선거자금 지원(Campaign finance): 대부분의 미국 기업들은 정치활동위원회를 운영합니다. 이들은 가장 많은 감시를 받으며, 초대형 정치활동위원회(Super PACs)에 기부함으로써 이를 피하려 할 수 있습니다.[32] 초대형 정치활동위원회는 선거운동에 직접 기부할 수는 없지만, 후보자를 위한 (또는 상대 후보를 반대하는) 광고와 같은 활동에 무제한으로 자금을 지출할 수 있습니다. 초대형 정치활동위원회는 투명성이 낮고 비윤리적으로 간주되는 경우가 많습니다. 기업들은 또한 업계협회를 통해 간접적으로 선거운동에 자금을 지원합니다.[33] 이러한 형태의 지출은 비평가들에 의해 함께 묶여 많이 비판됩니다.[34]

조작된 시민운동(Astroturfing): 기업의 마케팅 캠페인으로, 정치적 영향력을 행사하기 위해 설계되었지만 대중이나 지역사회의 자발적인 압력인 것처럼 위장됩니다. 이 용어는 인조 잔디인 '애스트로터프'에서 유래했으며, 진짜 풀뿌리 운동이 아닌 조작된 대중운동을 의미합니다.

정치적 발언(Political speech): 2014년경까지 대부분의 미국 대기업들은 정치적으로 중립적인 입장을 취하는 데 주력했습니다. 하지만 지금은 많은 기업들이 논란의 여지가 있는 정치적 발언에 훨씬 더 적극적인 태도를 보입니다. 이는 주로 이해관계자들이 그것을 요구한다는 근거로 정당화됩니다.

로비와 옹호활동(Lobbying and advocacy): 기업들은 정치적 또는 규제 의사결정자들에게 영향을 미치려 함으로써 자신들의 이익을 추구합니다. 건전한 민주주의에서 윤리적인 로비활동은 가치가 있으며, 정치인들은 규제법안과 규칙제정에 대한 기업의 의견을 통해 많은 것을 배울 수 있습니다.[35] 하지만 로비활동은 비윤리적인 목적으로 사용될 수 있으며, 흔히 영향력을 행사하는 행위로 비난받습니다. 개혁은 투명성과 청렴성을 향상시키는 데 중점을 둡니다.

업계협회(Trade associations): 많은 기업이 업계협회 회원자격을 중요하게 여깁니다. 하지만 특정 문제에 대한 협회정책과 회원 기업의 명시적 입장 간의 충돌은 위선의 인식을 강화시킵니다.

정부 자문 역할(Government advisory roles): 기업은 종종 정부 태스크 포스 및 자문기관에 임원 지원을 제공합니다. 이는 공개 되어도 일반적으로 비윤리적이지 않은 것으로 간주됩니다.

    기업 경영자가 사업을 해치지 않으면서 이 복잡한 영역을 윤리적으로 탐색하기 위해 무엇을 할 수 있을까요? 다행히도 이를 위한 해결책은 빠르게 나타나고 있습니다. 미국 상황에 대한 유용한 지침은 정치적 책임에 대한 어브 연구소 원칙(Erb Institute Principles for Corporate Political Responsibility)과 공인회계사-와튼 지클린 모델 행동강령(CPA-Wharton Zicklin Model

Code of Conduct)에서 찾아볼 수 있습니다.[36]

정치적 비용을 감독하라
Give your board oversight of political spending

이사회는 정치적 지출과 정치적 참여를 감독해야 합니다. 이는 경영진, 이사회, 주주, 그리고 이해관계자들 사이의 불일치 가능성 때문에 기업 거버넌스의 핵심문제입니다.

어브 연구소(Erb Institute)는 다음과 같은 공식적인 합의를 제안합니다. "기업자원이나 경영진의 권한을 사용하는 모든 정치적 활동은 개별 관리자나 임원의 견해가 아닌 기업의 견해를 반영합니다." 그리고 "기업은 정치적 활동에 참여할 때 고용자, 주주 또는 기타 이해관계자에게 압력을 가하거나 강요하지 않습니다."

델라웨어 형평법원의 전 법원장이자 델라웨어 주 대법원의 전 대법원장인 레오 스트라인 주니어(Leo Strine Jr.)는 기업의 정치적 지출에 대해 이사와 주주 모두가 투표해야 한다고 제안합니다.[37] 그는 또한 정치적 감독 부실, 보복, 수용, 또는 운영 불가능한 조건을 이유로 특정 국가 또는 주·지방에서의 투자철수에 대해 이사회와 주주의 승인을 받아야 한다고 주장합니다.

정치활동을 공개하라
Disclose your political activity

어브 연구소의 권고에 따라 모든 정치활동을 공개하는 것을 고려해 보세요. 기업의 전체적인 정치적 노출을 검토하고 가이드라인을 설정하는 것이 매우 중요해지고 있습니다. 시민연합 판결 이후 다크머니가 증가했음에도 불구하고, 더 많은 공개를 받아들이라는 조언은 직관에 반하는 것처럼 보일 수 있습니다. 그러나 주주결의안 증가 등의 추세는 더 큰 투명성을 가리키고 있습니다. 홍보 전문가 리처드 레빅(Richard Levick)은 다음과 같이 경고했습니다.

"대부분의 기업의 정치기부는 더 이상 불투명하지 않습니다. … 이제는 기부기록을 연구하고 공개하는 출판물과 비정부기구들이 있어, 공개적으로 표현된 기업의 견해와 일치하지 않는 기부가 드러날 가능성은 100%입니다."[38]

이 분야에서의 경영자 능력은 여전히 부족하며, 대부분의 기업들은 정치적 논의의 장에 참여해야 한다고 주장합니다. 일부 기업들은 기업의 정치적 책임에 대한 압박이 증가하고 있음을 인식하고, 특히 자금조달의 투명성에 대한 실질적인 약속을 한 경우 더 나은 분위기를 조성할 기회로 보고 있습니다. 포드(Ford)와 퍼스트 에너지(First Energy)는 초기에 이러한 더 큰 투명성으로의 움직임을 채택한 기업들이었습니다.[39] 퍼스트 에너지는 오하이오주에서 로비스트들에게 뇌물을 제공한 것과 관련하여 평판위기를 겪고 최고 경영자가 사임한 바 있습니다.[40] 에디슨 인터내셔널(Edison International)은 건전한 민주주의에 대한 약속을 포함한 입장을 밝혔습니다.[41]

정치후원은 우선과제에 맞게 하라
Ensure that your spending does not undermine your stated priorities

설령 기업의 모든 정치적 활동을 공개하는 선택을 하지 않더라도, 기업이 선택한 지속가능성 전략과 정치적 입장에 부합하지 않는 투자는 직접적인 방식이든 아니든 점점 더 위험하다고 판단됩니다. 물론 이 혼란스러운 글로벌 비즈니스 세계에서 어떠한 상황에서든 일관성을 유지하는 것은 불가능하지만, 일관성이라는 아주 쉬운 공을 받아내지 못한 잘못은 온전히 기업의 몫입니다. 기후행동, 여성의 권리, 또는 다양성에 대해 열정적으로 목소리를 높인다면, 이러한 분야의 진전을 저항하거나 훼손하는 후보자, 업계협회, 또는 기타 조직에 자금을 지원하는 것을 정당화하기 어렵습니다.

기업들은 정치자금 후원을 할 수 있는 모든 후보자를 고려했음에도 (적합한 후보자가 없어서) 내린 불가피한 결과이며, 따라서 어느 정도의 불일치는 어쩔 수 없다고 반박합니다.[42] 기업들은 불일치를 지적하는 비판들에 대해 단면적인 평가라고 반박합니다. 지금껏 모두와 친구로 지내기 위해 좌우를 막론하고 후원금을 지급해왔던 기업들은 이제 양극화의 벽에 부딪혔습니다. 기후변화와 트랜스젠더 권리와 같은 문제에 대한 입장이 너무나 극단적으로 갈려, 기업은 어느 쪽도 택하지 못한 채 연신 헛기침을 하다 목이 쉬어 버릴 지경입니다. 기업들은 이제 한쪽을 선택해야만 합니다.

어브 연구소는 기업들이 자신들의 정치적 활동(업계 협회를 통한 활동 포함)과 '목적, 가치, 명시된 목표 및 이해관계자들에 대한 약속' 사이의 '일관성을 위한 투쟁'을 권고합니다.[43]

마이크로소프트는 고객, 고용자 또는 핵심사업에 영향을 미치는 정책문제에 관여하겠다고 선언하는 데 특히 야심 찬 모습을 보였습니다.[44] 2021년 정직하게 기후목표 미달을 보고한 마이크로소프트의 보고서는 비난을 받았지만 한편으로 효과가 있어, 다른 기업들은 공언한 목표를 잘 이루고 있는지에 관심을 갖도록 하였고, 마이크로소프트의 기후공개 법안 지원 노력 또한 주목받았습니다.[45] 이러한 접근방식은 투명성에 대한 압력을 잘 이해하고 있음을 보여주었고, 정책에 대해 효과적인 입장을 취하는 것이 회사가 더 빠르고 더 멀리 나아가는 데 도움이 될 것이라는 이해를 보여주었습니다. 마이크로소프트의 부사장 겸 지속가능성 책임자인 멜라니 나카가와(Melanie Nakagawa)는 다음과 같이 설명합니다.

결과와 과정을 모두 공유하며 투명한 기업운영을 하는 것은 우리 회사의 지속가능성 약속과 활동에 대한 신뢰를 구축하는 데 필수적입니다. 기후변화 대응은 어려운 작업이며, 노력이 결실을 맺기까지 몇 달 또는 몇 년이 걸릴 수 있음을 알려야 합니다. 또한 어떤 정부, 기업, 비정부기구, 또는 어떠한 이해관계자 그룹도 이를 혼자서 할 수 없기 때문에 마이크로소프트는 다양한 파트너들과의 지속가능성 중심의 정책옹호와 협력에 상당한 노력을 기울이고 있습니다. 예를 들어, 마이크로소프트의 탄소 네거티브 기준을 달성하기 위한 과정은, 청정 에너지 인프라를 전 세계적으로 구축하는 것과 밀접한 관련이 있습니다. 이는 마이크로소프트에만 해당되는 상황은 아닙니다. 기업들이 모두가 직면한 도전에 대해 공개적으로 이야기할 수 있을 때 우리는 또한 함께 모여 더 빠르게 해결책에 도달할 수 있습니다.

기후협약에 반대 목소리를 내는 무역협회와 비즈니스 그룹은 기업의 기부금을 자신들의 재량으로 특정 후보자에게 후원금을 전달하는 데 있어 특별한 문제를 제기합니다. 마이크로소프트는 자사의 옹호활동 약속에 비추어 업계협회 회원자격에 대한 질문에 계속 직면하고 있습니다.[46] 대부분의 기업 리더들은 이러한 조직들에 계속 관여하되, 그룹들의 정치적 전략을 직접 감독하지는 않는다고 말합니다. 나카가와는 이에 동의합니다.

"설령 기업의 모든 정치적 활동을 공개하는 선택을 하지 않더라도, 모든 문제에 대해 동의하기는 어려울 것입니다. 하지만 우리는 조직이나 개인이 다른 입장을 가지고 있을 때조차도 (직접 감독하지 않더라도) 관여하는 것이 진전을 이루는 데 필수적인 부분이라는 것을 배웠습니다. 우리는 또한 정기적으로 무역협회와 비즈니스 그룹 회원자격을 평가합니다."

기업의 위선에 대한 불가피한 비난을 피하기 위해 가장 현명한 방법은 이러한 그룹에 남아 있되, 기업의 회비가 특정 후보자를 지지하는 데 사용되지 않도록 규정하는 것일 수 있습니다.

협회의 의제가 귀사의 공개성명과 잘 맞지 않을 때, 계속 협회에 남아 있어야 할 정당성은 거의 없어집니다.[47] 보스턴 공동 자산운용(Boston Common Asset Management)과 같은 책임 있는 투자자들은 오랫동안 정치적 불일치에 초점을 맞춰왔습니다. 예를 들어, 이 회사는 2013년 주목할 만한 성공을 거두었습니다. 미국 입법교류협의회(American Legislative Exchange Council, ALEC)가 비자(Visa)의 가치와 맞지 않는다고 주장한 후, 비자가 이 협의회에서 탈퇴하도록 이끌어냈습니다.[48] 그리고 이후 넷플릭스(Netflix)에 로비활동에 대해 더 투명해질 것을 요구했습니다.[49]

기후 관련 약속을 한 채굴기업들은 특히 높은 위험에 직면해 있기 때문에 일부 회원자격을 재평가했습니다. 글로벌 에너지기업 BP는 자사의 서약과 일치하지 않는다고 판단한 세 개의 업계협회에서 탈퇴했습니다.[50] 로열 더치 쉘(Royal Dutch Shell)과 토탈(Total)도 업계협회 회원자격을 검토했으며, 주요 광업회사들도 마찬가지입니다.

정치에서 후퇴하라
Withdrawal

현재 많은 리더들이 동의하지 않을 수 있지만, 직접적인 정치기부를 중단하는 것이 현명하고 미래지향적인 행보가 될 것입니다. 기업은 여전히 윤리적으로 로비할 수 있고 효과적인 공공정책을 만드는 데 전문성을 제공할 자유가 있을 것입니다.

이러한 입장을 뒷받침하기 위해, 정치적 지출의 재무적 수익이 얼마나 의문스러워졌는지 고려해보십시오. 2013년 마이클 하다니(Michael Hadani)와 더글라스 슐러(Douglas A. Schuler)는 이렇게 말합니다.

"우리의 연구는 기업의 정치적 투자가 수익에 도움이 되지 않으며, 심지어 기업성과에 해로울 수 있다는 것을 강력히 시사합니다. 우리는 기업의 정치적 투자가 시장가치와 유의미하게 부정적인 관계에 있다는 것을 발견했습니다."[51]

IBM은 오랜 역사를 통해 후보자들에게 직접 기부하지 않는 정책을 유지해 왔습니다. IBM은 고용자 정치행동위원회가 없으며, 업계협회 회원자금이 후보자들에게 직접 전달되는 것을 막고 있습니다. IBM의 최고경영자인 아르빈드 크리슈나(Arvind Krishna)는 2021년 뉴욕 타임스와의 인터뷰에서 이렇게 말했습니다.

"이것이 우리를 불리하게 만든다고 생각하지 않습니다. 오히려 우리 회사가 당파적이거나 영향력을 구매하는 데 관심이 있다고 인식되는 것을 막아줌으로써 실제로 우리에게 도움이 되었다고 생각합니다."[52]

IBM의 입장은 윤리적으로 정당화될 수 있으며 비용도 절약됩니다. 다른 기업들이 수렁에 빠지거나 더 나쁜 상황에 처하는 동안, IBM은 더 높은 도덕적 고지 위에 서 있습니다.

부패를 방지하라
Anti-corruption

효과적인 반부패 접근법은 기업을 정치적 보복에 취약하게 만들기 때문에 기업의 광범위한 정치적 시스템과 이해관계에 대한 이해가 필요합니다.

여기서 한 가지 더 짚고 넘어갈 점은, 글로벌 엘리트 기업들은 부의 원천이 합법적인지와 관계 없이, 공신력 있는 금융기관과 변호사, 회계사들의 도움을 받아, 세무조사관과 규제기관의 눈을 피해서 부의 대부분을 은닉한다는 사실입니다. 2021년 6월, 탐사 웹사이트 프로퍼블리카(ProPublica)에 유출된 세금 보고서에 따르면 미국의 가장 부유한 사람들은 실상 소득세를 내지 않는 것으로 나타났습니다.[53]

21세기의 반부패 활동은 감독기관의 실패를 줄이는 것에 초점을 맞추고 있습니다. 특히나 불법자금의 흐름을 용이하게 하고 전문직에 대한 규제를 느슨하게 하려는 변호사나 회계사의 역할에 집중합니다.[54] 러시아의 우크라이나 침공 이후, 올리가르히들이 돈을 런던의 부동산 시장으로 옮기는 것을 돕는 영국 변호사와 자문가들의 역할이 특히 주목을 받았습니다. 이코노미스트는 영국 변호사들을 올리가르히와 클렙토크라트(Kleptocrats)를 섬기는 '아첨꾼들의 무리'라고 평했습니다.[55] 로버트 배링턴은 한 영국의 법률주간지에서 법률업계가 '도덕적 파산에 가깝다.'고 쓰며 더 많은 자발적 및 정부감독을 요구했습니다.[56]

법의 심판을 벗어난 지속적인 자금의 유출과 더불어, '런던의 작은 모스코바(Londongrad)'에 대한 분노는 다음 단계의 반부패 활동이 법률준수, 그리고 거의 대부분의 다국적 기업이 추구하고 있는 잘못된 관행에 초점을 맞출 것임을 시사합니다. 이는 명확하고 방어 가능한 공공참여 원칙을 더 빨리 채택해야 할 이유가 됩니다.

정치적 목소리를 내라
Expanding Your Ambitions

기업이 본격적으로 정치활동에 참여할 의사가 없다면, 불평등, 민주주의, 투표권, 형사 정의, 이민 등 폭넓은 정책문제에 대해 목소리를 낼 자격이 없습니다. 기업이 사회개선에 기여할 수 있는 가장 효과적인 방법은 직접 고용한 고용자뿐만 아니라 간접적으로 연관된 노동자들의 인권을 보호하고, 회사 활동으로 인한 부정적 영향을 최소화하는 것입니다. 여기에는 기업이 정치 시스템에 미친 비민주적 영향으로 인한 부정적 영향도 포함됩니다.

민주주의를 위해 목소리를 높이는 것보다 독재주의적 후보에 대한 자금지원을 중단하는 게 더 중요합니다. 작은 기업들을 위해 발언하는 것보다 실효성 있는 반독점 노력을 지지하는 게 더 중요합니다. 기업의 사회적 책임은 회사가 직접 통제할 수 있는 문제해결에 우선순위를 둘 때 가장 효과적입니다. 이는 인권에 대한 약속이 도움이 될 수 있는 또 다른 이유입니다. 무엘 캅테인은 기업들이 행동강령에서 다루지 않을 사안들을 명시적으로 밝혀야 한다고 제안합니다.[57]

사회정의를 위해 목소리를 내는 것이 기업 이해관계자들의 기대를 충족시키는 방법이라고 제안하는 것이 흔해졌습니다. 2018년, 옥스팜 아메리카(Oxfam America)는 '더 활발해진 기업의 발언과 끝없이 집중되는 것 같은 기업의 권력이라는 두 가지 혼재된 경향'을 비난했습니다. 그러나 바로 다음 문단에서 이 기업들이 '사회정의'를 위해 목소리를 내고 행동하는 아이디어를 환영했습니다.[58]

'사회정의'가 더 공평한 사회적 결과를 위한 재분배 정책을 의미한다면, 이는 상충되는 이해관계를 수반하는 진보적 정치의제를 뜻합니다. 이것이 기업의 적절한 역할이라는 데 보편적인 동의는 없습니다. 일부 목소리 큰 이해관계자들이 이런 방향으로 행동하라고 압박할 수 있지만, 이를 이해관계자 의제의 일부라고 규정하는 건 정확하지 않습니다. 최선의 의도로 행동하더라도, 여러분의 행동이 정치적 반발이나 대중의 반감을 불러일으켜 해결하려던 바로 그 문제의 진전을 저해할 수 있습니다. 특히 중요한 이해관계자 집단들 사이에 의견 불일치가 있을 때, 기업의 개입이 가져올 모든 결과를 예측하기는 매우 어렵습니다. 이런 종류의 공공정책 문제를 다룰 수 있다고 시사하기 시작하면, 문제가 기업에 떠넘겨질 뿐입니다.

2022년 봄, 지속가능성 브랜딩 회사의 연사가 Z세대 소비자들이 브랜드 행동주의를 어떻게 바라보는지 논하는 것을 지켜봤습니다. 그는 기후변화, 인종차별, 인권, 그리고 민주주의의 미래에 대해 깊은 두려움을 표현하는 젊은이들의 여러 동영상을 보여주었습니다. 한 영상에서 19세 소녀는 '불편하더라도' 때때로 특정 브랜드를 보이콧한다고 말했습니다. 발표자는 이런 관점들이 '더 배려하고 진정성 있는 브랜드'를 구축해야 할 시급한 필요성을 입증한다고 주장했습니다.

토론이 진행될수록 저는 점점 더 불편해졌습니다. 영상 속 젊은이들이 그들이 우려하는 문제들의 근본원인을 살펴본 적이 있는 것 같지 않았습니다. 그들이 정치적 목표를 달성하기 위해 투표나 시민활동에 참여하는 것보다 브랜드(또는 고용주)에 압력을 가하는 것이 더 생산적인 방법이라고 결론 내린 이유를 이해할 수는 있었습니다. 기업들은 종종 정부보다 더 빠르고 효과적으로 압력에 반응하니까요. 하지만 기업의 권한과 책임에 관한 더 큰 질문들은 해결되지 않은 채로 남아 있었을 뿐만 아니라, 날이 갈수록 더 모호해지고 논란의 여지가 커지고 있었습니다.

우리는 모두 지지하는 브랜드들이 시대의 중요한 문제들에 대해 행동을 취할 것을 기대하기 시작했습니다. 하지만 모든 이슈와 기업들의 입장을 다 추적할 수 없습니다. 소비를 통해, 또는 소셜 미디어에 올리는 글을 통해 일관되고 효과적으로 기업들을 보상하거나 처벌하는 것은 더더욱 불가능합니다. 우리가 기업의 사회적 참여를 올바른 길로 인도할 수 있을 것이란 환상은 비현실적인 기대를 거는 쪽으로 방향을 틀게 했습니다. 또한 대중의 관심을 건전한 정치적 노력을 추구하는 것에서 멀어지게 합니다.

단기적으로 브랜드 이점을 크게 얻지 못할 수 있지만, 개인의 민주적 참여의 가치를 강조하고 회사가 비민주적인 정치적 영향력을 행사해서는 안된다는 점을 지적하는 것이 장기적으로 회사의 건강을 더 잘 유지할 것입니다.

실제로 기업들은 자사의 운영과 직접적인 관련이 없고 해결책이 명확하지 않은 정책문제들에 대해 입장을 취할 때 비난의 대상이 되기 쉽습니다. 인공지능의 윤리, 대규모 난민위기, 구조적 인종차별, 환경에 대한 무책임과 같은 ESG 이슈들에 대해 좋은 해결책을 갖고 있지 않습니다. 민간부문의 혁신이 이러한 문제들을 해결하는 데 중요한 역할을 할 수 있지만 공공정책과 기업의 확고한 가치 약속 또한 필요합니다.

ESG의 양극화 문제를 인지하라
ESG's Polarization Problem

논란의 여지가 있는 입장은 모든 측면에서 나타날 수 있으며, 같은 미덕을 주장하면서도 서로 다른 입장을 가질 수 있습니다. 미국에서는 ESG를 지지하든 반대하든, 자신의 입장을 합리적인 자본주의로 규정하고 상대방의 입장을 오도되고 반민주적인 것으로 규정해버릴 가능성이 높습니다. 마이클 블룸버그(Michael Bloomberg)는 "공화당원들은 자본주의에 대한 속성과정이 필요하다."고 주장했고, 마이크 펜스(Mike Pence)는 "ESG는 악의적인 의도를 가진 전략이다. 왜냐하면 그것은 좌파가 민주주의 투표나 자유시장에서의 경쟁을 통해서는 결코 이룰 수 없는 것들을 달성할 수 있도록 해주기 때문이다."라고 말했습니다.[59]

ESG 비판자들은 기후변화, 다양성, 트랜스젠더 권리와 같은 다양한 문제들을 '깨어 있는 생각'이라는 용어로 한데 묶었습니다.[60] 그들은 기업들이 대의를 옹호하거나, 변화하는 사회역학에 대응하거나, 심지어 기후변화의 증가하는 비용과 위험을 고려하기 위해 비즈니스 관행을 조정해서는 안 된다고 주장했습니다. 2022년 공화당 지도부는 ESG 전략을 지지한다는 이유로 대형 투자기업들, 특히 블랙록을 표적으로 삼았습니다. 그해 말, 5명의 미국 상원의원들은 수십 개의 대형 로펌들에게 경고를 보냈습니다. 이 로펌들 중 많은 곳이 증가하는 수요와 급증하는 소송위험에 대응해 ESG 실무를 개발했는데, 의원들은 ESG가 석탄, 석유, 가스의 공급을 제한하려는 공모적 '술책'이라고 주장했습니다.[61]

실제로 ESG 프레임워크는 대체로 정치적 지출과 영향력을 간과합니다. 하지만 기업들의 과장된 수사는 정치적 과시, 허세, 그리고 보복을 초래했습니다. ESG를 무시하기가 어려워진 상황에서, ESG 이슈와 고용자의 출산 선택권을 고려하는 것에 대한 주별 찬반논쟁은 기업과 투자자들에게 큰 부담을 주고 있습니다. 기후변화 대응에 소극적이거나 무대응일 때 모두 불이익이 따를 수 있습니다. 이러한 추세는 내부 거버넌스의 재고를 필요로 합니다.

이 장에서는 미국의 독특하고 복잡한 상황에 초점을 맞췄습니다. 하지만 계속 진행하기 전에, ESG 이슈와 정치적 위험이 전 세계적으로 수렴하고 있다는 점을 주목할 필요가 있습니다. 브라질의 광산기업 발레(Vale)의 기업 거버넌스 총괄 비서인 루이스 구스타보 구베아(Luiz Gustavo Gouvea)는 이를 접근방식을 명확하고 전략적으로 유지해야 하는 또 다른 이유로 보고 있습니다.

"제도와 정부규제는 우리 사업의 본질적인 측면입니다. 광산, 철도, 항구는 정부의 허가사업에 해당합니다. 발레는 1997년까지 국영기업이었고, 브라질 은행의 연금기금이 발레의 두 번째로 큰 주주입니다. 이는 우리 사업에 도전과 압력을 가져옵니다. 예를 들어, 최근 언론에서는 발레의 최고경영자 교체와 세금혜택에 대해 의문을 제기하는 논의가 있었습니다. 우리가 대응하려는 방식은 이 모든 것을 우리의 전략과 사업에 내재화하는 것입니다."

이러한 위험들은 어디에서도 완전히 피할 수 없습니다. 대부분의 기업들처럼 정치적 관여를 지속하기로 선택한다면, 기업의 이익에 반하는 로비활동이나 기부에 대한 재무제표상의 수익성은 없습니다(물론 많은 기업들이 그렇게 하고 있지만 말입니다). 하지만 경쟁의 장을 공평하게 만들기 위한 현명한 규제를 지지하는 데에는 수익성이 있을 수 있습니다. 여기에는 배출량 공개, 선거자금 개혁, 효과적인 시장감시 기구, 조세 투명성, 투표권, 그리고 반부패법의 의미 있는 집행 등이 포함될 수 있습니다.

이러한 위험은 어디에서도 완전히 피할 수 없습니다. 대부분의 기업이 지속적인 정치적 참여를 선택한다면, 기업의 이익에 반하는 로비활동이나 기부를 할 합리적인 이유는 없습니다. 그러나 많은 기업들이 여전히 그렇게 하고는 있습니다.

어브 연구소는 기업의 근본적인 시스템을 위협하고 기업이 관련 전문성을 보유한 모든 이슈에 관여하는 것이 좋은 전략이라고 제안합니다. 다시 한 번 강조할 점은, 기업이 사회의 기본 시스템(민주주의, 공정한 시장, 법치 등)을 지지하고 옹호하는 노력을 기울이는 것이 중요하지만, 이러한 노력이 기업 자체의 직접적인 사업운영과 그 영향을 책임감 있게 관리하는 데 투입되어야 할 자원과 노력을 빼앗아서는 안 됩니다.

이 장에서 설명한 조치들은 정치적 혼란과 이해관계자 압력에 반사적으로 대응하려는 경향으로부터 기업을 보호할 것입니다. 어떤 후보도 지지하지 않으면 비평가들이 여러분을 당파적 도구로 낙인찍기 어렵습니다. 이러한 자제는 또한 기업이 표방하는 환경적·사회적 우선순위가 정치적 편견에 의해 동기 부여되지 않았음을 주장하기 쉽게 만듭니다. 이러한 문제들에 대한 여론, 투자자 압력, 행동주의, 언론보도가 어디로 향하고 있는지 숙고하는 것이 현명합니다. 비즈니스와 정치가 어떻게, 어디서, 왜 교차하는지는 예측 가능한 미래에도 논란의 여지가 있을 것이며, 때로는 매우 높은 강도로 부딪히게 될 것입니다.

이제 우리는 조직 내부로 시선을 돌릴 준비가 되었지만, 먼저 투명성에 대해 이야기해야 합니다. 종종 사회의 많은 문제들에 대한 만병통치약으로 선전되는 투명성의 현실은 지지자들이 주장하는 것보다 훨씬 더 복잡합니다. 이에 대해서는 8장에서 살펴보겠습니다.

하이어 그라운드로 나아가는 과정
STEPS TO HIGHER GROUND

기업들은 고용자, 대중, 심지어 투자자들의 압박에 대응하여 논란의 여지가 있는 정치적 이슈에 대한 입장표명을 급격히 확대해 왔습니다. 이로 인해 행동주의가 기업윤리의 가장 취약한 측면 중 하나인 정치적 지출과 영향력에 대한 냉혹한 조명을 받게 되었습니다.

주주가치나 이해관계자 자본주의의 관점에서 볼 때, 기업이 정치 영역에 영향을 미치는 것을 정당화하기는 어렵습니다. 그럼에도 불구하고 일부 국가들, 특히 미국은 선거자금 규제를 완화함으로써 이러한 관행을 더욱 악화시켰습니다. 끊임없는 감시 속에서 현명한 리더들은 기업의 정치적 책임에 대한 새로운 시대를 준비하기 시작했습니다.

기업의 공적참여와 책임 있는 로비활동은 그들의 전문성과 합리적인 이해관계를 근거로 정당화될 수 있습니다. 하지만 여러분이 표방하는 가치와 환경적·사회적 우선순위를 훼손하는 정치 후보자나 업계협회에 자금을 지원하는 것을 정당화하기는 어렵습니다. 최소한 회사가 표명한 가치와의 일치를 보장하기 위해서는 감독과 공개가 필수적입니다.

법적·정치적·환경적·사회적 시스템이 제대로 기능하도록 보장하기 위한 참여는 관련 전문성과 핵심 인권 약속에 대한 지지를 근거로 정당화될 수 있습니다. 그러나 무엇보다 중요한 것은 기업의 행동이 이러한 시스템을 훼손하지 않도록 하는 것입니다. 정책의제에 영향을 미치려 시도하기 전에, 기업의 운영에서 해를 끼치지 않는 것을 우선시해야 합니다.

미주

1. Paul Polman, Fast Company, 'Ohio is close to abolishing the death penalty, here's why businesses should help', 2022년 10월 10일(https://www.fastcompany.com/90793439/ohio-is-close-to-abolishing-the-death-penalty-heres-why-businesses-should-help?)
2. Tim Quinson, Bloomberg, 'Russia's war casts huge shadow over the future of ESG', 2022년 3월 9일(https://www.bloomberg.com/news/newsletters/2022-03-09/russia-s-war-casts-huge-shadow-over-esg-s-future-green-insight)
3. Megan Cerullo, CBS News, 'Thousands of salesforce workers urge software makers to cut ties with NRA', 2022년 6월 1일(https://www.cbsnews.com/news/uvalde-texas-shooting-salesforce-employees-ask-company-to-cut-ties-with-nra/)
4. Salesforce, 'Environmental sustainability at Salesforce', 2023년 6월 15일(https://www.salesforce.com/company/sustainability/), Shervin Khodabandeh and Sam Ransbotham, Me, Myself, and AI, 'Technology as a force for good: Salesforce's Paula Goldman', 2021년 11월 30일(https://sloanreview.mit.edu/audio/technology-as-a-force-for-good-salesforces-paula-goldman/)
5. Twitter, @SquawkStreet, 2022년 5월 25일(https://twitter.com/SquawkStreet/status/1529489704684511240?s=20&t=si35Jr526IuRrbaFHWpLog)
6. Sarah Roach, Protocol, 'Salesforce will keep working with the NRA', 2022년 6월 9일(https://www.protocol.com/bulletins/salesforce-nra-policy)
7. Richard Edelman, Edelman, 'The belief-driven employee', 2021년 8월 31일(https://www.edelman.com/trust/2021-trust-barometer/belief-driven-employee/new-employee-employer-compact)
8. Edelman, '2022 Edelman trust barometer'(https://www.edelman.com/sites/g/files/aatuss191/files/2022-01/2022%20Edelman%20Trust%20Barometer_FullReport.pdf)
9. Michael Sheetz, CNBC, 'This is the letter nearly 400 US executives signed asking Trump to save immigration protection', 2017년 9월 1일(https://www.cnbc.com/2017/09/01/the-letter-us-executives-signed-asking-trump-to-save-daca.html)
10. Judd Legum, Substack, 'Popular information', 2023년 6월 15일(https://popular.info/), InfluenceMap, home page, 2023년 6월 15일(https://influencemap.org/index.html), Center for Political Accountability, home page, 2023년 6월 15일

(https://www.politicalaccountability.net/)

11 Nathan Layne, Reuters, 'Retailer Target says transgender people can use bathroom of their choice', 2016년 4월 19일(https://www.reuters.com/article/us-target-lgbt-idUSKCN0XG2VU), Matthew J. Belvedere, CNBC, 'Target CEO to critics: what you're missing about our inclusive bathroom policy', 2016년 5월 11일(https://www.cnbc.com/2016/05/11/target-ceo-to-conservative-critics-on-our-inclusive-bathrom-policy.html)

12 Paul Blumenthal, HuffPost, 'Companies opposed to North Carolina's anti-LGBT law helped elect its supporters', 2016년 4월 27일(https://www.huffpost.com/entry/corporations-lgbt-north-carolina_n_5720f5f4e4b0b49df6a9d76d)

13 Center for Political Accountability, 'Conflicted consequences', 2020년 7월 21일(https://politicalaccountability.net/hifi/files/Conflicted-Consequences.pdf), Center for Political Accountability, 'Collision course: the risks companies face when their political spending and core values conflict and how to address them', 2018년 6월 19일(https://politicalaccountability.net/hifi/files/Collision-Course-Report.pdf)

14 Alison Taylor, Quartz, 'The corporate responsibility facade is finally starting to crumble', 2020년 3월 4일(https://qz.com/work/1812245/the-corporate-responsibility-facade-is-finally-starting-to-crumble)

15 Tim Lau, Brennan Center for Justice, 'Citizens United explained', 2019년 12월 12일(https://www.brennancenter.org/our-work/research-reports/citizens-united-explained)

16 Daniel I. Weiner, Brennan Center for Justice, 'Citizens United five years later', 2015년 1월 15일(https://www.brennancenter.org/our-work/research-reports/citizens-united-five-years-later)

17 Aswath Damodaran, Musings on Markets (blog), 'Musings on markets: META lesson 1: corporate governance', 2022년 11월 4일(https://aswathdamodaran.blogspot.com/2022/11/meta-lesson-1-corporate-governance.html)

18 LibertyPen, YouTube, 'Milton Friedman—big business, big government', 2012년 9월 14일(https://www.youtube.com/watch?v=R_T0WF-uCWg)

19 Alan S. Blinder, paper prepared for the 17th Annual International Banking Conference, 'Financial entropy and the optimality of over-regulation', 2014년 11월 (https://www.hbs.edu/faculty/Shared%20Documents/conferences/2015-crisis-in-theory-of-firm/Blinder_Finance%20and%20Regulation.pdf)

20 Julie Johnsson and Ryan Beene, Time, 'Boeing messages describe efforts to dodge FAA scrutiny of MAX', 2020년 1월 10일(https://time.com/5762666/boeing-max-faa-messages-clowns/)

21 Ian Duncan, Luz Lazo, and Michael Laris, Washington Post, 'Before Ohio

derailment, Norfolk Southern lobbied against safety rules', 2023년 2월 19일(https://www.washingtonpost.com/transportation/2023/02/18/norfolk-southern-derailment-ohio-train-safety/)

22　이 장은 다음 연구를 더 다루고 있다: Michael Hadani and Douglas A. Schuler, Strategic Management Journal 34(2), 'In Search of El Dorado: The Elusive Financial Returns on Corporate Political Investments', 2013년(https://www.jstor.org/stable/23362694)

23　John Tozzi, Bloomberg, 'Americans are dying younger, saving corporations billions', 2017년 8월 8일(https://www.bloomberg.com/news/articles/2017-08-08/americans-are-dying-younger-saving-corporations-billions)

24　Andrew Howard, Schroders, 'SustainEx: examining the social value of corporate activities', 2019년 4월(https://prod.schroders.com/en/sysglobalassets/digital/insights/2019/pdfs/sustainability/sustainex/sustainex-short.pdf)

25　Justin H. Vassallo, Noema, 'When it becomes too hot to work', 2022년 11월 17일 (https://www.noemamag.com/how-to-protect-the-economy-when-it-becomes-too-hot-to-work)

26　Economist, 'The Brazilian Amazon has been a net carbon emitter since 2016', 2022년 5월 21일(https://www.economist.com/interactive/graphic-detail/2022/05/21/the-brazilian-amazon-has-been-a-net-carbon-emitter-since-2016)

27　Frederick Alexander, Institutional Investor, 'From Meta to Twitter, what everyone gets wrong about ESG—and why it matters', 2022년 8월 24일(https://www.institutionalinvestor.com/article/b1zh8gsv8hssjh/From-Meta-to-Twitter-What-Everyone-Gets-Wrong-About-ESG-And-Why-It-Matters)

28　Robert G. Eccles, and Svetlana Klimenko, Harvard Business Review, 'The investor revolution', 2019년 5월 1일(https://hbr.org/2019/05/the-investor-revolution)

29　David Zuluaga Martinez, Madeleine Michael, and Martin Reeves, BCG Henderson Institute, 'Breaking the vicious cycle of corporate entanglement', 2023년 1월 3일(https://www.bcghendersoninstitute.com/breaking-the-vicious-cycle-of-corporate-entanglement/)

30　Luigi Zingales and Bethany McLean, Capitalisn't, 'The political polarization of corporate america', 2021년 12월 16일(https://www.capitalisnt.com/episodes/the-political-polarization-of-corporate-america)

31　Jennifer Tonti, JUST Capital, 'Survey: here's what Americans expect from Corporate America in the wake of the Capitol Riot', 2021년 1월 15일(https://justcapital.com/news/survey-heres-what-americans-expect-from-corporate-america-in-the-wake-of-the-capitol-riot/)

32　역자주: 미국에서는 회사가 PAC을 운영할 수 있으며, 이를 '기업 PAC' 또는 '연결 PAC'

이라고 한다. Super PAC은 회사와 직접적인 관계가 없지만, 기업을 포함한 다양한 출처로부터 자금을 받을 수 있으며 독립적으로 정치적 활동을 하고, 기업의 이해관계를 간접적으로 반영할 수 있다. Super PAC과 PAC 모두 기부자 신원을 공개해야 하지만, Super PAC은 기부자 신원을 덜 노출할 수 있는 방법이 존재한다. PAC은 기부자 신원이 투명하게 공개되고, 기부금과 기부자의 정보는 연방선거위원회(FEC)에 보고되며, 누구나 볼 수 있는 공개정보다. 반면, Super PAC은 기부자 신원이 공개되어야 하지만, 몇 가지 방법을 통해 덜 노출될 수 있다. 예를 들어, Super PAC에 직접 기부하는 대신 비영리기구, 즉 미국연방세법상 501(c)(4) 단체라고 부르는 사회복지 단체는, 정치활동에 일정 비율까지 자금을 사용할 수 있고, 이 단체들은 기부자 신원을 공개할 의무가 없다. 따라서 기업 기부자는 익명성을 유지할 수 있다.

33　John Dunbar and Aaron Kessler, Bloomberg Law, 'Several big trade associations still backing election objectors', 2021년 2월 10일(https://news.bloomberglaw.com/banking-law/several-big-trade-associations-still-backing-election-objectors)

34　Lawrence Norden and Daniel I. Weiner, Brennan Center for Justice, 'Corporations and fixing campaign finance', 2021년 1월 21일(https://www.brennancenter.org/our-work/analysis-opinion/corporations-and-fixing-campaign-finance)

35　OECD, 'Lobbying in the 21st century: transparency, integrity and access', 2021년 5월 20일(https://www.oecd.org/corruption/ethics/lobbying-21-century.htm)

36　Erb Institute at the University of Michigan, 'The Erb Principles for corporate political responsibility', 2022년(https://erb.umich.edu/wp-content/uploads/2023/03/Erb-Principles-for-CPR_v1_0.pdf), Bruce Freed, Karl Sandstrom, and William Laufer, The Harvard Law School Forum on Corporate Governance (blog), 'The CPA-Wharton Zicklin model code of conduct', 2020년 11월 28일 (https://corpgov.law.harvard.edu/2020/11/28/the-cpa-wharton-zicklin-model-code-of-conduct/)

37　Leo E. Strine, Jr., SSRN scholarly paper, Rochester, NY, 'Good corporate citizenship we can all get behind?: toward a principled, non-ideological approach to making money the right way', 2022년 12월 7일(https://papers.ssrn.com/abstract=4296287)

38　Richard Levick, The Shadow (blog), 'The Handmaid's Tale', 2022년 5월 19일 (https://medium.com/the-shadow/the-handmaids-tale-5bcf008ed2e0)

39　Ford Motor Company, 'Integrated sustainability and financial report 2021', 2021년(https://media.ford.com/content/dam/fordmedia/North%20America/US/2021/03/31/Ford-Integrated-Report-2021.pdf), First Energy Corp., 'Corporate political activity policy', 2023년 6월 16일(https://firstenergycorp.com/investor/corporate_governance/responsibility/corporate_political_activity_policy.html)

40　Jaclyn Diaz, NPR, 'An energy company behind a major bribery scandal in Ohio will pay a $230 million fine', 2021년 7월 23일(https://www.npr.

org/2021/07/23/1019567905/an-energy-company-behind-a-major-bribery-scandal-in-ohio-will-pay-a-230-million-)

41　Edison International, 'Edison International Political Contribution Policy', 2021년 4월 12일(https://www.edison.com/content/dam/eix/documents/investors/corporate-governance/eix-political-contribution-policy.pdf)

42　유권자들은 자신들의 견해와 완전히 일치하지 않더라도 가용한 후보자들 중에서 선택한다.

43　Erb Institute, 'The Erb Principles for Corporate Responsibility'

44　Peter Vanham, Yahoo Finance, 'The promise and peril of Microsoft's ESG policy plays', 2023년 5월 11일(https://finance.yahoo.com/news/promise-peril-microsoft-esg-policy-152305832.html)

45　Peter Eavis, New York Times, 'Microsoft's pursuit of climate goals runs into headwinds', 2022년 3월 10일(https://www.nytimes.com/2022/03/10/business/microsoft-climate-carbon-emissions.html)

역자주: 마이크로소프트는 기후협약을 옹호하는 목소리를 내는 기업 중 하나임에도 불구하고, 기후협약 법안에 반대하는 입장을 전통적으로 고수해온 미국 상공회의소(the U.S Chamber of Commerce)를 비롯한 무역협회 등에 회원으로 소속되어있다는 사실 때문에 비판받기도 했다.

46　Bill Weihl, GreenBiz, 'Why Microsoft is a company to watch on climate policy', 2022년 10월 18일(https://www.greenbiz.com/article/why-microsoft-company-watch-climate-policy)

47　US SIF Foundation, '2022 report on US sustainable investing trends', 2022년 12월 (https://www.ussif.org/Files/Trends/2022/Trends%202022%20Executive%20Summary.pdf)

48　Brendan Fischer, PR Watch, 'ALEC is not where visa wants to be', 2013년 12월 4일 (https://www.prwatch.org/news/2013/12/12332/alec-not-where-visa-wants-be)

49　Josh Dickey, Yahoo, 'Netflix investor demands more transparency for streaming giant's political lobbying', 2022년 5월 19일(https://www.yahoo.com/entertainment/netflix-investor-demands-more-transparency-134001081.html)

50　Steven Mufson, Washington Post, 'BP is pulling out of three trade groups over climate policies', 2020년 2월 26일(https://www.washingtonpost.com/climate-environment/2020/02/25/bp-pull-out-trade-groups-over-climate-policies/)

51　Michael Hadani and Douglas A. Schuler, Strategic Management Journal 34(2), 'In search of El Dorado: the elusive financial returns on corporate political investments', 2013년(https://www.jstor.org/stable/23362694)

52　Andrew Ross Sorkin, New York Times, "An epiphany moment' for corporate political donors may have arrived', 2021년 7월 20일(https://www.nytimes.

com/2021/01/12/business/dealbook/political-donations-ibm.html)

53 Jesse Eisinger, Jeff Ernsthausen, and Paul Kiel, ProPublica, 'The secret IRS files: trove of never-before-seen records reveal how the wealthiest avoid income tax', 2021년 6월 8일(https://www.propublica.org/article/the-secret-irs-files-trove-of-never-before-seen-records-reveal-how-the-wealthiest-avoid-income-tax)

54 World Economic Forum, 'The role and responsibilities of gatekeepers in the fight against illicit financial flows: a unifying framework', 2021년 6월(https://www3.weforum.org/docs/WEF_Gatekeepers_A_Unifying_Framework_2021.pdf)

55 Economist, 'The Rise and Fall of Londongrad', 2022년 3월 5일(https://www.economist.com/Britain/2022/03/05/the-rise-and-fall-of-londongrad)

56 Robert Barrington, Law Society Gazette, 'A profession close to 'moral bankruptcy'', 2022년 3월 11일(https://www.lawgazette.co.uk/practice-points/a-profession-close-to-moral-bankruptcy/5111900.article)

57 Muel Kaptein, working paper, 'The limits of the ethical responsibilities of companies: in search of boundary principles', 2023년 6월(https://www.researchgate.net/publication/364329660_The_Limits_of_the_Ethical_Responsibilities_of_Companies_In_Search_of_Boundary_Principles)

58 Oxfam, 'Dollars and sense', 2018년 4월 12일(https://www.oxfamamerica.org/explore/research-publications/dollars-and-sense/)

59 Michael R. Bloomberg, Bloomberg, 'On climate change, Republicans need a crash course in capitalism', 2022년 9월 6일(https://www.bloomberg.com/opinion/articles/2022-09-06/on-climate-change-republicans-need-a-crash-course-in-capitalism), Mike Pence, Wall Street Journal, 'Republicans can stop ESG political bias', 2022년 5월 26일(https://www.wsj.com/articles/only-republicans-can-stop-the-esg-madness-woke-musk-consumer-demand-free-speech-corporate-america-11653574189)

60 Liam Denning, Bloomberg, 'The tricky politics of anti-ESG investing', 2022년 5월 19일(https://www.bloomberg.com/opinion/articles/2022-05-19/the-tricky-politics-of-a-new-asset-firm-backed-by-peter-thiel)

61 Vivia Chen, Bloomberg Law, 'Big Law's 'wokeness' is driving Conservatives batty', 2022년 11월 18일(https://news.bloomberglaw.com/business-and-practice/big-laws-wokeness-is-driving-conservatives-batty)

8 투명성으로 모든 문제를 해결할 수 없습니다
Being Transparent without Making Everything Worse

미국 기업의 고용자들은 기밀유지협약(NDAs)과 강제중재 조항으로 인해 직장 내 괴롭힘에 대해 항의하는 것이 불가능했습니다.[1] 2022년 미투(#MeToo) 운동 이후 미국 내 성희롱 사건에 대한 기밀유지협약을 무효로 하는 법안이 통과되었습니다.[2] 폭스 뉴스(Fox News)의 전 앵커인 그레천 칼슨(Gretchen Carlson)은 이 법안을 지지하는 이유에 대해 다음과 같이 말했습니다.

"이 법안은 여성들이 자신의 경험을 남들과 공유할 수 없었던 문화를 바꾸어 놓았습니다. NDAs는 기업의 기밀유출을 막기 위해 고안되었지만, 여성들의 연대를 가로막는 장애물이기도 하였습니다. 예를 들어, 한 기업에서 일하는 여성 고용자들이 모두 똑같이 부적절한 대우를 받았다는 사실을 서로 알지 못하게 만드는 것처럼 말입니다."[3]

이 책의 서두에서 말했듯이, 조직을 개방된 사회시스템으로 보아야 하는 이유는 기업에 대한 투명성 요구가 지속적으로 증가하고 있기 때문입니다. 2022년 말 콜로라도주와 캘리포니아주에 이어, 뉴욕주에서는 구인공고에 급여의 범위를 의무적으로 공개하도록 했습니다.[4] EU에서 제정된 인권과 관련된 새로운 기업실사 기준은 그동안 불투명하게 운영되었던 기업 공급망의 실태를 더욱 명확히 밝힐 것으로 예상됩니다.[5] 미국 증권거래위원회(SEC)는 대기업들을 대상으로 더 많은 탄소배출 데이터 공개를 의무화할 예정입니다.[6] 2020 기업 투명성법(Corporate Transparency Act of 2020)은 기업의 실소유권자를 공개하도록 요구하고 있습니다.[7] 파이낸셜 타임즈의 라나 포루하르(Rana Foroohar)는 기업들이 모든 것을 기록하는 '블랙박스'가 되고 있다고 지적하기도 했습니다. 이처럼 기업의 외부와 내부의 경계는 점점 더 희미해지고 투명해지고 있습니다.[8]

오늘날의 기업경영, 규제당국, 언론인, 비정부기구 활동가들을 이끄는 핵심개념이 있다면 그것은 바로 투명성을 더 확보하는 것이 더 책임감 있는 길이라는 것입니다. 더 높은 투명성과 일관된 데이터 공유는 기업이 ESG 지표를 개선하도록 유도하는 최선의 방법으로 여겨집니다. 반면 투명성과 관련된 지표가 형편없다는 사실이 드러나거나 보고되면 기업은 즉각적으로 심문을 받아야 합니다. 투명성이 떨어진다는 말은 부패하고, 지저분하고, 불길하게 들리기 때문입니다.

투명성을 정의하는 것은 쉽지 않습니다. 투명성의 정의는 경제학이나 건축학, 리더십, 부패 등 논의된 배경에 따라 달라지며, 정보, 나아가 논쟁과 아이디어에 대한 개방성과 접근성을 의미하기 때문입니다. 기업에 있어서 투명성은 이해관계자가 기업의 운영과 경제적 의사결정에 관한 정보를 얻을 수 있도록 하는 것을 말합니다.[9] 즉, 기업정보공시가 곧 투명성이며, 투명성 자체가 수단이자 목적으로 여겨집니다.

투명성은 외부적 측면과 내부적 측면으로 나눌 수 있습니다. 지금까지 이 책은 사회에서 기업의 역할 즉, 외부적 투명성에 중점을 두었지만 이제부터는 내부적 투명성 즉, 기업문화, 경영, 거버넌스에 초점을 맞추어 살펴보겠습니다.

20세기 말의 기업윤리 스캔들 이후, 기업의 비윤리적 행위를 해결하기 위한 수단으로 기업정보공시에 대한 요구가 급격히 증가했습니다.[10] 2003년에 출판된 『너무나 투명한 기업(The Naked Corporation)』이라는 책에서는 "우리는 유례없는 투명성의 시대에 진입했으며, 모든 것이 드러나는 세상에서는 그에 걸맞은 준비가 필요하다."고 했습니다.[11] 2006년에 크리스토퍼 후드(Christopher Hood)는 현대의 조직 및 거버넌스와 관련해 "나는 너보다 더 투명하다(More-transparent-than-thou)."는 말은 "나는 너보다 더 독실하다(Holier than thou)."라는 말의 세속적 버전이 되었다고 말했습니다.[12]

21세기는 정보 접근성이 급격히 증가한 시기입니다. 기업의 재무정보 공시부터 고용자의 사내정보 유출, 어느 활동가의 폭로, 소셜 미디어 게시물 등을 통해 우리는 그 어느 때보다 기업에 대한 많은 정보를 가지고 있습니다. 알 수 없다면 해결할 수도 없으므로, 높은 정보 접근성은 확실한 이점을 가지고 있다고 볼 수도 있습니다. BSR의 부사장인 던스턴 앨리슨 호프(Dunstan Allison-Hope)는 1990년대 후반에 시작된 기업 지속가능성 보고에 참여해 왔습니다. 그는 "기업에 대한 공개된 정보가 너무나도 부족했던 시절이 기억납니다. 투명성의 발전은 엄청난 기업운영의 개선책이었으며, 의심할 여지없이 책임경영에 대한 이해를 크게 증진시켰습니다."라고 말했습니다.

누군가는 기업이 단순한 정보공개에서 나아가 책임경영을 실천하는 단계로 발전했다고 말할 수도 있습니다. 그러나 기업의 책임경영에 관련된 공시가 급격히 증가한 만큼, 실제로 기업이 책임감 있는 경영을 실천했거나 기업운영에 대한 대중들의 신뢰가 높아졌다는 명확한 증거는 없습니다.

1장에서 투명성에 대한 요구가 어떻게 기업들을 이해관계자들과 역동적인 관계에 놓이도록 했는지를 알아보았습니다. 한편 3장에서는 방어적인 태도로만 기업의 이미지를 보호하려는 태도가 오히려 위험할 수 있다는 사실에 대해 논의하였습니다. 그렇다면 이제 무수한 정보에 노출된 불안정한 환경에 어떻게 적응할 것인지에 대해 진심으로 논의할 필요가 있습니다.

투명성의 문제점
The Trouble with Transparency

기업 투명성이 거의 신성시되는 오늘날에 투명성이 가진 문제점에 대해 솔직하게 말하기란 어렵습니다. 기업윤리 전문가들은 투명성을 요구하는 것만으로는 문제를 해결할 수 없다는 사실을 알고 있지만, 이 사실을 공개적으로 말하기를 꺼려 합니다. 한 다국적 기업의 윤리분야의 고위임원은 이렇게 말합니다.

"만약 여러분이 연단에 올라 기업의 투명성에 대한 우려를 표명한다면, 여러분은 이미 끝난 것이나 다름없습니다. 누구도 이렇게까지 말하기는 어려울 것입니다. 하지만 이와 같은 딜레마에 대해 자유롭게 논의하고 토론할 수 있는 장소가 없다면, 기업은 올바른 의사결정을 내릴 수 없을 것입니다. 물론 상장기업은 이미 의무공시를 바탕으로 한 엄격한 투명성 기준을 충족해야 합니다. 저 또한 투명성을 전적으로 지지하지만, 중요한 것은 투명성이 기업에게 무슨 의미인지, 그리고 그것이 어디에서 어떻게 도움이 될 수 있는지를 파악하는 것입니다."

투명성은 해석의 여지를 과소평가합니다.
Transparency demands underplay the role of interpretation

기업들은 투명성이 곧 책임감이라고 주장합니다. 하지만 이 명제는 정보이용자의 투명성을 고려하지 못하고 있습니다.[13] 투명성에 관한 대부분의 논의는 기업정보와 관련된 공시에 일반인들이 쉽게 접근할 수 있고 해석 가능한 객관적 자료를 제공할 것이라는 암묵적 전제를 깔고 있습니다. 또한 정보이용자들이 정보를 이해하고 해석할 에너지와 관심을 가지고 있고, 합리적이고 예측 가능한 방식으로 반응할 것이라고 가정합니다. 그러나 안타깝게도 이러한 가정 중 어느 것도 현실세계에서는 성립하지 않습니다.

인간은 단순한 정보를 받아들일 때조차도 고착화된 인지적 편향, 신념 등 다양한 영향을 받습니다.[14] 더욱이 기업이 공시하는 정보는 대중들에게는 기술적이고 복잡하며 혼란스럽기 마련입니다. 이는 기업이 혼란을 야기할 의도가 있었는지와는 무관합니다. 기업의 재무정보는 감사인 및 회계사와 같은 해석능력을 갖춘 전문가의 도움이 필요합니다. 최근 몇 년 동안 기업 사업보고서가 더 방대하고 포괄적으로 확장됨에 따라 이를 해석하고 평가할 수 있는 전문가의 수는 줄어들고 있으며, 정보는 점점 더 어려워지고 있습니다.

기업의 재무정보가 복잡해진 만큼, 재무정보를 공시해야 하는 기업의 책임도 복잡해졌습니다. 재무정보는 수천 개의 양적 및 질적 재무지표를 바탕으로 만들어집니다. 또한 재무정보는 전문가의 견해를 바탕으로 작성되어야 하며 기간에 따른 평가를 진행해야 합니다. 나아가 재무정보를 해석하고 판단하는 과정은 더 중요합니다. 신뢰, 존엄성, 문화, 목적과 같은 질적 지표들은 정량화될 수 없다는 점까지 고려한다면, 정말로 복잡한 문제입니다. 재무정보의 중요성은 차치하고서 말입니다.

의류 브랜드 팀버랜드(Timberland)에서 8년간 최고경영자로 근무했던 켄 퍼커(Ken Pucker)의 경험을 다시 살펴보겠습니다. 그는 정확한 재무정보를 수집하는 것이 얼마나 어려운 일인지, 그리고 재무정보와 관련된 변화를 추진하는 것은 얼마나 더 어려운 일인지에 대해 다음과 같이 말했습니다.

팀버랜드는 환경문제 해결을 위해 매년 두 자릿수의 탄소배출량 감소를 약속했고 회사 규모가 두 배로 증가하는 동안에도 약속한 바를 달성했습니다. 보기에 따라 대단한 성과일 수 있습니다. 그러나 사업보고서의 주석을 보면, 탄소배출량의 측정범위가 스코프1과 스코프2 배출량에만 국한되었고, 공급업체를 포함한 모든 가치사슬에서 발생하는 배출량을 뜻하는 스코프3 배출량은 포함되지 않았다는 것을 알 수 있습니다. 스코프3 배출량을 측정하려면 팀버랜드는 개당 5만 개가 넘는 제품들에 대한 자료를 6개월마다 수집해야 합니다. 어쩌면 불가능은 아닐지도 모릅니다. 그러나 팀버랜드는 현재 이 방대한 데이터를 처리할 수 있는 능력이 없었고, 공급업체로부터 의무적으로 데이터를 수집할 권한도 없었습니다. 팀버랜드뿐만 아니라, 전체 상장기업 수의 절반도 안 되는 기업만이 스코프3 배출량 공시를 진행하고 있습니다.

슈퍼마켓에서 귀리우유와 두유, 유기농 채소와 지역 재배 채소, 자연건조 제품과 공정무역 스티커가 붙은 제품 중 어느 것을 골라야 하는지 고민하느라 지친 적이 있다면, 기업의 책임경영과 그에 따른 정보공시에 대한 논란이 또한 이와 같이 극에 달했음을 단번에 이해할 것입니다. 일반 대중이 공개된 기업의 재무정보를 검토한 뒤 기업이 책임경영에 최선을 다하고 있는지 잘 판단을 내릴 것이라는 기대는 비현실적입니다.

기업들이 ESG 혹은 재무지표를 공개할 때, 지표가 가능한 좋은 정보들로 보이도록 노력하고 있으며 이를 통해 기업의 대외적 이미지를 관리하고 있다는 사실은 전혀 놀랍지 않습니다. 기업의 투명성에 대한 요구는 실제로 문제를 인식하고 해결하는 역할을 하기보다는 법이 요구하는 최소한의 의무와 책임만을 지는 보고서를 작성하도록 장려하는 것일 수도 있습니다.

투명성을 통해 정치적 목소리를 낼 수 있습니다
Transparency can become a substitute for action

최근 기업과 기후위기에 관련된 논쟁을 살펴보면, 기업은 환경적 책임을 다하고 있다는 정보를 공시하는 것에만 머물 뿐, 기후위기를 해결하기 위해 실제로 어떤 실천을 하고 있다고 볼 수는 없다고 판단됩니다. 비영리기구인 탄소배출량 공개 프로젝트(CDP)는 2000년에 설립되어 기업에게 탄소배출량을 보고할 것을 촉구했습니다. 기업이 탄소배출량 정보를 공개하도록 하면 기후변화에 대한 기업의 통찰과 실천으로 이어져 기후문제를 해결할 수 있다고 생각했기 때문입니다.[15] 100조 달러 이상의 자산을 운용하는 저명한 투자사로부터 지원을 받고 탄소배출량 공개 프로젝트는 기업의 기후 관련 공시를 위한 지표를 제시했습니다.[16]

기업의 기후관련 정보공시를 지지하는 탄소배출량 공개 프로젝트의 논거 중에는 '측정한 것만 관리할 수 있다(What gets measured gets managed).'와 '태양이 최고의 살균제다(Sunlight is the best disinfectant).'라는 익숙한 명제가 있습니다. 더 높은 투명성은 기업에 대한 신뢰를 생성하고 이는 기업의 평판을 더 잘 관리할 수 있도록 하며, 기업으로의 자본접근성을 높여 시장에서의 경쟁우위를 강화한다고 주장했습니다. 기후위기 공시를 통한 성과를 벤치마킹하고 놓칠 수 있는 기후위험과 기회를 식별하며, 환경오염을 막는 규제에 앞서 나갈 수 있다고 주장하면서 말입니다. 탄소배출량 공개 프로젝트는 기업의 정보공개가 환경행동을 위한 필수적인 첫걸음이라고 결론지었습니다.[17]

탄소배출량 공개 프로젝트가 설립된 지 수십 년이 지난 지금도, 기업들이 누구에게 어떤 정보를 공개해야 하는지와 관련해서는 여전히 논쟁 중입니다. 그 사이에 기업의 탄소배출량은 계속 증가했습니다. 2021년 과학 학술지 '네이처 클라이밋 체인지(Nature Climate Change)'의 한 리뷰에서는 더 나은 투명성을 위한 기업의 지속가능성 공시가 재무정보 마냥 공시에만 머무를 것이 아니라, 지속가능성을 실천하는 것에 방점을 두어야 한다고 문제점을 지적했습니다.[18]

이는 우리가 투명성에 기대했던 결과는 아닙니다. 2008년 금융위기에 대해 기술 잡지 '와이어드(Wired)'는 다음과 같이 말했습니다.

"우리는 전 세계 사람들의 다중적 처리능력을 활용하기 위해 금융부패를 추적, 분석, 공표할 수 있는 도구를 제공해야 합니다. 이를 통해 시장이 스스로를 규제할 수 있게 하는 혁신이 가능해질 것입니다."[19]

즉, 투명성은 정보이용자가 기업의 공시 이후의 행동을 감시할 권리를 가질 수 있게 하는 수단이 되어야 합니다. 그러나 실제로 기업공시는 기업의 활동을 감시하기 위한 수단이라기 보다는, 규제기관이 어떤 항목만을 감시하는지 알아보는 수단으로 전락했습니다. 데일리안 케인(Daylian M. Cain), 조지 로웬스타인(George Lowenstein), 돈 무어(Don A. Moore)가 2005년에 발표한 논문에 따르면, 물건을 파는 사람은 이해상충이 공개될 때 오히려 비윤리적인 행동에 더 많이 관여하게 된다는 사실을 발견했습니다.[20]

투명성은 편집증을 유발합니다
Transparency generates paranoia

3장 서두에서 저는 평판위험이 20세기의 문제를 여전히 떠안고 있으며, 방어적인 기업홍보가 더 이상 기업을 보호하지 못한다고 언급했습니다. 많은 기업들이 예측할 수 없고 위험한 상황에 대한 새로운 해결책을 찾기보다는, 냉소적 태도에 빠지거나 심각한 문제를 일으키지 않도록 방어하는 데 더 많은 시간과 돈을 쓰고 있습니다. 예를 들어, 77개의 회원사로 구성된 '플라스틱 폐기물 종식을 위한 연합(Alliance to End Plastic Waste)'은 목표의 0.2%만 달성한 후 그린워싱보다 조금 나은 수준에 불과하다는 비난을 받았습니다.[21]

2012년에 찰스 폼브룬(Charles Fombrun), 나오미 가드버그(Naomi A. Gardberg), 마이클 바넷(Michael Barnett)은 기업책임 프로그램의 모든 초점이 평판위험 관리에만 집중되어 있다고 주장했습니다.

"따라서 기업의 평판자본은 이해관계자와 매일 상호작용을 해야만 하는 '위험에 처한' 기업의 가치입니다."[22]

비슷하게, 피터 플레밍(Peter Fleming)과 마크 존스(Marc T. Jones)는 기업책임 노력에 대한 비판에서 "CSR은 기업과 브랜드 평판을 보호하고 강화하는 도구적 목표밖에 되지 않는다."라고 주장했습니다.[23]

기업의 평판을 예금처럼 저축할 수 있다는 개념은 독자적인 생명력을 얻었습니다. 명확하고 윤리적인 기업행동 우선순위를 설정하는 것에 집중하기보다는, 리더들은 소셜 미디어 전담 팀을 꾸려 흔한 10대들의 강박적인 불안감들을 모니터링하곤 합니다. 공공문제위원회(PAC)의 더그 핑캠(Doug Pinkham)은 그 결과에 대해 이렇게 말합니다.

> 모든 대기업은 소셜 미디어 모니터링을 수행하고 있습니다. 이는 전신 엑스레이를 찍어서 누군가 하나쯤은 있는 양성 종양이 있다는 것을 발견하는 것과 같습니다. 평생 그 종양이 있는지 몰랐더라도 95세까지 살 수 있었을 겁니다. 하지만 종양을 발견하면, 이를 제거할지를 결정해야 합니다. 소셜 미디어 모니터링 서비스도 마찬가지로, 기업이 비판을 받을 때마다 커뮤니케이션 책임자는 오늘의 비판에 대한 보고서를 받습니다. 그리고 물론 최고경영자는 요약본을 받으며 '오 맙소사, 사람들이 우리에게 화가 났어.'라고 말할 겁니다.

일반적인 경향은 개별 팀들이 정치적 위험, 소비자 인식, 비정부기구 활동, 내부참여에 집중하는 것입니다. 이러한 팀들은 전략을 형성하기보다는 내부적으로 '하늘이 무너진다.'는 식으로 경고를 울립니다. 이 경고는 대개 기업이 더욱 정교한 방어책을 구축해야 한다는 식으로 비판에 대응해야 한다는 것입니다. 이러한 문제는 특히 최고경영자들이 변호사와 커뮤니케이션 전문가들로 둘러싸여 있는 경우에 더욱 두드러집니다. 두 분야 모두 편집증을 조장하면서도 그것에 어떻게 대응할지에 대해서는 상반된 조언을 제공합니다.[24]

끊임없는 압박은 기업들에게 원래 해결하려던 취약점을 도리어 악화시키는 극도로 비윤리적인 행동을 하도록 유혹합니다. 독립적으로 보이도록 설계된 유령조직이나 기관을 만들어 기업의 의제를 홍보하는 행위를 말하는 애스트로터핑(Astroturfing)이 번창하고 있습니다. 에델먼(Edelman)은

2018년 선거 이후 민주당의 성장에 대응하여 만든 플랫폼인 엑손(Exxon)의 엑스체인지(Exxchange)를 운영하는 데 도움을 주었습니다. 엑스체인지는 자신을 독립적인 '에너지 산업과 일상생활에 영향을 미치는 문제에 대해 행동을 취하기 위해 모이는 커뮤니티'로 거짓 묘사했습니다.[25] 2020년에는 글로벌 컨설팅 회사 FTI가 에너지 회사들로부터 자금을 받아 가짜 풀뿌리 지지를 꾸며내기 위해 웹사이트를 설계하고 운영한 것으로 밝혀졌습니다.[26] FTI는 또한 가짜 페이스북 계정을 만들고 활동가들을 추적하여 타깃으로 삼기도 했습니다.

이처럼 갈수록 정교해지는 조작적 기업홍보에 대한 끝없는 술래잡기는 사회나 기업에 아무런 이익이 없습니다. 대중의 주의를 분산시키는 데 쏟는 시간과 노력은 진정한 신뢰를 구축하는 데 필요한 노력에서 기업의 주의를 분산시킵니다.

투명성은 종종 무기가 될 수 있습니다
Transparency is often weaponized

투명성에 대한 비즈니스 논리는 법적요구를 넘어서는 정보를 공개함으로써 사회적·재정적 가치를 얻을 수 있다는 생각으로 요약할 수 있습니다. 그러나 좋은 의도로 이루어진 공개조차도 악용될 수 있으며, 이러한 위험은 점점 커지고 있습니다. 이로 인해 선의를 가진 리더들은 해결책이 불분명하거나 아직 존재하지 않는 문제들을 어떻게, 그리고 공시여부에 대해 고민하게 됩니다.

이 사실을 알게 된 것은 평판이 좋은 런던의 한 로펌이 중국 신장 지역에서의 강제노동에 노출된 것에 대해 영국 의류 소매업체들을 상대로 집단소송을 제기하려고 접근했을 때였습니다. 제가 대화한 변호사는 주요 공급업체를 공개한 소매업체가 조사의 첫 번째 대상이 될 것이라고 설명했습니다. 이는 공개를 거부한 기업들보다는 공급업체를 알고 있는 소매업체에게 소송을 제기하기 더 쉽기 때문이었습니다. 책임감 있고 신뢰성을 보이려는 선의의 노력을 기울인 소매업체가 가장 먼저 비난과 처벌의 대상이 되는 반면, 후발주자들은 안심하고 레이더 안에 머무를 수 있었습니다.

이 사례만 특별한 것은 아닙니다. 2019년 12월, 콩고 출신의 원고들은 미국의 인신매매 피해자 보호 재승인법(US Trafficking Victims Protection Reauthorization Act)에 따라 여러 기술 및 자동차 회사들이 코발트 공급망에서 아동노동을 통해 의도적으로 이익을 얻었다고 주장하며 집단소송을 제기했습니다. 기업들이 공개적으로 인권보호를 위해 선언했던 부분을 지적하며, 이후 적절한 실사와 위험관리를 소홀히 했다고 주장했습니다.[27] 이것은 모기업이 글로벌 공급망에서 발생하는 인권침해에 대해 책임을 지도록 하는 소송의 예입니다. 이러한 사례는 기업들에게 문제를 이해하고 공개하며 해결하려는 노력을 더 많이 할수록 소송에 대한 잠재적 취약성이 더 커진다는 신호를 보냈습니다.

이러한 사례들로부터 얻을 수 있는 교훈은 문제를 덮어두는 것이 최선이라는 것처럼 보일 수 있지만, 그것은 결코 해결책이 아닙니다. 2023년, 미국 증권거래위원회(SEC)는 액티비전 블리자드(Activision Blizzard)가 명백히 기업에 재정적 위험을 초래하는 부적절한 행위임에도 불구하고, 이를 추적하고 관리하지 못했다는 것에 대해 3,500만 달러의 벌금을 부과했습니다.[28]

인권 변호사 조너선 드리머(Jonathan Drimmer)는 이렇게 설명합니다.

"정보 공시는 빙산의 일각에 불과합니다. 빙산의 본체는 모든 정보를 어떻게 수집하고, 편집하고, 입증하여 보고할 수 있게 하느냐에 있습니다. 기업들은 문제가 될 만한 유행어를 피하면서 정보를 공개하지만, 그들이 실제로 말하는 내용을 뒷받침할 수 있는지는 별개의 문제입니다. 우리는 기업들에게 투명성을 요구하면서, 공개된 정보를 소송에서 기업들을 공격하는 데 사용합니다. 우리는 기업들이 정직하고 충분한 정보를 제공하도록 유인하지 않으며, 그들이 그렇게 할 때 신뢰하지도 않습니다."

투명성은 내부와 외부로 상호작용합니다
Transparency is both internal and external, and there's a feedback loop

조직평판에 관한 많은 문헌은 외부 인식, 즉 '이미지(Image)'와 '내부 인식', 즉 '정체성(Identity)'을 구분합니다.[29] 그러나 알다시피, 내부 인식과 외부 인식 사이의 경계는 모호하며, 고용자의 활동이 이들 간의 피드백 루프를 형성할 수 있습니다. 그 결과, 외부의 투명성 요구가 증가함에 따라 리더들이 고용자들을 감시하고 통제하려는 노력도 증가하게 됩니다.

내부 투명성은 일반적으로 조직의 생산성과 고용자 성과를 향상시키는 강력한 도구로 묘사됩니다. 공장에서의 많은 운영혁신은 모든 작업자가 항상 무엇을 하고 있는지 완벽하게 관찰할 수 있도록 설계되었습니다. 예를 들어, 토요타 방식(Toyota Way)의 핵심원칙 중 하나는 '문제가 발견될 수 있도록 시각적 통제를 사용하라.'입니다.[30] 오히려 높은 투명성이 의도치 않은 결과나 문제를 초래할 수 있다는 생각을 인지하고 개선방안을 논의하기란 어렵습니다.

하버드 비즈니스 스쿨의 에단 번스타인(Ethan Bernstein) 교수는 각 작업자를 세밀하게 관찰할 수 있는 것이 성과에 필수적이라고 느낀 중국 기술 공장 관리자들을 대상으로 연구를 수행했습니다. 번스타인은 학생들을 공장에 배치하여 근로자들과 함께 일하게 하면서, 근로자들이 효율성과 생산성을 높이는 여러 요령을 알고 있었지만, 이러한 방법들이 경영진에 의해 금지되어 숨겨야 한다는 것을 알게 되었습니다. 동료들은 학생들에게 감시를 받을 때는 지시된 대로 작업을 수행하고, 관리자가 부재하거나 주의가 분산될 때 생산성 향상 요령을 사용하라고 조언했습니다.

실험의 두 번째 단계에서 번스타인은 특정 팀 주위에 커튼을 쳐서 프라이버시를 보장했습니다. 커튼 뒤에 있는 팀은 훨씬 더 효과적으로 혁신을 이뤄냈습니다. 번스타인은 이를 투명성 역설(Transparency paradox)이라고 설명했습니다.

"관찰 가능성은 관찰 대상자가 규칙이나 기타 비용이 많이 드는 수단을 통해 활동을 숨기도록 유도함으로써 성과를 저하시킬 수 있지만 특정 조건에서 프라이버시 영역을 만들면 성과가 향상될 수 있습니다."

번스타인은 프라이버시가 실험, 전문성 유지, 신뢰구축, 장기적 관계 개발을 가능하게 한다는 많은 참고문헌을 인용했습니다. 공장 고용자들 스스로도 이를 '작업을 완수하는 데 필요한 프라이버시'라고 표현했습니다.[31]

미국 의회는 투명성 증가가 의도치 않은 부정적 결과를 보여주는 또 다른 사례를 제공합니다. 1971년 이전에는 의회의 운영이 외부 관찰자들에게 투명하지 않았습니다. 그 후 일련의 개혁이 도입되어 의원들의 투표 기록 보고를 의무화하고, 위원회 회의를 공개하도록 규정했습니다. 2019년 잡지 포린 어페어스(Foreign Affairs)에서 제임스 디앤젤로(James D'Angelo)와 브렌트 라날리(Brent Ranalli)는 이러한 개혁이 어떻게 개방성과 토론을 훼손시키고, 입법과정을 특수 이익집단에 노출시키며, 협력을 약화시켰는지 설명했습니다.

"이러한 개혁은 의원들이 비공개 회의에서 정치적 반대자들과 타협할 수 있는 프라이버시를 없애고, 단지 정치적 쇼를 위해 쓸모없는 수정안을 제출하도록 부추겼습니다."[32]

이 이야기는 기업에도 중요한 교훈을 줍니다. 기업들은 막대한 에너지와 노력을 기업책임을 가장한 연극에 쏟아붓고 있습니다. 이제 더 현실적이고 건설적인 활동에 집중할 때입니다.

예를 들어, 많은 기업들이 발언, 동기부여 및 헌신에 집중하기보다는 고용자의 목소리를 기업의 이익에 맞게 통제하고 유도하려고 활발한 시도를 하고 있습니다. 이는 종종 소셜 미디어에 지지하는 게시물을 올리는 고용자들에게 보상을 제공하는 방식으로도 이루어집니다. 예를 들어, 델(Dell)의 고용자 옹호 프로그램은 고용자들이 '소셜 미디어 및 커뮤니티 전문가' 인증을 받기 위해 브랜드 관련 콘텐츠를 온라인에 공유하도록 인센티브를 제공했습니다.[33]

바람직한 투명성이란
What Good Transparency Looks Like

실제로 투명성은 책임감이나 책무로 가는 직선경로를 제공하지 않습니다. 투명성은 상당한 위험과 기회를 모두 제공하는 양날의 검입니다.

철학자 한병철은 그의 저서 『투명사회』에서 다음과 같이 설명했습니다. "투명성이 지배하는 곳에는 신뢰할 여지가 없습니다. '투명성이 신뢰를 만든다.'고 주장하기 보다는 투명성이 신뢰를 산산조각 낸다고 해야겠습니다. 투명성에 대한 요구가 커지는 것은 정확히 신뢰가 더이상 지배하지 않을 때입니다."[34]

신뢰가 감소한 사회적 맥락에서, 기업은 자신들의 활동에 대한 투명성 요구를 어떻게 더 잘 충족할 수 있을까요?

새롭게 부상하는 압박요인들에 선제적으로 대비하세요
Get ahead of the curve on emerging pressures

이 장에서 저는 공시가 변화를 촉진하기 위해서가 아니라 변화의 대체물로 사용되는 방식에 대한 예시들을 언급했습니다. 또한, 부정적인 정보를 공개하면 보상이 아닌 처벌을 받는 경우가 많기 때문에 기업들이 그러한 정보를 공개할 동기가 거의 없다는 점도 지적했습니다. 이는 가장 유용한 형태의 투명성이 기업들에 강제되거나, 새롭게 부상하는 압박요인들을 선제적으로 대비하기 위한 선견지명 있는 움직임으로 자발적으로 이루어진다는 것을 의미합니다. 사회적 신뢰가 감소한 현실을 이해하는 기업들은 어떻게 건설적인 앞길을 모색할 수 있을까요?

기업의 인권침해, 부패, 그리고 열악한 리더십에 대해 우리가 알게 되는 것은 주로 강제된 투명성을 통해서입니다. 투명성의 진전은 종종 스캔들 이후에 이루어지는데, 이는 기업들이 더 이상 잃을 것이 별로 없을 때입니다.

2014년 12월, 연합통신(Associated Press)은 미국 세관기록을 이용한 조사를 통해 많은 식품회사들이 간접적으로 새우 공급망에서 노예노동을 사용하고 있다는 사실을 밝혀냈습니다.[35] 더 가디언(The Guardian)은 2014년부터 2016년까지 이 주제에 관한 수십 편의 기사를 발표했고, 이어서 여러 국제 브랜드를 대상으로 한 집단소송이 제기되었습니다. 이에 대응하여 네슬레(Nestlé)는 비영리기구인 베리테(Verité)에 자금을 지원하여 1년간 조사를 실시했습니다. 이 조사에서는 100명 이상의 사람들을 인터뷰했고 공개 보고서를 발표했습니다.[36] 또한, 태국 정부와 협력하고 모범적인 인권관행에 따라, 많은 브랜드들은 양질의 노동기준을 촉진하기 위한 자발적 집단행동 이니셔티브에 참여했습니다.

2022년, 글로벌 광산기업 리오 틴토(Rio Tinto)는 호주의 성차별 담당 전 위원이 실시한 직장문화 감사의 불편한 결론을 공개했습니다. 이는 회사가 4만 6천 년 된 신성한 원주민 유적지 두 곳의 파괴를 감독한 사건에서 회복하려는 노력의 일환이었습니다.[37] 1만 명의 고용자들이 참여한 내부 설문조사결과, 여성 고용자의 30%와 남성 고용자의 7%가 직장 내 성희롱을 경험했다고 밝혔습니다. 응답자의 거의 절반이 괴롭힘을 당했다고 말했으며, 인종차별에 대한 불만도 많았습니다. 기업의 개방적이고 포괄적인 접근방식은 고용자들을 안심시킨 것으로 보이며, 절반의 응답자들이 이제 이러한 문제들이 해결될 것이라고 확신한다고 말했습니다. 이코노미스트는 기업의 이러한 접근방식을 '시대를 앞서가는 것'이라고 평가했습니다.[38] 이 설문조사가 원주민 유적지 파괴로 인한 기업의 심각한 평판손상을 완전히 회복시키지는 못했지만, 리오 틴토의 내부문화를 개선하고 신뢰를 재구축하는 데 중요한 첫 단계였으며, 이러한 노력은 널리 인정받았습니다.

2019년, 최고경영자 트래비스 칼라닉(Travis Kalanick)이 다양한 윤리적 실수로 해고된 후, 우버는 자사 브랜드 차량에서 발생한 부상, 사망, 성희롱, 그리고 비행사건의 비율을 자발적으로 공개하기로 결정했습니다. 낙담스러운 내용에도 불구하고 데이터를 신중하게 분류하고 어떻게 평가했는지 설명하는 것을 보고 저는 감명을 받았습니다. 우버는 또한 국립 성폭력 자원 센터(National Sexual Violence Resource Center)와 도시 연구소(Urban Institute)와 제휴를 맺어 원치 않는 성적경험의 실상을 파악하기 위한 새로운 데이터 분류법도 개발했습니다. 이 보고서와 분류법은 최초로 시도된 것이며, 다른 회사들과 조직들이 사용할 수 있도록 공개되었습니다.[39]

우버는 정보를 공개한 후 확실히 더 많은 조사를 받게 되었습니다. 기업은 여러 소송에 직면했는데, 그중 하나는 캘리포니아 공공시설위원회가 폭행사건에 대한 추가 세부정보를 요구했지만 우버가 이를 거부한 사건이었습니다. 그럼에도 불구하고, 우버는 공공시설위원회와 비영리 파트너들과 협력하여 5,900만 달러에서 15만 달러로 벌금을 대폭 삭감받는 데 성공했습니다.[40] 이후 리프트(Lyft)와 마이크로소프트 같은 기업들도 성희롱 데이터를 공개했으며, 블룸버그는 더 많은 기업들이 이를 공개해야 한다는 압박을 느끼고 있다고 보도했습니다.[41] 소송위험으로부터 완전히 자신을 보호하는 것은 불가능하겠지만, 적절한 시기의 정보공개를 통해 더 넓은 시스템적 변화를 이끌어낼 수 있습니다.

여기서 더 나은 방법은 이러한 압박을 예상하고 선제적으로 대응하는 것입니다. 유용한 접근방식은 매력적인 이야기를 만들어내는 것보다는 동종 업계의 다른 기업들이 새롭게 등장하는 좋은 관행을 채택하도록 장려하는 선도자 위치를 차지하는 것입니다.

2010년 구글이 첫 '투명성 보고서'를 발표한 결정을 예로 들어보겠습니다. 이 보고서는 법 집행기관과의 관계에 대한 공개적인 설명이었습니다.[42] 이는 특정 스캔들의 결과가 아니라 기술회사와 법 집행기관 사이의 관계에 대한 광범위한 오해를 바로잡으려는 노력이었습니다. 구글은 자신들이 영향을 미칠 수 있는 요소와 그렇지 않은 요소에 대해 솔직하게 밝히는 현명한 결정을 내렸습니다. 이 움직임은 비공개 회의에서 발표되었습니다.

이는 다른 기업들이 예상치 못한 일이었고, 그들로 하여금 서둘러 대응하게 만들었습니다. 이 사례는 기업이 어떻게 선제적으로 행동함에 따라 업계의 표준을 설정하고 어떻게 변화를 주도할 수 있는지를 보여줍니다. 구글의 이러한 결정은 단순한 이미지 관리를 넘어서 실질적인 투명성 증진과 산업 전반의 관행개선에 기여했다고 볼 수 있습니다.

기술기업들이 법 집행기관과 데이터를 공유하는 데는 여러 긍정적인 이유가 있습니다. 이는 인신매매, 아동학대, 돈세탁 등을 퇴치하기 위한 노력도 포함합니다. 그러나 기업들은 이러한 요청과 사용자의 개인정보 보호권을 균형 있게 다루어야 합니다. 또한 기업들은 인권을 침해할 수 있는 방식으로 사용자를 추적하려는 정부의 요청에도 직면합니다. BSR의 던스턴 앨리슨 호프는 2019년 기사에서 여러 사례를 제시했습니다.

"모텔 6(Motel 6)는 투숙객 명단을 미국 이민당국과 공유한 것으로 인해 700만 달러 이상의 벌금을 부과받았습니다. 블룸버그 뉴스는 세븐일레븐(7-Eleven Inc.)이 미국 이민당국에 정보를 제공하여 100개 이상의 가맹점에 대한 단속으로 이어졌다고 보도했습니다. 그리고 중국에서는 연합통신이 200개 이상의 자동차 제조업체들이 위치 정보와 기타 중요한 데이터를 정부지원 모니터링 센터와 공유하고 있다고 밝혔습니다."[43]

이러한 사례들은 기업들이 법 집행기관과의 협력과 사용자 프라이버시 보호 사이에서 직면하는 복잡한 윤리적·법적 딜레마를 보여줍니다. 이는 데이터 공유에 관한 명확한 지침과 투명성의 필요성을 강조합니다.

이는 매우 복잡한 주제입니다. 기업의 선택범위와 한계를 모두 오해하기 쉽습니다. 이해를 높이고 토론을 개선하기 위해, 구글은 이러한 요청들이 언제, 어떻게 발생했는지, 그리고 그에 대해 어떤 조치를 취했는지 보고하기로 결정했습니다.

구글이 이러한 선제적 대응을 하였고, 이후 70개 이상의 기술기업들이 이를 모방하였습니다.[44] 구글은 선제적 대응의 이점을 인식했고, 기술과 법

집행에 대한 논의를 확대함으로써 긍정적인 결과를 얻었습니다. 이러한 보고는 다음과 같은 영향을 미쳤습니다.

(1) 인식과 이해도 제고: 결과적으로 공공정책 제안을 개선했습니다.

(2) 비정부기구 지원: 비정부기구들이 정부의 프라이버시 침해를 폭로할 수 있는 근거를 마련해 주었습니다.

(3) 기술기업의 인권책임 증대: 많은 기업들이 이제 콘텐츠 중재(Content-moderation) 결정을 공개하고 있습니다.

인권과 기술의 상태가 실제로 개선되었는지는 단정하기 어렵지만, 무엇을 해야 하는지에 대한 기준이 더 명확해졌고 문제에 대한 이해도 크게 높아졌습니다. 이는 프라이버시 침해가 기술분야를 넘어 광범위한 영향을 미치기 때문에 매우 중요합니다.

소셜 미디어가 거버넌스에 영향을 미치는 것을 피하세요
Avoid governance by social media

소셜 미디어를 강박적으로 모니터링하는 것은 개인에게 건강하지 않으며, 기업에는 더욱 해롭습니다. 논란이 되고 있는 이슈에 대해 발언하라는 요구에 반응하고 싶은 충동은 이해할 만하지만, 이를 자제하는 것이 최선입니다. 우리가 논의한 여러 이유로 인해, 이는 추가적인 요구로부터 기업을 보호해 주지 않을 것입니다. 오히려 여러분을 통제할 수 없는 문제에 대한 희생양이 되게 할 수 있고, 위선적으로 비춰질 수 있는 빌미를 제공할 수 있으며, 무엇보다 기업운영에서 주의를 분산시킬 수 있습니다.

다행스러운 점은 평판에 대한 공격이 오래 지속되지 않을 수 있다는 것입니다. 곧 다른 이슈가 관심을 끌게 될 것입니다. 하지만 기업이 대중의 인식을 그저 무시할 수는 없습니다. 일시적인 분노라도 고용자들에 의해 촉발되거나 고용자들을 자극할 수 있으며, 이는 새롭게 부상하는 문제에 대해 실질적인 조치를 취해야 할 진정한 필요성을 나타낼 수 있습니다.

이는 여러분의 중대성 평가와 인권 임팩트 평가가 명확한 기준을 설정하는 데 도움을 줄 수 있는 또 다른 영역입니다. 여러분의 사업활동이 관여되어 있지 않고 변화를 만들어낼 수 있는 영향력이 없는 경우, 아무런 조치를 취할 필요가 없습니다. 또한 다른 조직들에 비해 큰 목소리를 내거나 대담한 행동을 취할 필요도 없습니다. 두드러지는 것은 종종 처벌의 대상이 되기도 합니다. 그럼에도 불구하고, 방금 우버와 구글의 사례에서 보았듯이, 중요한 영역에서 흐름이 바뀌고 있을 때 이를 주목하고 적절한 순간에 행동으로 옮기는 것이 중요합니다.

이 책을 위해 제가 인터뷰한 리더들은 몇 가지 전략적 조언을 제시합니다. 그들은 회사의 목소리가 가장 큰 효과를 낼 수 있는 곳이 어디인지 고민해 볼 것을 권합니다. 만약 여러분이 장려할 수 있는 가치 있는 영향이나 변화를 확인했다면, 그때 진행하세요. 공개적으로 할 필요가 있는 유일한 대응은 이미 취한 행동을 강조하는 것뿐입니다.

공개적인 목표와 타겟을 신중히 고려하고, 실패에 대해 명확히 밝히세요
Think through public goals and targets, and be clear about misses

대중의 기대는 종종 현실과 충돌합니다. 이로 인해 최선의 행동방침을 결정하기가 어려워집니다. 투명성에 대한 요구는 문제를 즉각적으로 해결해야 한다는 성급한 요구로 이어지지만, 지속적인 변화는 일반적으로 시간이 필요합니다. 장기적이고 야심찬 목표를 선언하는 것은 곧바로 공허한 미덕의 과시로 조롱받을 수 있습니다. 반대로 단기적이고 사소한 성과를 이루는 것은 무의미한 점진주의로 무시될 수 있습니다.

2022년 6월, 데이비드 월리스-웰스(David Wallace-Wells)는 뉴욕 타임스에 다음과 같은 논평을 실었습니다.

"권력 있는 사람들이 실제 의지를 훨씬 뛰어넘는 기후서약을 하는 이 기본적인 현상이 이제 너무 만연해져서, 어느 한 개인이나 기관의 부도덕함이라기보다는 새로운 정치적 문법처럼 보이기 시작합니다. 기후부정의 시대는 이제 누구도 지킬 준비가 되어 있지 않아 보이는 기후약속들로 가득 찬 시대로 대체되었습니다."[45]

저는 5년 동안 책임 있는 투자자들과 지속가능성 보고서에 대해 이야기를 나눴습니다. 그들은 기업활동에 대한 미화되지 않은 평가가 자신들과 기업들에 얼마나 큰 도움이 될지를 거듭 강조했습니다. 여러 대기업에서 기업 지속가능성 고위 직책을 맡았던 실비아 가리고(Silvia Garrigo)는 이렇게 말합니다.

"우리가 하고 있는 모든 훌륭한 일들을 보라고 말하는 데만 전념하는 보고서는 나쁜 접근법입니다. 이제 이러한 보고서는 진정성이 없습니다."

세계 25대 기업의 탄소중립 공약에 대한 보고서는 다음과 같은 충격적인 결과를 보여주었습니다. 거의 절반의 기업들이 구체적인 공약을 전혀 하지 않으며, 나머지 기업들도 자사 배출량의 40%에 대해서만 공약을 했을 뿐, '탄소중립'이라는 용어가 암시하는 완전한 중립과는 거리가 멉니다.[46] 탄소중립 성과에 대한 이러한 과장은 철저한 검증과 비판의 대상이 되었습니다. 반면에 이런 주장을 하지 않았던 기업들은 대부분 비난을 피할 수 있었습니다.

그린워싱에 대한 의심이 커지고, 기업의 화려한 사회적책임 보고서가 눈살을 찌푸리게 하는 것 이상의 반응을 얻지 못하면서, 현재의 분위기는 덜 야심차고 훨씬 더 신중해졌습니다. 그럼에도 불구하고, 차별화를 위한 많은 기회가 여전히 존재하며, 이는 반드시 공약을 축소하는 것을 의미하지는 않습니다.

지속가능성 목표를 설정하는 것이 점점 더 어려워지고 있습니다. 한 가지 이유는 관찰자들이 시간이 걸리는 과제들에 대해 빠른 진전을 보고 싶어한다는 것입니다. 현명한 접근방식은 원하는 효과적인 결론부터 시작하여 A에서 B로 가는 명확한 경로를 설정하는 것입니다. 임팩트를 어떻게 측정하고 판단할 것인지 신중히 고려하세요. 좋은 접근방식은 협력과 파트너십이 필요할 수 있는 야심찬 장기방향을 설정하는 것입니다. 이와 함께 단기적이고 달성 가능한 이정표를 설정합니다.[47] 또한, 그 과정에서 마주치는 장애물에 대해 정직하게 밝히는 것이 중요합니다.

예를 들어, 호주의 소프트웨어기업 아틀라시안(Atlassian)은 2023년에 기업들이 탄소중립에 도달하는 방법에 대한 실용적인 가이드를 발표했습니다. 이 가이드는 '망할! 지구를 가만히 내버려 둬!'라는 강렬한 제목을 사용했습니다.[48] 이 회사는 탄소 상쇄권(Carbon offsets) 사용에 대한 반발이 커지고 있음을 경고하고, 자체적으로 배출량을 90% 직접 감축하려는 노력을 설명했습니다. 동시에 이는 냉철한 우선순위 설정과 기업 및 정부의 집단적이고 통합된 행동 없이는 불가능할 것이라고 명확히 밝혔습니다.

아틀라시안의 2022년 지속가능성 보고서는 회사가 목표달성에 실패한 부분과 이에 대한 향후 계획을 논의하는 것으로 시작했습니다.

"우리는 투명성을 추구하지만, 단순히 했다고 말하기 위해 프레임워크의 모든 항목을 체크하는 것보다 실제로 일을 하는 것이 우리에게 더 중요합니다."[49]

마지막으로, 현실적인 관점을 제공하고 그에 따라 행동하세요. 장기 목표와 단기 목표를 구분하세요. 만약 궁극적인 목표가 특정 직무에서 여성 고용자의 수를 두 배로 늘리는 것이라면, 장기 목표와 함께 단기적으로 달성 가능한 목표(예: 20% 증가)도 함께 공개하세요. 예를 들어, 대형 광산기업 BHP는 파트너십을 모색하고 도전적인 목표를 공개함으로써 50% 여성 인력 창출이라는 목표를 초과 달성할 수 있었습니다.[50]

통제가 아니라 '신뢰, 주체성, 그리고 건강한 문화'에 집중하세요
Focus on trust, agency, and healthy culture – not control

고용자들을 모니터링하기 위한 침투적인 도구들이 넘쳐나고 있습니다. 이들은 투명성과 책임성 증대라는 명목하에 기업들에게 공격적으로 판매되고 있습니다. 2019년 월스트리트 저널은 직장 내 감시기술의 발전에 대해 상세히 보도하면서 고용자들이 '인력 데이터 생성기'가 되었다고 말했습니다.[51] 이러한 접근은 코로나19 팬데믹과 갑작스러운 원격근무로의 전환 동안 크게 확산되었습니다. 2021년 가트너(Gartner)의 조사에 따르면, 코로나19 팬데믹 동안 안면 인식을 포함한 감시도구를 사용하는 고용주의 수가 두 배로 증가해 60%에 달했습니다. 가트너는 이러한 추세가 더욱 성장할 것으로 예측했습니다.[52]

외부압력에 대한 반사적 대응과 마찬가지로, 신뢰를 통제로 대체하려는 충동은 근로자와 기업성과 모두에 부정적이고 의도치 않은 결과를 초래합니다. 투명성은 철학자 미셸 푸코(Michel Foucault)가 '통제기술(Disciplinary technology)'이라고 부른 것으로 발전하게 됩니다.

빌라노바 법학대학의 넬슨(J.S. Nelson) 부교수는 생산성과 기업통제의 필요성이라는 인식을 근거로 고용자 감시를 옹호하는 주장에 대해 윤리적 우려를 제기했습니다. 그녀의 2020년 논문 '경영문화와 감시(Management Culture and Surveillance)'는 생산성 확보를 위해 감시 시스템을 설치한 후 이를 통해 고용자의 건강, 대인관계, 대화 및 이동을 추적하고 심지어 직장 안팎에서 고용자들의 감정반응을 관리하고 조작한 수많은 기업사례를 인용했습니다.[53] 그녀는 다음과 같이 경고했습니다.

"감시가 규제기관을 만족시키면서 동시에 통제에 관심 있는 관리자들의 심리적 욕구를 충족시킬 수 있다는 점은 근로자들에게 특히 위험한 조합입니다."

더 효과적이고 윤리적인 대응은 고용자의 주체성, 동기부여, 존엄성, 존중, 그리고 효과적이고 적절한 감독을 포함한 건강한 문화의 요소들에 초점을 맞추는 것일 것입니다. 지금까지 우리가 논의한 모든 주제와 마찬가지로, 이는 말하기는 쉽지만 실행하기는 어렵습니다.

이제 우리는 환경적 및 사회적 압력을 평가하고 대응하는 방법에 대한 검토를 마쳤습니다. 우리는 지름길로 제시된 많은 아이디어들이 사실은 기업을 수렁에 빠뜨리거나 원점으로 되돌려놓는다는 것을 보았습니다. 또한 집중된 에너지와 노력이 더 높은 수준으로 나아가는 가장 확실한 길을 제공한다는 것을 확인했습니다. 이제 우리의 시야를 조직 내부로 돌릴 때가 되었습니다.

3부에서는 더욱 윤리적이고 효과적인 문화를 구축하는 방법에 대해 논의하겠습니다. 우리는 조직문화가 어떻게 변화하고 있는지, 그리고 왜 이것이 윤리적 노력과 함께 변화해야 함을 시사하는지에 대한 광범위한 검토로 시작할 것입니다. 그런 다음 이 노력의 가장 중요한 네 가지 차원에 초점을 맞출 것입니다. 리더십, 규정준수, 의견표명, 그리고 조직의 목적입니다. 계속해서 앞으로, 그리고 더 높이 나아가겠습니다.

하이어 그라운드로 나아가는 과정
STEPS TO HIGHER GROUND

21세기에 들어 기업윤리의 떠올릴 수 있는 거의 모든 문제에 대한 만능 해결책으로 투명성을 내세우는 것이 흔해졌습니다. 데이터의 투명성과 일관성을 높이면 기업들이 더 윤리적이고 책임감 있게 행동할 것이라는 견해가 널리 퍼져 있습니다. 반대로, 어떤 기업이 투명성이 부족하다고 말하는 것은 일종의 비난에 해당합니다. 이는 부정적이고 불길한 인상을 줍니다.

투명성은 강력하고 긍정적인 힘이 될 수 있습니다. 이는 기업과 이해관계자 사이에서 상호작용적이고 역동적인 관계를 촉진합니다. 하지만 기업에 있어 이는 미묘한 양날의 검과 같은 개념입니다. 탑다운 투명성은 리더들이 부하 고용자들을 보다 잘 관찰하여 성과를 촉진하고 부정을 줄일 수 있게 합니다. 내부에서 외부로의 투명성 노력은 조직이 외부 세계의 위험을 탐지하고 잠재적 혁신을 식별할 수 있게 합니다. 외부에서 내부로의 투명성은 외부 세계가 기업 내부를 들여다볼 수 있게 하고, 이는 리더들을 불편하게 만듭니다. 한편 바텀업 투명성은 고용자들이 리더들을 관찰하고 판단할 수 있게 하지만, 이는 기업을 갈등과 비효율에 빠뜨릴 수 있습니다.[54]

우리는 흔히 공시를 책임과 동일시하는 경향이 있지만, 실제로는 공시단계에 머무르는 경우가 많습니다. 공시된 지표가 기업의 이해와 행동을 촉진할 힘이 있다는 과도한 믿음을 가지고 있습니다. 반면에 지표를 조작하거나 시험을 위해 교육하는 위험도 존재합니다.

이러한 모든 압력에 대응하여 기업들은 두 가지 선택지를 가지고 있습니다. 하나는 비현실적인 수준의 일관성을 보여주기 위해 신중하게 선별된 메시지에 집중하는 것이고, 다른 하나는 이해관계자들의 기대를 어떻게 다룰 것인지에 대해 선의의 대화를 나누는 것입니다.

최고의 투명성 노력은 정직함과 우선순위에 따른 선택과 집중입니다. 이는 전체 산업부문에 대한 새로운 기준과 기대치를 설정하는 데 도움이 될 수 있으며, 이는 경쟁우위를 가져올 수 있습니다. 선도적인 기업들은 모범사례가 되기 위한 노력과 인식을 높이고, 자발적인 기업행동의 한계를 강조하며, 우리의 가장 큰 도전과제들을 해결하는 데 필요한 강력한 연합을 형성하는 데 도움을 주고 있습니다. 공허한 약속들로 가득한 세상에서, 진실이 불편할지라도 진정성은 돋보입니다.

미주

1. Jennifer Rubin, Washington Post, 'Feel free to spill the beans, ex-employees. Your former boss can't stop you', 2023년 4월 2일(https://www.washingtonpost.com/opinions/2023/04/02/nlrb-ruling-nondisparagement-agreements/)
2. Paige Smith, Bloomberg, 'Wall Street's silencing of sexual harassment curbed by US 'speak out act'', 2022년 11월 16일(https://www.bloomberg.com/news/articles/2022-11-16/wall-street-s-silencing-of-sexual-harassment-cut-back-by-new-law)
3. Kim Elsesser, Forbes, 'Congress passes law restoring victims' voices, banning NDAs in sexual harassment cases', 2022년 11월 16일(https://www.forbes.com/sites/kimelsesser/2022/11/16/congress-passes-law-restoring-victims-voices-banning-ndas-in-sexual-harassment-cases/)
4. Cristina Rouvalis, SHRM, 'NYC employers adapting to pay transparency law', 2022년 11월 15일(https://www.shrm.org/resourcesandtools/hr-topics/talent-acquisition/pages/nyc-employers-adapting-to-pay-transparency-law.aspx)
5. European Commission, 'Just and sustainable economy: Commission lays down rules for companies to respect human rights and environment in global value chains', 2022년 2월 23일(https://ec.europa.eu/commission/presscorner/home/en)
6. Bloomberg Law, 'Proposed SEC climate disclosure rule', 2022년 8월 15일(https://pro.bloomberglaw.com/brief/proposed-sec-climate-disclosure-rule/)
7. Hunton Andrews Kurth LLP, 'Treasury issues final rule on beneficial ownership reporting requirements under the Corporate Transparency Act', 2022년 11월 1일 (https://www.huntonak.com/en/insights/treasury-issues-final-rule-on-beneficial-ownership-reporting-requirements-under-the-corporate-transparency-act.html
8. Rana Foroohar, Financial Times, 'Corporations can no longer remain Black Boxes', 2022년 11월 6일(https://www.ft.com/content/3ab3ec60-dcba-4fd7-846f-0acbe36ffa65)
9. Amitai Etzioni, Journal of Political Philosophy 18(4), 'Is Transparency the best Disinfectant?', 2010년 12월(https://doi.org/10.1111/j.1467-9760.2010.00366.x)
10. Christopher Hood, London: British Academy, 'Transparency: the key to better governance?', 2006년
11. Don Tapscott and David Ticoll, New York: Free Press, 'The naked corporation: how the age of transparency will revolutionize business', 2003년, 역자주: 우리나라

에서는 '투명경영'으로 김영사에서 2005년 번역(김병두, 이진우 옮김) 출간되었다.

12　Christopher Hood, London: British Academy, 'Transparency: the key to better governance?', 2006년

13　Marilyn Strathern, British Educational Research Journal 26(3), 'The tyranny of transparency', 2000년(https://www.jstor.org/stable/1501878)

14　Lars Thøger Christensen and Joep Cornelissen, European Journal of Social Theory 18(2), 'Organizational transparency as myth and metaphor', 2015년 5월(https://doi.org/10.1177/1368431014555256)

15　Paul Dickinson, CDP, 'Celebrating CDP at 20: a Q&A with co-founder Paul Dickinson', 2020년 9월 25일(https://www.cdp.net/en/articles/climate/cdpat20-a-qa-with-paul-dickinson)

16　Pablo Berrutti, Climate and Capital Media, 'It's time to talk about Net Zero Bullsh*t', 2022년 7월 28일(https://www.climateandcapitalmedia.com/its-time-to-talk-about-net-zero-bullshit/)

17　CDP, 'Disclosing as a company', 2023년 6월 19일(https://www.cdp.net/en/companies-discloser)

18　Nadia Ameli, Sumit Kothari, and Michael Grubb, Nature Climate Change 11(11), 'Misplaced expectations from climate disclosure initiatives', 2021년 11월(https://doi.org/10.1038/s41558-021-01174-8)

19　Daniel Roth, Wired, 'Road map for financial recovery: radical transparency now!', 2009년 2월 23일(https://www.wired.com/2009/02/wp-reboot/)

20　Daylian M. Cain, George Loewenstein, and Don A. Moore, Journal of Legal Studies 34(1), 'The dirt on coming clean: perverse effects of disclosing conflicts of interest', 2005년(https://doi.org/10.1086/426699)

21　Louis Gore-Langton, Packaging Insights, 'Alliance to End Plastic Waste defends failures after achieving 0.2% of its targets', 2023년 2월 10일(https://pi.cnsmedia.com/a/bU6hqEi8VpA=)

22　Charles J. Fombrun, Naomi A. Gardberg, and Michael L. Barnett, Business and Society Review 105(1), 'Opportunity platforms and safety nets: corporate citizenship and reputational risk', 2000년 1월(https://doi.org/10.1111/0045-3609.00066)

23　Ross Brennan, Journal of Business-to-Business Marketing 21(2), 'The end of corporate social responsibility: crisis & critique, by Peter Fleming and Marc T. Jones', 2014년 4월 3일(https://doi.org/10.1080/1051712X.2014.874262)

24　Benjamin Hart, Intelligencer, New York Magazine, 'A Crisis-PR Veteran on Sam Bankman-Fried's odd media strategy', 2022년 12월 9일(https://nymag.com/intelligencer/2022/12/a-crisis-pr-expert-on-sam-bankman-frieds-odd-media-strategy.html)

25 Apple App Store, 'Exxchange', n.d.(https://apps.apple.com/us/app/exxchange/id1438743004)

26 Hiroko Tabuchi, New York Times, 'How one firm drove influence campaigns nationwide for big oil', 2020년 11월 11일(https://www.nytimes.com/2020/11/11/climate/fti-consulting.html)

27 Yousuf Aftab and Jonathan Drimmer, Corp Gov, 'Expert ESG attorneys: how corporate sustainability creates legal risk', 2020년(https://corpgov.com/lessons-from-cobalt-in-the-congo-how-corporate-sustainability-creates-legal-risk/)

28 SEC, 'Activision Blizzard to pay $35 million for failing to maintain disclosure controls related to complaints of workplace misconduct and violating whistleblower protection rule', 2023년 2월 3일(https://www.sec.gov/news/press-release/2023-22)

29 다음 리뷰논문에서는 예를 들어 다음과 같이 언급한다. '평판은 조직 외부의 일반대중이나 특정 틈새그룹이 가지고 있는 믿음과 판단을 모두 포함한다.' Alan Clardy, Corporate Reputation Review 15(4), 'Organizational reputation: issues in conceptualization and measurement', 2012년 11월(https://doi.org/10.1057/crr.2012.17)

30 Jeffrey K. Liker, New York: McGraw-Hill, 'The Toyota way: 14 management principles from the world's greatest manufacturer', 2004년

31 Ethan Bernstein, Harvard Business Review, 'The transparency trap', 2014년 10월 (https://hbr.org/2014/10/the-transparency-trap)

32 James D'Angelo and Brent Ranalli, Foreign Affairs, 'The dark side of sunlight', 2019년 4월 16일(https://www.foreignaffairs.com/united-states/dark-side-sunlight)

33 Forrest Briscoe and Abhinav Gupta, Stanford Social Innovation Review 19, 'Business disruption from the inside out', 2020년(https://doi.org/10.48558/4EHP-4D02)

34 Byung-Chul Han, Stanford, CA: Stanford Briefs, 'The Transparency Society', 2015년 역자주: 우리나라에는 2014년 문학과지성사에서 김태환의 번역으로 '투명사회'로 출간되었다.

35 Margie Mason et al., Associated Press, 'Global supermarkets selling shrimp peeled by slaves', 2015년 12월 14일(http://www.ap.org/explore/seafood-from-slaves/global-supermarkets-selling-shrimp-peeled-by-slaves.html)

36 Associated Press, Guardian, 'Nestlé admits to forced labour in its seafood supply chain in Thailand', 2015년 11월 24일(https://www.theguardian.com/global-development/2015/nov/24/nestle-admits-forced-labour-in-seafood-supply-chain)

37 Cecilia Jamasmie, Mining.com, 'Rio Tinto sorry for blasting 46,000-year-old Aboriginal site', 2020년 6월 1일(https://www.mining.com/rio-tinto-sorry-for-blasting-of-46000-year-old-aboriginal-site/)

38 Economist, 'Rio Tinto and the problem of toxic culture', 2022년 2월 12일 (https://www.economist.com/business/rio-tinto-and-the-problem-of-toxic-culture/21807599)

39 Dunstan Allison-Hope and Aditi Mohapatra, BSR (blog), 'Five insights on the future of reporting from Uber's safety report', 2020년 1월 21일(https://www.bsr.org/en/blog/five-insights-on-the-future-of-reporting-from-ubers-safety-report)

40 CBS News, 'Uber fined $59 million, may pay just $150,000 over sexual assault data-CBS San Francisco', 2021년 7월 16일(https://www.cbsnews.com/sanfrancisco/news/uber-fined-59-million-may-pay-just-150000-sexual-assault-data/)

41 Kari Paul, Guardian, 'Lyft admits it recorded 4,000 sexual assault claims in long-awaited report', 2021년 10월 22일(https://www.theguardian.com/technology/2021/oct/22/lyft-sexual-assault-reports-uber-ridesharing), Jeff Green, Bloomberg, 'Microsoft's unprecedented new report puts pressure on companies to release more harassment data', 2022년 11월 17일(https://www.bloomberg.com/news/newsletters/2022-11-17/microsoft-s-unprecedented-new-report-puts-pressure-on-companies-to-release-more-harassment-data)

42 Google, 'Google transparency report', 2023년 6월 19일(https://transparencyreport.google.com/)

43 Dunstan Allison-Hope, BSR (blog), 'A new transparency challenge for business and human rights', 2019년 2월 25일(https://www.bsr.org/en/blog/transparency-business-and-human-rights-government-law-enforcement)

44 Access Now, 'Transparency Reporting Index', 2023년 6월 19일(https://www.accessnow.org/campaign/transparency-reporting-index/)

45 David Wallace-Wells, New York Times, 'What's worse: climate denial or climate hypocrisy?', 2022년 6월 22일(https://www-nytimes-com.cdn.ampproject.org/c/s/www.nytimes.com/2022/06/22/opinion/environment/climate-hypocrisy-larry-fink.amp.html)

46 Irina Anghel and Akshat Rathi, Bloomberg, 'Net-zero plans of the biggest global companies do not add up to net zero', 2022년 2월 8일(https://www.bloomberg.com/news/articles/2022-02-08/net-zero-plans-of-the-biggest-global-companies-do-not-add-up-to-net-zero)

47 Peter Gassmann and Will Jackson-Moore, The Harvard Law School Forum on Corporate Governance (blog), 'The CEO's ESG dilemma', 2023년 1월 23일(https://corpgov.law.harvard.edu/2023/01/23/the-ceos-esg-dilemma/)

48 Graham Readfearn and Australian Associated Press, Guardian, "Don't F&*! the planet': Atlassian issues Net Zero Guide for companies cutting climate impact', 2023년 5월 24일(https://www.theguardian.com/environment/2023/may/24/dont-

f-the-planet-atlassian-issues-net-zero-guide-for-companies-cutting-climate-impact)

49　Atlassian, 'Atlassian sustainability report fiscal year 2022', 2022년(https://s28.q4cdn.com/541786762/files/doc_downloads/sustainability/2022/12/FY22-Atlassian-Sustainability-Report.pdf)

50　Athalie Williams, BHP, 'The road to gender balance', 2022년 2월 8일(https://www.bhp.com/news/articles/2022/02/the-road-to-gender-balance)

51　Sarah Krouse, Wall Street Journal, 'The new ways your boss is spying on you', 2019년 7월 19일(https://www.wsj.com/articles/the-new-ways-your-boss-is-spying-on-you-11563528604)

52　Danielle Abril and Drew Harwell, Washington Post, 'Keystroke Tracking, Screenshots, and Facial Recognition: The Boss may be watching long after the pandemic ends', 2021년 9월 24일(https://www.washingtonpost.com/technology/2021/09/24/remote-work-from-home-surveillance/)

53　J. S. Nelson, SSRN scholarly paper, Rochester, NY, 'Management culture and surveillance', 2019년 12월 16일(https://papers.ssrn.com/abstract=3504408)

54　David Heald, London: British Academy, 'Transparency: the key to better governance?', 2006년

3부

미래를 이끌고 구상하기

LEADING AND SHAPING THE FUTURE

9 진정한 윤리적 기업문화란
Rethinking Ethical Culture

맥주 한 잔이 부패를 척결하고 인권을 보호하는 데에 도움이 될 수 있을까요? 펑크(punk)를 지향하는 맥주 브랜드 브루독(BrewDog)은 '예스'를 외쳤습니다. 2022년 카타르 월드컵이 시작될 때, 이 스코틀랜드 양조업체는 다음과 같은 대담한 마케팅 문구와 함께 그들의 지속가능성 인증 배지를 내보였습니다.

"축구공은 이미 진흙탕에 빠져 버렸습니다. 선수들이 잔디에 첫 발을 내 딛기도 전에 말입니다. 솔직하게 인정합시다. 카타르는 돈으로 월드컵 주최권을 따냈습니다. 축구는 모든 이를 위한 스포츠였습니다. 하지만 카타르에서 동성애는 불법이며, 태형이 합법적 처벌의 한 방법이고, 경기장을 짓느라 6,500명의 노동자가 죽어도 괜찮다고 여깁니다."[1]

브루독은 이것이 공허한 외침이 아니라는 것을 증명하기 위해 월드컵 기간 동안 판매된 자신들의 로스트 라거(Lost Lager) 맥주의 수익금을 인권침해 근절을 위해 기부하겠다고 덧붙였습니다. 그러나 곧, 브루독은 유통업자를 통해 걸프 내전 지역에 맥주를 판매하는 계약을 이제 막 체결했으며, 브루독에서 운영하는 펍에서 월드컵 경기를 중계할 예정이라는 사실에 대해 해명해야 했습니다.[2]

언론은 브루독이 강조하고자 했던 인권문제보다는 위선적인 수사학적 표현으로 점철된 브루독의 다채로운 역사에 초점을 맞추었습니다. 언론은 빠르게 성장하는 이 맥주기업이 책임 있는 기업으로 칭송받는 비콥(B Corporation)[3] 인증을 받은 지 불과 1년 만에, 고용자들이 회사에서 괴롭힘을 당했으며 '물건처럼 취급당하며' 여성혐오적인 '공포 문화' 속에 놓여 있다고 폭로하는 공개서한을 발표했다는 사실을 상기시켰습니다. 카타르 캠페인이 시작된 지 몇 주 만에, 임팩트 투자자들로부터의 자금지원, '펑크족을 위한 주식(Equity for punks)' 크라우드펀딩, 삼림벌채를 줄이고, 폐기물을 관리하며 탄소배출을 줄이겠다고 선언한 브루독의 노력은 많은 의심에 부딪혔습니다. 또한 기업의 사내문화를 비판하는 BBC 다큐멘터리에 대한 관심도 다시 높아졌습니다.[4] 브루독 이사회가 인증 관리자들의 '추가 조치' 요청을 충족시키지 못하자, 결국 브루독은 비콥 인증을 상실했습니다.[5]

적어도 이 맥주 거품과 같은 서사는, 가치 있는 기업임을 증명하고자 한다면 사회의 구성원인 고용자에게 미치는 임팩트와 세상에 미치는 임팩트를 별개의 문제로 취급해서는 안 된다는 것을 보여줍니다. 기존의 접근방식은 조직문화를 지속가능성 또는 컴플라이언스와 별개의 실질적인 문제로 간주하여, 인사팀은 조직문화와 고용자참여를 전적으로 담당하고, 컴플라이언스 부서는 잘못된 행위를 방지하기 위한 규칙과 절차를 관리하는 식입니다.

우리는 기업의 지속가능성 선언이 고용자들의 동기부여와 충성도를 높인다는 이야기를 자주 듣습니다.[6] 브루독의 사례는 지속가능성 메시지를 외부에 설파하는 것과 목표를 선언하는 것으로는 충분하지 않다는 것을 보여줍니다. 통합된 조직문화를 유지하는 것이 그 어느 때보다 중요해졌으며, 표준적인 접근법은 이제 시대에 뒤떨어진 것이 되었습니다.

진전을 가로막는 또 다른 큰 장벽은 '윤리적 문화'라는 단어는 모호하고 추상적으로 들리는 반면, 규제요건은 뚜렷하고 구체적이라는 점입니다. 리더십, 감독, 규범, 의사결정이 어떻게 변화해야 하는지에 대한 불편한 질문을 던지기보다는, 절차와 규제에 집중하고 그 시행을 컴플라이언스팀 및 인사팀에 위임하고픈 유혹에 빠지기 쉽습니다. 의미 있는 변화를 실현하려면 시간과 노력이 필요합니다. 더 나은 문화를 정착시키는 것보다 문화를 퇴보시키는 것이 훨씬 쉽고 빠릅니다.

영향력 있는 학자 에드거 샤인(Edgar H. Schein)에 따르면 문화란 '우리가 일을 하는 방식'입니다.[7] 문화는 공식적인 시스템과 절차뿐만 아니라 조직 내 비공식적 행동규범과 가치의 집합인 '근무환경'도 포함합니다. 좋은 기업문화는 수익뿐만 아니라 목표도 필요하며, 역할뿐만 아니라 롤모델도 필요하며, 리더뿐만 아니라 팔로워도 필요하고, 지시뿐만 아니라 참여도 필요하며, 규제뿐만 아니라 인센티브도 필요로 합니다. 이러한 사실은 항상 중요했지만, 투명성이 높아짐에 따라 오늘날 조직의 내부 운영을 들여다보기가 더 쉬워졌습니다. 대규모 정리해고, 논쟁의 여지가 있는 타운홀 미팅, 슬랙(Slack) 채팅방 속 드라마, 또는 경영부실에 대한 뉴스 없이 일주일이 지나는 일은 거의 없습니다.[8] 이제 모두 안락의자에 앉은 감사인이 되었습니다.

과거와 달리 기업의 내부 문제는 더 이상 기밀로 유지될 수 없습니다. 그러나 정보에 대한 통제력이 줄어들었다는 사실은 기업 내부라는 개념이 얼마나 모호해지고 위협받고 있는지를 보여주는 한 가지 측면에 불과합니다. 무형적 가치로의 전환은 우리가 언제, 어디에서 일하고, 어떻게 리드하고 관리하며, 어떻게 전략을 설정하고 실행하는지, 그리고 우리가 어떻게 영향을 주고, 그 대가로 어떠한 영향을 받는지로 표현됩니다.

2020년 이코노미스트는 다음과 같이 썼습니다.

"최고경영자가 자신의 광대한 기업을 통제하던 기존의 메커니즘은 실패하고 있으며, 기업이 어디에서, 왜 운영되어야 하는지에 대한 생각이 변화하고 있습니다. … 기업의 내부와 외부의 경계, 그리고 최고경영자의 권한이 어디까지인지 불분명해지고 있습니다. 우버에서 일하는 400만 명의 운전자는 우버의 근로자가 아니며, 애플의 공급망에 놓인 수백만 명의 근무자도 애플의 근로자가 아니지만, 그들은 매우 중요한 역할을 합니다. … 공장과 사무실에 있는 수십억 개의 센서는 기업의 민감한 정보들을 공급업체와 고객에게 뿜어내고 있습니다. 중간 관리자들은 소셜 미디어에서 비즈니스와 관련된 이야기를 하곤 합니다."[9]

지금까지 우리는 기업의 사회적 역할이 지속적으로 변화함에 따라 이에 어떻게 대처해야하는지에 대해 논의했습니다. 하지만 기업의 사회적 역할 변화가 조직문화에 미치는 영향도 그에 못지 않게 중요하다는 점을 깨달았습니다. 그렇다면 앞으로 우리가 어떻게 대처해야 할지 덜 혼란스러울 것입니다.

기업의 내부, 외부 간의 경계가 모호해지고 흐려져가는 상황에서도, 우리는 여전히 기업을 단지 썩은 사과가 담긴 통에 불과하다고 비유하곤 합니다. 조직을 건강하게 유지하기 위해서는 썩은 사과만 골라내면 된다고 생각합니다. 이러한 생각이 어디서부터 시작되었고, 왜 아직까지 이어지는지, 그리고 우리가 왜 이러한 생각을 넘어서야 하는지에 대해 살펴보겠습니다.

썩은 사과와 썩은 사과가 담긴 통
Bad Apples and Rotten Barrels

윤리 스캔들이 기사의 헤드라인을 장식할 때, 우리는 몇 개의 '썩은 사과'로부터 비롯된 문제를 곧 '좋은 사과'로 바꾸어 해결할 것이니 안심하라는 설명을 흔히 듣게 됩니다. 예를 들어, 2016년 상원 청문회에서 당시 최고경영자인 존 스텀프(John Stumpf)는 웰스 파고(Wells Fargo)의 문제가 그저 1%에 불과한 고용자들로부터 비롯된 것임을 강조했습니다.[10] 마찬가지로, 폭스바겐 그룹의 이사회 회장이었던 마틴 빈터콘(Martin Winterkorn)은 배기가스 데이터 조작사건에 대해 구체적으로 지목되지 않은 '몇몇 사람들의 끔찍한 실수'로 치부하였습니다. 이후에 그는 해당 사건이 대규모로 조작되었음을 알고 '충격' 속에 사임했습니다.[11]

이와 같은 '썩은 사과' 주장은 단순하면서도 매력적입니다. 이 주장은 리더의 개인적인 잘못에 대한 책임이 면제된다는 점에서 편리합니다. 최고경영자는 더 중요한 업무에 집중하면서 문제를 일으키는 고용자를 찾아내어 없애면 된다는 식입니다. 이러한 매력적인 주장은 악의를 찾아내어 벌하는 사법 시스템에 의해 뒷받침됩니다.

'썩은 사과' 비유는 중세 시대에 조직에서 부패가 어떻게 확산하는지를 설명하기 위해 생겨났습니다. 제프리 초서(Geoffrey Chaucer)의 『어느 요리사의 이야기(The Cook's Tale)』에서 한 견습 요리사는 자신의 불미스러운 행동이 다른 사람들을 감염시키기 전에 해고당합니다. 벤자민 프랭클린(Benjamin Franklin)은 '썩은 사과'는 같은 통에 담긴 '다른 사과'마저 상하게 할 것이라 경고했고, 이 비유는 19세기 설교에서 흔히 사용되었습니다. 하지만 한 세기가 지난 지금 그 의미는 180도 바뀌었습니다. 이제 우리는 조직을 건강하게 유지하기 위해서는 희생양 몇 명을 추방하는 것만으로 충분하다는 것을 시사하기 위해 '썩은 사과'라는 표현을 사용합니다.

오늘날의 해석은 단순한 비유 그 이상입니다. 이는 사법 시스템이 기업 윤리를 구조적 문제가 아닌, 개인의 문제로 보는 관점을 설명해줍니다. 상법상의 기업윤리는 주인-대리인 문제로 보는 경향이 강합니다. 법은 회사를 연약하고 소중한 가상의 인격체, 즉 '법인주체'로 봅니다. 법인주체는 실제 사람과 마찬가지로 권리, 목표, 법적 정체성을 가지고 있으며, 신과 마찬가지로 그 목표를 달성하기 위해 인간 대리인인 고용자에게 의존합니다.

최고임원진과 고용자는 고용주, 즉 법인주체에 대해 신의성실에 근거한 신탁의무가 있다는 것이 기업운영의 제 1원칙입니다. 1990년대 초 미국 연방 양형 지침이 도입된 이후, 정부는 법인이 스스로를 보호할 수 있도록 많은 인센티브를 제공해왔습니다. 현실적으로, 법인은 고용자가 법을 위반할 위험을 완전히 제거할 수 없습니다. 그러나 만약 법인이 위법행위를 막기 위한 최선의 노력을 기울였다고 정부가 인정한다면, 위법행위를 저질러 드러난 '썩은 사과'는 법적처벌을 받게 되지만, 법인은 그렇지 않습니다. 따라서 기업윤리를 위한 노력은 역사적으로 문제를 일으킨 고용자보다는 법인주체를 보호하는 데 중점을 두어왔습니다. 법인주체는 가치나 양심이 없고, 오로지 경제적 사익만을 추구한다고 여겨지기 때문입니다.

컴플라이언스 부서는 규정 위반자의 행동이 기업가치를 위협하기 전에 이를 찾아내어 제거하기 위해 존재합니다. 이와 같은 접근법은 윤리적인 조직의 첫 번째 과제가 문제적 인물을 배척하는 것이고, 두 번째는 잘못된 행동으로 인한 비용이 그 어떤 이익보다 크도록 하는 것입니다. 이는 실행하기 어려운 일이지만, 접근방식 자체는 간단합니다. 기업은 정책과 규칙을 제정하고, 이를 시행하기 위한 교육을 의무화하며, 고용자들의 항의에 귀를 기울이고, 위법행위를 조사합니다. 권한이 있는 컴플라이언스 부서와 위법행위에 대한 실질적인 제재 없이는 멀리 나아갈 수 없습니다. 정책, 규칙, 교육, 항의, 그리고 위법행위를 조사하는 것은 모두 윤리적 문화를 구성하는 중요한 요소입니다.

제가 우려하는 두 가지 사항은 다음과 같습니다. 첫 번째 우려는, 이러한 컴플라이언스 및 법률준수를 위한 기본적인 노력들이 많은 에너지를 소모한다는 점입니다. 이는 필요하지만 충분하지는 않습니다. 두 번째 우려는, 컴플라이언스 프로그램이 종종 규제당국을 회피하는 데 초점을 맞추고 있고, 규칙과 프로세스가 인간의 인지와 행동에 어떻게 영향을 미치는지에 대해서는 거의 신경 쓰지 않는다는 점입니다. 지시와 제재는 생각보다 우리의 행동에 영향을 덜 미치며, 인센티브와 규범이 생각보다 훨씬 더 강력합니다. 우리는 이 사실을 오래전부터 알고 있었습니다.

린 페인(Lynn Paine)이 1994년에 발표한 획기적인 논문에서는 윤리를 심어주기 위해서는 규칙기반의 프로세스가 아닌 전사적인 접근법이 필요하다는 점을 설명했습니다. 법적처벌은 오히려 역효과를 낼 수 있음을 지적하며, 관리자가 법률준수가 아닌 고용자들의 가치와 열망, 그리고 고용자의 행동에 대해 책임을 져야 한다고 강조했습니다.[12]

11장에서 더 나은 컴플라이언스가 무엇인지에 대한 질문을 탐구할 것인데 이에 앞서 큰 그림을 그려보겠습니다. 기업윤리와 관련된 문제 원인을 기업의 가치를 위협하는 '썩은 사과' 관점을 통해서만 볼 때 우리가 놓치는 것들은 무엇일까요? 썩은 사과는 조직이 비윤리적으로 변하는 방식을 단순하고 명확하게 보여주지만, 결국에는 도움이 되지 않습니다. 구조, 프로세스, 규범이 인간행동에 어떻게 영향을 미치는지에 고려하지 못하게 합니다. 기업을 단지 사익을 보호하기 위해 존재하는 블랙박스나 밀폐된 용기로 보게 만들며, 포용성, 임팩트, 가치와 같은 큰 사회적 변화에 기업이 노출될 수 없음을 암시합니다. 따라서 기업을 개방된 사회 시스템의 일부로 재구상해야 하며, 이를 통해 우리는 새로운 도전과제를 더 잘 이해하고 해결할 수 있습니다.

윤리 스캔들은 단 한가지 이유로 발생하지 않는다
No Ethics Scandal Has a Single Cause

톨스토이는 "행복한 가정은 모두 비슷하지만, 불행한 가정은 저마다의 방식으로 불행하다."고 썼습니다. 조직문화에 있어서 이 문구는 반대로 적용됩니다. 윤리적 문화를 일반화하기 어려운 이유는 도덕성이 주관적이기 때문이라기보다는, 문화가 조직마다 독특하고 특이하기 때문입니다. 반대로, 비윤리적인 문화는 많은 공통점을 가지고 있습니다. 그것은 바로 결핍을 반영한다는 것입니다. 비윤리적인 조직에서는 넓은 시야의 부재, (돈을 벌고 경쟁자를 이기는 것 외의) 건강한 목표의 부재, 그리고 인식의 부재를 발견할 수 있습니다.

불편한 진실은 폭스바겐, 웰스 파고, 퍼듀 파마(Purdue Pharma), 페이스북 등에서 일어난 일을 단순히 썩은 사과가 기업가치를 훼손한 탓으로 설명할 수 없다는 점입니다. 오히려 우리는 경쟁우위를 확보하거나 유지하려는 강박관념, 최고경영진의 지시로 강화된 광범위한 고의적 무지, 유해한 인센티브, 그리고 편협한 감독체계가 강화된 것을 발견합니다. 이러한 문화적 조건은 경영자가 교체되더라도 지속되고 전이될 수 있습니다. 예를 들어, 웰스 파고는 2014년 위조 계좌 스캔들이 터진 후 8년 동안 4명의 최고경영자를 교체했습니다. 보잉 또한 737 MAX 운항 중단 후 3년 동안 3명의 최고경영자를 교체했습니다. 하지만 여전히 두 기업 모두 여전히 온갖 나쁜 이유로 뉴스의 헤드라인에 등장하고 있습니다.

만약 기업에서 윤리 스캔들이 발생할 가능성이 있다면 문제가 발견되기 훨씬 전에 그 징후가 기업문화를 통해 드러날 것입니다. 문제는 이 징후가 눈에 보이지 않는 것이 아니라, 아무도 관심을 갖지 않는다는 것입니다.[13] 제가 2015년에 진행한 연구에서 인터뷰한 23명의 전문가들은 비윤리적인 문화가 많은 공통점을 가지고 있다고 동의했습니다.

- 목적이 수단을 정당화하며, 어떤 대가를 치르더라도 시장 지배력을 추구하려는 강박관념이 존재합니다.
- 독재적인 명령-통제형 리더들은 고용자들이 두려움을 느끼고 우려 사항을 공유하는 것을 꺼리게 만들며, 이는 리더의 책임회피를 가능하게 합니다.
- 개인의 책임이 명확하지 않아 상위층에서 개인의 책임이 분산됩니다.
- 목표치는 시장상황에 대한 고려 없이 설계되며, 고용자들은 해당 목표치에 근거해 목표 달성 여부를 평가받습니다.
- 긴급함과 절박함이 지배하는 문화는 명시된 가치를 훼손하며, 강력

한 집단 내 역학이 비윤리적 문화를 지속시킵니다.[14]

이러한 도전과제는 전체적이고 맥락적인 사고를 통해서만 해결될 수 있습니다. 폭스바겐의 배출가스 스캔들 이후 윤리문화를 재설계하도록 초청받은 힐트루드 도로테아 베르너(Hiltrud Dorothea Werner)는 그녀가 발견한 문제들과 그 해결책에 대해 이렇게 말합니다.

"어떤 스캔들이든 단 하나의 원인만 있는 것은 아닙니다. 그래서 우리는 프로세스, 시스템, 사람들을 모두 살펴보았습니다. 기업문화는 매우 불안정하며, 관리하지 않으면 악화됩니다. 고립된 방식으로 생각할 수 없으며, 근본 원인을 식별하고 해결해야 합니다. 우리는 여러 분야에서 새로운 규칙과 규정을 도입해야 했습니다. 의사결정 과정을 변경해야 했고, 승진과 관리에 대한 평가 방식도 변경해야 했습니다. 이는 고립된 부서들과 관리층의 과도한 자신감으로 이어진 역동성 부족과 관련된 문제를 해결해야 하는 것으로 이어졌습니다."

그녀의 관점은 반복되는 문제를 강조합니다. 기업들은 예산편성과 계획을 고립된 부서 단위로 수행하는 경향이 있으며, 팀 내부 및 팀 간의 관계를 고려하지 않습니다.[15] 조직이 하나의 시스템이라는 것을 이해하면, 집단 역학의 중요성이 훨씬 더 명확해집니다.

베르너는 이렇게 말합니다.

"기업들은 보통 문제가 발생한 후에야 그들의 문화를 진지하게 바라보지만, 그때는 이미 늦습니다. … 우리는 모든 변화를 통합하고, 위험관리, 거버넌스, 인사, 컴플라이언스 간의 관계를 신중히 생각해야 했습니다. 그렇지 않으면, 기업은 다섯 가지의 서로 관련 없는 요청을 받고 전체적인 큰 그림을 놓치게 됩니다."

발레는 4년 동안 수백 명의 목숨을 앗아간 두 번의 재난에서 회복하려고 노력하고 있습니다.[16] 기업의 거버넌스 총괄 비서관은 문화의 압도적인 중요성을 강조합니다. 루이스 구스타보 구베아는 이렇게 말합니다.

"기술적인 부분, 세 가지 방어수준 그리고 새로운 글로벌 산업표준인 폐기물 관리방식을 도입했습니다. … 하지만 우리가 일을 더 많이 할수록, 사람들이 스스로 결정을 내리고 핵심사업 임팩트에 집중하지 않으면 문제가 반복될 것이라는 점을 더 많이 이해하게 됩니다. 따라서 문화적 변혁은 우리의 전략 계획에서 주요 지렛대 중 하나입니다. 우리 최고경영자는 그의 주요 유산이 새로운 대규모 광산이나 새로운 철도가 아니라 새로운 문화를 가진 기업이 될 것이라고 말합니다."

우리의 법적 시스템은 불법적인 의도를 찾아내는 데 중점을 두고 있지만, 비윤리적인 조직의 고용자들은 종종 자신들이 부도덕적인 행동을 하고 있다고 느끼지 않는 경우가 많습니다. 거의 모든 사람은 자신이 평균보다 더 윤리적이라고 생각합니다. 마치 모두 자신이 평균보다 더 좋은 운전자라고 상상하는 것과 같습니다. 윤리적 스캔들은 한때 정직했던 개인이 어느 날 갑자기 아무 이유 없이 뇌물을 주기로 결심해서 발생하는 것이 아닙니다.

2004년 비윤리적인 관행이 정상적인 관행으로 변모하는 과정에 대한 연구가 진행되었습니다. 이 유명한 연구는 3가지 상호보완적인 단계를 통해 변모과정을 설명합니다. 이는 구체적으로, 부패한 결정이나 행위가 구조와 프로세스로 내재화되는 제도화 단계, 자기 이익을 위한 행동을 합리화하는 이념이 발전되는 합리화 단계, 그리고 신입 고용자가 부패를 허용 가능한 것으로 여기게끔 유도되는 사회화 단계입니다.[17] 비윤리적인 문화가 점진적으로 발전한다는 주장을 많은 연구가 뒷받침합니다. 예를 들어, 감사인의 의심스러운 행동은 사소한 움직임으로 시작하여 시간이 지남에 따라 큰 위반으로 확대될 수 있습니다.[18] 2009년, 버니 매도프(Bernie Madoff)는 배니티페어(Vanity Fair)와의 인터뷰에서 이렇게 말했습니다.

"처음에는 몇 백, 몇 천 달러를 조금씩 가져가면서 시작됩니다. 그렇게 점점 익숙해지고, 어느 순간 눈덩이처럼 불어나 큰 문제가 됩니다."[19]

비윤리적인 행동은 조직 전체적으로, 특히 위에서 아래로 퍼질 수 있습니다. 특정 팀, 부서 또는 국가에서 발생할 수도 있습니다. 실제로 비윤리적인 행동이 소수의 문제 고용자에게만 기인하는 경우는 드뭅니다. 오히려 비윤리적인 경영자가 그런 문화 속에서 문제 고용자들이 활개 치도록 만드는 경우가 더 많습니다. 그러다 보면 모든 사람이 그렇게 행동하게 됩니다. 어떤 그룹이든, 그 구성원들의 합보다 더 큰 힘을 발휘하며, 이는 기업에서도 마찬가지입니다. 우리는 팀, 군중 또는 집단 속에서 서로 다르게 행동하기 마련입니다.

윤리적 문화를 구축하려는 모든 노력은 조직의 조건이 고용자들에게 어떻게 영향을 미치는지에 집중해야 합니다. 이는 권력, 자원, 인센티브, 그리고 규범을 살펴보는 것을 의미합니다. 이러한 것들이 어떻게 구조화되고 설계되는지는 경영자들이 기업을 더 넓은 환경 속에서 어떻게 보는지를 반영합니다. 이는 흔히 '목적'이라고도 합니다. 기업이 돈을 버는 방식과 그 임팩트에 대해 책임을 지는 방식은 법적 통제의 엄격함만큼이나 중요해졌습니다. 중요한 질문은 다음과 같습니다.

'조직이 어떤 행동을 보상하고, 어떤 행동을 처벌하는가?'

오랜 시간 동안 윤리적인 문화를 구축하는 데 필요한 것들을 고민한 끝에, 마르쿠스 유트너(Markus Jüttner)는 독일의 전력회사 이온(E.ON)의 그룹 준법감시 부사장으로 일할 때 가졌던 마음가짐에 대해 이렇게 말합니다.

"컴플라이언스 산업에서 근본적인 실수 중 하나는 개인만 보고 시스템 자체를 보지 않는 것입니다. 우리는 잘못된 행동의 유형을 구분할 필요가 있습니다. 먼저 사람들 간의 잘못된 행동이 있고, 다음으로 기업에 반하는 잘못된 행동이 있으며, 마지막으로 기업에 유리한 잘못된 행동이 있습니다. 이 마지막 유형이 핵심입니다. 기업에 유리한 잘못된 행동을 예방하고, 감지하며, 대응할 책임이 있습니다."

비윤리적 행동의 흔한 촉발요인은 조직의 생존이 위협받는다는 인식에서 비롯됩니다. 고용자들 사이에서 가장 흔한 합리화는 경쟁위협으로 인해 심각한 위험을 느끼는 것이며, 종종 이는 어떤 비윤리적인 행위도 피해가 없는 범죄로 여겨진다는 인식과 함께합니다. 예를 들어, 폭스바겐 엔지니어들은 재미로 배출가스 테스트를 속인 것이 아니라, 북미 디젤 차량 시장을 지배하려는 경영진의 유인에 이끌린 것입니다.[20] 지멘스에서 세계적인 부패 스캔들이 발생한 후, 관련된 한 주요 임원은 "우리는 그렇게 해야 한다고 생각했습니다. 그렇지 않으면 기업을 망치게 되었을 것입니다."라고 설명했습니다.[21]

사업의 부정적 임팩트를 인식하고 해결하려는 내부압력이 부족한 것은 취약점입니다. 보잉의 안전문제, 퍼듀 파마의 오피오이드 마케팅, 존슨 앤드 존슨(Johnson & Johnson)의 제품 책임 문제 등 수많은 기업 스캔들은 비슷한 이야기를 전합니다. 이들은 주로 컴플라이언스 실패가 아니라, 사회에 미치는 중대한 비용보다 상업적 성공을 우선시하는 사업모델을 반영한 것입니다. 다시 말해, 이러한 스캔들을 설명하는 한 가지 관점은 이들 기업이 이익을 추구하는 과정에서 자신들이 세상에 미치는 임팩트를 고려하는 것을 꺼렸다는 점입니다.

조직의 경계가 해체되고 있으며, 우리의 방어체계도 마찬가지입니다
Organizational Boundaries Are Dissolving, Along with Our Defenses

8장에서 투명성에 대해 논의하면서 내부 요인과 외부 요인 간의 경계가 어떻게 흐려졌는지 살펴보았습니다. 시간, 공간, 권력, 그리고 전략적 경계가 모두 변화하고 있습니다. 더 투명하고 무형적인 세계의 결과로, 기업윤리를 규제 및 평판위험을 피하기 위한 방어체계를 만드는 문제로 암묵적으로 여기는 것이 훨씬 덜 효과적이 되었다는 것입니다(그림 9-1 참조).

그림 9-1 우리는 무형기업의 시대에 있다

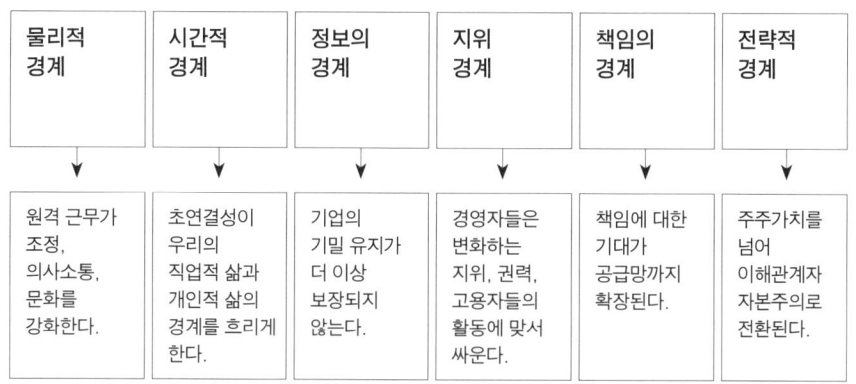

업무시간의 제한이 사라진 업무환경
Office hours no longer limit our working days

업무시간은 더 이상 근무일정을 제안하지 않습니다. 이전에도 기업은 이미 물리적 제약에서 벗어나고 있었습니다. 한 추정에 따르면, 코로나19 팬데믹 이전인 2019년에 미국 노동자의 약 3분의 2가 원격근무를 일부 수행했다고 합니다.[22] 원격근무는 조정과 의사소통에 대한 중요성을 높이면서 이 둘의 본질을 변화시킵니다.

일부 경영자들은 사람들이 사무실에서 근무하도록 명령을 내렸지만, 대부분의 기업은 어느 정도 타협을 했습니다. 그럼에도 불구하고, 많은 사람들에게 있어서 업무는 물리적으로 사무실과 분리된다고 결코 끝나지 않습니다. 업무시간과 공간의 경계가 사라진 것입니다. 마이크로소프트의 연구에 따르면, 사무직 근로자의 약 3분의 1이 저녁 늦게가 되어서야 다시 한 번 생산성이 높아지는 '세 번째 피크'를 경험하고 있으며, 최고경영자인 사티아 나델라(Satya Nadella)는 이것이 정신건강에 부정적인 영향을 미칠 수 있다고 경고했습니다.[23] 이런 이유로 번아웃(Burnout)에 대한 논의가 비즈니스 미디어에 자주 등장하고 있습니다.

사무실 내 사회적 유대의 중요성은 팬데믹이 급증한 2020년 동안 내부고발이 크게 증가했다는 데이터에서 잘 드러납니다. 블룸버그에 따르면, "관리자와 동료들이 지켜보고 있지 않으면 사람들은 더 용기를 내어 말하게 된다."고 합니다.[24] 이에 대한 결과로, 윤리 및 준법 연구소의 설문조사에 따르면, 부정행위를 보고한 고용자들에 대한 보복도 증가했다고 합니다.[25] 이러한 약한 사회적 유대는 부정행위를 보고하기 쉽게 만들 뿐만 아니라, 문제를 제기하려는 사람들을 처벌하기도 더 쉽게 만듭니다. 이렇듯 원격근무와 비윤리적 행동 간의 관계는 예측하기 어렵습니다.[26]

원격근무는 개인에게 더 큰 유연성과 통제력을 제공하는 강력한 기회를 제공합니다. 보다 포용적인 조직을 목표로 하는 기업은 좋은 성과를 낸 고용자들에게 가족 및 개인적인 약속을 더 잘 관리할 수 있도록 더 많은 자율성을 부여하는 것에서 시작될 수 있습니다. 그러나 집단역학은 여전히 중요하며, 경우에 따라서는 사무실에서의 집단 간 기존의 긴장은 원격근무로 인해 악화되거나 완화될 수도 있습니다.

전통적인 권력과 권위 개념의 약화
Traditional ideas about power and authority are losing steam

계층구조와 권위에 대한 개념이 변화하고 있습니다. 2022년 한 여성은 틱톡 비디오에서 사무실 생활의 실상에 대해 유쾌한 독백을 제공했습니다.

"많은 사람들은 사무실이 실제로 무엇을 하는 곳인지 오해를 하고 있습니다. 어떤 사람들은 사무실이 실제로 '기능'하거나 무언가를 생산한다고 잘못 알고 있습니다. 하지만 이는 오해입니다. 사실 사무실은 종교 시설입니다. '프로페셔널리즘'이라는 종교가 있는데, 그 핵심교리 중 하나가 계층구조입니다. 그래서 사무실은 단지 계층구조를 위한 신전입니다."[27]

그녀는 이어서 최고경영진에 대해 말했습니다.

"실제로 아무 일도 하지 않으며, 그들의 목적은 단지 물리적으로 그곳에 있는 것입니다. 그 신전은 그들이 떠돌아다니기 위한 장소일 뿐입니다. … 그들의 직속 하인들은 관리자라고 불리며, 그들의 임무는 하위 계층을 관찰하고 그들이 일을 제대로 하고 있는지 확인하는 것입니다. 문제는, 관리자들이 그 일들을 어떻게 하는지 전혀 모른다는 것입니다."

1장에서 우리는 조직 내 사회적 정체성과 권력역학에 대한 관심이 증가하고 있다고 언급했습니다. 이는 미투(#Metoo)와 흑인의 생명도 소중하다(#BlackLivesMatter)는 해시태그 운동을 예로 들었지만, 이는 빙산의 일각에 불과합니다. 기업의 경영진은 젊은 고용자들이 자신에게 질문을 던지는 방식이 때로는 나이 든 그들에게는 눈에 띄고 무모해 보인다고 불평합니다. 관리자들은 타운홀 미팅에서 제게 인턴들이 임원 수준에서 다양성이 부족하다는 이유로 최고경영자에게 도전한다고 했습니다. 제 학생들은 직업과 역할을 선택할 때 자신의 목소리가 반영될 가능성과 권한을 부여받을 가능성에 대해 예의주시하곤 합니다.

오늘날의 리더십은 방향을 설정하고 사람들에게 무엇을 해야 하는지 말하는 것보다, 결정을 내리고 신속하게 행동할 수 있는 조건을 만드는 것이 훨씬 더 중요합니다. 2020년에 실린 한 기사에서는 팀 리더가 코치와 인플루언서 역할을 해야 하는 상황에서 '매니저라는 직함을 은퇴시킬 때가 아닌가'라는 질문을 던졌습니다.[28] 실제로 리더십은 더 이상 통제와 위임의 수단으로서 기능할 수 없으며, 지속적인 변화에 실험하고 적응해야 합니다.

이것은 윤리적 의사결정으로 이어집니다. 고용자들은 종종 컴플라이언스, 인사, ESG 기능이 그들의 질문에 대한 답을 제공하지 못한다고 느끼기 때문에 스스로 문제를 해결하려고 합니다. 그들은 경영자들이 기업의 영향을 검토하고 이를 관리하기를 원합니다. 이는 감독과 의견제시에 대한 재고가 요구됨을 의미합니다.

기업은 이제 직접 통제할 수 없는 임팩트도 고려해야 합니다
Companies now need to consider impacts beyond their direct control

내부와 외부 영역의 경계가 흐려지는 가장 중요한 예는 기업이 이제 고용하지 않은 개인과 소유하거나 통제하지 않는 조직에 미치는 영향에 대해서도 책임이 있는 것으로 인식하고 있다는 것입니다.

긱 이코노미(Gig economy)는 제도적 경계가 약해지고 있음을 잘 보여줍니다. 많은 기업에서 병가, 휴가, 연금을 제공받는 정규직 고용자들과 이러한 혜택이 거의 없는 계약직 고용자들 사이에 뚜렷한 차이가 나타나고 있습니다. 긱 워커(Gig worker)들은 고용자도 아니고 제3자도 아닙니다. 그들은 조직 경계에서 모호한 역할을 수행하며, 종종 많은 정보에 접근하지만 충성의 의무를 지지 않습니다. 예를 들어, 내부고발자 에드워드 스노든(Edward Snowden)은 미국 국가안보국(NSA)의 계약직 근로자였습니다.

계약직 고용자들에게 부여된 낮은 지위는 가시적이며, 기업 내 계급제도는 조직문화에 부정적인 영향을 미칠 수 있습니다. 앞에서 스타벅스의 관리직 고용자들이 바리스타를 공개서한으로 지원한 사례를 소개했습니다. 구글에서도 고용자들은 계약직 근로자들의 권리를 위해 목소리를 내고 힘을 쏟았습니다.[29] 코로나19 팬데믹 이전에는 긱 이코노미의 성장이 근로자들에게 유연성, 자율성, 자유, 포트폴리오 경력에 대한 기쁨을 제공하는 것으로 여겨졌습니다. 그러나 공중보건 위기로 인해 많은 긱 워커들이 최전선에 놓이면서 개인의 복지에 대한 기업의 책임이 다시 강조되었습니다.

또한 코로나19 팬데믹을 겪으며 공급망 관리에서 효율성과 비용절감을 회복력과 지속성보다 우선시한 결과, 공급망 위험과 책임에 대한 보다 광범위한 재평가로 이어졌습니다. 경영자들은 점점 더 자사의 제품영향과 공급망에서 발생하는 일에 대한 책임을 떠안게 됩니다. 여러 요인 중에서도 특히 모바일 접근성의 기하급수적 확대로 인해 인권운동은 노동권이나 환경기준이 위반된 경우 증거를 즉시 수집하고 공유할 수 있게 만들었습니다. 이는

기업들이 최소한 자사 공급망의 어두운 부분을 들여다보려는 노력을 촉구하는 계기가 되었습니다.[30]

또한, 공급망 기여자들이 배출하는 스코프 3 배출에 대한 관심이 높아지면서, 기업은 고객과 통제하지 않는 공급업체의 운영을 포함한 가치사슬 전반에 걸친 탄소배출에 대해 책임을 져야 한다는 제안이 나왔습니다.[31] 이를 해결하는 것은 결코 간단하지 않습니다. 유니레버의 앨런 조프는 기업이 스코프 3 넷제로 목표를 어떻게 달성할지 '전혀 알지 못한다.'고 고백했는데, 이는 최종 사용자, 즉 소비자의 행동에 급격한 변화를 요구하기 때문입니다.[32]

이러한 확장된 질문들은 여전히 해결되지 않고 있습니다. 결국, 바다에 떠 있는 플라스틱 물병에 대해 누가 책임을 져야 할까요? 그것을 버린 사람? 물병을 판매한 기업? 플라스틱을 만들기 위해 원유를 추출한 회사? 이렇듯 책임을 할당하는 데 초점을 맞추다 보면 종종 체계적인 문제를 해결하기 위해 필요한 공동책임 의식을 저해할 수 있습니다. 조직을 개방 시스템으로 개념화하면, 기업이 어디에서 행동해야 하고, 어디에서 협력해야 하며, 다른 기관이 어디에서 개입해야 하는지를 평가하는 데 도움이 될 수 있습니다.

포용에 대한 압력은 사라지지 않습니다
Pressure over Inclusion Isn't Going Away

더욱 다양한 종류의 공정성과 포용에 대한 관심이 급증하면서, 새로운 윤리적 도전과제는 법적 해결책을 요구하는 주인-대리인 문제가 아니라 조직문화를 빠르게 변화시킬 수 있는 다차원적인 문제임을 알 수 있습니다.

오늘날 기업이 훨씬 더 포용적으로 변해야 한다는 요구는 상충되는 압력을 초래합니다. 세계화는 지리적 경계와 문화적 차이를 허물고, 위선에 대한 경계는 조직이 일관된 실천을 하도록 요구합니다. 그러나 기업은 다양한 문화적 규범과 가치를 존중해야 할 필요성도 있습니다. 이는 기업이 사회적 문제에 대해 행동하라는 외부압력을 받기 전에 자체적으로 관리하기에는 충분히 어려운 문제입니다. 예를 들어, 성소수자를 처벌하는 지역에서 그들을 어떻게 축하할 것인가? 논란이 되는 문제에 대해 목소리를 높이라는 내부압력과 비현실적인 기대를 조성하거나 보복을 초래할 가능성 사이에서 기업은 어떻게 균형을 맞추어야 할까요?

다양성, 형평성, 포용성에 대한 압력이 특히 어려운 이유는 개인, 팀, 조직, 사회, 정치적 변화 등 여러 차원에서 다르게 나타나기 때문입니다. 고용자들은 점점 나이, 가치, 인종, 성별과 같은 특성을 자신들의 정체성과 부합하는 중요한 요소로 여깁니다. 거기에 정치적 양극화와 정당 간 긴장이 높아지고 있는 상황까지 고려해야 합니다.

이처럼 교차하는 정체성은 직장에서의 공정성과 만족도에 큰 영향을 미칩니다. 조직이 개인의 요구에 적응해야 한다는 기대가 커지고 있습니다. 직장에서 개인가치를 실현하는 방법에 대한 조언도 많이 있습니다.[33] 소셜미디어의 메아리방(Echo chambers)에서 성장한 많은 젊은이들은 정치적·사회적 문제를 논의하고 이를 통해 긍정적인 주목을 받을 것이라는 기대를 안고 직장에 들어옵니다. 반면, 다른 많은 고용자들은 여전히 자신의 생각을 공개적으로 공유하는 것을 꺼립니다. 소수의 목소리를 내는 사람들의 견해와는 달리, 고용자들 사이에 어떤 합의가 존재한다고 생각하는 것은 매우 위험합니다. 예를 들어, 회사의 기부정책에 동참하라는 제안은 개인적으로는 동의하지 않을 수 있음에도, 대의에 참여하라는 압박으로 여겨질 수 있습니다.[34]

이 문제에 대한 깔끔하고 포괄적인 해결책은 없습니다.[35] 물론 기업들은 다양성 담당자를 채용하여 조직을 변화시키는 임무를 부여할 테지만, 이들에게는 충분한 예산과 권한이 부족합니다. 또 다른 문제는 고용자들의 기대가 기하급수적으로 증가하고 있어서 포용성과 책임문제에 대한 느리고 꾸준한 진전이 오히려 후퇴하는 것처럼 느껴질 수 있다는 점입니다. 불평등이 인정되는 경우, 이를 해소하는 데 동의하지만, 수용 가능한 시간과 얼마나 적절한 시정조치가 필요한지에 대해서는 견해가 크게 달라질 수 있습니다.

다양성, 형평성, 포용성, 소속감을 인권의 틀 내에서 고려하는 것은 합리적입니다. 이는 모든 사람이 존엄과 존중을 받을 자격이 있음을 강조합니다. 백신, 출산권, 성정체성 등과 같이, 논란의 여지가 있는 이슈들을 관리하는 것은 각 개인이 표현의 자유와 신체 자율성을 누릴 자격이 있으되, 자신의 신념을 다른 사람에게 강요할 권리는 없다는 것을 인식시킨다면 보다 수월하게 진행될 것입니다.

문화의 중요성
The Culture Imperative

그러나 '썩은 사과'에 대한 믿음은 쉽게 떨쳐버리기 어렵습니다. 이는 법적 시스템과 오랜 권력역학에 의해 강화됩니다. 20세기에는 이러한 신화가 이해되었을지 모르지만, 새로운 직업환경에서는 다르게 접근해야만 합니다. 역동적이고 적응 가능한 사회 시스템으로서 기업은 무엇을 변화시킬 수 있을까요?

윤리적인 문화를 창조하는 것은 공정성, 인식, 효율성, 공감, 그리고 의사결정에 의식적인 집중을 제도화하는 것에서 시작될 수 있습니다.[36] 건강하고 윤리적인 문화를 창조하고 유지하기 위해 기업에게 가장 중요한 요소는 리더십, 감독, 의견개진, 그리고 목적입니다. 각각의 요소는 모두 중요하며, 우리는 3부의 나머지 부분에서 여기에 집중할 것입니다.

이 장을 마무리하면서, 문화를 엄격하게 측정하고 평가하는 것이 구체적인 가치를 지닌다는 점을 강조하고 싶습니다. 이것은 단순히 있으면 그저 좋은 '부가적인' 요소가 아닙니다. 많은 기업들이 기업문화에 대해 알고자 할 때, 참여도나 규정준수 등의 설문조사에 그치는 경우가 대부분입니다. 윤리적 문화를 경쟁 스포츠처럼 접근하거나, 한 기업에서 성공한 것이 다른 기업에서도 성공할 것이라고 가정하는 것은 가장 피해야 할 일입니다. 각 기업은 고유한 시스템입니다.

여기서 행동과학이 도움이 될 수 있습니다. 비즈니스 세계는 리처드 탈러(Richard H. Thaler)와 캐스 선스타인(Cass R. Sunstein)의 『넛지(Nudge)』, 칩 히스(Chip Heath)와 댄 히스(Dan Heath)의 『스위치(Switch)』, 맥스 베이저만(Max H. Bazerman)과 앤 텐브런셀(Ann E. Tenbrunsel)의 『블라인드 스팟(Blind Spots)』과 같은 베스트셀러에서 사회 및 인지 심리학의 힘을 발견하고 있습니다.[37] 그러나 많은 경영자들은 제품을 판매할 때 행동과학을 사용하는 데 열광하지만, 정작 문화를 고려할 때는 그 통찰을 무시하는 경우가 많습니다. 하지만, 이미 변화는 시작되고 있습니다.

문화를 측정하는 가장 명확한 방법은 잘 설계된 설문조사를 사용하는 것입니다. 오늘날의 낮은 신뢰 환경에서 고용자들이 완전히 솔직할 것이라고 가정해서는 안 됩니다. 내부 고발자로부터의 정보를 분석하는 것도 매우 유용할 수 있지만, 고용자들이 목소리를 내는 것이 무의미하거나 위험하다고 판단한 조직 내 침묵의 영역을 식별하는 것이 중요합니다. 또 다른 방법은 글래스도어(Glassdoor)나 유사한 웹사이트에서 고용자들의 불만사항을 검토하는 것입니다. 다만, 그곳에서 접하는 댓글과 일화가 조직의 현실을 정확하게 반영하지 않을 수도 있음을 염두에 두어야 합니다.

인터뷰를 진행하거나 포커스 그룹을 구성하려면, 심리적 안전을 존중하고 기밀을 유지하는 독립 컨설턴트를 고용하는 것이 도움이 될 수 있습니다. 조직 내에서 사람들을 동기부여하는 요인, 성공을 평가하는 방식, 어떤 종류의 행동이 보상받는지, 그리고 기업에 대해 떠오르는 이야기가 무엇인지 탐구하는 것이 중요합니다. 질문에 대한 대답을 주저하는 것은 불만을 제기하는 것에 대한 두려움을 나타낼 수 있습니다. 본질적으로 알아야 할 것은 고용자들이 직장에서 얼마나 가치 있게 여겨지고, 포용되며, 존중받는다고 느끼는지입니다. 그들이 자신의 생각을 자유롭게 말할 수 있다고 느끼는지 확인하는 것도 중요합니다.

조직문화를 측정하면, 이를 개선하기 위한 행동실험을 설계하고 그 결과를 엄격하게 기록해야 합니다. 조직문화의 많은 요소들이 깊은 변화를 겪고 있는 지금의 상황에서, 확실성을 예상하려고 하기보다는 실험을 통해 개선하는 것이 훨씬 더 큰 가능성을 지닙니다. 제약회사 노바티스(Novartis)와 GSK와 같은 선도적인 기업들은 컴플라이언스팀에 행동과학 전문가를 배치하고 있으며, '행동위험'은 금융업계에서도 전문화된 기능을 수행하고 있습니다.[38]

하이어 그라운드로 나아가는 과정
STEPS TO HIGHER GROUND

오늘날의 조직에서는 일과 개인생활, 리더와 팔로워, 내부 이해관계와 외부 이해관계 사이의 명확한 경계가 모두 흐려지고, 유연해지며, 논란의 대상이 되었습니다. 그로 인해 기업 내부문화는 그 어느 때보다도 뚜렷하게 드러나고 있습니다.

그 결과, 더 이상 기업윤리를 '썩은 사과'로부터 기업을 보호하기 위한 노력과 동일시할 수 없습니다. 우리는 이러한 새로운 조건에 어떻게 적응할 것인지에 초점을 맞추고, 리더십(Leadership), 감독(Oversight), 목소리(Voice), 그리고 목적(Purpose)에 대해 어떻게 새로운 방식으로 생각할 것인지에 집중해야 합니다.

기존의 프로그램만으로는 더 이상 충분하지 않습니다. 문화를 인적자원관리의 고립된 문제로 취급하는 것은 효과적이지 않으며, 윤리적 노력을 단지 규제준수나 명목상의 기업사례로만 보는 것도 효과적이지 않습니다. 문화, 즉 '이곳에서 우리가 일을 하는 방식'은 조직의 구조, 프로세스, 규범이 고용자들에게 미치는 임팩트의 결과이며, 이 고용자들은 그 후 다른 이해관계자들에게 어떠한 임팩트를 미칠지 결정하게 만듭니다. 기업에 대한 문화적 요구를 증대하는 것은 기업을 자기 이익만을 추구하는 고립된 실체로 보는 20세기 사고방식에서 벗어나려는 더 넓은 변화의 중요한 요소입니다. 그러나 문화를 원칙만으로 유지할 수 없다는 점을 인식할 필요가 있습니다. 그러나 경영자들에게 좋은 소식은 건강한 조직문화를 유지하는 것이야말로 전략적 이점의 최고의 원천이 될 수 있다는 것입니다.

오늘날의 고위 경영자들은 경쟁하는 이해관계의 균형을 맞추고, 과도한 투명성을 수용하며, 조직의 명시된 가치를 문화와 일치시킴으로써, 그 업적을 높게 평가받을 것입니다. 이러한 상황에서 하향식 통제는 크게 줄어듭니다. 즉 조직의 리더십은 더 이상 인적, 재무적 자원을 직접 움직이는 것이 아니라, 분산된 네트워크에 영향을 미치는 방식으로 변화할 것입니다.

더 강력한 방어책을 구축하는 대신, 실험하고 측정하며, 결과를 분석하여 보다 역동적인 조직 시스템을 만들어야 합니다. 이때 확실성을 추구하기보다 호기심을 가진 탐험가가 되는 것이 중요합니다.

미주

1. BrewDog UK, 'The world f*cup', 2023년 6월 19일(https://www.brewdog.com/uk/anti-sponsor-qatar)
2. Gregor Young, National, 'Brewdog protests against Qatar World Cup with new scheme', 2022년 11월 7일(https://www.thenational.scot/news/23106561.brewdog-protests-qatar-world-cup-new-scheme/)
3. 역자주: 비 코포레이션(B Corporation)은 비영리기구인 B Lab의 엄격한 인증을 받아 높은 사회적, 환경적 성과기준을 충족하는 기업을 지칭한다. 이들 기업은 거버넌스, 고용자, 지역사회, 환경, 고객 등 다양한 영역에서의 영향을 평가받으며, 재무적 이익뿐만 아니라 사회와 환경문제 해결에도 기여하는 것을 목표로 한다. 비 코포레이션은 성과를 투명하게 공개하고, 모든 이해관계자를 고려하도록 법적 조직문서를 변경하는 등 실질적인 노력을 기울이며, 이를 통해 비즈니스를 긍정적인 변화의 도구로 활용하고자 한다.
4. Jack Mendel, CityAM, 'Brewdog signed beer distribution deal in Qatar despite 'anti-sponsorship' campaign', 2022년 11월 8일(https://www.cityam.com/brewdog-signed-beer-distribution-deal-in-qatar-despite-anti-sponsorship-campaign/), Mark Daly, BBC, 'The truth about Brewdog', 2022년 1월 21일(https://www.bbc.co.uk/programmes/m0013yfj), g50p, YouTube, 'BBC Disclosure-the truth about Brewdog', 2022년 3월 28일(https://www.youtube.com/watch?v=XamxzvGm8YQ)
5. Mark Sweney and Rob Davies, Guardian, 'Brewdog loses its ethical B Corp certificate', 2022년 12월 1일(https://www.theguardian.com/business/2022/dec/01/brewdog-loses-its-ethical-b-corp-certificate)
6. Gallup, Gallup.com, 'Indicator: ESG', 2023년 6월 19일(https://www.gallup.com/395216/indicator-esg.aspx)
7. Edgar H. Schein, San Francisco: Jossey-Bass, 'Organizational culture and leadership(3)', 2004년
8. Jo Constantz, Bloomberg, "'I got this wrong': CEO apologies abound amid mass layoffs and losses', 2022년 11월 11일(https://www.bloomberg.com/news/articles/2022-11-11/apologies-from-tech-ceos-abound-amid-mass-layoffs-and-losses)
9. Economist, 'What it takes to be a CEO in the 2020s', 2020년 2월 6일(https://www.economist.com/leaders/2020/02/06/what-it-takes-to-be-a-ceo-in-the-2020s)
10. Washington DC, 'Testimony of John Stumpf', 2016년 9월 20일(https://www.

banking.senate.gov/imo/media/doc/092016_Stumpf%20Testimony.pdf)

11 Pradnya Joshi and Danny Hakim, New York Times, 'VW's public relations responses and flubs', 2016년 2월 26일(https://www.nytimes.com/interactive/2016/02/26/business/volkswagen-public-relations-flubs.html)

12 Lynn S. Paine, Harvard Business Review, 'Managing for organizational integrity', 1994년 3월 1일(https://hbr.org/1994/03/managing-for-organizational-integrity)

13 Ralph Hertwig and Christoph Engel, Cambridge, MA: MIT Press, 'Deliberate ignorance: Choosing not to know', 2020년

14 Alison Taylor, hbr.org, '5 signs your organization might be headed for an ethics scandal', 2017년 12월 18일(https://hbr.org/2017/12/5-signs-your-organization-might-be-headed-for-an-ethics-scandal)

15 Taylor, '5 signs your organization might be headed for an ethics scandal'

16 Andres Schipani and Neil Hume, Financial Times, 'Vale under scrutiny after second mine disaster in Brazil', 2019년 1월 28일(https://www.ft.com/content/3f82b07c-2263-11e9-8ce6-5db4543da632)

17 Vikas Anand et al., Academy of Management Executive (1993–2005) 18(2), 'Business as usual: The acceptance and perpetuation of corruption in organizations [and executive commentary]', 2004년(https://www.jstor.org/stable/4166061)

18 Don A. Moore et al., Academy of Management Review 31(1), 'Conflicts of interest and the case of auditor independence: Moral seduction and strategic issue cycling', 2006년 1월(https://doi.org/10.5465/amr.2006.19379621)

19 Mark Seal, Vanity Fair, 'The Madoff chronicles, part I: Inside the Ponzi schemer's life and financial façade', 2009년 3월 4일(https://www.vanityfair.com/news/2009/04/bernard-madoff-friends-family-profile)

20 Jerry Useem, Atlantic, 'How corporations become evil', 2015년 12월 22일(https://www.theatlantic.com/magazine/archive/2016/01/what-was-volkswagen-thinking/419127/)

21 Siri Schubert and T. Christian Miller, New York Times, 'At Siemens, bribery was just a line item', 2008년 12월 20일(https://www.nytimes.com/2008/12/21/business/worldbusiness/21siemens.html)

22 Rani Molla, Vox, 'How remote work is quietly remaking our lives', 2019년 10월 9일(https://www.vox.com/recode/2019/10/9/20885699/remote-work-from-anywhere-change-coworking-office-real-estate)

23 Matthew Boyle, Bloomberg, 'Microsoft's CEO warns of the impact of all those late-night emails', 2022년 4월 7일(https://www.bloomberg.com/news/articles/2022-04-07/microsoft-ceo-warns-of-the-impact-of-all-those-late-night-

emails)

24 Matt Robinson and Benjamin Bain, Bloomberg, 'Whistle-blowing soars to record with Americans working from home', 2021년 1월 12일(https://www.bloomberg.com/news/articles/2021-01-12/whistle-blowing-soars-to-record-with-americans-working-from-home)

25 Henry Kronk, Corporate Compliance Insights (blog), 'Retaliation against whistleblowers is on the rise: ECI's Patricia Harned in conversation', 2021년 3월 16일(https://www.corporatecomplianceinsights.com/rising-retaliation-whistleblowers/)

26 Douglas J. Cumming et al., SSRN scholarly paper, Rochester, NY, 'Work-from-home and the risk of securities misconduct', 2023년 4월 5일(https://papers.ssrn.com/abstract=4428145)

27 Thegoodcult, TikTok, '#thegoodcult on TikTok', 2022년 11월 22일(https://www.tiktok.com/@thegoodcult/video/7163318873326931246)

28 Adam Bryant, strategy+business (blog), 'Is it time to retire the title of manager?', 2020년 1월 30일(https://www.strategy-business.com/blog/Is-it-time-to-retire-the-title-of-manager)

29 Alexia Fernández Campbell, Vox, 'Google will extend some benefits to contract workers after internal protest', 2019년 4월 4일(https://www.vox.com/2019/4/4/18293900/google-contractors-benefits-policy)

30 Sarah Murray, Financial Times, 'So you think you know your supply chain?', 2023년 3월 24일(https://www.ft.com/content/687c2a10-403b-4a93-85c0-3ede41af5d09)

31 US EPA, 'Scope 3 inventory guidance', 2023년 2월 14일(https://www.epa.gov/climateleadership/scope-3-inventory-guidance)

32 Morwenna Coniam, Bloomberg, 'Unilever CEO has 'no idea' how it will meet full net-zero target', 2022년 6월 21일(https://www.bloomberg.com/news/articles/2022-06-21/jope-has-no-idea-how-unilever-will-meet-full-net-zero-target)

33 Kristi Hedges, hbr.org, 'How to tell if a prospective employer shares your values', 2020년 10월 12일(https://hbr.org/2020/10/how-to-tell-if-a-prospective-employer-shares-your-values)

34 Joan Michelson, Forbes, 'Align your corporate giving with employee values to help retain talent', 2022년 11월 23일(https://www.forbes.com/sites/joanmichelson2/2022/11/23/align-your-corporate-giving-with-employee-values/)

35 Jeff Green, Bloomberg, 'CEOs who are all talk and no action on inclusion still benefit', 2023년 1월 19일(https://www.bloomberg.com/news/articles/2023-01-19/-diversity-washing-funds-can-aid-companies-even-if-they-don-t-improve-hiring)

36　Ethical Systems, 'Ethical culture survey', 2021년(https://www.ethicalsystems.org/wp-content/uploads/2021/07/Ethical-Culture-Survey.pdf)

37　역자주: '넛지'는 리더스북에서 이경식의 번역으로 2022년 최신판이 번역 출간되었다. '스위치'는 웅진지식하우스에서 안진환의 번역으로 2010년 출판한 바 있다. '블라인드 스팟'은 '이기적 윤리'라는 번역서 제목으로 2014년 커뮤니케이션북스에서 출판한 바 있다(김영욱, 김희라 옮김).

38　Henry Engler, Reuters, 'Novartis applies behavioral science to code of ethics, unearthing biases and compliance gaps', 2020년 11월 10일(https://www.reuters.com/article/bc-finreg-novartis-behavioral-science-in-idUSKBN27Q2MD)

10 21세기 중반의 리더십

Leading in the Mid-Twenty-First Century

윤리적 리더십에 있어서 현재는 최고의 시기이자 최악의 시기입니다. 2022년 2월, 러시아가 이유 없는 침공을 시작하자 모두의 시선이 우크라이나의 미숙한 대통령 볼로디미르 젤렌스키(Volodymyr Zelensky)에게 쏠렸습니다. 이전까지 젤렌스키는 누구에게도 윤리적인 지도자로 여겨지지 않았습니다. 마치 텔레비전에서 가상의 우크라이나 대통령 역할을 했던 코미디언 출신인 그에 대한 실제 대통령으로서의 성적은 엇갈렸습니다. 하지만 러시아가 주도하는 암살의 가장 명백한 표적이 되었음에도 불구하고, 젤렌스키는 미국으로의 대피제안을 거절하며, "전쟁은 지금 이곳에서 발생했습니다. 저는 탄약이 필요하지 차편이 필요한 것이 결코 아닙니다."라고 미국 정보요원에게 말했다고 널리 보도되었습니다.[1]

도덕적 리더십의 현대적 사례가 너무 드문 시점에 젤렌스키의 용기는 더욱 강렬하게 다가왔습니다. 저는 즉시 제 고국을 떠올렸습니다. 당시 보리스 존슨(Boris Johnson) 영국 총리는 자신이 설정한 규칙을 왜 따르지 않았는지에 대한 또 다른 신빙성 없는 설명으로 영국 국민들을 납득시키려 애쓰고 있었습니다.

젤렌스키의 단호한 말에 대한 찬사는 리더십에 대한 깊은 세계적 갈망을 드러냈습니다. 하워드 가드너(Howard Gardner)의 고전적인 분석이 보여주었듯이, 우리가 리더에게 원하는 것은 공동 정체성에 대한 서사, 즉 우리가 누구이며 어디로 가고 있는가에 대한 것입니다.[2] 이러한 서사는 이야기로만 이루어질 수 없습니다. 리더는 모두 함께 하고 있다는 생각을 몸소 보여주어야 합니다.

안타깝게도, 전 세계적으로 다른 사람에게 적용되는 규칙이 자신에게는 적용되지 않는다고 생각하는 정치 지도자들이 보편적입니다. 2020년에 밀켄 연구소(Milken Institute)와 해리스 여론조사(Harris Polling)가 27개국 29,000명을 대상으로 실시한 설문조사에 따르면, 70%가 그들의 나라가 역사상 최악의 상황에 있다고 느끼고, 3분의 2는 그들의 지도자가 소통이 단절되었거나 '시민들에게 실제로 무슨 일이 일어나는지 신경 쓰지 않는다.'고 응답했습니다. 또한, 약 61%는 '내 나라를 운영하는 데' 정부보다 기업이 더 큰 역할을 했다고 말했습니다.[3]

2010년대에 정치적 불만이 쌓이면서 점차 기업 경영자들이 더 명백한 사회적 역할을 맡기를 기대하게 되었습니다. 애런 채터지(Aaron K. Chatterji)와 마이클 토펠(Michael W. Toffel)의 2018년 논문 '새로운 최고경영자 활동가들(The New CEO Activists)'에서는 뱅크 오브 아메리카(Bank of America)의 회장 겸 최고경영자인 브라이언 모이니한(Brian Moynihan)이 '우리가 옳다고 생각하는 것에 대해 행동하는 것'이 최고경영자의 역할에 포함된다고 내용을 인용했습니다. 그는 애플의 팀 쿡, 세일즈포스의 마크 베니오프, 그리고 스타벅스의 하워드 슐츠를 예로 들었습니다.[4] 이 중 슐츠는 이후 미국 대통령 선거에 잠시 출마하기도 했습니다.

그러다가 코로나19 팬데믹이 발생하자 일부 최고경영자들은 자신들의 업적을 강조하며 사회의 구원자로 내세우는 기회를 잡았습니다. 예를 들어, 2021년 다보스(Davos)에서 베니오프는 "코로나19 팬데믹 동안 전 세계 많은 사례에서 영웅은 최고경영자였습니다. 그들은 재정적 자원, 기업 자원, 고용자, 공장을 신속하게 전환하여, 이익을 위해서가 아니라 세상을 구하기

위해 나섰습니다."라고 말했습니다.[5]

베니오프는 2,500만 달러의 기금마련을 주도하여 의료장비를 확보했으며, 세일즈포스는 지속가능성과 사회적 활동에 있어 탁월한 성과를 자랑합니다.[6] 그러나 자선활동은 증가하는 불평등이나 세금회피와 같은 해결하기 어려운 사회문제에 대한 장기적인 해결책이 아닙니다.[7] 사회적 책임을 외치는 기업에서도 최고경영자의 보수는 계속해서 극단적으로 증가하고 있습니다.[8] 예를 들어, 애플의 팀 쿡이 2021년에 받은 9,900만 달러의 보수는 주주들의 비난을 받았으며, 그는 대부분의 재산을 자선단체에 기부하겠다고 재차 약속하며, 비판에 대응했습니다.[9]

스탠포드대학의 흥미로운 연구에 따르면, 보다 나르시시즘적인 최고경영자를 둔 기업이 더 높은 ESG 점수를 받는 것으로 나타났습니다. 이는 ESG 점수 메커니즘의 약점 중 하나를 보여줄 뿐만 아니라, 사회에 대한 열정적인 헌신을 공언하는 경영자의 발언에 대한 신뢰감을 약화시킵니다.[10]

그러나, 일부 최고경영자들은 더 유망한 길을 개척하고 있습니다. 조용한 리더십 계층은 실리콘밸리의 황제를 거부하고, 협력과 겸손을 택하는 듯합니다. 2022년 초, 파이낸셜 타임스와 쿼츠(Quartz)는 '공감하는 최고경영자들의 시대'가 도래했다고 선언했습니다. 마이크로소프트의 사티아 나델라와 구글의 순다르 피차이(Sundar Pichai)는 이러한 특성의 전형으로 떠오르고 있습니다. 인사관리 컨설팅기업인 하이드릭 앤 스트러글스(Heidrick & Struggles)는 새로운 세대의 고위 임원은 여성이거나, 본사가 아닌 다른 국가 출신이거나 또는, 국경을 넘나드는 경험을 가지고 있으며, 고급 학위를 보유하고 있음을 보고한 바 있습니다. 새로 임명되는 최고경영자 중에서 이전에 최고운영책임자나 최고재무관리자가 아닌 사람들이 늘어나고 있으며, 더 다양한 경험을 가진 사람들이 그 역할을 맡고 있습니다.[11]

최고경영자들은 채용과정에서도 이해관계자의 복지에 더 많은 관심을 가져야 한다는 요구를 받고 있습니다. 17년간의 연구 끝에 2021년에 발표된 학술연구에 따르면, 경청, 공감, 설득력이 최고경영진 직무설명과 채용 담당자 목록에서 훨씬 더 중요한 자격으로 평가받고 있습니다.[12] 이러한 특성은 특히 무형가치와 네트워크 영향력이 중요해진 대기업에 매우 귀중합니다. 이러한 기업은 계층적 관리의 한계를 직접 경험한 정보 집약적인 기업들입니다. 모호한 기업경계와 무형가치의 시대에서 영향력을 발휘하고 활용하는 능력은 필수적입니다. 또한 사회적 책임, 다양성, 형평성 및 포용성에 대한 압력을 다룰 수 있는 친숙함과 역량도 중요합니다.

더 중요한 것은, 경영자들이 법적으로는 합법적일지라도 비윤리적이라고 여겨지는 행동 때문에 점점 더 자리에서 물러나고 있다는 것입니다. 2019년, 스티브 이스터브룩(Steve Easterbrook)은 동료와의 합의하에 맥도날드 최고경영자 자리에서 물러났으며, 2020년에는 장-세바스티앙 자크(Jean-Sébastien Jacques)가 고대 원주민 유적지 파괴를 승인한 후 리오 틴토의 경영에서 물러났습니다.[13] 2022년, 에스티 로더의 한 고위 임원은 인스타그램에 인종차별적인 게시물을 올린 후 해고되었습니다.[14]

기업 경영자들이 사회에서 수행해야 하는 역할에 대한 우리의 기대가 매우 복잡하고 모순적으로 변하면서 혼란이 불가피해졌습니다. 『자본주의 대전환(Reimagining Capitalism in a World on Fire)』에서 리베카 헨더슨(Rebecca Henderson)은 "내가 아는 오늘날의 성공적인 목적 지향적 경영자는 거의 정신분열적이라고 할 만큼, 수익에 대한 냉철한 집중에서 더 바른 일을 열정적으로 옹호하는 것으로 빠르게 전환할 수 있는 능력을 가지고 있습니다."라고 썼습니다.[15]

이상적인 경영자를 '정신분열'로 묘사하는 것은 한 사람에게 공존하는 두 가지 특성을 모두 소중히 여긴다는 것을 표현하기 위함입니다.[16] 이는 기존의 하향식 통제를 넘어서서 상하에서 조직의 견제와 균형을 구축해야 한다는 것을 의미합니다. 오늘날의 기업은 너무나도 다국화되어 있으며, 따라서 기업이 직면한 문제는 매우 복잡하고 예측 불가능해서 아무리 개인적으로 뛰어난 최고경영자라 할지라도 단독으로 판단을 내려서는 안 됩니다. 윤리적 리더십을 보여주고 유지하고자 하는 조직은 어떠한 경영자의 개인적 판단에도 견제와 균형을 제공할 수 있는 견고한 시스템을 구축해야 합니다.

이 장에서는 기업문화의 중요한 차원으로 리더십을 살펴보겠습니다. 특히 이사회, 경영진, 그리고 조직의 나머지 구성원 간의 관계에 중점을 두어 이야기를 진행해 보겠습니다. 또한, 선도적인 기업들이 잘못된 행동을 방지하기 위해 규칙과 프로세스를 어떻게 재고하고 있는지에 대해 검토할 것입니다.

최고경영인의 윤리적 리더십
Ethical Leadership in the C-Suite

'정직성은 최고경영진에서 시작된다.'는 말은 흔한 표현이지만 그만큼 중요한 진리입니다. 이 책을 집필하면서 인터뷰한 기업윤리와 관련된 임원들은 최고경영자의 전폭적인 지지가 없었다면 성과를 달성할 수 없었다고 거듭 말합니다. 제가 여러 차례 목격한 바에 따르면, 열정적인 최고경영자가 교체될 때 윤리와 기업책임에 대한 헌신이 한순간에 무너지는 경우가 많았습니다. 그래서인지 대부분의 윤리 전문가들은 성공 여부가 고위 리더십팀에 윤리 전문가가 있는가에 달려 있으며, 더 나아가 이들이 이사회에 직접 소통하는 것에 큰 영향을 받는다고 말합니다.

경영자는 강력한 롤 모델입니다. 사람들은 상사의 행동을 보고, 평가하여, 어떤 행동이 보상받는지 파악합니다. 그렇기 때문에 경영자는 개인적으로 잘못된 행위에 대해 인식하지 못하더라도 자신의 재임기간 동안 발생하는 모든 잘못에 대해 어느 정도 책임을 져야 합니다. 그러나 경영자가 좋은 사람인 것만으로는 결코 충분하지 않습니다. 대기업에서는 소수의 고용자만이 최고경영자의 개인적인 행동을 관찰할 수 있고, 모든 고용자는 규칙, 프로세스, 목표, 보상체계 및 규범에 관한 결정의 결과만을 경험하게 됩니다. 윤리를 강조하거나, 위기가 발생해 공개적으로 재무적 이익을 추구할 것인지 윤리적 의무를 따를 것인지 선택해야 하는 상황이 아니라면, 고용자들은 당신의 리더십을 기껏해야 윤리적으로 중립적인 것 정도로 인식할 것입니다.[17]

따라서 행동 윤리학자들은 모범을 보이는 리더십이 중요하지만, 고용자들이 윤리적 결정을 내릴 수 있는 역량을 키우는 것이 핵심이라는 것에 동의합니다.[18] 윤리적 경영자는 감독을 철저히 하며, 더 넓은 범위에서 도덕적 의사결정을 할 수 있는 역량을 키우는 데 힘쓰고, 조직 전반에 걸쳐 신뢰와 심리적 안전감을 심어주는 것을 목표로 합니다.

기업은 다음 장에서 논의할 컴플라이언스의 기본을 절대로 소홀히 해서는 안 됩니다. 그러나 기업은 윤리적 의무의 전체 스펙트럼을 실용적인 방식으로 관리해야 합니다. 이는 점점 더 목소리가 커지고 분열된 인력을 다루는 데 있어 특히 중요합니다. 많은 기업이 이러한 새로운 도전과제의 규모와 범위를 인지하고 있으며, 컴플라이언스 및 지속가능성 임원들이 점점 더 최고경영진에 배치되고 있습니다.[19] 이는 그들의 전문지식을 전략과 자본 배분 결정에 반영하는 것이 얼마나 중요한지를 보여주지만, 중요한 것은 기능 간의 통합입니다.

세상이 기업윤리를 보는 방식에 극적인 변화가 있음에도 불구하고, 많은 기업에서 부서 간 단절과 비일관성이 여전히 존재합니다. 지속가능성은 원래 폐기물 감소나 에너지 사용 절감, 고용자 자원봉사 활동의 조직화와 같은 자발적 이니셔티브를 통해 '컴플라이언스를 넘어서는 것'에 초점을 맞췄습니다. 효과적인 기업 지속가능성 전략을 구축하는 방법에 대한 많은 조언은 법적준수는 단순히 기본적인 기능적 요구사항일 뿐이라고 직·간접적으로 언급합니다.[20] ESG 보고의 규제 및 전문화부터 고용자 행동주의 및 정치적 반발에 이르는 다양한 압력은 우리가 더 노력해야 함을 시사합니다. 일부 조직은 생각하고 숨쉬는 사람이 사용할 수 있도록 설계된 더 전체적인 윤리 관점을 수용하고 있습니다.

후이 첸(Hui Chen)은 전직 검사로, 미국 법무부에서 첫 내부 컴플라이언스 전문가로 활동하며, 연방 검찰들이 기업 컴플라이언스 프로그램을 평가할 때 조력하는 역할을 수행했습니다. 그녀가 말하는 내용은 제가 직장경험을 통해 느낀 바와 일치합니다.

"윤리 및 컴플라이언스 커뮤니티와 ESG 커뮤니티 간의 상호작용이 전혀 없는 것이 놀라웠습니다. 저에게는 그들이 사실상 동일한 것처럼 보이기 때문입니다."

BSR의 던스턴 앨리슨 호프도 이에 동의합니다.

"저는 1999년부터 윤리와 지속가능성 간의 내부단절에 대해 의문을 품어왔습니다."

2021년 세계경제포럼을 위한 연구를 진행하면서 제 동료들과 저는 윤리적 약속과 관행을 형성하는 주요기능들 간의 더 큰 조화를 발견했습니다.[21] 여기에는 컴플라이언스와 지속가능성이 포함되며 위험관리, 내부감사, 인사, 정부관계, 기업홍보 등이 포함될 수 있습니다. 일부 기업은 위원회나 간접 보고를 통해 조화를 이끌어 냅니다. 2023년 6월 로버트 에클스(Robert Eccles)와 함께 하버드 비즈니스 리뷰에 쓴 글에서 우리는 다음과 같이 주장했습니다.

"컴플라이언스 및 지속가능성팀은 명확한 역할을 가져야 하지만 긴밀하게 협력해야 합니다. 지속가능성팀은 혁신과 가치창출을 이끄는 중요한 문제와 위험을 제시하고 윤리적 가드레일을 요구하는 문제(예: 인권영향)들을 구분하는 데 도움을 줄 수 있습니다. 컴플라이언스팀은 중요한 위험에 관한 엄격하고 법적으로 방어 가능한 공시를 보장하는 데 도움을 줄 수 있습니다. 특히 그린워싱 관련 소송이 증가하기 시작하면서, 기업이 행동강령 및 가치 선언서에서 약속하는 내용에 대한 긴밀한 조율도 필요합니다."[22]

일부 기업들은 이러한 팀을 감독하고 일관되고 전략적인 접근을 보장하기 위해 단일 임원을 임명하는 것이 최선이라고 생각했습니다. 유니레버는 기업윤리 최고책임자를 두고 있으며, SNC-라발린(SNC-Lavalin), 록히드 마틴(Lockheed Martin), 텐네코(Tenneco)를 포함한 여러 기업들은 ESG와 윤리 문제에 대한 감독을 결합했습니다.

클라우스 무스마이어(Klaus Moosmayer)는 노바티스의 최고 윤리, 위험 및 컴플라이언스 책임자이며, 경영진의 일원입니다. 제약산업은 항상 윤리적 딜레마에 노출되어 있기 때문에, 무스마이어는 윤리적 고려사항이 위험관리와 통합되어야 한다고 말합니다.

"노바티스에서 우리는 윤리적 고려사항을 기업의 위험관리 및 컴플라이언스 시스템과 통합하는 전체적인 검증모델이 되고자 합니다. 노바티스에서 윤리는 컴플라이언스팀의 책임으로 국한되지 않습니다."

무스마이어는 다양한 출처로부터 진행압력을 받는다고 말합니다.

"물론 투자자들이 중요한 역할을 하지만, 우리 고용자들과 협력자들도 그 역할을 합니다. 우리는 업계 최고의 과학자들과 화학자들을 유치하기 위해 경쟁하고 있으며, 그들 역시 ESG를 중시하는 환경에서 일하기를 보다 원합니다."

노바티스는 수천 명의 고용자들로부터 직접 의견을 들어 새로운 윤리강령을 만들었고, 내부행동 분야의 과학자들과 함께 15만 명의 고용자들을 대상으로 윤리적 문화를 파악하고, 윤리적 딜레마를 고려하는 것을 채용과정에 포함시켰습니다.[23]

무스마이어는 이러한 변화가 자신의 역할에 대한 인식에 긍정적인 영향을 미쳤다고 말합니다.

"대부분의 기업에서 윤리와 컴플라이언스는 존경받고 두려움의 대상이 될지언정, 정작 기업 어디엔가 고립된 상태로 존재합니다. 큰 기회는 문화를 개선하고 위험 관리를 향상시킬 수 있는 포괄적인 시각을 얻는 것입니다. 윤리적 논쟁과 딜레마 및 토론을 기업과 연결하지 않으면, 그 문제들은 작위적이고 고립된 상태로 방치됩니다. 그래서 우리의 목표는 윤리적 고려사항, 실용적인 기업 위험 관리 및 컴플라이언스 시스템을 하나의 구조로 통합하는 것입니다. 이런 노력에도 윤리문제를 완전히 해결했다고 말할 수 없다는 걸 잘 알고 있습니다. 우리는 여전히 이 여정을 진행 중입니다."

AB 인베브에서 컴플라이언스를 이끌던 때, 매트 갈빈의 지속가능성 분야 동료는 조달팀에 속해 있었습니다. 갈빈은 농업 분야의 지속가능성 목표와 인권 사이에 많은 연결고리가 있다는 것을 목격했습니다.

"저는 고위 직급에서 처음으로 윤리를 직함에 포함시킨 사람이었고, 이에 대해 처음에는 회의적이었습니다. … 하지만 프로그램을 개발하면서 기업 전체에 유용할 수 있는 데이터를 수집하는 데 중점을 두었고, 이는 기업에서 비윤리적 행동의 비용을 훨씬 더 명확하게 볼 수 있게 해주었습니다. 그 결과 저는 기업에서 일을 진행하는 데 필요한 신뢰를 얻을 수 있었습니다."[24]

새로운 윤리적 환경에 적응하는 것은 결코 쉽지 않습니다. 그러나 기업은 일괄적인 사고를 지양하는 간단한 방식을 통해 그 효과를 기하급수적으로 증가시킬 수 있습니다. 효과성은 단순히 문제에 더 많은 자원을 투입하는 것이 아니라, 견고한 토대를 마련하는 것이 중요합니다.

최고경영진의 의지를 넘어: 위로부터의 견제와 균형
Beyond Tone at the Top: Checks and Balances from Above

전통적인 기업 거버넌스 정의는 주주(소유권)와 경영진(통제) 간의 긴장에 초점을 맞춥니다. 다시 말해, 주인-대리인 이론에 기반한 것입니다. 주주는 직접적인 영향력을 거의 가지지 못합니다. 그들은 이사회 구성원과 감사인을 선출하며, 이들은 리더십과 경영진이 주주이익을 저해하지 않도록 보장하는 역할을 맡습니다. 이사회와 경영진 간의 관계는 전통적으로 대립적인 것으로 묘사됩니다. 마치 컴플라이언스가 조직을 감시하듯, 이사회는 고위 경영진을 감시합니다. 하지만 이사회의 효과성은 의문입니다. 기업 스캔들이 발생할 때마다 예상한 질문이 터져 나옵니다. '이사회는 도대체 어디에 있었나요?'라는 질문에 대부분의 경우, 답변은 '누가 알겠어요?'입니다.

엔론(Enron) 사태 이후, 미국 증권거래소는 감사, 보상 및 임명위원회를 사용할 것을 의무화하고, 독립적 이사로 구성되도록 했습니다. 사베인스-옥슬리(Sarbanes-Oxley) 및 도드-프랭크(Dodd-Frank) 법은 모두 이사의 독립성을 강화하고, 재무 전문성 요구사항을 향상시키는 데 초점을 맞추었습니다.[25]

컴플라이언스의 궤적과 유사하게, 이사회의 효과성을 높이기 위한 구조적 개혁은 실패했습니다. 그 이유로 지나치게 좁은 신탁의무의 정의에서부터 구조적 변화와 함께 프로세스에 중점을 두는 것과 결합해야 할 필요성에 이르기까지 다양한 견해가 존재합니다. 이러한 주장은 일리가 있지만, 집단역학을 살펴보는 것이 훨씬 간단합니다.

미국의 주요 기업 거버넌스 전문가 중 한 명인 넬 미노우(Nell Minow)는 자신을 '이사회 회의실의 인류학자'라고 묘사합니다. 수십 년간 이사회 역학을 직접 관찰해 온 그녀는 이렇게 말합니다.

엔론에서 무엇이 잘못되었는지를 종종 생각합니다. 이는 최고경영진의 의사결정과 관련된 많은 문제를 보여줍니다. 이사회가 한 이사회 구성원에게 '기업과 이해상충이 있는 규칙을 면제해달라는 요청을 했을때, 당신은 이를 경고 신호로 인식했어야 합니다. 이 요구에 왜 동의했습니까?'라고 질문한 적이 있습니다. 그의 대답은 '글쎄요, 누구도 아무 말도 하지 않았기 때문입니다.' 였습니다. 그런 사람은 이사회에 절대 있어서는 안 되는 사람입니다. 하지만 안타깝게도 실제의 이사회는 그런 사람들로 구성되어 있습니다.

우리는 뛰어난 능력과 업적을 가진 사람들로 이사회를 구성합니다. 그런데 그들은 이사회 회의실에 들어가기만 하면, 갑자기 완전히 무능해집니다. 왜 그럴까요? 제 답은 그들이 이사회의 규칙을 분석하고 거기에 적응하는 데 천재적 재능을 가지고 있기 때문입니다. 적응력이란 훌륭한 자질이지만, 불행히도 그러한 경우, 매우 비전적이고 역동적인 리더가 소수의 나머지의 정보, 조직내 관계, 심지어 그들의 보수와 임기까지 통제합니다. 이는 결코 좋은 시스템이 아닙니다.

우리가 생각하는 적대적인 거버넌스 개념은 실제 생활과 크게 차이가 있습니다. 실제로는 최고경영자와 이사회는 친밀합니다. 로버트 브라운 주니어(J. Robert Brown Jr.)의 2015년 연구에 따르면, 이사회 구성원이 되는 것과 관련하여 실질적인 자격은 어느 정도 중요하지만, 최고경영자의 관점에서는 '신뢰할 수 있는' 이사회 구성원이라는 조건이 더 중요합니다. 브라운은 "이사들은 주로 현직 경영진의 정책을 지지할 의지가 있기 때문에 선출된다."라고 언급했습니다.[26]

이사회 선정기준은 다양하지만, 이사회 구성원의 독립성을 높이려는 노력이 있었음에도 불구하고, 개인적·사회적 연결고리가 여전히 우세합니다. 많은 연구에 따르면, 이사회 구성원은 유사한 배경, 정치적 성향, 심지어 종교적 신념을 가지고 있는 것으로 나타났습니다.[27] 골프장에서 인맥을 쌓는 것은 여전히 이 세계에서 신성시되는 관행으로 남아 있습니다.

프라이스워터하우스쿠퍼스(PwC)가 2021년에 실시한 최고임원급 이사회에 대한 설문조사는 임원과 이사회의 관계에 대한 혼재되고 모순된 모습을 보고했습니다. 대부분의 응답자는 이사회의 독립성과 위험의 인식에 대해 긍정적으로 평가했지만, 89%의 임원은 일부 이사회 구성원이 교체되어야 한다고 생각했으며, 70%는 이사회가 ESG 전문성이 부족하다고 응답했습니다.[28]

이사회의 하부 위원회가 반드시 더 나은 성과를 내는 것은 아닙니다. 언스트앤영(EY)의 2022년 연구에 따르면, 인적자원 문제에 대한 감독은 보상위원회에 집중되어 있으며, 환경문제는 주로 거버넌스 및 후보추천위원회에서 감독하고 있습니다. 하지만 이 두 위원회 모두 이미 많은 업무를 처리하고 있기 때문에 이러한 문제에 대해 진지하고 집중적으로 고려를 할 상황이 아닌 것은 분명합니다.[29]

사회적·환경적 압력을 처리하는 데 필요한 전문성은 이사회에서 여전히 부족합니다. 뉴욕대학교의 스턴 지속가능경영 센터가 2021년에 실시한 연구에 따르면, 미국 상장회사의 이사들은 ESG에 대한 주요 문제와 관련하여 전문성이 부족한 것으로 나타났습니다.[30] 다양성과 같은 사회적 문제에 있어서는 어느 정도 전문성을 나타냈지만, 투명성과 반부패와 같은 핵심 거버넌스 주제에 대한 전문성은 부족하다고 밝혔습니다. 이 연구는 제약기업의 이사회가 공중보건에 대한 전문 지식을 포함하는 경우가 많다는 점도 보고했습니다.

이 모든 도전과제를 염두에 둠과 동시에, 우리가 무언가를 변화시켜 실제적인 효과를 얻을 수 있는 방법은 무엇일까요?

(진정으로) 다양성을 추구하라
Diversify (really)

제가 지도하는 MBA 학생들이 자신이 일하고 싶은 곳을 평가할 때, 그들은 기업이 얼마나 포용과 기회를 제공할지를 판단하는 지표로 이사회와 최고경영진의 구성을 면밀히 고려합니다. 이렇듯 이제는 이사회 구성원이 기업의 고용자 프로필이나 고객층을 반영하지 않는 것을 정당화하기가 점점 더 어려워지고 있습니다. 소프트웨어 분야에서 일하는 홍다슬(Dasle Hong)은 많은 젊은이들이 현재 수행하는 평가에 대해 다음과 같이 언급합니다.

"다음 직장을 찾을 때, 저는 이사회와 최고경영진을 살펴보았습니다. 즉, 다양한 대표성이 있었으며, 이 점이 저를 설득시켰습니다."

그러나, 고위 리더십의 다양성이 증가하고 있다는 증거에도 불구하고 여전히 오해와 저항이 계속되고 있습니다. 이사회를 다양화하고 이사회 기술의 전문성을 향상시키라는 주주들의 압력이 크게 증가했으며, 이사회의 행동에 대한 감시도 강화되었습니다. 2021년에는 여성과 유색 인종이 S&P 500 기업의 이사회 역할에 대거 임명되었습니다. 채용 담당자들은 다양화를 요구하는 강력한 수요를 설명했습니다.[31] 이러한 변화는 고용자, 투자자, 대중의 요구에 대한 응답으로 이루어졌습니다.[32]

비영리기구 이사회 다양화 업무에 대한 업무를 수행하고 있는 앨리스 코른골드(Alice Korngold)는 이렇게 말합니다.

"실제 소수의 백인 남성들이 모든 것을 통제하고 있습니다. 저는 '이 사람에게 전화해서 나를 안다고 말하면 도와줄 거야.'라는 지시를 받았습니다. 이러한 일들은 대부분 조용히, 뒤에서 일어났습니다. 소수의 사람들에게 너무 많은 권력이 집중되어 있습니다. … 이제 이러한 네트워크와 관계가 더 투명하고 포용적으로 열려야 한다는 기대가 커지고 있습니다. 지역사회, 고용자, 소비자들은 더 큰 책임감을 기대하고 있으며, 이사회는 이에 부응해야 합니다."

그럼에도 불구하고, 인구통계학적으로 다양성이 효과적인 리더십에 필요한 관점, 경험 및 의견의 다양성을 저절로 만들어 주는 것은 아닙니다. 2008년부터 2020년까지 S&P 500 기업 경영진의 정치적 당파성은 약 8% 증가했는데, 이는 공화당원이 최고경영진을 차지하는 비율이 9% 증가한 결과입니다. 2021년 논문에서는 '정치적으로 같은 생각을 가진 사람들로 경영

진이 점점 더 동화되고 있다.'고 밝힌 바가 있습니다.[33]

어떻게 기업들은 역설적이게도, 성별과 인종과 같은 분야에서 다양성을 늘리면서 정치적으로 더 좁고 동질적인 관점을 가지게 되었을까요? 로빈 엘리(Robin J. Ely)와 데이비드 토마스(David A. Thomas)는 "철저히 검토된 메타분석은 이사회 성별 다양성과 기업성과 간에 인과관계에 대해 유의미한 관계를 발견하지 못했다."라고 보고합니다.

"다양한 정체성을 가진 사람들이 '참여하고 있다(At the table)'는 것만으로는 어떤 개선도 보장하지 않습니다. 사실, 해당 연구의 결과는 다양성을 증가시키면 긴장과 갈등이 증가할 수 있다고 주장합니다."[34]

물론 몇몇 다양한 후보자를 추가하는 것만으로 비판을 완화할 수는 있겠지만, 이것만으로는 의미 있는 변화를 가져오지 못합니다. 단일한 사회적 정체성 특성만으로는 한 사람의 세계관이나 경험을 설명할 수 없습니다. 인구학적 다양성과 인지적 다양성 사이에는 분명한 관계가 있지만, 이는 직관적이거나 예측할 수 있는 것이 아닙니다.[35]

헐트 국제 경영대학원(Hult International Business School)의 경영전문가이면서, 고용자 행동주의와 권력에 대한 연구를 수행한 메건 레이츠(Megan Reitz)는 이렇게 말합니다.

"다양성과 포용에 관한 대화는 명령을 내리는 방식에서 조건을 창출하는 방식으로, 권력과 권위가 어떻게 변화해야 하는지가 논의의 중심입니다. … 그러나 우리는 여전히 불편함을 느끼기 때문에 다양성을 목표와 숫자로 축소하고 특정 사회적 정체성 유형의 사람들이 충분히 있는지 여부에만 초점을 맞추고 있습니다. 이는 모든 핵심을 완전히 놓치는 것이고, 정작 중요한 점은 우리가 사각지대를 줄임으로써 진정한 다양한 관점을 찾는 것입니다."

다양성이란, 정체된 이사회나 최고경영진에게 신선한 시각을 불어넣는 귀중한 방법입니다.

"이사회에 들어갔을 때 모든 사람이 다른 배경을 가지고 있다면, 당신은 설득을 해야 할 수도 있습니다. … 이러한 과정에서 더 많은 토론이 이루어지며 그 깊은 논의로 인해 사실과 다른 정보가 더 잘 드러나고 잠재적인 함정이 더 잘 논의될 가능성이 큽니다."

카리나 리트백(Karina Litvack)은 이탈리아의 석유 및 가스기업인 에니(Eni)의 이사회 일원이었습니다. 그녀는 이렇게 말합니다.

"건강한 이사회 역학의 큰 부분은 문제가 발생했을 때 누가 발언할 것인지, 누가 조용히 있을 것인지, 그리고 반대 의견을 제시하거나, 불편한 질문을 하는 사람을 지원하는 이들을 지지할지에 대한 것입니다. 독립적인 사고를 가진 새로운 사람이 합류했을 때, 우리는 모든 사안에 동의할 필요는 없었지만, 원칙적으로 서로의 발언할 권리를 지지하고 우리를 지원하거나 우리의 기여를 개선할 동료가 있다는 것을 깨닫게 되었습니다. 이로써 이사회 논의의 분위기가 현저히 변했고, 이것이 반드시 대립을 의미하는 것도 아니었습니다."

개선된 심의과정은 분명 자산이지만, 최대의 이점을 얻기 위해서는 건강한 그룹역학이 필요합니다. 호기심, 비판적 사고, 기존 관점에 의문을 제기하는 태도가 진정으로 다양성과 포용성을 창출할 수 있으며 윤리적 의사결정을 내릴 수 있도록 합니다.

관련 주요 문제에 대한 지식의 우선순위를 정하라
Prioritize knowledge of relevant material issues

기업이 사회적·정치적 문제에 더욱 적극적으로 나서면서, 이사회는 정치적 지출에 대해 의견을 표명하고, 논란이 많은 주제에 대해 발언하며, 윤리적 우려로 인해 특정 국가나 프로젝트에서 철수하는 등의 역할을 요구받고 있습니다. 이러한 중요한 질문들은 강력한 2차 및 3차 결과를 초래할 수 있으므로 주어진 문제를 해결하기 위해 필요한 전문성을 파악하는 것은 매우 어렵습니다. 이러한 이유로 이사회가 'ESG 전문성'을 갖추고 'ESG 교육'을 제공하며 'ESG 위원회'를 만들라는 요구가 생겨납니다.

그러나 이러한 움직임은 일반적으로 효과적이지 않습니다. 2022년 PwC의 설문조사에 따르면, 응답자의 86%가 전체적인 ESG 전략에 자신감을 보였지만, 55%는 ESG와 재무성과 사이에 아무런 연관성을 확인하지 못했다고 응답했습니다. 또한, 단 11%의 이사회 구성원만이 환경 또는 지속가능성 전문성이 이사회에 매우 중요하다고 생각했습니다.[36] 이용 가능한 전문성과 확신 사이의 간극은 기후변화에 대한 몇 번의 교육이 해결책이 될 수 있는지 의구심을 불러 일으킵니다.

이제 이사회에서 모두가 알면서도 모른 척하는 핵심문제(Elephants in the boardroom)를 짚어보겠습니다. 초기 투자자 운동을 개척한 몇몇 저명한 인물을 제외하고는, 'ESG 전문가'라는 것은 실상 존재하지 않습니다. ESG는 너무 복잡한 주제들로 이루어져 있습니다. 일부 사람들은 ESG의 전반적인 전망, 가장 논란이 많은 문제, 그리고 보고 요구사항에 대한 폭넓은 일반 지식만을 가지고 있습니다. 또 다른 사람들은 폐기물, 수자원, 인권, 지역사회 참여, 부패, 생물다양성 등 특정 분야에만 전문성을 가지고 있습니다. 이러한 분야 중 하나 이상의 깊은 전문 지식을 가진 사람은 필연적으로 폭넓은 지식을 갖추지 못하게 되고, 반대의 경우도 마찬가지입니다.

마지막으로 우리가 논의한 것처럼 ESG 이슈를 하나의 범주로 묶으려는 경향은 실제로 중요한 논점을 흐리게 만듭니다. 핵심은 ESG의 사업 기회와 부정적 임팩트를 명확히 구분하여 이를 더 효과적으로 관리하는 것입니다. 이사회 수준에서는 위험관리와 윤리적 안전장치가 가장 중요합니다. ESG의 부상을 일종의 유행이나 과제만으로 파악한다면 문제의 핵심을 놓치게 됩니다.

ESG 주제는 매우 광범위하고 계속 확장되고 있습니다. 당신이 직면한 중요한 ESG 위험과 기회에 대해 집중하고 명확하게 이해할 때에만 진정한 전문성을 확보할 수 있습니다. 의류기업은 ESG 보고 전문가보다는 공급망 회복력에 대한 배경을 가진 전문가가 더 필요합니다. 광업산업에서 발생했던 많은 과오는 부분적으로 지역사회 관계를 기업 업무의 영역으로 다루면서 인권에 대한 깊은 전문성을 확보하지 못한 결과였습니다.[37] 관련 ESG 위험과 윤리적 고려사항에 대한 경험을 가진 사람을 확보하는 것이 성공의 열쇠입니다.

이 모든 고려사항은 이해관계자 자문위원회의 필요성을 크게 뒷받침합니다. 충분한 정보를 가진, 비판적인 동료들로 구성된 그룹은 다양한 기술 분야의 전문가를 고용할 필요 없이 이사회와 최고경영진에게 조언할 수 있습니다.

장기 계획을 수립하라
Plan for the long term

사회변화는 보통 이사회의 교체 속도를 앞지릅니다. 그러나 이것이 이사회가 존재하는 이유 중 하나입니다. 그렇기 때문에 이사회는 장기적인 연속성을 보장받고, 최고경영자보다 더 오래 지속되어야 합니다.

기업 거버넌스 전문가인 니콜 빅비(Nicole Bigby)는 이렇게 말합니다.

"수 세기 전 서면계약이 없었을 때에는 기업의 구두계약뿐이었습니다. 이제 그 개념 전체가 기업 구조와 자회사, 보고체계 등을 통해 분산되었습니다. 우리는 기본적인 원칙을 간과하고 있습니다. 기업은 윤리적이어야 하고 사람들을 공정하게 대해야 합니다. 만약 기업으로서 그것을 이해하지 못한다면, 글쎄요, 그 기업은 기본적으로 문제가 있는 것입니다."

궁극적으로 이사회의 역할은 기업을 장기적으로 운영되도록 보장하는 것입니다. 이는 사회에 미치는 부정적인 임팩트를 해결하고, 노동자에 대한 존엄과 존중을 보여주려는 노력을 의미합니다. 이는 서면원칙이나 기술적인 ESG 전문성에 관한 것이 아닙니다. 조직이 필요로 하는 것은 실질적으로 새로운 필수사항에 대한 개념적 변화를 필요로 한다는 인식입니다. 기업이 특정 입장을 취하거나 환경 및 사회적 목표를 설정할 때, 이사회는 이러한 약속이 무엇을 의미하는지 이해해야 합니다. 자본지출에 대한 의미, 노동력에 대한 의미, 변화하는 고객요구를 충족하기 위한 제품개발에 대한 의미 등과 같이 말입니다. 이사회의 역할은 이러한 약속을 장기적으로 관리하기 위한 적절한 전략과 위험관리 시스템을 기업이 갖추고 있는지 확인하는 것입니다.

메리-헌터 맥도넬(Mary-Hunter McDonnell)은 이러한 개념적 변화가 일어나고 있다는 점에 대해 낙관하였습니다.

"기업 거버넌스의 의미가 크게 재구성되고 있습니다. … 이사회의 역할이 관리자들을 감시하는 것에서 벗어나 서로 협력하며 함께 의사결정을 내리는 방향으로 나아가고 있습니다."

최고경영진에서 더 다양한 기술들을 확보하는 것도 중요하지만, 아래에서부터 조직 내 견제와 균형을 구축하는 것도 그에 못지않게 중요합니다.

최고경영진의 의지를 넘어: 아래로부터의 견제와 균형
Beyond Tone at the Top: Checks and Balances from Below

리더십의 맹점을 어떻게 창의적으로 보완할 수 있을까요? 이 문제는 고용자들이 윤리적 문제를 스스로 해결하려는 경향이 강해지면서 더욱 가속화되었습니다.

제시카 케네디(Jessica Kennedy)의 연구는 이사회가 윤리적 감독에 있어 종종 비효율적이라는 넬 미노우의 관찰에 대해 통찰을 제공했습니다. 케네디는 밴더빌트대학교(Vanderbilt University)에서 경영학 교수가 되기 전에 투자은행가로 일하면서 수많은 비효율적인 계층구조를 접하게 되었습

니다.[38]

심리학을 공부하기로 결정한 후, 케네디는 자신이 반복적으로 목격한 현상을 탐구하기 위해 다양한 연구를 수행했습니다. 그녀는 직급이 높아질수록 자신의 그룹에 대한 동일성이 더 강해진다는 것을 발견했습니다. 특히 윤리적 문제는 인지적부조화를 일으켜 사람들이 문제를 합리화하거나 축소하게 만듭니다. 이는 직급이 높을수록 그룹이 이미 하고 있는 일을 정당화하고자 하는 경향이 높아진다는 것을 의미합니다. 그녀는 미국 정부기관의 11,000명의 고용자를 대상으로 한 연구에서, 비윤리적 관행에 반대하는 목소리를 낼 가능성은 가장 최하위 고용자들보다 고위경영진이 거의 64% 낮다는 것을 보고하였습니다.[39]

경영자가 감독하는 시스템을 직접 만들었다고 하더라도, 시간이 지나면서 경영자도 그 시스템의 산물이 됩니다. 이는 훌륭한 경영자라면 권력이 자신의 판단과 도덕적 나침반에 직접적으로 영향을 미칠 것이라는 점을 경계해야 함을 의미합니다. 따라서 처음부터 강력한 윤리적 구조를 구축하려고 노력해야 합니다. 또한 더 하위직급의 고용자들로부터 이견을 수렴하려는 노력을 우선시해야 하며, 이는 결코 위험한 움직임이 아니며 미루거나 피해야 할 일도 아닙니다. 생각해 볼 수 있는 유용한 메커니즘 중 하나는 젊은 고용자들과 임원들에게 기존 이사회에 도전하고 혁신할 과제를 부여하도록 하는 것입니다.

과연 메건 레이츠(Megan Reitz)는 리더십의 역할에 있어서, 대화의 변화를 어떻게 인지하고 있을까요?

"기민하게 대응하는 방법과 관련해 우리의 관점은 최고위층에서 모든 주요결정을 내리는 전통적 개념에서 변화해야 한다는 점이 중요합니다. 이제 우리는 과거의 전통적 구조를 감당할 수 없습니다. 왜냐하면 그런 방식으로는 더 이상 빠르게 대처할 수 없기 때문입니다. 또한 경영자의 관점이 진실이 아닐 수 있다는 것을 상기할 필요가 있습니다. 왜냐하면 사람들은 모두 자신이 세상을 보는 방식이 곧 현실이라고 생각하며, 단순히 의견을 개진해 달라고 요청하는 것 이상의 더 많은 역할을 그들의 시각이 반영되도록 수행해야 합니다."

발레의 루이즈 구스타보 구베아는 모든 사람이 문제를 제기할 수 있도록 하는 것이 기업변혁을 위한 노력의 핵심이라고 봅니다.

"우리는 조직에서 누구나 '이 문제를 내 직속상관이 아니라 이사회까지 전달해야 하겠습니다.'라고 말할 수 있는 문화를 만들어야 합니다. … 우리는 리더십팀을 대대적으로 개편했고, 긍정적인 메시지를 전파하는 사람들을 회사 내부에 두었습니다. 이를 통해 우리는 발레 생산 시스템에서 심리적 안전을 강화하고 있습니다."

무형자산의 시대에서 전략적 윤리적 리더십을 보장하는 것은 개인의 능력을 넘어서는 일입니다. 하나의 팀만으로는 이 일을 해낼 수 없습니다. 조직은 단순히 최고경영진의 의지만 필요한 것이 아닙니다. 모든 수준에서 인식, 책임감, 그리고 의견을 적극적으로 유도하고 지원해야 합니다.

더 광범위하고 신속한 거버넌스 개념으로의 전환 징후가 보이지만, 고위임원급에서의 변화 속도는 분명히 불충분합니다. 고용자들에게 윤리적 권한을 부여하는 것은 말처럼 쉬운 일이 아니며, 기업이 개방된 사회 시스템으로 발전해 나가는 과정에서 매우 중요한 요소로 남아 있습니다.

하이어 그라운드로 나아가는 과정
STEPS TO HIGHER GROUND

좋은 기업의 리더십이 어떤 모습이어야 하는지에 대한 개념은 진화하고 있습니다. 현대에는 정치 지도자들이 남긴 공백을 채울 영웅적인 롤 모델에 대한 강한 갈증이 존재합니다. 하지만 많은 기업 경영자들이 세상을 구하고 싶다고 말하는 것이 반드시 윤리적이고 건강한 문화를 의미하지 않습니다.

우리는 최고경영자의 공감, 협력, 겸손을 더욱 가치 있게 여기게 되었고, 이는 더 희망찬 길을 의미합니다. 윤리적 리더십 역량을 구축하고 보장하기 위해, 조직은 모든 경영자가 개인적으로 얼마든지 맹점을 가지고 있다는 전제에서 시작해야 합니다. 기업은 최고경영진의 위 그리고 아래로부터의 견제와 균형을 확보해야 합니다.

기업윤리가 진화하고 확장됨에 따라, 윤리적 행동에 영향을 미치는 기능들 간에 더 의식적이고 적극적인 조정이 필요하게 되었습니다. 컴플라이언스, 위험관리, 정부 관련 업무, 인사, 그리고 지속가능성을 감독하는 관리자는 최고임원급으로 활동할 때 더 효과적일 수 있습니다. 모든 기능을 더 잘 고려하고 조정하는 것은 사각지대를 피하고 윤리에 대한 더 전략적인 접근방식을 개발하기 위해 필수적입니다.

그러나 이사회는 여전히 필요한 역량, 인식 및 자원이 부족합니다. 이사회는 변화하고 있지만, 우리의 기대는 더 빠르게 변합니다. 인구통계학적 다양성만으로는 더 강력한 의사결정을 내리는 데 충분하지 않습니다. 이사회는 고정된 사고에 도전하고, 새로운 관점을 도입하며, 장기적으로 계획할 수 있는 역량을 향상시켜야 합니다. 위험과 전략에 대한 감독은 중요하지만, 전체적인 필수사항은 사업의 사회적 임팩트를 이해하고 개선하는 것입니다.

특히 오늘날의 노동력은 이전보다 더 조직화되고 윤리적으로 중요하게 인식되었기에, 최고경영진의 의지를 피력하는 것만큼이나 중요한 것은 아래로부터의 목소리와 인식을 구축하는 것입니다.

미주

1. Associated Press, 'Live updates: Zelenskyy declines US offer to evacuate Kyiv', 2022년 2월 25일(https://apnews.com/article/russia-ukraine-business-europe-united-nations-kyiv-6ccba0905f1871992b93712d3585f548)
2. Howard Gardner and Emma Laskin, New York: Basic Books, 'Leading minds: an anatomy of leadership', 2011년
3. Enxhi Myslymi, Milken Institute, 'Covid-19 impact reveals global leadership crisis, according to new global survey', 2020년 10월 11일(https://milkeninstitute.org/article/covid-19-impact-reveals-global-leadership-crisis-according-new-global-survey)
4. Aaron K. Chatterji and Michael W. Toffel, Harvard Business Review, 'The new CEO activists', 2018년 1월(https://hbr.org/2018/01/the-new-ceo-activists)
5. World Economic Forum, YouTube, 'Implementing stakeholder capitalism part 2, Davos agenda 2021', 2021년 1월 26일(https://www.youtube.com/watch?v=pniLJIpkEU0)
6. David Gelles, New York Times, 'Marc Benioff's $25 million blitz to buy protective gear from China', 2020년 4월 28일(https://www.nytimes.com/2020/04/28/business/coronavirus-marc-benioff-salesforce.html)
7. Patricia Cohen, New York Times, 'No federal taxes for dozens of big, profitable companies', 2021년 4월 2일(https://www.nytimes.com/2021/04/02/business/economy/zero-corporate-tax.html)
8. Sarah Murray, Financial Times, 'How to pay executives in the age of stakeholder capitalism', 2022년 12월 14일(https://www.ft.com/content/d4aedc19-93c4-4fee-ae51-acac48ed13b7)
9. Kif Leswing, CNBC, 'Here's how much money apple CEO Tim Cook made in 2021', 2022년 1월 6일(https://www.cnbc.com/2022/01/06/apple-ceo-tim-cook-compensation-fy-2021.html)
10. David F. Larcker et al., Stanford Closer Look Series, Corporate Governance Research Initiative, Stanford Graduate School of Business, 'Are narcissistic CEOs all that bad?', 2021년 10월 7일(https://www.gsb.stanford.edu/faculty-research/publications/are-narcissistic-ceos-all-bad#:~:text=The%20role%20that%20a%20CEO's,is%20associated%20with%20worse%20outcomes. Overall, this suggests that our notions of ESG still focus on grandiose, self-serving PR rather than

strategic questions of integrity)

11 Heidrick & Struggles, 'Route to the top 2021', 2023년 6월 20일(https://www.heidrick.com/en/insights/chief-executive-officer/route-to-the-top-2021)

12 Stephen Hansen et al., NBER working paper, Cambridge, MA: National Bureau of Economic Research, 'The demand for executive skills', 2021년 6월(https://doi.org/10.3386/w28959)

13 David Enrich and Rachel Abrams, New York Times, 'McDonald's sues former C.E.O., accusing him of lying and fraud', 2020년 8월 10일(https://www.nytimes.com/2020/08/10/business/mcdonalds-ceo-steve-easterbrook.html). Legal jeopardy came later, when he was found to have lied: SEC, 'SEC charges McDonald's former CEO for misrepresentations about his termination', 2023년 1월 9일(https://www.sec.gov/news/press-release/2023-4), BBC News, 'Juukan Gorge: Rio Tinto investors in pay revolt over sacred cave blast', 2021년 5월 7일(https://www.bbc.com/news/business-57018473)

14 Aimee Picchi, CBS News, 'Estée Lauder fires senior executive for offensive Instagram post', 2022년 3월 1일(https://www.cbsnews.com/news/john-demsey-estee-lauder-fired-instagram-post/)

15 Rebecca Henderson, New York: PublicAffairs, 'Reimagining capitalism in a world on fire', 2020년
역자주: 이 책은 어크로스 출판사에서 2021년 '자본주의 대전환: 하버드 ESG 경영 수업'이라는 제목으로 번역(임상훈 옮김) 출간된 바 있다.

16 Michael Blanding, Harvard Business School, 'The hard truth about being a CEO', 2021년 5월 12일(http://hbswk.hbs.edu/item/the-hard-truth-about-being-a-ceo)

17 Linda Klebe Treviño, Laura Pincus Hartman, and Michael Brown, California Management Review 42(4), 'Moral person and moral manager: how executives develop a reputation for ethical leadership', 2000년 7월(https://doi.org/10.2307/41166057)

18 David Mayer, Fast Company, 'Why leading by example isn't always enough', 2016년 1월 20일(https://www.fastcompany.com/3055598/why-leading-by-example-isnt-always-enough)

19 Robert G. Eccles and Alison Taylor, Harvard Business Review, 'The evolving role of chief sustainability officers', 2023년 7월(https://hbr.org/2023/07/the-evolving-role-of-chief-sustainability-officers)

20 이러한 프레이밍은 흔하다. 예를 들어, 다음을 참고하면 된다. Alex Woolgar, Passle, 'ESG: the journey to beyond compliance', 2022년 9월 29일(https://legalbriefs.deloitte.com//post/102hxwe/esg-the-journey-to-beyond-compliance), Glenn Steinberg, EY.com, 'How a comprehensively sustainable approach reaches

beyond compliance', 2022년 5월 27일(https://www.ey.com/en_gl/consulting/how-a-comprehensively-sustainable-approach-reaches-beyond-compliance), and Thomson Reuters Institute, 'Corporate ESG commitments are moving beyond compliance requirements to values-based commitments', 2022년 3월 18일(https://www.thomsonreuters.com/en-us/posts/investigation-fraud-and-risk/corporate-esg-commitments/)

21 World Economic Forum, 'The rise and role of the Chief Integrity Officer: leadership imperatives in an ESG-Driven World', 2021년 12월(https://www3.weforum.org/docs/WEF_The_Rise_and_Role_of_the_Chief_Integrity_Officer_2021.pdf)

22 Eccles and Taylor, 'The evolving role of chief sustainability officers'

23 Brian Harward, Ethical Systems (blog), 'Why you should spotlight exemplary ethical behavior at work', 2021년 7월 6일(https://www.ethicalsystems.org/how-spotlighting-exemplary-workplace-behavior-can-strengthen-ethical-culture/)

24 2021년 8월 5일에 갤빈을 인터뷰했는데, 당시 그는 여전히 회사(AB InBev)에 재직중이었다.

25 J. Robert Brown Jr., American Business Law Journal 52(1), 'The demythification of the board of directors', 2015년 3월(https://doi.org/10.1111/ablj.12043)

26 Brown Jr., 'The demythification of the board of directors'

27 다음을 참고하면 된다. Z. Jill Barclift, Washburn Law Journal 50, 'Corporate governance and CEO dominance', 2011년, 2010년(https://heinonline.org/HOL/Page?handle=hein.journals/wasbur50&id=665&div=&collection=), Bryan Ford, Arizona State Law Journal 26(1), 'In whose interest: an examination of the duties of directors and officers in control contests', 1994년 봄, and Marleen O'Connor, University of Cincinnati Law Review 71, 'The Enron board: the perils of groupthink', 2003년(https://papers.ssrn.com/abstract=1791848)

28 PwC and The Conference Board, 'Board effectiveness: a survey of the c-suite', 2021년 11월(https://www.pwc.com/us/en/services/governance-insights-center/pwc-board-effectiveness-a-survey-of-the-c-suite-final.pdf)

29 Jamie Smith, EY.com, 'How committees are evolving to meet changing oversight needs', 2022년 10월 17일(https://www.ey.com/en_us/board-matters/how-committees-are-evolving-to-meet-changing-oversight-needs)

30 Tensie Whelan, NYU Stern Center for Sustainable Business, 'U.S. corporate boards suffer from inadequate expertise in financially material ESG matters', 2021년 1월(https://www.stern.nyu.edu/sites/default/files/assets/documents/U.S.%20Corporate%20Boards%20Suffer%20From%20Inadequate%20%20Expertise%20in%20Financially%20Material%20ESG%20Matters.docx%20%282.13.21%29.pdf)

31 Theo Francis and Emily Glazer, Wall Street Journal, 'Newest class of corporate

directors is the most diverse yet, but gains are uneven', 2021년 10월 19일(https://www.wsj.com/articles/newest-class-of-corporate-directors-is-the-most-diverse-yet-but-gains-are-uneven-11634644801)

32 Francis and Glazer, 'Newest class of corporate directors is most diverse'

33 Vyacheslav Fos, Elisabeth Kempf, and Margarita Tsoutsoura, SSRN scholarly paper, Rochester, NY, 'The political polarization of Corporate America', 2023년 5월 22일(https://doi.org/10.2139/ssrn.3784969)

34 Robin J. Ely and David A. Thomas, Harvard Business Review, 'Getting serious about diversity: enough already with the business case', 2020년 11월(https://hbr.org/2020/11/getting-serious-about-diversity-enough-already-with-the-business-case)

35 Jennifer Miller, New York Times, 'Why some companies are saying 'diversity and belonging' instead of 'diversity and inclusion'', 2023년 5월 13일(https://www.nytimes.com/2023/05/13/business/diversity-equity-inclusion-belonging.html)

36 PwC's 2022 annual corporate directors survey, 'Charting the course through a changing governance landscape', 2022년(https://www.pwc.com/us/en/services/governance-insights-center/assets/pwc-2022-annual-corporate-directors-survey.pdf)

37 Maja Pawinska Sims, ProvokeMedia.com, 'Rio Tinto corporate affairs head steps down after Aboriginal cave blast', 2020년 9월 11일(https://www.provokemedia.com/latest/article/rio-tinto-corporate-relations-head-steps-down-after-aboriginal-cave-blast)

38 Brian Gallagher, Ethical Systems (blog), 'Why promotion is a moral hazard', 2021년 3월 25일(https://www.ethicalsystems.org/why-even-promotion-is-a-moral-hazard/)

39 Jessica A. Kennedy, hbr.org, 'Does getting promoted alter your moral compass?', 2021년 2월 9일(https://hbr.org/2021/02/does-getting-promoted-alter-your-moral-copass)

11 인간을 위한 규칙 설계하기
Designing Rules for Humans

지난 30년 동안 컴플라이언스 관련 산업은 기하급수적으로 성장했음에도 불구하고 기업의 윤리적 스캔들이 여전히 자주 발생한다는 점은 실망스럽습니다. 활발하게 활동하는 기업의 컴플라이언스팀, 기업을 칭찬하는 언론 보도, 그리고 기업의 모범사례로서의 수상경력은 결코 기업의 윤리적 경영을 나타내는 신뢰할 만한 지표는 아닙니다.[1] 과연 이러한 괴리는 어떻게 설명할 수 있을까요? 더욱 놀라운 사실은, 다양한 규제요구에 대한 기업의 대응이 불충분할 뿐만 아니라, 최악의 경우에는 기업의 전략적 목표 및 인센티브, 계층 간의 압력에 대해 어떻게 행동해야 하는지에 대한 초점마저 잃어버리기도 합니다. 그러한 경우 기업은 단지 '썩은 사과'로 여겨지는 문제적 고용자만을 제거하는 데에 급급합니다.

한 예로 2015년부터 2018년까지 웰스 파고에서는 실로 엄청난 사건이 발생하였습니다. 웰스 파고의 여러 지점의 고용자들은 고객 이름으로 350만 개에 이르는 가짜 계좌를 개설하고 80만 명에게 거짓 자동차 보험을 청구했으며, 심지어 주택담보 대출문서를 조작하여 27만 4천 명의 고객을 연체 상태로 몰았다는 증거가 발견되었습니다.[2] 도대체 웰스 파고의 컴플라이언 스팀은 어디서 무엇을 했던 걸까요? 웰스 파고의 컴플라이언스팀은 각 부서 고용자의 판매 할당량 여부를 모니터링할 수 있도록 관리자들을 보조하는 역할을 하고 있습니다. 2008년 웰스 파고의 고용자들은 하루에 여덟 개의 상품을 판매해야 한다는 불가능한 목표치를 받았고, 이는 단순히 최고경영자가 '여덟 개가 좋겠군!'이라는 결심에서 기인했습니다.[3] 고용자들은 이 같은 무리한 목표를 초과 달성하라는 압박에 시달렸고, 그 결과에 따라 순위가 매겨졌으며, 성과에 대한 성적표와 '동기부여 보고서'를 받게 됩니다. 심지어 처음 이러한 문제가 불거졌을 때 웰스 파고는 이를 하위직 고용자에 대한 윤리적 일탈로 치부했고, 2011년부터 2016년까지 고용자 5,300명을 해고했습니다.[4]

판매 목표 달성에 집착하는 리더십은 일반적으로 컴플라이언스 과정에 부정적 영향을 미칩니다. 또 다른 예로, 2022년 골드만 삭스의 고용자 로저 응(Roger Ng)이 말레이시아의 1MBD 기금을 갈취한 혐의로 재판을 받았습니다. 그때 그는 고객 유치에 실패하면 고위 경영진에 불려가 이를 설명해야만 했던 기업문화에 대해 증언했습니다. 그는 골드만이 자사의 제도적 가치를 보여주는 사례로 자랑했던 신용위험, 시장위험 및 거래에 대한 일련의 리스크 감독체계는 쉽게 속일 수 있다고까지 말했습니다.[5]

비현실적인 목표를 달성하는 데 집착하고 윤리를 성가신 제약으로 여기는 리더들은 감독체계를 쉽게 악용하기도 합니다.[6] 전통적으로 컴플라이언스 담당자는 핵심 기업전략 및 인센티브 설계과정에서 발언권을 갖지 못하였기 때문에, 이 같은 문제를 해결하는 데에는 어려움이 있습니다. 특히, 이들이 고위 경영진에게 책을 묻는다는 것은 사직을 의미하기까지 합니다.

많은 부서가 명칭을 '기업윤리와 컴플라이언스'로 바꾼 데에는 그들이 단순히 법을 준수하는 것 이상을 담당하게 되었음을 시사하며, 이는 기업윤리와 컴플라이언스가 동의어가 아니라는 점에서 중요한 의미를 내포합니다. 이러한 상황을 한 전문가는 다음과 같이 요약합니다.

"과거 준법감시를 수행하는 기업의 부서는 문서작성과 프로세스 설계에는 많은 노력을 기울였지만 행동에 영향을 미치고 효과를 측정하는 데는 충분한 노력을 기울이지 않았습니다. 학교에서조차도 가르쳐주지 않았던 부분이긴 하지만요."

종종 컴플라이언스팀은 규제기관으로부터 좋은 프로그램을 운영한다는 인정을 받기 위해서, 질실된 기능과 효과에 집중하기보다는 다른 기업의 사례를 모방하는 것이 가장 안전한 방법이라고 여깁니다.[7] 이와 같은 통념으로 인해, 기업의 구성원에게 스트레스를 주고 불필요한 절차를 강요하는 획일적 프로그램이 만연하게 됩니다. 또한 컴플라이언스가 제 기능도 못하는 비용 덩어리로 간주되면, 결국 감독기능은 약해지고 컴플라이언스에 대한 재정적 지원도 줄어듭니다. 심지어 재정적 지원이 풍부한 컴플라이언스팀도 위험에 처하는 경우가 많습니다. 이와 같이 이질적인 조직들이 시간이 지남에 따라 수렴하는 미묘한 과정을 의미하는 동형화(Isomorphism)는 외부강제, 전문기준, 모방 세 가지 이유로 발생합니다. 컴플라이언스팀 또한 여기에서 벗어나지 못합니다.

물론 컴플라이언스와 관련된 일련의 문제점이 드러나기도 했습니다만, 컴플라이언스는 없어서는 안 되는 부분으로 이에 대한 고민이 필요한 시점입니다. 기업의 컴플라이언스팀에는 비윤리적 행동을 예방, 감시, 처벌을 하기 위하여 다양한 학문적 사고와 도구의 도입이 필요하며, 인간이 실제 어떻게 행동하는지에 대한 관점에 기초하여 기업윤리에 접근하는 방법을 배워야 합니다.

앞에서 최고임원진에 고위 윤리 전문가의 존재가 왜 중요한지 살펴봤습니다. 21세기 중반, 기업의 윤리와 감독에 적응하기 위해 과연 우리는 무엇을 더 할 수 있을까요?

좋은 감독은 견고한 기초에서 시작됩니다!
Good Oversight Begins with Firm Foundations

환경적 및 사회적 영향에 대한 압력이 커짐에 따라, 종종 가장 중요한 기본을 간과하기 쉽습니다. 여전히 컴플라이언스 기능의 핵심목표는 나쁜 행동에 대해 의미 있는 제재를 가해야 한다는 것입니다. 즉, 사기, 뇌물수수, 또는 괴롭힘에 대해 책임을 묻지 않는다면, 윤리경영을 구축해 나가려는 기업의 모든 노력은 허울뿐인 행위가 될 것입니다. 조직문화를 저하시키는 가장 빠른 방법은 리더에게 규칙을 무시하고 약한 고용자들에게 보복할 수 있는 면책 특권을 주는 것입니다.

최고의 컴플라이언스 프로그램은 앤 텐브런셀과 공저자들이 칭하는 '윤리적 인프라'를 구축하는 데 중점을 둡니다.[8] 이러한 핵심 인프라가 없는 상태에서 지속가능성 프로그램과 같은 더 고차원적이고 야심찬 노력을 시작한다면, 기반이 없어 위태롭기까지 합니다.

여러분이 명시한 가치는 명확한 규칙을 설명하는 행동강령으로 뒷받침되어야 하며, 이는 규칙을 위반한 고용자에게 책임을 묻는 것을 포함해야 합니다. 이러한 명시적 요구사항은 귀사의 고용자를 애매한 영역에 대한 조언을 구해야 하는 상황, 그러한 조언을 어디서 구해야 할지 헷갈리는 상황에서 명확한 해답을 제시합니다. 다시 말해, 컴플라이언스팀에는 예방을 위한 조언과 까다로운 딜레마를 해결하고 지원을 제공하는 조언자뿐만 아니라, 감지 및 제거를 담당하는 집행자 모두가 필요합니다. 앤 롬버그는 의료기기 기업인 게팅에(Getinge)의 임원 관리팀의 일원으로서, 다양한 산업분야에서 윤리 프로그램을 구축한 경험이 있습니다. 그녀는 이렇게 말합니다.

"우리는 공식적인 구조를 과대평가하면서 동시에 과소평가하기도 합니다. 우리는 위험을 평가하고, 이에 대해 보고서를 작성하며, 정책 프레임워크를 구축합니다. 그리고 고용자를 교육하고, 실사를 수행하고, 내부고발 핫라인을 구현하는 등 실로 다양한 일을 하고 있습니다. 이러한 일련의 체제를 구축하는 데에는 많은 고력과 수고가 필요하지만, 이것은 기본이자 기초입니다."

또한 그녀는 이어서 말합니다.

"그러나 이러한 공식적인 구조를 구축함에 따라, 여러분은 '현상유지'라는 도전에 직면하게 됩니다. 따라서 경영진이 새로운 시각으로 바라볼 수 있는 메커니즘을 구축해야 할 필요가 있으며, 이를 위해 새로운 정보와 지식을 도입하게 됩니다. 그렇게 되면 어떻게 될까요? 이러한 정보와 지식은 어떻게 처리해야 할까요? 새로운 정보와 지식을 도입한다는 것은 단순히 프로그램을 새로이 도입한다는 것을 의미하지 않으며, 리더십 관행과 인센티브를 통해 그것을 시행하여 윤리가 문화의 일부가 되도록 하는 것입니다. 안타깝게도 이때부터가 실제로 가장 힘든 작업의 시작이라 하겠습니다."

가치, 규칙, 그리고 '무관용'의 문제점
Values, Rules, and the Trouble with "Zero Tolerance"

때때로 기업은 '무관용'을 선호합니다. 이는 규제당국에게 윤리적 헌신을 유지하고 규칙 위반을 용납하지 않겠다는 열정적인 약속을 알릴 수 있는 아주 간단한 방법입니다. 그런데 이 무관용은 규제당국만이 아니라 기업의 고용자들에게도 메시지를 전달하게 되는데, 과연 그 메시지는 무엇을 의미할까요?

미국 법무부에서 기업의 부정·부패를 관리하기 위해 기업 준법감시 평가지침을 작성한 후이 첸은 이렇게 말합니다.

"무관용이라는 말을 너무 많이 들어서인지 식상하기만 하고 아무런 의미가 없습니다. 모두가 이 말이 의미가 없다는 것을 알고 있습니다. 왜 아직까지 기업이 무관용을 외치고 여기에 관심을 두는지조차 이해하지 못하겠습니다."

그렇다면 함께 자세히 들여다볼까요? 행동 경제학은 실제 생활에서 인간이 자신의 행동에 대한 비용과 효익을 합리적으로 계산하지 못함을 다양하게 보여주었습니다. 실제로 사회적 규범은 법적제재로 뒷받침되는 프로세스와 감독구조보다 훨씬 더 큰 영향을 미치곤 합니다.

즉, 기업이 규칙, 처벌, 감시에 초점을 두는 것은 고용자에 대한 불신의 메시지를 보내는 것과 같습니다. 이러한 불신의 메시지는 그들의 사기를 저하시킬 수 있으며, 윤리적 판단을 희생하면서 맹목적인 규칙준수를 야기하기 때문에, 결과적으로 고용자의 윤리적 행동을 감소시킬 수도 있습니다. 형법 분야의 연구결과를 반영하여 토드 하우(Todd Haugh)가 수행한 그의 연구결과는 기업의 억제책이 우리가 상상하는 것보다 훨씬 효과적이지 않다는 결과를 보여주었습니다.[9] 모든 상황에 대하여 규제와 규칙을 설계하고 집행하다 보면, 너무 많은 규제와 규칙으로 인해 도리어 부정적인 결과를 초래할 수 있습니다. 기업의 고용자는 스스로 판단하거나 비판적 사고를 하는 대신에, 수많은 규제와 규칙을 문자 그대로 따르거나 단지 감독부서를 피하는 데에만 집중할 것입니다.

ABN 암로의 윤리 책임자인 마틴 호크스트라는 다음과 같이 말합니다. "고용자가 더 윤리적으로 행동하도록 무리하게 고치려 들면 들수록, 그들은 윤리적으로 올바른 일을 하기 위한 시간이 없거나, 올바른 일을 한다 한들 책임을 따지지 않으니 오히려 잘못된 일을 하게 만들 수도 있습니다. 이러한 경우, 결코 교육은 도움이 되지 않는다는 것이 명명백백합니다. 하지만 많은 기업은 여전히 환원주의적[10]인 접근방식을 취하는 경향이 있습니다."

여러 기업에서 컴플라이언스에 대한 리더십을 보여 주었던 포드햄대학교 법학대학원(Fordham University of Law School)에서 컴플라이언스 프로그램을 감독한 로버트 마스콜라(Robert Mascola)는 의도치 않은 결과에 대해 다음과 같이 경고합니다.

"무관용은 쉽게 불공정한 결정을 내리게 할 수 있습니다. 실제로 무관용이 의미하는 것은 누군가가 이 행동에 관여하면 해고된다는 것을 의미합니다. 성희롱을 예로 들면, 성희롱의 심각성에 따른 등급을 구분하지 않고 기업이 단순하고 간단하게 무관용을 선언해 버린다면 다음의 둘 중 하나의 결과가 발생할 것입니다. 즉, 그 정도가 심각하지 않으나 부적절한 발언을 한 고용자를 해고에 이르게 하거나, 또는 심각하고 부적절한 행동을 성희롱이 아닌 다른 것으로 바꿀 수 있는 창의적인 방법을 고안하게 될 것입니다."

물론 기업이 공식적으로 인정하기는 어렵겠지만, 아무리 고귀한 윤리적 의도를 가진 조직조차도 특정 가치를 다른 것보다 우선시하고, 어떤 그룹이나 개인을 다른 이들보다 우선시하는 우선순위를 가지고 있습니다. 모든 컴플라이언스팀은 자신들이 다루어야 하는 다양한 규정을 알고 있습니다. 이는 국가별로 그 규칙이 매우 다양하고 다르기 때문에 그 자체로도 매우 부담스러운 일입니다. 기업은 각 관할 지역의 법을 준수해야 하며, 법률을 존중해야 합니다. 그러나 많은 법령의 잠재적 위반은 의미 있는 위험을 초래하지 않거나 극소수 고용자의 문제로 한정됩니다. 그렇기 때문에 기업은 어떤 규칙을 엄격히 시행할지, 어떤 규칙을 형식적으로 준수할지, 어떤 문제를 원칙에 따라 관리할지 우선순위를 선택해야만 합니다. 기업에 진정으로 필요한 것은 명확하게 진술된 가치로, 고용자들로 하여금 실제적인 답은 어디서 구할 수 있는지, 어떻게 개인적 판단력을 개발해야 하며, 우려사항이 발생했을 때 어떻게 해야 하는지에 대한 지침으로 견고히 뒷받침되어야 합니다.

컴플라이언스 전문가들은 일반적인 규칙을 강요하는 대신, 기업이 실제적으로 취약한 영역에 대해 정성적 위험 평가를 수행하는 것을 시작점으로 하는 것을 추천합니다. 이는 기업이 직면하는 진정한 위험이란 기업의 운영에 대한 현실, 즉 기업이 어느 곳에서 어떤 산업에 속하여 운영되는지 그 현실을 반영하는 데에서 시작합니다. 실제로 기업이 처한 위험은 인센티브와 권력 문제에서 기인할 수 있으며, 이는 정부 관계자와 그들과 상호작용하는 기업 내부의 사람들과 관련된 경우가 많습니다. 이러한 기업 내부인은 기업의 대규모 지출을 승인하는 권한을 가지거나 특정 목표가 달성되면 큰 금전적 혜택을 받는 경우가 많으며, 이는 현재 기업의 목표와 인센티브 구조에 대한 식별이 필요함을 의미합니다.

첸은 이렇게 말합니다.

"가장 먼저 해야 할 일은 당신이 직면한 위험을 이해하고 그에 따라 프로그램을 구조화하는 것입니다. … 위험을 살펴보고 그 위험이 임팩트를 주는 회사기능을 살펴야 합니다. 항공사의 예를 들면, 착륙 여부에 대한 허가 권한을 가진 고용자는 종종 뇌물수수 위험에 직면하지만, 수하물을 다루는 고용자는 그렇지 않습니다. 이런 상황에서 부패가 발생하기 위해서는 둘 간의 공모가 필요할 것입니다."

취약한 영역을 식별하기 위해서는 외부환경에 대한 점검도 필요합니다. 부패와 인권 임팩트에 대한 평가는 시장조건 및 규제개발을 위한 검토에 상당한 깊이를 더할 것입니다. 또한 의사결정 권한, 내부고발 데이터, 과거 기업 내에서 발생한 사건, 업계에서 자주 발생하는 스캔들 또한 살펴볼 필요가 있습니다. 특히, 신뢰할 수 있는 기업의 윤리 및 문화에 대한 평가는 내부고발 데이터와 결합될 때 가장 큰 도움이 될 것입니다. 이를 통해 어떤 부서에서 어떠한 직위에서 빈번한 불만과 부정이 야기되는지 파악할 수 있습니다. 이를 통해 여러분은 하부 고용자들이 '목소리를 내봐야 무의미하다.'고 결론 내렸을지도 모르는 침묵의 영역(Pockets of silence)을 식별할 수 있습니다.

위험의 근본원인을 이해한 다음이라면, 이제야 명확한 규칙을 도입하는 것이 적절한 부서 또는 대상인지 식별 가능합니다. 반면에 인센티브 구조 및 성과 평가 기준을 조정하는 것과 같은 대안적 접근방법이 더 나은 접근방식인지에 대한 판단도 이제는 가능할 것입니다. 이외에도 조직에서 상당한 권한을 행사하는 리더를 식별하는 것도 중요합니다. 이온의 컴플라이언스 책임자인 마르쿠스는 상업적 의사결정에 큰 영향을 미치는 리더에 초점을 맞추었습니다.

기업이 현지시장 상황을 고려하지 않은 체 보상체계를 설정해 버리면 다양한 취약점이 야기됩니다. 예를 들면, 미국 해외부패방지법을 위반하여 14개월 동안 수감된 리처드 비스트롱(Richard Bistrong)은 이러한 인센티브를 윤리적, 법적 시한폭탄이라고 말했습니다. 또한 그는 "과연 무리한 목표를 달성한 뒤 어떻게, 왜 여기까지 왔는지 궁금해 하나요? 아니면 아무것도 묻지 않고 최고경영진과 이사회에서 모두가 기뻐하기만 하나요?"라는 의구심을 표현하기도 했습니다.[11]

이와 같은 질문을 신중히 고려하지 않는다면, 결과는 캐스 선스타인(Cass Sunstein)이 '슬러지(sludge)'라 부른 실패로 귀결될 뿐입니다. 여기서 슬러지는 고용자들에게 불필요하게 시간을 소모하고, 좌절감을 주며, 심지어 굴욕적인 프로세스를 의미합니다.[12]

때때로 문서작업과 승인절차를 도입하는 것은 고용자들을 숙고하게 한다는 점에서 합리적일 수 있습니다. 예를 들어, 새로운 제3자 대리인을 고용하여 부정하게 거래를 성사시키거나 고객에게 지나친 식사비 지급을 승인하기 전에 그들로 하여금 다시 한 번 생각할 수 있는 기회가 될 테니까요. 또한, 엄격한 승인절차를 사용하여 마찰을 추가하는 것이 도움이 될 수 있습니다. 그러나 실제 기업의 윤리 및 컴플라이언스팀은 추후 자신을 보호하고 조사에 대비하고자 하는 문서 기록을 위해 불필요한 슬러지를 만들곤 합니다.

첸은 말합니다.

"제가 가장 좋아하는 예로서 제가 미국 법무부의 부패감독을 위한 부서에서 겪었던 일입니다. 한 컴플라이언스팀이 보고한 문제점 중 하나는 기업의 법인카드 오남용에 대한 것이었습니다. 그게 제시한 해결책은 해당 기업의 전체 구성원을 대상으로 법인카드 사용에 대한 교육을 수행하는 것이었습니다. 저는 그때 그들에게 이러한 질문을 했던 기억이 납니다. '도대체 법인카드를 가진 사람이 몇 명이나 됩니까?' 100명 정도라고 하더군요. 저는 이러한 슬러지를 여러 번 목격했습니다. 만약 어떤 교육이 효과가 있었다 하더라도, 그건 교육이 실제 효과를 발휘했다기보다는 그들로 하여금 보다 신중하고 발전된 형태의 부정 위장술을 개발하도록 돕는 것에 불과했을 것입니다."

고용자의 실제 경험과 무관한 정기적이고 의무적인 컴플라이언스 교육은 슬러지의 가장 만연한 예 중 하나입니다. 이러한 슬러지의 결과로 아무 관련이 없는 고용자들은 지루하기 짝이 없는 교육으로 시간을 낭비합니다. 손쉬운 해결책으로 보이는 것은 결국 많은 사람의 시간을 낭비시키고 그들의 시간을 낭비한 대가로 소수의 사람이 대가를 받는다는 것을 보여주는 것에 지나지 않습니다. 이 과정에서 시간을 낭비한 많은 고용자들은 윤리적 딜레마에 빠지게 되고 결국 부정하고 짜증스럽기만 한 고위직에 맞설 가능성을 좌절시키고 맙니다.

그렇다면 도대체 어떻게 하는 것이 더 나은 방법일까요? 휴먼 리스크(Human Risk)를 이끄는 크리스찬 헌트(Christian Hunt)는 이렇게 말합니다.

"정답은 여러분이 요청받은 것의 본질을 살펴보고 무엇이 필요하고 무엇이 그저 컴플라이언스를 위한 연극인지 파헤치는 것입니다. 쓸모없는 프로세스를 지나치게 정교하게 운영하고 집착하면, 고용자들은 당신을 바보로 취급할 것입니다."

마지막으로, 실제로 문제에 직면하는 사업부의 고용자들로부터 얻을 수 있는 통찰력은 그 무엇으로도 대체할 수 없는 귀중한 자산입니다.

첸은 이렇게 말합니다.

"만약 사업부가 여러분의 참여를 원하고, 그 안에서 여러분이 해결책을 찾는다면 정답을 찾을 수 있습니다 다만, 여러분은 그 사업부에 대하여 철저히 이해해야 하며, 대부분의 컴플라이언스팀은 그러한 신뢰를 얻을 만큼의 충분한 노력을 하지 않는 경우가 많습니다."

공정성과 일관성이 중요하다!
Fairness and Consistency Are Crucial

만약 여러분이 비윤리적 관행에 대해 의미 있는 제재를 가하고자 한다면, 공정성에 대한 의구심을 가지는 것은 항상 중심에 있어야 합니다. 모든 인간은 공정성에 깊이 관심을 가지며, 심지어 동물도 공정성에 관심을 가진다는 증거가 있습니다.[13] 그렇지만, 공정성이 무엇인지에 대해 합의하는 것은 어려운 일입니다. 공정성의 합의를 이루는 과정에서는 종종 가치와 원하는 결과와의 괴리가 부각되기도 합니다. 예를 들어, 모든 사람이 같은 기회를 갖는 것이 더 중요하다고 생각하는지, 아니면 역사적 불평등을 바로잡기 위한 정책을 시행하는 것이 더 중요하다고 생각하는지는 종종 개인의 정치적 성향이 반영되기도 합니다.[14]

컴플라이언스팀은 두 가지 형태의 공정성에 중점을 두어야 합니다. 첫 번째는 절차적 공정성입니다. 감독과정과 조사가 균형 잡히고, 공정하며, 투명한 방식으로 진행되고, 최하위 고용자에서부터 고위직에 이르기까지 모두에게 동일한 권리가 부여되는지 검토가 필요합니다. 두 번째 형태는 상호적 정의로, 사람들이 목소리를 내는 과정과 그 이후의 조사과정에서 존중과 공감을 받는지 여부를 다룹니다.

분명히 규칙과 제재는 정의와 공정성에 대한 강한 헌신에 기반하여 감독되어야 합니다. 그러나 이는 컴플라이언스의 기능 및 역할, 그리고 권한에 대한 긴장을 불러일으킵니다. 과연 컴플라이언스가 조언자이자 조사관이라는 역할을 동시에 수행할 수 있을까요.

마스콜라는 말합니다.

"그 어떤 기업윤리 및 컴플라이언스 담당자와 이야기해 보더라도, 여러분이 효과적이기 위해서는 신뢰받는 조언자가 되어야 하고, 비즈니스를 이해하며, 창의적인 해결책을 제시해야 한다는 조언을 들을 것입니다. … 동시에, 이러한 기업윤리 및 컴플라이언스 담당자들은 보통 내부 조사에 대해 책임을 집니다. 그럼에도 종종 그들은 조직의 구성원이 나를 경찰로 보지 않았으면 한다고 말합니다. 그러나 사실은 그들이 기업에서 경찰이라는 것은 부인할 수 없는 사실입니다. 신뢰받는 조언자이자 신뢰할 수 있는 조사관 사이에서 적절한 균형을 맞추는 것은 기업윤리 및 컴플라이언스 담당자에게 주요한 과제 중 하나입니다."

마스콜라는 컴플라이언스 담당자의 주된 목표는 기업을 해칠 수 있는 위반 사항을 관리하는 것이라고 말합니다. 또한, 신뢰를 얻는 방법은 공정하고 전문적으로 조사를 수행하는 것이라고 덧붙입니다.

"저는 이 모든 과정을 경찰의 교통단속과 비교합니다. 교통단속은 가장 스트레스가 심한 상황 중 하나입니다. 한 연구에 따르면, 경찰이 교통단속 과정의 상호작용 동안 존중하고 투명하게 행동하도록 훈련받으면, 교통 단속을 겪지 않은 사람들보다도 교통단속을 받은 사람들의 경찰에 대한 신뢰가 크게 증가합니다."

이어서 그는 말했습니다.

"이 신뢰를 구축하는 가장 좋은 방법은 정치와 권력에 대한 우려가 지배적이지 않도록 하는 것입니다. 여러분보다 상급자에 대한 혐의가 있거나, 상황이 여러분의 조사능력에 영향을 미칠 경우, 당신은 물러나고 외부인사가 조사를 맡도록 해야 합니다. 이것이 효과적이냐고 묻는다면 물론 그렇지 않지만, 이것이 큰 기업이 별도의 독립된 조사기능을 부서를 두는 이유이기도 하며, 작은 기업의 경우에는 그렇지 못한 경우도 있습니다."

찰스 파레(Charles Paré)는 현재 세계경제포럼에서 정직성을 위한 노력과 관련해서 선도적 역할을 수행하고 있으며, 이전에는 세바 로지스틱스(CEVA Logistics)를 포함한 여러 회사에서 최고 컴플라이언스 책임자를 역임했습니다. 그는 신뢰성과 독립성에 대한 질문이 매우 중요하다는 것에 동의합니다.

"고용자에게 유용하려면, 문제를 해결할 권한, 자원, 역량이 있다는 것을 그들에게 납득시킬 수 있어야 합니다. 컴플라이언스 초보자는 이 점에서 설득력이 부족할 수 있으며, 그들의 성공은 실제로 변화를 이끌어내고 문제를 해결하며 실질적인 영향을 미칠 수 있는 능력에 대한 입소문에 달려 있습니다. 모두의 '절친'이 될 필요는 없습니다. 그저 정중하면 됩니다."

어떤 컴플라이언스 책임자도 조언과 제재 사이에 존재하는 긴장을 신중히 고려해야 합니다. 첸은 절차적 경험이 충분한 전직 검사들이 상업적 경험이 부족하여 핵심 비즈니스 고용자들 사이에서 신뢰성을 떨어뜨릴 수 있기 때문에, 학제 간 팀을 구성할 것을 제안합니다. 마지막으로, 행동 과학자와 데이터 과학자는 슬러지를 극복하고 집중해야 할 곳을 식별하는 데 매우 유용합니다.

효과 측정은 큰 도전 과제이다
Measuring Effectiveness Is a Huge Challenge

윤리에 관해서 여러분의 팀이 잘하고 있다는 것을 어떻게 알 수 있을까요? 회사의 윤리적 문화가 개선되고 있는지 어떻게 알 수 있을까요? 부정행위가 줄어들고 있는지, 아니면 단순히 범죄자들이 잡히지 않고 있는지 어떻게 알 수 있을까요? 후이 첸과 유진 솔테스(Eugene Soltes)의 훌륭한 글 '왜 준법감시 프로그램이 실패하는가'에서 지적했듯, 많은 조직이 시간과 노력을 들이고도 결과를 달성하지 못하는 주요 이유는 효과적인 측정방법이 없기 때문

입니다.[15]

대부분의 기업은 윤리적 노력의 효과를 측정하려고 시도조차 하지 않습니다. 그런 시도를 하는 회사들은 술 취한 사람이 가로등 아래에서 열쇠를 찾는 것처럼 쉬운 방법을 찾습니다. 그들은 결과가 아닌 노력, 즉 교육 이수율, 핫라인 전화통화 수, 조사횟수와 그에 따른 제재를 측정합니다.

교육 이수율은 해당 훈련이 얼마나 적절하고 유용했는지에 대해 아무 것도 말해주지 않습니다. 핫라인에 걸려온 전화 통화수 중 '좋은' 수치는 얼마나 될까요? 주어진 팀이나 지역의 고용자들이 문화를 어떻게 느끼는지 이해하지 않고서는 그 질문에 답할 수 없습니다. 조사 및 제재에 대한 데이터는 얼마나 많은 고용자가 규칙을 위반했지만 제재를 받지 않았는지, 또는 관리자가 면책을 받는 동안 하위 고용자에게 불균형한 집중제재가 있었는지 알지 못하면 유용하지 않습니다. 원시 데이터는 아무것도 말해주지 않습니다. 질적 이해도 마찬가지로 중요합니다.

매트 갈빈은 영화 제작자들과 협력하여 AB 인베브에서 경험한 윤리 위반을 기반으로 한 실생활 게임 훈련을 만들었습니다. 이 창의적인 접근법은 고용자들이 회색 지대에 대해 기꺼이 논의하도록 하는 데 큰 성과를 거두었고, 갈빈은 이를 통해 비즈니스 임원들과 긴밀히 협력하여 부패와 상업적 이익 사이의 연결고리를 그릴 수 있었다고 말합니다.

문화측정은 이러한 격차를 메우는 데 도움이 될 수 있지만, 올바른 지표를 설계하는 것은 항상 도전과제가 될 것입니다. 마스콜라는 "측정할 수 있는 모든 것이 측정할 가치가 있는 것은 아닙니다."라고 말합니다.

저는 완전한 해결책을 가지고 있지 않습니다. 저는 한때 리더들이 무결성 문화를 옹호하기 위해 그들의 위치를 어떻게 사용하는지를 공정하고 전체적으로 평가할 수 있는 지표 세트를 종합 정리한 적이 있습니다. 그러나 그것은 너무 복잡하다는 평가를 받았습니다. 사람들은 간단한 지표를 원하지만, 하나나 두 개의 지표에 집중하면 전체적인 그림이 왜곡되고, 윤리 문화를 촉진하는 데 실질적으로 도움이 되지 않는 리더 행동을 촉진하게 되며, 최악의 경우 단순히 형식적인 작업으로 인식될 수 있습니다.

그래서 저는 훨씬 더 간단한 것을 시도해 보았고, 각 리더에게 자신의 부하 고용자들에게 다음 질문에 답할 준비를 하라고 말하도록 했습니다. 여러분은 리더십 위치를 사용하여 조직의 윤리 및 컴플라이언스를 어떻게 향상시켰습니까?

마스콜라는 이 접근방식이 완벽하지는 않지만, 특정 질문을 통해 문제를 구체화하고 명확하게 만드는 것이 그 문제를 해결해야 할 중요한 사안으로 만들었다고 믿습니다. 그는 윤리팀이 리더에게 팀 구성원에 대한 브리핑을 제공하고, 뛰어난 개인을 강조하며, 관련 데이터를 사전에 제공함으로써 도울 수 있다고 주장합니다.

"이것은 여전히 형식적인 작업으로 전락할 수 있습니다. 리더들은 여전히 거짓말로 넘어갈 수 있습니다. 그러나 대화가 이루어지고, 리더가 윤리를 믿는다면 이것은 큰 임팩트를 줄 수 있습니다."

고용자들이 스스로 윤리적 결정을 내릴 수 있도록 권한을 부여하라
Empower Employees to Make Ethical Decisions

윤리적 문화를 추구하는 기업이라면 고용자들이 도덕적 추론능력과 역량을 키울 수 있도록 지원해야 합니다. 기업의 지원행위는 고용자들이 윤리적 딜레마를 헤쳐나갈 수 있고, 의도적으로 의사결정의 속도를 늦추는 성과주의의 필요성을 줄일 수 있습니다. 하지만 대부분의 회사가 윤리와 컴플라이언스를 혼동하기 때문에, 종종 이것은 법률준수에 대한 강박으로 왜곡되곤 합니다.

첸은 이 과제를 다음과 같이 설명합니다.

"윤리에 대해 이야기할 때, 우리는 가치에 대해 이야기하고 있는 것입니다. 그리고 여기서, 우리가 정말로 해야 할 일은 더불어 살아가는 법을 배우는 것입니다. 이것이 가장 어려운 일입니다. 쉽게 답을 내릴 수 있는 문제는 아닙니다. 누구도 깊게 관여하고 싶은 문제가 아닙니다. 우리는 해답 없이 문제를 헤쳐나가야 할 때가 많이 있습니다. 아무도 만족하지 않는 타협에 이를 때도 있습니다. 여기에는 다양한 생각과 새로운 접근방식이 필요합니다."

엘렌 헌트(Ellen Hunt)는 여러 회사에서 컴플라이언스 최고책임자로서 많은 불만을 처리해 왔습니다.

"사람들은 저에게 와서, 무언가 윤리적으로나 도덕적으로 매우 잘못되었다고 느끼는 상황을 겪은 적이 있다고 합니다. 그들이 잘못되었다는 판단을 내릴 권리는 분명히 있지만, 잘못된 상황이 그들이 속한 기업의 가치에 비추어 봤을 때에는 일반적인 상황이라면, 개인으로서는 그럼에도 불구하고 이 회사에서 계속 일하고 싶은지 판단할 필요가 있습니다."

윤리적 추론능력을 키우는 것은 일반적으로, 특히 개인과 기업의 활동이 증가하는 상황에서 유용한 전략입니다. 이 분야의 선구적인 기업으로는, 자발적으로 도덕적인 역량을 구축하기 위해 움직인 두 개의 네덜란드 은행의 예가 있습니다.

라보뱅크(Rabobank)는 식품 및 농업 비즈니스에 중점을 두고 있습니다. 1998년에는 글로벌 은행 최초로 의사결정의 윤리적 측면을 탐구하는 상설위원회를 구성했습니다. 글로벌 윤리 위원회(Global Ethics Committee)의 리더는 프랑수아즈 로스트 반 톤닝겐(Françoise Rost van Tonningen)과 스테판 로워스(Stefan Louwers)입니다. 로스트 반 톤닝겐은 "위원회를 설립하게 된 건 어떤 본질적인 동기 때문입니다."라고 말합니다.

라보뱅크가 국제적으로 사업을 확장하기 시작하면서, 경영진은 윤리적 딜레마에 직면할 것이라는 사실을 깨달았습니다. 윤리위원회는 조직 내에서 독립적인 역할을 수행하며, 라보뱅크의 '더 나은 세상을 함께 키워나 갑니다.'라는 사명에 따라 탑다운과 바텀업 주제에 대해 조언합니다. 모든 고용자는 질문이나 윤리적 딜레마를 제기할 수 있습니다. 위원회는 '회색지대'에 있는 윤리적 성격의 사례와 주제를 다룹니다. 종종 이 지대에는 아직 내부정책이나 법률 또는 규정이 없는 경우가 많습니다. 위원회와의 논의결과는 유사한 사례에 대한 도덕적 선례로 작용하거나 내부 정책 수립에 기여할 수 있습니다.

로워스는 설명합니다.

"글로벌 윤리위원회는 현재 최고경영자, 법률, 지속가능성, 기업 대표 및 라보뱅크 리서치를 포함한 10명의 구성원으로 이루어져 있습니다. 우리는 고위직 임원이 보는 관점에는 한계가 있다는 것을 잘 알고 있기 때문에 젊은 고용자 네트워크인 영라보(Young Rabo)를 대표하는 구성원 한 명을 두고 있습니다. 모두가 알면서도 모른 척하는 핵심문제를 지적하고 민감한 주제에 대해 토론하려고 노력합니다. 과거에 우리는 중국 신장의 태양 전지판, 책임감 있는 인공지능, 암호화폐에 대해 이야기했습니다."

ABN 암로의 마틴 호크스트라는 고용자들이 직접 의사결정 참여를 통해 윤리적 성찰을 위한 역량을 강화시키는 데에 중점을 두고 있습니다.

"우리는 사람들이 때때로 잘못된 행동을 하는 근본원인이나, 올바른 행동을 하기 위해서는 필요한 것이 무엇인지와 같은 심리적 접근방식을 취해 왔습니다. 하지만 개인을 변화시키는 것보다는 환경을 개선하는 것이 더 현실적인 접근방식입니다. 우리는 윤리 위원회에 세 명의 일반 고용자를 포함시키고, 정말 어려운 질문을 던지려고 노력합니다. 우리는 또한 도덕적 용기와 윤리적 리더십 교육도 제공합니다."

실리콘 밸리의 기업들은 인공지능과 같은 신기술이 사회적으로 미치는 영향에 대한 고용자들의 우려에 대처하려 노력하고 있습니다. 윤리적 기술 개념은 복잡하고 논란의 여지가 있으며, 법적위험과 법적규제 전망에 대한 우려가 비즈니스적으로만 고려할 사항은 아닙니다. 기술기업들은 규정 준수와 정책을 약속하는 전통적인 의미의 '윤리를 행하는 것'은 거의 도움이 되지 않는다는 것을 알게 되었습니다. 기술 분야에서는, 기업의 가치를 제품개발과 성과에 반영해 사용자가 피해를 입지 않고 회사가 소송을 당하지 않도록 하는 견제와 균형이 필요합니다. 대중은 내부 프로세스가 아닌 결과를 기준으로 이를 판단할 수밖에 없습니다. 만약 페이스북의 혐오발언 규제를 통해 집단학살을 선동했다고 대중들이 판단했다면, 페이스북이 어떤 기준으로 혐오발언을 규제했는지에 대한 설명은 대중들을 설득할 수 없을 것입니다.[16]

에마누엘 모스(Emanuel Moss)와 제이콥 메트칼프(Jacob Metcalf)는 그들 자신을 '윤리적 오너'로 소개하는 많은 기술직 종사자와 이야기를 나눠본 뒤, 2019년에 데이터 & 소사이어티(Data & Society)에서 흥미로운 연구를 발표했습니다. 그들은 안전, 법률, 데이터, 정책, 제품 설계, 콘텐츠 조정 등 다양한 역할을 담당하는 고용자들이 상업적 요구와 윤리적 요구 사이의 긴장 속에서는 그들을 안내할 도구와 접근법을 거의 찾지 못한다는 것에 대해 연구했습니다. 모스와 메트칼프는 개인윤리와 기업의 의무 사이의 긴장을 지속적으로 조정할 필요가 있다고 보았습니다. 그들은 고용자들이 도구, 제품 및 회사의 비즈니스 모델이 인간에게 미칠 임팩트를 고려해야 한다고 강조했습니다. 고용자들은 실패에 대해 더 솔직하게 이야기하고 부서 간에 더 효과적으로 협력할 수 있어야 합니다.[17]

이것은 회사들이 고용자들에게 도덕적 고려사항을 끊임없이 강요하려는 시시포스적인 노력(Sisyphean efforts)에 관한 이야기가 아닙니다. 모스는 그가 대화한 많은 사람들이 윤리문제에 대해 독학으로 공부했으며, 부정적 영향을 막는 데 개인적 책임이 있다고 보는 경향이 있었다고 말합니다. 그들은 가치를 구체적으로 실행하려 노력하면서, 안전, 규정준수, 위기관리에서 차용한 다양한 방법와 접근법을 실험했습니다. 많은 고용자들이 윤리적 압박을 관리하는 것을 더 이상 한 부서의 영역으로 보지 않고, 다양한 역할에서 성공을 위한 필수적인 요소로 봅니다.

모든 고용자는 판단력을 발휘하고, 조언을 구하며, 윤리의 회색지대에 직면했을 때 어떻게 대응해야 하는지에 대한 도움이 필요합니다. 노바티스는 청렴함에는 명확한 정의가 없음을 인식하고, 고용자들을 위한 온라인 대화형 윤리적 의사결정 프레임워크를 개발했습니다. 이 프레임워크는 대화와 상담을 대체하지 않으며 고용자가 어떻게 해야 하는지에 대한 구체적인 답을 제공하지 않습니다. 대신, 15개의 질문을 통해 깊은 성찰을 유도하고, 최대 6가지의 잠재적 편견을 노출시키며, 탐구할 자료와 자원을 제안합니다.

노바티스는 또한 행동 과학자로 구성된 팀을 유지하여 윤리에 대한 노력을 달성하고 있습니다. 이 팀이 조직 전체를 대상으로 실시한 연구에서의 주요 발견은 고용자들이 문제를 제기할 가능성을 높이거나 낮추는 요인에 대해, 고용자들이 문제를 제기하는 것이 쓸데없는 일로 치부되지 않도록 하여 윤리적인 좋은 행동이 비윤리적인 나쁜 행동보다 더 많이 관찰되어야 한다는 것이었습니다.[18] 일반적으로 동료와 리더가 비윤리적이라고 가정하는 인간의 성향을 고려할 때, 노바티스의 연구는 비윤리적 행동에 대한 징계조치를 공유하는 것이 중요하다는 점을 강조합니다. 특히 조직 내 윤리적 리더십의 긍정적인 사례를 적극적으로 알리는 것이 매우 중요합니다.

하이어 그라운드로 나아가는 과정
STEPS TO HIGHER GROUND

모든 회사는 비윤리적 행동을 감지하고 처벌할 수 있는 컴플라이언스 기능을 구축해야 합니다. 컴플라이언스 프로그램이 잘 갖추어져 있다고 해서 윤리적 스캔들을 피할 수 있다는 보장은 없습니다. 윤리적인 기업은 규칙을 넘어서 전략, 문화, 인센티브를 고려해야 합니다. 비즈니스 모델의 요소들, 또는 특정 제품이나 서비스가 해롭다면, 최고의 모범 관행을 가진 컴플라이언스 프로그램조차도 대중의 우려를 해결하는 데 어려움을 겪을 것입니다.

고위 경영진이 컴플라이언스 기능을 무시하거나, 비협조적이거나, 무력화시키는 현실도 있다는 사실도 받아들여야 합니다. 일반적인 컴플라이언스 분야의 두 가지 문제점은 설득력 없이 포괄적으로 무관용 원칙을 주장하는 것, 그리고 권력을 쥔 리더에게만 선택적 면죄부를 부여하는 것이 포함됩니다. 전략, 인센티브, 성과지표를 형성하는 데 역할을 하는 고위 컴플라이언스 책임자들은 도움이 될 수 있으며, 특정 정책과 프로세스가 실제로 고용자들에게 어떤 영향을 미치는지에 대한 더 엄격한 측정도 도움이 될 수 있습니다.

몇 가지 명확한 규칙에 집중하고, 판단능력을 키우며, 공정한 조사와 감독을 확립하십시오. 이는 절차적 정의와 상호적 정의를 도입하는 것을 의미합니다. 또한 고용자들의 발언 관리에도 적극적으로 대응해야 합니다.

내부 프로세스와 구조는 법적으로뿐만 아니라 윤리적으로 무엇이 옳은지도 고려해야 합니다. 규제 감시를 피하기 위해 규칙과 프로세스에만 집중하면 인간의 판단이 가져올 수 있는 유익한 역할을 줄일 수 있습니다. 최고의 컴플라이언스 프로그램은 인간의 행동 방식의 현실적인 사회적 및 상황적 압력을 고려하여 계획합니다.

미주

1. Oliver Bevan et al., McKinsey, 'Benchmarking the compliance function', 2019년 1월 7일(https://www.mckinsey.com/capabilities/risk-and-resilience/our-insights/the-compliance-function-at-an-inflection-point)
2. Uri Berliner, NPR, 'Wells Fargo admits to nearly twice as many possible fake accounts—3.5 million', 2017년 8월 31일(https://www.npr.org/sections/thetwo-way/2017/08/31/547550804/wells-fargo-admits-to-nearly-twice-as-many-possible-fake-accounts-3-5-million)
3. Bethany McLean, Vanity Fair, 'How Wells Fargo's cutthroat corporate culture allegedly drove bankers to fraud', 2017년 5월 31일(https://www.vanityfair.com/news/2017/05/wells-fargo-corporate-culture-fraud)
4. J. S. Nelson, SSRN scholarly paper, Rochester, NY, 'The dark side of compliance', 2019년 9월 10일(https://doi.org/10.2139/ssrn.3451586)
5. James Fanelli, Wall Street Journal, 'At trial, lawyers present clashing portraits of Goldman Sachs banker', 2022년 2월 14일(https://www.wsj.com/articles/trial-for-former-goldman-sachs-banker-set-to-begin-11644840001)
6. 실제로, 2016년에 실시된 3,000명의 경영진을 대상으로 한 설문조사에서 42%가 재무목표를 달성하기 위해 비윤리적 행동을 정당화할 수 있다고 믿는 것으로 나타났다(젊은 경영진 사이에서 그 비율은 더 높았다). EY, Global Fraud Survey, 'Corporate misconduct— individual consequences', 2016년(https://www.comunicarseweb.com/sites/default/files/ey-corporate-misconduct-individual-consequences.pdf)
7. Markus Jüttner, 'Corporate compliance and business ethics between claim and reality—why academic-bureaucratic compliance programs fail', 2021년(https://doi.org/10.11588/HEIBOOKS.592.C11625)
8. Ann E. Tenbrunsel, Kristin Smith-Crowe, and Elizabeth E. Umphress, Social Justice Research 16(3), 'Building houses on rocks: the role of the ethical infrastructure in organizations', 2003년(https://doi.org/10.1023/A:1025992813613)
9. Todd Haugh, Notre Dame Law Review 92(3), 'The criminalization of compliance', 2017년 1월 1일(https://scholarship.law.nd.edu/ndlr/vol92/iss3/5)
10. 역자주: 환원주의적 접근법은 복잡한 문제나 시스템을 단순한 구성요소로 나누어 설명하거나 해결하려는 것이다. 즉, 전체를 이해하기 위해 그것을 더 작은 부분으로 나누고 각 부분을 개별적으로 분석하는 것이다. 이 접근법의 문제는 실제로는 매우 복잡하고 상호작용하는 요소들이 많은 문제를 지나치게 단순화할 수 있다는 것이다. 이 경우, 회사

들이 윤리적 문제를 해결하려고 할 때, 고용자들에게 올바른 일을 할 시간을 주거나 올바른 일을 하도록 책임을 지우는 대신, 단순히 규칙을 강화하고 교육을 제공하는 것이 환원주의적 접근방식이다.

11 Richard Bistrong, The FCPA Blog (blog), 'Will incentive time bombs blow up your company?', 2016년 6월 15일(https://fcpablog.com/2016/06/15/richard-bistrong-will-incentive-time-bombs-blow-up-your-comp/)
12 Cass R. Sunstein, Behavioural Public Policy 6(4), 'Sludge audits', 2022년 10월 (https://doi.org/10.1017/bpp.2019.32)
13 James Hutton, Nautilus, 'Animals feel what's right and wrong, too', 2022년 4월 13일 (https://nautil.us/animals-feel-whats-right-and-wrong-too-238458/)
14 Government Finance Officers Association, 'What's fair?', 2023년 6월 21일(https://www.gfoa.org/fairness)
15 Hui Chen and Eugene Soltes, Harvard Business Review, 'Why compliance programs fail—and how to fix them', 2018년 3월(https://hbr.org/2018/03/why-compliance-programs-fail)
16 Emanuel Moss, Data & Society, 'Too big a word', 2020년 4월 29일(https://points.datasociety.net/too-big-a-word-13e66e62a5bf)
17 Emanuel Moss and Jacob Metcalf, Data & Society, 'Ethics Owners', 2020년 9월 23일 (https://datasociety.net/library/ethics-owners/)
18 Brian Harward, Ethical Systems (blog), 'Why you should spotlight exemplary ethical behavior at work', 2021년 7월 6일(https://www.ethicalsystems.org/how-spotlighting-exemplary-workplace-behavior-can-strengthen-ethical-culture/)

12 행동주의 시대에 목소리 내기
Speaking Up in an Era of Activism

　직장에서 목소리를 내는 일은 예전과 달라졌습니다.

　2022년 3월 17일, 우크라이나 리비우(Lviv)에서 네슬레의 웹 콘텐츠 관리자로 일하던 소피아 바셴코(Sofia Vashchenko)는 링크드인(LinkedIn)에 다음과 같은 글을 올렸습니다.

　"네슬레는 최고경영진의 연설에서 러시아와 관련된 문제는 중요하며, 또한 네슬레는 러시아 국민을 걱정한다고 강조했습니다. … 그러나 네슬레는 우크라이나 국민보다 기업의 이익과 전범자금을 우선시했습니다."

　바셴코는 3주 동안 '팀원 20명의 정신적 지원과 업무의 연속성을 보장하기 위해 노력했다.'고 덧붙였습니다. 그녀는 네슬레의 웹캐스트 이후 팀이 '정신적으로 무너졌다.'고 선언했으며, '개인으로서의 내 자신의 가치와 전문가로서 미래 고용인의 가치에 대한 나의 진실성을 보여주고 싶기 때문에' 회사를 떠난다고 했습니다.[1]

　윤리적 문화를 위한 핵심 기반은 공정성에 대한 인식입니다. 공정성이 결여되면 도덕적 이의가 축적되기 시작할 것입니다. 일단 이러한 일이 발생하면, 고용자들의 무관심이나 사직은 기업이 직면할 문제 중 가장 작은 것에 불과할 것입니다. 개인의 이익을 위해 규칙을 어기는 것이 정당화된다고 여겨지면, 사기행위가 만연해질 것입니다. 또 다른 가능성 있는 시나리오는 고용자들이 내부의 손상된 정보를 공공영역에 공개하여, 기업이 변명하기 힘든 상황에 처하게 만드는 것입니다.

중간 관리자와 주니어 고용자들이 조직의 윤리적 실패로 간주하는 문제에 대해 고위 경영진을 비난하고, 이를 공공여론의 법정에서 책임을 묻고자 하는 경향이 점점 더 강해지고 있습니다. 심지어 경영자들조차도 새로운 투명성 도구를 이용합니다. 2022년 4월, 리바이스(Levis)의 한 선임 브랜드 매니저는 저명한 블로그에 글을 게시하고 여러 언론 인터뷰를 통해 트위터에서 코로나19 팬데믹으로 인한 학교폐쇄에 대해 발언하는 것을 막기 위해 기업이 그녀를 어떻게 공격적으로 막았는지 설명했습니다. 이 매니저는 큰 퇴직금을 거절하고 이를 공개적으로 이야기했습니다.[2]

고용자들은 투자자나 규제당국보다 기업의 부끄러운 비밀을 발견하고 이를 이용할 위치에 있는 경우가 많습니다. 탐사 기자에게 전략적으로 정보를 유출하거나 직접 소셜 미디어에 게시하는 것은 주요한 평판위험의 원천입니다. 이는 페이스북의 시민 통합성팀에서 제품 관리자로 일하다 팀이 해체된 후 수천 개의 회사 문서를 월스트리트 저널과 미국 증권거래위원회에 유출한 데이터 과학자이자 엔지니어인 프랜시스 하우겐(Frances Haugen) 같은 내부 고발자들만의 이야기가 아닙니다.[3] 예를 들어, 뉴욕 타임스는 내부 고용자들의 유출 자료를 바탕으로 특정 맥킨지(McKinsey) 고용자들이 퍼듀 파마의 오피오이드 마케팅과 미국 식품의약국(US Food and Drug Administration)의 제약 규제를 동시에 자문한 사실을 폭로했습니다.[4] 일론 머스크가 트위터를 인수한 후, 고용자들은 내부발표와 결정사항을 미디어에 상세히 전달하고 소송을 준비했습니다.[5]

조직은 고용자들의 목소리가 극적으로 변화하는 상황을 관리하기 위해 새로운 도구와 신선한 사고가 필요합니다. 전통적인 내부고발 핫라인은 고용자들이 이러한 라인이 안전하고 익명이라고 신뢰해야 한다는 점에서 항상 한계가 있었습니다. 심지어 가장 잘 운영되는 내부고발 절차도 문제를 제기한 고용자들에게 상당한 스트레스를 주는데, 이는 모든 혐의가 조사되고 해결되어야 하며, 이 과정에서 수개월 간의 불확실성과 보복에 대한 두려움을 겪을 수 있기 때문입니다.

비록 내부고발과 목소리 내기라는 용어가 종종 혼동되지만, 이들은 동의어가 아닙니다. 많은 고용자들이 이제 자신의 개인적 가치를 우선적으로 표현하고자 하기 때문에, 컴플라이언스 의무를 충족시키기 위해 설계된 기존의 의사소통 시스템은 더 이상 목적에 부합하지 않습니다.

니콜 디아즈(Nicole Diaz)는 스냅(Snap)의 글로벌 윤리 책임자로, 기업 내에서 변화를 적극적으로 추진하는 친구들과 그러한 요구를 받는 친구들이 있다고 말합니다. 그녀는 고용자들이 '완전히 합의에 기반한 의사결정 구조가 존재하지 않을 것'임을 받아들이고 '비즈니스 요구를 인식'할 때 가장 효과적이라고 말합니다. 디아즈는 이어서 "고용자들의 목소리를 자산으로 보고 이를 활용할 수 있다면, 더 나은 결정을 내리는 데 분명히 도움이 됩니다. 가장 효과적인 경영자들은 진정성 있게 참여하며, 형식적인 응답은 고용자들이 심도 있는 질문을 제기하는 것을 막을 수 있습니다."라고 덧붙였습니다.

젊은 고용자들의 열정을 활용하는 것은 경영자들이 기업이 직면한 복잡한 문제에 직접적으로 참여할 수 있는 강력하고 창의적인 방법이 될 수 있습니다. 반대로, 내부요구를 통제하고 억제하려는 시도는 좋은 결과를 가져오지 않을 가능성이 큽니다. 내부에서 의견을 제시하는 것이 위험하다고 느껴질 때, 고용자들의 우려는 소셜 미디어에서 표출될 가능성이 높아집니다. 이는 투자자, 고객, 대중이 여러분의 조직이 토론과 반대 의견을 어떻게 처리하는지에 대해 각자 판단하게 만들 수 있습니다.

이미 이런 상황이 얼마나 나쁘게 전개될 수 있는지에 대한 몇 가지 예를 언급했지만, 베이스캠프(Basecamp)의 사례는 특히 주목할 만합니다. 이 기업은 건강하고 포용적인 직장을 내세워왔습니다. 창업자 제이슨 프라이드(Jason Fried)와 데이비드 하이네미어 핸슨(David Heinemeier Hansson)은 업무 문화를 주제로 다섯 권의 베스트셀러를 공동 저술했으며, 가장 최근에는 2018년에 출간된『일에 모든 것을 바칠 필요는 없다(It Doesn't Have to Be Crazy at Work)』가 있습니다.[6] 그러나 3년 후, 두 사람은 베이스캠프의 내부 소셜 미디어에서 '사회적 및 정치적' 논의를 금지하는 '원칙적인' 정책을 발표했고, 이 모든 것이 역효과를 불러일으켰습니다.

더 버지(The Verge)의 보도에 따르면, 고용자들은 조 바이든 대통령의 성과에 대해 토론하며 근무시간을 낭비하고 있지 않았습니다.[7] 그들은 종종 아프리카나 아시아 출신의 '재미있게 들리는' 고객명을 수집하는 오랜 내부 관행을 중단시키려 했습니다. 한 고용자가 이러한 농담이 더 위험한 인종적 적대감 표현으로 이어질 수 있다고 제안하자, 베이스캠프는 해당 대화를 중단하고 고용자 주도의 다양성과 포용성 그룹을 해체했습니다.[8] 이에 항의하여 고용자의 3분의 1이 사임했고, 이 사건은 밈으로 확산되었습니다.

베이스캠프의 문제로 인한 고소는 모든 경영자에게 교훈을 주었지만, 일부는 이를 듣지 않았습니다. 6개월도 채 지나지 않아 애플은 슬랙에서 임금 형평성에 대한 논의를 금지했습니다. 그 이유는 '애플의 임금형평성에 대한 약속과 일치하지만', 슬랙에서 허용되는 주제에 대한 내부 요구사항을 충족하지 않았기 때문이라고 밝혔습니다.[9] 곧 트위터에서 애플의 임금형평성에 대한 논의가 활발히 이루어졌습니다.

내부토론을 금지하는 것이 이러한 문제를 해결하는 현명한 방법은 아니지만, 그렇다고 끝없는 갈등을 야기하거나 모든 결정을 고용자 투표에 맡기는 것도 바람직하지 않습니다. 개인적 활동과 조직적 활동의 교차점은 조직의 경계가 모호해지는 상황에서 특히 문제가 됩니다.

많은 경영자들은 변화하는 여론, 증가하는 정치적 위험, 변화하는 인구통계, 환경 및 사회적 문제, 다양성 압력 등으로 인해 고용자의 목소리를 어떻게 처리해야 할지 확신하지 못합니다. 극단적인 환경에서는 세심하고 신중한 대응이 가장 인기가 없는 것처럼 보일 때도 있습니다. 이 상황에서 무엇을 할 수 있을까요?

변화하는 인력의 요구 이해하기
Understanding the Demands of a Changing Workforce

와튼스쿨(Wharton School)의 메리-헌터 맥도넬(Mary-Hunter McDonnell)은 새로운 고용자의 감각이 방향을 설정하고 성과를 장려하는 것만으로 충분하다고 생각하는 경영자를 굉장히 당황하게 한다고 말합니다.

"M세대와 Z세대가 점점 더 제품을 구매하고 주식을 매입하기 때문에, 다양한 활동가 집단과의 기업참여가 훨씬 더 많아질 것이라고 생각합니다. … 하지만 지금 형성되고 있는 행동주의를 지켜보면, 고용자들이 가장 강력한 변화의 주체입니다. 왜냐하면 그들은 가장 쉽게 혼란을 일으킬 수 있기 때문입니다. 젊은 사람들은 자신이 세상을 긍정적으로 변화시킬 수 있는 플랫폼을 제공하는 기업에서 일하는 것을 정말 가치 있게 여깁니다."

이 책의 집필을 위해 진행한 인터뷰와 교실에서 들은 의견들은 모두 급격한 변화를 겪고 있는 직장을 보여주고 있습니다. 고용자들은 사회적 정체성과 개인적 가치를 더욱 중시하고, 조직이 개인의 필요와 야망에 맞추어 적응해야 한다고 믿고 있습니다. 이러한 기대는 환경 및 사회적 문제에 대한 기업의 입장뿐만 아니라 원격근무와 정신건강과 같은 내부문화 및 성과 문제에도 적용됩니다. 각 고용자가 서로 다른 요구를 가지고 있기 때문에 모든 고용자를 만족시키는 것은 당연히 불가능합니다. 더욱이 세대 간 차이로 인해 어떤 결정이든 특정 세대에 편향된 것처럼 보일 수 있습니다.

학부생들을 가르칠 때, 고용주가 고용자의 정신건강을 보호하기 위해 '개입해야 한다.'는 의견을 듣습니다. 정신건강이라는 주제가 더 이상 금기

시되지 않는다는 것은 다양성과 포용성 면에서 놀라운 진전을 의미하지만, 직장에서 정신건강 문제를 처리하거나 수용하는 방법에 대한 실질적인 합의는 거의 이루어지지 않았습니다. 관리 책임이 있는 MBA 학생들에게서 반복적으로 듣는 이야기는 그들이 우선순위를 정하는 데 있어 모순된 압박감으로 인해 깊이 있는 대처능력을 잃고 스트레스를 받는다는 것입니다.[10]

조직을 괴롭히는 다양한 힘은 정치적 발언과 지출에 대한 긴장으로만 국한되지 않습니다. 여기에는 개인의 무력감과 다양한 정치적 견해에 대한 관용의 감소도 포함됩니다. 액시오스(Axios)는 성소수자(LGBTQ) 테마 프로모션 노력에 대한 보수층의 분노로 인해 콜스(Kohl's), AB 인베브, 타겟(Target)이 10주 만에 287억 달러의 시가총액을 잃은 후 '미국 기업들은 사회의 진보적 충동과 보수적 반발 사이에 갇혀 있다.'고 지적했습니다.[11]

감정적 양극화는 1994년 이후 극적으로 증가했습니다. 많은 사람들이 정치적 사고의 차이를 불가피하거나 자연스러운 것으로 받아들이기보다는 반대편에 있는 사람들에 대해 깊은 반감이나 적대감을 느끼는 경향이 있습니다.[12] 이에 따라 정치적 동질성(Political homophily, 동일한 정치적 성향을 가진 사람들과 관계를 맺고 형성하려는 경향)도 증가했습니다. 일부 직장은 사람들이 분열을 넘어서 건설적으로 상호 작용할 수 있는 사회적 장을 제공합니다. 반면 많은 직장들이 사회적 분열을 반영하며 점점 더 당파적으로 변하고 있습니다.[13]

2022년 에티컬 시스템즈에서 진행한 연구 프로젝트에서 인터뷰 대상자들은 대부분의 조직문화가 어느 한쪽 관점에 대한 본질적인 편견을 가지고 있다고 동의했습니다. 직장경력 중 역할이나 산업을 변경한 사람들은 이러한 편견이 기업과 산업에 따라 크게 다를 수 있다고 말했습니다. 우리가 조사한 대부분의 조직에서 지배적인 관점은 환영받고 그룹역학에 의해 강화되는 반면, 대조적인 관점은 기껏해야 용인된다고 말했습니다.[14]

이것은 새로운 일이 아닙니다. 2014년 스탠포드대학의 아담 보니카

(Adam Bonica)의 연구는 다양한 산업에서의 정치적 성향을 효과적으로 분석했습니다.[15] 하지만 기업이 목소리를 내야 한다는 압력이 커지면서 직장 내 정치문제는 더욱 두드러지게 되었습니다. 중요한 것은 지배적인 편견이 인구통계나 사회적 정체성과 깔끔하게 일치하지 않는다는 점입니다. 기술과 금융은 모두 남성이 지배하는 부문이지만, 각각의 노동력은 정치적으로 좌파와 우파로 나뉘는 경향이 있습니다. 이는 일부 고용자들에게는 심리적 안전을 보장하지 못하고 다른 고용자들에게는 과도한 심리적 안전을 부여할 수 있습니다.

우리는 정치적 위험에 대처하는 방법을 이미 논의했습니다. 이제 조직문화에 미치는 영향을 자세히 살펴볼 때입니다. 많은 직장인들은 그들의 고용주에게 특정 정치적 입장을 취하거나 행동하도록 권장하고, 해롭다고 여겨지는 조직적 선택에 저항하도록 동기부여를 받고 있습니다. 그들의 요구에 대응하는 것은 소수의 목소리를 증폭시켜 다른 구성원들이 침묵하고 불만을 느끼게 할 수 있습니다.

같은 의견을 가진 파벌 내에서도 내분이 일어날 수 있습니다. 진보적인 조직은 종종 내부갈등과 '망신주기 문화(Callout culture)'로 어려움을 겪습니다.[16] 일반적으로 같은 생각을 가진 사람들은 사회적 정의가 내부적으로 중요한 과제라는 데 동의할 수 있지만, 이를 달성하는 방법에 대해서는 강하게 이견을 가질 수 있습니다.

마지막으로, '당신의 온전한 자아를 직장에 투영하라(Bring your whole self to work)'는 표현에서 알 수 있듯이, 고용자들에게 더 높은 의미와 목적을 제공해야 한다는 기대가 있습니다. 이는 동기부여를 높일 수 있지만, 비현실적인 기대, 번아웃, 그리고 착취를 초래할 수 있습니다(이에 대한 자세한 내용은 결론을 참조). 전반적으로, 일과 개인생활의 경계가 모호해질 때, 조직이 고용자들이 추구하는 더 넓은 사회적·정치적 영향을 가져다주어야 한다는 압박이 커집니다. 만약 고용주가 '잘못된' 문제를 지지하거나 '올바른' 문제에 대해 행동하지 않는 것처럼 보인다면, 열성적인 고용자들은 강한 인지 부조화를 느낄 수 있습니다.

논쟁적인 문제에 대한 조직의 입장표명이 고용자 행동주의의 부상에 선행했다는 것은, 이제 가치가 논쟁의 대상이 되어야 하며 리더에 의해 강요되어서는 안 된다고 고용자들이 인식하고 있음을 시사합니다. 넷플릭스에서 데이브 샤펠(Dave Chappelle)의 성별 관련 견해에 대한 항의, 그리고 디즈니에서 플로리다의 이른바 '동성애 언급 금지법'에 대한 항의가 있습니다. 타겟이 보수적인 고객들로부터 반발을 받고 일부 성소수자(LGBTQ) 상품을 철수했을 때, 일부 고용자들은 배신감을 느꼈지만 다른 고용자들은 자신의 신체적 안전을 우선시하려는 노력을 인정[17]했습니다(인권 접근방식에서는 이 문제에 대해 영향을 받는 이해 관계자, 즉 최전선 고용자와 성소수자 대표자들과 상의하는 것이 좋습니다).

이 모든 것은 고용자발언, 조직발언, 그리고 그들이 교차하는 지점에 대한 신중한 접근방식을 요구합니다.

고용자 발언권의 약속과 위험
The Promise and Perils of Employee Voice

폴 헤이스팅스(Paul Hastings) 법률 회사의 파트너인 조나단 드리머는 윤리적 조직이 되기를 원하는 기업이라면 목소리를 내도록 하는 것이 최우선 과제라고 말합니다.

"사람들은 점점 더 '목소리를 낼 수 있는 자신감'이 기업문화의 중요한 척도라고 인식하고 있습니다. 문제를 제기할 때 보복을 당하지 않을 것이라는 경영진에 대한 신뢰가 중요합니다. 이는 절차적 정의와 공정성에까지 연결됩니다. 그래서 기업들은 점점 더 이 분야에 집중하고 있습니다."

소셜 미디어와 원격근무의 증가로 인해 목소리를 내는 방식과 영향이 변했습니다. 소셜 미디어를 통한 집단행동은 경영자로부터의 보복위험을 상쇄하는 한 가지 방법입니다. 2018년, 나이키의 인사팀은 여러 남성 고위 경영진에 대한 성희롱 혐의에 대해 조치를 취하지 않았습니다. 여성 고용자들은 자신의 경험을 모아 강력하게 경영진과 대면했고, 일부 주요 남성 임원들은 직장을 잃게 되었습니다.[18] 유사한 혐의를 제기하고자 하는 고용자들을 연결하여 집단의 목소리를 모으는 내부고발 플랫폼 스타트업들도 생겨났습니다.[19]

슬랙과 같은 내부채널의 증가로 고용자들은 경영진의 눈을 피해 의견을 공유하고 집단행동을 계획할 수 있게 되었습니다.[20] 사라 레푸치(Sarah Repucci)는 미국 정부가 자금을 지원하는 비영리기구인 프리덤 하우스(Freedom House)의 고위직에 있을 때 이를 매일 목격했다고 말합니다.

"공적 광장에서의 책임은 젊은 사람들에게는 현실입니다. 그리고 권력을 가진 우리들은 그들을 따라갈 수 없습니다. 그들은 우리보다 훨씬 빨리 스스로를 조직화합니다. 다른 임원들과 이메일을 주고받는 동안, 그들은 슬랙에서 대화를 나누고 정보를 공유하며 조직하고 행동에 나섭니다."

제임스 디터트(James Detert)와 에이미 에드먼슨(Amy Edmondson)은 현대 조직의 성공에 있어 바텀업(Bottom-up) 커뮤니케이션이 얼마나 중요한지에 대해 연구해온 많은 학자들 중 한 명입니다. 그들의 연구와 많은 동료들의 연구는 권력에 대한 진실을 말하도록 장려하고, 위계 질서의 냉각 효과를 상쇄하는 데 기여해 왔습니다.[21] 오직 심리적 안전을 제공하기 위해 노력하는 기업만이 경영자가 놓칠 수 있는 문제와 조직 개선 기회를 고용자들에게 명백히 드러낼 수 있을 것으로 기대할 수 있습니다.

어려운 질문은 내부갈등을 과도하게 증폭시키지 않으면서 어떻게 고용자들이 목소리를 내도록 장려할 수 있느냐는 것입니다. 로버트 치알디니(Robert Cialdini)의 연구는 사람들이 공개적으로 의견을 표현하면 그에 따라 행동할 가능성이 높아지고 물러서기가 더 어려워진다는 것을 보여주었습니다.[22] 기술로 인해 촉진된 고용자 의견 표출의 붐은 일부 소셜 미디어 플랫폼의 특징인 선동과 익명성의 조합을 확산시킬 수 있습니다.

이것은 링크드인에서도 발생했습니다. 대부분의 미국 대기업과 마찬가지로, 마이크로소프트의 자회사인 링크드인은 2020년 여름 조지 플로이드의 살해 이후 체계적 인종차별에 대한 재평가에 직면했습니다. 링크드인은 '함께 서기(Standing Together)'라는 기업 전체 타운홀 미팅을 개최하여 사건이 어떻게 일어났는지, 그리고 고용자들이 서로를 어떻게 지원할 수 있을지 논의했습니다. 민감한 주제와 사람들이 자유롭게 목소리를 낼 수 있도록 하기 위한 필요성을 고려하여, 기업은 회의에 동반된 온라인 채팅에서 익명 댓글과 질문을 허용했습니다. 그러나 그 결과로 나온 의견들은 회의의 전제 자체에 도전하는 내용, 역차별을 질문하는 내용, 심지어는 인종차별을 고백하는 내용도 포함되어 있었습니다.[23] 링크드인의 최선의 의도에도 불구하고, 이 과정은 기업이 피하려고 했던 해로운 역동성(Toxic dynamics)을 정확히 재현했습니다.

더 나은 접근방식은 무엇일까요?

책임을 높이세요. 링크드인의 경험은 건강한 토론을 위해서는 소셜 미디어에서 배운 교훈처럼 기본 규칙이 필요하다는 것을 강화합니다. 여기서 얻을 수 있는 교훈 중 하나는 사람들이 실제로 어떻게 생각하는지 알고 싶다면 사적으로 물어보라는 것입니다. 반대로, 공개적이고 내부적인 토론에서는 익명을 보장하는 것은 현명하지 않다는 것입니다. 2020년 시스코 시스템즈(Cisco Systems)는 다양성 포럼에서 일부 고용자들이 채팅에서 인종차별적 발언을 하는 유사한 문제에 직면했습니다. 다행히 익명성이 허용되지 않았기 때문에 경영자들은 빠르게 해당 고용자를 축출할 수 있었고, 이는 리더십 팀의 포용성에 대한 확고한 의지를 명확히 보여주었습니다.[24]

고용자들이 발언하기 전에 잠시 생각하도록 돕는 것은 건설적입니다. 유타에 있는 마케팅 스타트업 하몬 브라더스(Harmon Brothers)는 고용자들이 내부 슬랙 채널에서 점점 더 당파적인 뉴스를 공유하는 경향이 있다는 것을 발견한 후, 이를 해결하기 위한 영리한 방법을 고안했습니다. 이 기업은 '당파적 발언'을 금지하는 베이스캠프의 실수를 저지르지 않았습니다. 대신, 기사를 게시하고 싶은 고용자는 그 기사에 대한 자신의 생각을 담은 비디오도 게시해야 한다는 규칙을 세웠습니다. 답글도 비디오로 게시해야 한다는 규칙을 제시했습니다.[25] 이는 고용자들이 반성하도록 강요하여 게시물 수를 극적으로 줄였고, 토론의 열기를 상당히 식혔습니다.

건강한 토론을 장려하세요. 고용자들의 증가하는 요구에 대처하는 가장 좋은 비당파적 접근법은 조직이 정치적 문제에 대한 고용자들의 견해를 대표할 수 있다고 암시하기보다는 개인의 정치적 참여와 선택, 관용, 상호존중을 강조하는 것입니다. 진정한 포용은 누군가가 기업의 지배적인 문화와 맞지 않는 의견을 가질지라도 처벌이나 '취소'되지 않아야 한다는 것을 의미합니다. 긴장된 외부 환경을 고려할 때, 승진을 위한 중요한 요건으로 매우 다른 가치와 의견을 가진 사람들과 성공적으로 협력한 실적을 요구하는 것이 도움이 될 수 있습니다.

올스테이트 보험(Allstate Insurance)은 애스펜 연구소, 역사와 자아 대면하기(Facing History and Ourselves)와 협력하여 '더 나은 논쟁 프로젝트'를 만들어 눈에 띕니다. 이 프로젝트는 토론을 방해하는 것이 아니라, 더 건강하고 존중하는 토론을 만드는 데 중점을 둡니다.[26] 기업은 또한 다양한 정치적 연사를 초청하고 투표를 위해 휴가를 제공하여 시민참여를 장려하는 것을 고려할 수 있습니다. 조직이 고용자들이 기부하는 원인이나 목적에 대해 동의하거나 이를 수용하지 않더라도, 고용자들의 기부금에 대해 상응하는 금액을 기부하는 것은 타당합니다. 이러한 접근방식은 개인의 가치가 다르다는 현실을 반영하며, 고용주는 건강한 민주적 담론을 존중해야 한다는 것을 보여줍니다.

명확한 지침을 설정하세요. 앞서 본 예들은 고용자들이 직장에서 무엇을 말할 수 있고 말할 수 없는지에 대한 지침을 제공하는 것이 얼마나 중요한지를 보여줍니다. 논쟁과 의견의 범위를 정의하고, 넘지 말아야 할 선을 설정하는 것은 좋은 생각입니다. 그러나 이는 위기상황에서가 아니라 사전에 이루어져야 합니다. 이러한 경계선은 인종차별적인 발언과 같이 직장에서 심리적 안전을 위협할 수 있는 차별적인 행동에서 설정해야 합니다. 오직 직장과 관련된 행동만을 고려해야 합니다. 기업은 고위 고용자라 하더라도 직장 외부에서 정치적 또는 시민적 참여에 대해 소셜 미디어에 무엇을 말하는지를 규제하려고 해서는 안 됩니다.

긍정적인 피드백을 장려하세요. 일부 기업은 조직문화의 모든 측면에 대한 내부의견 공유를 장려하여, 고용자들의 우려사항뿐만 아니라 전체적으로 토론과 논의에 대한 자신감과 능력을 키우고자 합니다. AB 인베브에서 매트 같은 "우리의 헬프라인을 단순히 비윤리적인 행동을 보고하는 곳에서 영감을 주는 행동을 보고하고 윤리팀과 상호작용하는 방식을 재고하는 방향으로 브랜딩하려고 노력했다."고 말했습니다. 내부고발은 부정적인 의미를 가질 수 있지만, 모든 고용자는 기업이 더 지속 가능한 미래를 구축하는 데 도움을 주고 싶어합니다.

기업이 입장을 취할 시기를 결정하기
Deciding When the Company Should Take a Stand

경영자들은 고용자 행동주의의 증가에 대해 혼란스러운 감정을 가지는 것이 이해됩니다. 메건 레이츠(Megan Reitz)와 존 히긴스(John Higgins)는 부정('무슨 행동주의?')에서부터 억압과 '가식적 공감(Façadism)'까지 다양한 대응 스펙트럼을 묘사했습니다. 여기에는 의미 있는 대화와 일부 기업이 행동주의를 촉진하려는 노력까지도 포함됩니다.[27] 이미 언급한 모든 주의사항에도 불구하고, 중요한 사회적 또는 환경적 문제에 대해 조직의 입장을 표명할 만한 충분한 이유가 있을 수 있습니다. 이는 다양한 각도에서 신중하게 고려되어야 합니다. 행동주의를 장려하는 경영자들은 행동주의가 어떻게 전개될지를 상부에서 통제할 수 있다고 착각해서는 안 됩니다.

지속가능 발전을 위한 캐나다 청년 기업 협의회 리제네레이션은 젊은 근로자들이 '그린워싱과 실제로 임팩트를 주는 지속가능성 노력의 차이를 이해하고, 고용주가 약속을 지키도록 돕는' 상세한 도구키트를 제작했습니다.[28] 이 보고서에서는 이렇게 밝힙니다.

"모든 고용자 행동주의자는 … 자신의 기업성과를 적절히 평가할 수 있도록 높은 수준의 지속가능성 지식을 습득해야 합니다. 고용자 행동주의의 두 번째 단계는 동맹을 찾고, 변화를 위해 조직하며, 회의, 워크숍, 컨퍼런스 및 내부 게시판과 같은 비공식 채널을 통해 정보를 전파하는 것입니다."

이러한 노력을 촉진하고 조율하기 위한 조직이 등장하고 있습니다. 페이스북의 지속가능성 책임자로 6년간 일한 빌 웨일(Bill Weihl)은 2017년에 퇴사하여 기술 분야의 기후변화에 대한 협력적 고용자 행동주의 플랫폼인 클라이밋보이스(ClimateVoice)를 시작했습니다. 그는 "페이스북이 할 수 있는 가장 중요한 일은 기후에 대한 공공정책 전쟁에서 목소리를 내는 것입니다."라고 말합니다. 웨일은 "많은 기술기업들이 자사 운영에서는 옳은 일을 하지만, 공공정책 질문에는 거의 침묵하고 있습니다. 반면에, 석유 대기업은 자신이 가진 모든 영향력을 사용하고 있습니다."라고 문제를 제기합니다.

웨일은 다음과 같이 설명합니다.

우리는 2020년 초에 연방정부 차원에서의 기후조치가 거의 불가능한 상황에서 출범하여 주정부 및 지역 활동에 집중했습니다. 첫 18개월 동안 우리는 고용자들에게 로비의 중요성, 그리고 최대한의 임팩트를 위해 목소리를 높이는 방법을 교육하는 데 집중했습니다. 많은 기술기업들이 자사 운영 내에서 무엇을 하고 있는지에 대해 선전을 하지만, 이는 그들의 공공정책 입장보다 덜 중요합니다. 우리는 젊은 고용자들에게 이러한 차이점을 교육하는 데 집중했습니다.

많은 기업이 기후문제에 대해 더 많은 노력을 기울일 수 있지만, 추진력이 필요하며 우리는 그 추진력을 제공하는 것을 목표로 합니다. 우리는 여러 기업 간 정책을 조정하고 단순한 점수 카드를 통해 인프라재구축법(the Build Back Better Act)[29]에 대한 저항을 구체적으로 추적했습니다. 이는 고용자들의 일치된 질문을 이끌어냈고 중요한 정책변화로 이어졌습니다.

이러한 고용자 노력에 비추어 볼 때, 기업의 입장표명을 내부 우선순위 및 지출과 별도의 커뮤니케이션 전략으로 취급하는 것은 매우 위험합니다. 오늘날의 고용자 행동주의자들은 경영진의 정치적 게시물을 읽는 것으로 만족하지 않습니다. 그들은 기업의 수사와 공공정책에 대한 행동이 일치하는지 확인하기 위해 면밀히 살펴보고 있습니다. 그들은 기업이 표명한 조직 가치를 지지하기 위해 정치적 위험을 감수할 것을 기대합니다. 특정 공공정책 입장을 지지한다고 주장하면서 로비와 기부를 통해 입장과 상반되는 일을 하면 어떤 결과가 초래될지 쉽게 알 수 있습니다.

그렇다면 조직이 언제, 어떻게 목소리를 내야 할지에 대해 더 효과적이고 덜 위선적이 되려면 어떻게 해야 할까요? 조직의 리더는 분열을 줄이고 다원주의와 상호 존중을 촉진하기 위해 적극적으로 노력할 수 있으며, 또는 점점 더 증가하는 고용자 요구에 부응하여 더 행동주의적인 입장을 취할 수 있습니다. 두 가지 경우 모두 장단점이 있습니다. 중립을 주장한다고 모든 도전 과제가 해결되는 것은 아닙니다. 왜냐하면 침묵은 종종 공모로 해석되기 때문입니다. 더 행동주의적인 입장은 잠재적으로 고용자들을 소외시키고 다른 사람들을 끌어들여 과도한 권한행사와 대표성에 대한 어려운 질문을 야기할 것입니다. 기업행동주의를 수용하려면 엄격하고 일관된 기준에 기반해야 합니다. 한 가지 질문에 목소리를 내면 다음에 또 어떤 새로운 주제에 대해 목소리를 낼 것인지에 대한 기대감이 높아지기 때문입니다.

기업의 궁극적인 입장이 무엇이든, 목소리를 내는 것은 가치, 문화, 환경 및 사회적 우선순위와 관련된 질문에서 분리되어서는 안 됩니다. 이것이야말로 우선순위를 명확히 설정하는 것이 좋은 이유 중 하나입니다. 경영자들은 고용자들의 목소리와 참여를 장려해야 하지만, 모든 논란이 되는 질문에 대해 다수의 결정을 요구하는 것은 좋지 않은 생각입니다. 이는 초점에서 벗어나 갈등에 빠지기 쉬울 뿐만 아니라, 경영자는 사업을 운영하는 것이지 선거를 치르는 것이 아니기 때문입니다.

가치

첫 번째 중요한 단계는 명확하게 정의된 기업가치를 유지하여 구직자와 고용자들이 기업의 주요 원칙과 약속을 알도록 하는 것입니다. 마찬가지로 원칙과 약속이 포함되지 않는 것을 파악하는 것도 중요합니다. 이러한 가치는 기업이 이해관계자에게 미치는 임팩트에 기반하는 것이 가장 좋습니다. 그럼에도 불구하고, 포용에 대한 약속은 ESG 중요성 절차를 거칠 필요 없이 인간을 고용하는 모든 기업에 매우 중요합니다.

여기서 복잡한 문제는 대부분의 국가에서 기본적인 인권이 정치화된다는 점입니다. 성소수자(LGBTQ) 권리, 의료, 여성권리, 인종차별, 특정 백신, 복장규정, 총기안전 등이 그 예시입니다. 이들은 모두 개인적이면서 기본적인 인권에 관한 문제입니다. 고용자, 계약자 및 공급망 노동자의 인권을 보호하는 것이 첫 번째 우선순위가 되어야 하며, 그 이후에야 더 광범위한 참여를 시도해야 합니다.

인권에 대한 약속은 '깨어 있음'에 관한 것이 아니며, 당파적일 필요가 없습니다. 보수적인 브랜드인 칙필레는 '소속감의 문화'에 대한 확고한 서면 약속을 제시했습니다.[30] 존엄성과 존중을 받고자 하는 것은 이념적이거나 당파적인 것이 아닙니다. 수백 명의 고객을 자동차 도난으로 잘못 기소하고 한 사람을 37일 동안 감금한 허츠의 법적 합의를 생각해보십시오.[31] 또는 일부 아마존 고용자들이 동료가 죽었는데도 시체 옆에서 하루 종일 일해야 했다는 사실을 생각해보십시오.[32]

문화

고용자들이 심리적 안전에 대해 불안해하는지 확인하려면, 9장에서 제공한 조언을 참고하시기 바랍니다. 조직 내 모든 사람에게 익명으로 피드백을 제공하도록 요청하여 문화에 대한 의견과 목소리를 내는 것을 편안하도록 만드시기 바랍니다. 협상과 존중하는 대화에 관한 교육이 큰 도움이 될 수 있습니다.

환경 및 사회문제

환경 및 사회적 우선순위를 설정하는 데 전체 고용자의 참여를 장려하는 것이 좋습니다. 이 과정이 완료되고 전략적 약속이 확립되면, 명시된 우선순위를 사용하여 조직이 언제, 어떻게 목소리를 낼지를 결정하는 지침으로 사용할 수 있습니다. 제안된 행동이 우리가 모두 의존하는 광범위한 사회적·

정치적·환경적 시스템을 약화시키지 않도록 하는 것이 중요합니다. 다음과 같은 질문들이 도움이 될 수 있습니다.

- 이 문제가 기업의 가치, 행동강령 또는 기존의 공공약속과 관련이 있는가?
- 이 문제가 엄격한 중대성 평가에 따른 환경적 또는 사회적 우선순위에 속하는가?
- 이 문제가 다양성 및 포용성 또는 인권원칙에 대해 고용자들에게 한 약속과 관련이 있는가?
- 기업이 자신의 행동이나 사업모델로 문제를 악화시키지 않도록 할 수 있는 모든 조치를 취했는가?
- 기업이 이 문제에 대한 해결책에 기여할 관련 역량과 전문지식을 가지고 있는가?
- 이 문제가 기업이 목표나 운영과 밀접한 관련이 있는 새로운 문제인가?
- 기업이 다른 사람들과 협력하여 긍정적인 기여를 할 수 있는 명확한 방법이 있는가?
- 이 문제에 대한 행동이 일반적으로 긍정적인 운영환경을 지원하는가? 민주적 참여, 공정한 경쟁, 기회의 평등, 기본 인권을 지원하는가?
- 기업의 가치, 이전 행동, 정치적 지출, 환경 및 사회적 우선순위와 일치하는 성명을 낼 수 있는가?

이 질문들 중 하나라도 부정적인 답변이 나온다면 해당 문제에 대해 진행하지 않는 것이 현명할 것입니다.

일부 고용자들이 기업의 입장표명을 요구할 수 있지만, 기업 참여의 2차적 결과는 예측할 수 없습니다. 어떤 공공 캠페인을 시작하기 전에, 행동과 지출이 일치하는지 확인하고 이해관계자를 인권침해로부터 보호하기 위한 구체적인 조치를 취했는지 확인하십시오. 대부분의 기업은 추가적인 내부 작업이 필요할 것입니다. 최악의 접근방식은 의미 있는 행동이 부족한 상황에서 이를 보상하거나 주의를 돌리기 위해 공공 캠페인을 이용하는 것입니다. 다시 말해, 고용자들이 의료 지원이나 생활임금을 받지 못하는 상황에서 사형제에 대해 목소리를 내는 것은 피해야 합니다.

더 논쟁적인 활동가적 입장을 취하기로 결정한 기업이라면 추가적인 고려 사항이 필요합니다. 고용자들 사이에서 지배적인 세계관이 고용자 결속력을 높이고 특정 인구 통계와 관점을 가진 사람들을 유치하고 유지하는 데 도움이 될 수 있습니다. 그러나 이는 정치적 보복의 가능성을 증가시키고 분열을 악화시킬 수 있습니다. 또한 내부의 다양한 의견과 견해 표현을 억제하는 효과도 있습니다.

기업이 행동주의를 수용하기로 선택한다면, 이를 구현하고 가치를 신호화하는 방식에 대한 모든 영향을 고려한 후 완전히 헌신하는 것이 중요합니다. 기업이 명확히 당파적인 가치를 구현하기로 선택한 경우, 특히 최고경영진과 이사회의 가장 눈에 띄는 구성원이 그러한 견해에 공개적으로 또는 사적으로 반대할 수 있도록 허용할 것인지 결정해야 합니다. 조직 내 지배적인 정치적 편향이 사업성공에 최적이 아니라 이념적 성향에 의한 결정으로 이어질 수 있다는 점도 중요합니다.

하이어 그라운드로 나아가는 과정
STEPS TO HIGHER GROUND

계층구조의 현실상 직장에서 목소리를 높이는 것은 항상 위험한 것이 되었고, 이는 직업뿐만 아니라 경력에도 영향을 미칠 수 있습니다. 기업들이 컴플라이언스 의무를 준수하기 위해 내부고발 라인을 운영하지만, 이러한 채널은 잘 운영되더라도 가시성과 신뢰가 부족한 경우가 많습니다.

최근 몇 년 동안 발언의 내용과 형태가 크게 변화했습니다. 고용자들은 동료와 상사의 불법활동뿐만 아니라 윤리적 우선순위와 환경 및 사회적 영향에 대한 우려를 표명하고 있습니다. 동시에, 소셜 미디어를 통한 집단행동은 권력역학을 변화시키고 있습니다. 전략적 유출의 증가로 인해 경영진은 자신들의 말이나 행동이 언제든지 공개될 수 있다는 가정을 해야 합니다. 개방된 사회 시스템에서 언론을 통제하려는 시도는 실패할 수밖에 없습니다.

건강한 의견개진을 가능하게 하고, 목소리를 높이고 참여하는 고용자들이 제공하는 통찰력을 활용하기 위해 많은 일을 할 수 있습니다. 모든 사람의 심리적 안전과 공감을 지원하는 것이 중요합니다. 다른 이들을 희생시키면서 일부 관점만 부각하는 것은 일부 사람들을 침묵하게 하고 불만을 느끼게 할 수 있습니다. 또한 어떤 종류의 내부 및 공개 발언이 선을 넘을 것인지에 대한 지침을 제공하는 것도 중요합니다.

기업이 고용자들의 우려사항을 실질적으로 다루지 않는다면 대화를 개선하더라도 충분하지 않을 것입니다. 명확한 가치를 설정하고, 문화를 측정하며, 전체 고용자의 참여로 사회적 및 환경적 우선순위를 설정하는 것이 좋습니다.

이는 기업이 발언할지 침묵할지에 대한 정책 결정을 안내하는 원칙을 확립하는 데 도움이 될 것입니다. 특정 문제에 대해 조직의 목소리를 언제, 어떻게 사용할지에 대한 내부 지침을 설정하여 반사적으로만 행동하지 않도록 할 수 있습니다. 비당파적인 입장이나 더 활동적인 입장을 정당화할 수 있지만, 그 결과를 충분히 이해해야 합니다. 발언을 단순한 홍보로 취급하면 위선으로 비칠 수 있으니 세심한 주의가 필요합니다.

미주

1. Jessica DiNapoli and Richa Naidu, Reuters, 'Oreo-maker, Nestle, Pepsi face pressure from European employees over Russia', 2022년 4월 14일(https://www.reuters.com/business/oreo-maker-nestle-pepsi-face-pressure-european-employees-over-russia-2022-04-14/)
2. Jennifer Sey, The Free Press, 'Yesterday I was Levi's brand president. I quit so I could be free', 2022년 2월 14일(https://www.thefp.com/p/yesterday-i-was-levis-brand-president)
3. Jeff Horwitz, Wall Street Journal, 'The Facebook whistleblower, Frances Haugen, says she wants to fix the company, not harm it', 2021년 10월 3일(https://www.wsj.com/articles/facebook-whistleblower-frances-haugen-says-she-wants-to-fix-the-company-not-harm-it-11633304122)
4. Chris Hamby et al., New York Times, 'McKinsey opened a door in its firewall between Pharma clients and regulators', 2022년 4월 13일(https://www.nytimes.com/2022/04/13/business/mckinsey-purdue-fda-records.html)
5. Vittoria Elliott, Wired, 'Ex-Twitter employees plan to 'bombard' company with legal claims', 2022년 12월 6일(https://www.wired.com/story/twitter-employee-arbitration/)
6. 역자주: 우리나라에서는 2019년 예문아카이브 출판사가 '일을 버려라!-꼭 필요한 일에만 집중해 탁월한 성과를 내는 회사의 비밀'이라는 제목으로 번역(우미정 옮김) 출판하였다.
7. Casey Newton, Verge, 'Breaking camp', 2021년 4월 28일(https://www.theverge.com/2021/4/27/22406673/basecamp-political-speech-policy-controversy)
8. Casey Newton, Verge, 'Inside the all-hands meeting that led to a third of Basecamp employees quitting', 2021년 5월 3일(https://www.theverge.com/2021/5/3/22418208/basecamp-all-hands-meeting-employee-resignations-buyouts-implosion)
9. Zoe Schiffer, Verge, 'Apple just banned a pay equity Slack channel but lets Fun Dogs channel lie', 2021년 8월 30일(https://www.theverge.com/2021/8/31/22650751/apple-bans-pay-equity-slack-channel)
10. Carl Karlsson and Alison Taylor, Welcome to the Jungle, 'The pitfalls of 'cool parent' leadership', 2023년 1월 3일(https://www.welcometothejungle.com/en/articles/empathetic-leadership)
11. Javier E. David, Axios, 'The financial toll of Right-Wing Backlash: at least $28B in

market value', 2023년 6월 16일(https://www.axios.com/2023/06/16/corporate-america-pride-backlash-stocks)

12　Brown University, 'U.S. is polarizing faster than other democracies, study finds', 2020년 1월 21일(https://www.brown.edu/news/2020-01-21/polarization)

13　Vyacheslav Fos, Elisabeth Kempf, and Margarita Tsoutsoura, SSRN scholarly paper, Rochester, NY, 'The political polarization of Corporate America', 2023년 5월 22일(https://doi.org/10.2139/ssrn.3784969)

14　Saijel Kishan, Bloomberg, 'Executives find they're ill-equipped to stem worker polarization', 2022년 11월 2일(https://www.bloomberg.com/news/articles/2022-11-02/gen-zs-bringing-politics-to-work-managers-don-t-know-how-to-handle-it)

15　Adam Bonica, American Journal of Political Science 58(2), 'Mapping the ideological marketplace', 2014년 4월(https://doi.org/10.1111/ajps.12062)

16　Ryan Grim, The Intercept, 'Elephant in the Zoom: Meltdowns have brought Progressive Advocacy Groups to a standstill at a critical moment in World History', 2022년 6월 13일(https://theintercept.com/2022/06/13/progressive-organizing-infighting-callout-culture/)

17　Jaclyn Peiser and Jacob Bogage, Washington Post, 'Emboldened shoppers threaten Target workers over Pride Month items', 2023년 6월 5일(https://www.washingtonpost.com/business/2023/06/04/target-lgbtq-culture-wars/)

18　Julie Creswell, Kevin Draper, and Rachel Abrams, New York Times, 'At Nike, Revolt Led by Women Leads to Exodus of Male Executives', 2018년 4월 28일(https://www.nytimes.com/2018/04/28/business/nike-women.html)

19　Vault, 'Workplace misconduct and Speak Up solution', 2023년 6월 22일(https://vaultplatform.com/)

20　Ellen Cushing, Atlantic, 'Slackers of the World, unite!', 2021년 10월 12일(https://www.theatlantic.com/magazine/archive/2021/11/slack-office-trouble/620173/)

21　James R. Detert and Amy C. Edmondson, Academy of Management Journal 54(3), 'Implicit voice theories: taken-for-granted rules of self-censorship at work', 2011년 6월(https://doi.org/10.5465/amj.2011.61967925)

22　Barry Ritholtz, The Big Picture (blog), 'Transcript: Robert Cialdini', 2018년 11월 4일(https://ritholtz.com/2018/11/transcript-robert-cialdini/)

23　Zoe Schiffer, Verge, 'LinkedIn employees use forum about diversity to defend racism', 2020년 6월 5일(https://www.theverge.com/2020/6/4/21279739/linkedin-employees-racist-comments-george-floyd-protest)

24　Nico Grant and Ian King, Bloomberg, 'Cisco fires workers for racial comments during diversity forum', 2020년 7월 17일(https://www.bloomberg.com/news/

articles/2020-07-17/cisco-fires-workers-for-racial-comments-during-diversity-forum)

25 Katherine Bindley, Wall Street Journal, 'A tech company tried to limit what employees talk about at work. It didn't go well', 2021년 5월 2일(https://www.wsj.com/articles/a-tech-company-tried-to-limit-what-employees-talk-about-at-work-it-didnt-go-well-11619967600)

26 Atlantic, 'To save America, argue better', 2023년 6월 22일(https://www.theatlantic.com/sponsored/allstate-2020/save-america-argue-better/3337/)

27 Megan Reitz and John Higgins, MIT Sloan Management Review 63(3), 'Leading in an age of employee activism', 2022년 1월 19일(https://sloanreview.mit.edu/article/leading-in-an-age-of-employee-activism/)

28 Re_Generation, 'Company transition toolkit', 2023년 6월 22일(https://www.re-generation.ca/company-transition-toolkit/)

29 역자주: 'Build Back Better'는 조 바이든(Joe Biden) 미국 대통령이 제안한 대규모 인프라 및 사회복지 법안의 이름이다. 이 법안은 미국의 경제회복을 촉진하고, 기후변화 대응, 사회적 불평등 해소, 인프라 개선 등의 목표를 담고 있으며, 도로, 다리, 공항 등의 인프라 투자뿐만 아니라, 기후변화 대응을 위한 청정 에너지 투자, 교육 및 보육지원, 의료혜택 확대 등의 내용을 포함하고 있다. 2022년 8월 12일 하원을 통과(찬성 220, 반대 207)하였고, 바이든은 8월 16일 법안을 확정했다.

30 Jesus Jiménez, New York Times, 'Why Chick-fil-A is drawing fire over a 'Culture of Belonging'', 2023년 5월 31일(https://www.nytimes.com/2023/05/31/business/chick-fil-a-woke-dei.html)

31 Becky Sullivan, NPR, 'Hertz will pay $168 million to customers it falsely accused of stealing its cars', 2022년 12월 6일(https://www.npr.org/2022/12/06/1140998674/hertz-false-accusation-stealing-cars-settlement)

32 Ariel Zilber, New York Post, 'Amazon employees rage over being forced to work after colleague died from heart attack', 2023년 1월 10일(https://nypost.com/2023/01/10/amazon-employees-rage-over-treatment-of-coworker-who-died-in-warehouse/)

결론 # 목적은 임팩트와 함께 시작됩니다
Purpose Starts with Impact

조 알렉산더(Jo Alexander)는 어린 시절 자연에 대한 열정과 이를 탐구하려는 결심을 품게 되었습니다. 하지만 대학에서 지질학을 공부한 후, 그녀는 냉혹한 취업시장의 현실에 부딪히게 되었습니다. 자신이 광물 탐사 분야에서 가장 적합하다는 것을 깨달은 알렉산더는 BP의 진보적인 최고경영자인 존 브라운(John Browne)과 '석유를 넘어'라는 기업의 미래지향적인 약속을 존경하여 BP를 선택했습니다.

2015년까지 BP에서 11년 동안 새로운 탐사 기회를 모색한 후, 회사의 딥워터 호라이즌(Deepwater Horizon) 시추선 참사와 갑작스러운 리더십 변화로 인해 알렉산더는 자신의 길을 잃은 느낌을 받았습니다.

"기후변화에 대해 매우 걱정했지만, 그것만이 아니었습니다. 문화가 저를 성장하게 하지 못했습니다."

그녀는 회사를 떠나 책임 있는 투자를 촉구하는 행동주의 단체인 쉐어액션(ShareAction)에 합류하며 아웃사이더의 지위를 받아들였습니다. 그녀는 금융 시스템을 긍정적인 임팩트로 변화시키기 위해 노력하는 사람들로 가득 찬 세상을 발견했습니다.

"처음에는 잃을 것이 없다고 느꼈습니다. 큰 아이디어에 관여하는 것이 제 일이 아니라고 생각하는 등 자기 제한적인 신념이 있었지만, 이를 극복하면서 매우 자유로워졌고 시스템 변화에 열정을 가지게 되었습니다."

새로운 기술과 자신감을 갖춘 알렉산더는 2019년 BP의 연례 회의에 참석해 공개적으로 이사회를 비판하며 기업의 방향에 대한 실망감을 표명했습니다. "저는 꽤 감정적이었습니다. 제가 누구인지, 왜 떠났는지, 그리고 왜 동기와 야망을 잃었는지 설명했습니다."라고 그녀는 회상합니다.

그때 저는 '언제 충성스러운 고용자들이 미래를 형성하는 데 도움을 줄 수 있도록 지원할 겁니까?'라며 회사의 리더들에게 직접 도전했습니다. 회의가 끝난 후, 버나드 루니(Bernard Looney)가 찾아와 제 경험에 대해 이야기하자고 요청했습니다. 그때는 몰랐지만 몇 달 후 그는 최고경영자가 되었고 사람과 지구를 위해 에너지를 재구상하는 기업의 새로운 목적을 발표했습니다.

그 후 저는 그와 다시 만나게 되었고, 그의 경청태도와 질문, 그리고 기업에 대한 명확한 비전에 깊은 인상을 받았습니다. 그 비전은 제가 생각했던 우리가 해야 할 일과 잘 맞아떨어졌습니다. 회의가 끝날 때 저는 돕고 싶다고 말했고, 그는 웃으며 좋다고 했습니다. 그래서 저는 BP로 돌아가기로 했습니다. 이제 저는 BP의 목적 전문가로 일하고 있습니다.

알렉산더의 경력은 최근 몇 년 동안 많은 기업이 본질적인 목적을 보여주기 위해 지속적인 캠페인을 시작했다는 점을 강조합니다. '목적'에 대한 요구와 약속은 점점 더 널리 퍼지고 있습니다.[1] 밀턴 프리드먼이 주가상승을 좋은 경영의 척도로 제시한 지 50년이 지난 지금, 목적의 르네상스는 오늘날의 기업 경영자들이 받는 압박을 잘 보여줍니다.[2]

목적은 이러한 압박에 대한 총체적인 대응을 제시하기 때문에 유망합니다. 이는 기업의 사회적 역할을 재구성하는 것과 개별기업 내에서 문화와 가치의 핵심적인 중요성을 인정하는 것을 포함하며, 이는 내부문화와 외부 임팩트 간의 피드백 루프를 암묵적으로 인정합니다. 목적은 윤리와 컴플라이언스의 처벌적이고 법률적인 연관성에 얽매이지 않습니다. 하나의 단어로 의미, 임팩트, 가치가 상호 보완적인 방식으로 작용할 수 있다는 개념을 전달합니다. 그러나 목표를 구체적이고 실질적인 곳에 기반을 두지 않으면, 이는 기업 책임에 대한 혼란스러운 전문용어로 전락될 위험이 있습니다.

목표는 주요한 기업 담론에 들어오기 전 수십 년 동안 학계의 주목을 받았습니다. 이는 다양하게 정의되었는데 '전략적 의사결정과 관행을 이끄는 역사적이고 가치 기반의 열망을 제도화한 이상', '기업목표에 대한 명확하고 집단적인 의식', '기업존재의 이유이자 출발점', '기업 정체성에 대한 깊은 성찰', 그리고 '사회에 대한 기업의 의무인식'과 같이 말입니다.[3]

실질적으로, 목표의 선언은 기업의 최상위 목표, 즉 존재할 가치가 있는 이유에 대한 공개선언으로 간주될 수 있습니다. 이 목표는 기업이 인간에게 미치는 임팩트를 직접적으로 고려해야 합니다. 이윤을 창출하는 것은 기업의 생존에 필수적이지만, 단순히 이윤을 창출하기 위해 존재하는 것이 아닙니다. 이는 마치 인간이 단순히 심장을 뛰게 하는 도구로만 존재하는 것이 아닌 것과 같습니다.

목적을 선택하거나 발견하는 방법에 대한 지침은 많이 있습니다. 많은 지침은 목적을 마치 마법의 묘약인 것처럼 설명합니다. 스위치를 켜면 고용자의 헌신, 대중의 신뢰, 브랜드 가치를 단번에 얻을 수 있는 것처럼 들립니다. 케임브리지대학교는 목적에 열정을 가진 경영자들을 인터뷰한 결과, 목적은 타협을 포함하지 않는다는 데 의견이 일치했습니다. 한 임원은 "목적은 지속가능할 것입니다. 그것은 삶을 긍정하고 지지할 것입니다. 그리고 많은 돈을 벌 것입니다. 지금보다 더 많이 벌 것입니다."라고 선언했습니다.[4] 언스트앤영(EY)이 474명의 임원을 대상으로 한 설문 조사에서는 '목적이 성과를 이끄는 데 있어 가치가 있다는 것'에 거의 만장일치로 동의했습니다.[5] 마찬가지로 딜로이트(Deloitte)의 신임 최고 목적 책임자는 2021년에 기업들이 '이윤을 넘어서는 목적을 진정성 있게 보여줘야 한다.'고 주장했으나, 곧이어 '목적 지향적이 되는 것이 이윤보다 목적을 선택하는 것이 아니다.'라고 빠르게 덧붙였습니다.[6]

이러한 약속들은 회사가 말하는 것을 진심으로 믿게 만들지는 못할 것입니다. 목적을 빠른 수사적 해결책으로 취급하는 것은 기존의 사고 방식을 반영합니다. 역설적으로 목적을 단지 퍼포먼스로 취급하면 결코 성과를 이끌어낼 수 없습니다.

알렉산더는 이러한 도전에 대한 관점이 점차 명확해졌습니다. 제가 이야기한 많은 경영자처럼 그녀는 기업의 목적에 대한 헌신을 조직 변화의 원동력으로 설명합니다.

"우리가 이윤과 목적 동시에 달성해야 하는 방향으로 전환하면서, 사람들은 복잡성이 증가하고 고려해야 할 사항이 많아지고 있다는 것을 깨닫고 있습니다. 우리는 정신을 잃지 않고 프로세스를 관리하는 방법을 찾아야 합니다."

더 책임 있고 윤리적인 사업을 형성하는 방법에 대한 많은 논의는 모든 사실과 절충안을 명확히 알고, 탑다운 방식으로 결정을 내리는 신화적인 경영자를 상정합니다. 하지만 이는 현실과 다릅니다. 미래를 예측하기 어렵고, 우리는 모두 자기 이익을 우선하는 편향을 가지고 있습니다. 사업 결정의 단기적, 직접적인 영향을 객관적으로 평가하는 것도 어려운 일인데, 장기적이고 간접적인 영향을 평가하는 것은 불가능에 가깝습니다.

이러한 불확실성을 깔끔하게 해결할 수 있다고 제안하는 대신, 이러한 불확실성에도 불구하고 행동해야 합니다.

목적은 완벽을 추구하는 것이 아닙니다
Purpose Isn't about Projecting Perfection

저명한 영국학술원(British Academy)에 따르면, 목적이 있는 기업이란 '사람과 지구의 문제에 대한 수익성 있는 해결책을 제공하는 기업'이라고 합니다.[7] 비슷하게, 알렉스 에드먼스(Alex Edmans)는 그의 저서 『파이를 키우자(Grow the Pie)』에서 목적 지향적인 기업은 사회적 가치를 창출하는 사업 기회만을 추구해야 한다고 썼습니다.[8]

이는 주주가치를 중시하는 것에 대한 설득력 있는 반론처럼 보입니다. 그러나 이 때문에 많은 기업의 경영자들이 수익창출 방식을 장밋빛으로 재구성하여 제시하는 경우가 많습니다. '우리는 신발을 만들고 판매합니다.', '우리는 석유를 시추합니다.', '우리는 설탕이 든 음료를 제조합니다.'와 같은 정확한 목적 진술은 거의 찾아볼 수 없습니다. 예를 들어, 코카콜라의 목적은 '사람들의 몸과 정신을 상쾌하게 하고, 진보와 선의의 힘이 되는 것'이라고 표현합니다.[9] 메타는 '사람들에게 커뮤니티를 만들고 세상을 더 가깝게 만드는 힘을 주는 것'이라는 비전을 제시합니다. 이것은 기업의 활동을 긍정적으로 재구성하려는 시도로 보입니다.[10]

마찬가지로, 선과 악에 대한 인식은 개인의 가치관에 따라 다릅니다. 아마존은 소비자들의 빠른 배송 기대에 부응하고 수백만 명에게 일자리를 제공했으며, 미국에서 가장 존경받는 기업 중 하나로 꾸준히 선정되었습니다. 그러나 비평가들은 아마존이 경쟁을 약화시키고, 공급망을 혼란에 빠뜨리며, 긱이코노미 노동자 집단을 만들어 사무실에 앉아 노트북을 가지고 일하는 사람들에게 소비재와 식사를 배달하게 했다고 비판합니다. '당신은 아마존에서 일하겠습니까?'라는 질문에 제 MBA 과정 학생들에게서는 두드러지게 의견이 나뉩니다.[11]

독성적이고 착취적인 사업모델이 존재하지만, 대부분의 기업은 고용창출과 고객 요구 충족이라는 최소한의 이익을 창출하는 동시에 폐기물, 오염, 탄소배출이라는 최소한의 부정적인 임팩트를 미칩니다. 이는 당분간 변하지 않을 것입니다. 평판위험을 회피하기 위해 현재 하고 있는 일을 긍정적으로 포장하려고 하기보다는, 기업이 실제로 달성할 수 있는 것에 대해 집중하고 정직하게 접근하는 것이 더 나은 방법입니다.

기업의 목적을 잘 보여주는 예로는 호주의 기술기업인 아틀라시안이 있습니다. 그들은 명확하게 정의된 가치를 통해 "모든 위대한 인간 성취 뒤에는 팀이 있습니다. 의학과 우주여행에서부터 재난대응과 피자배달에 이르기까지, 우리의 제품은 전 세계 팀들이 소프트웨어의 힘을 통해 인류를 발전시키도록 도움을 줍니다. 우리의 사명은 모든 팀의 잠재력을 발휘하도록 돕는 것입니다."라고 밝혔습니다.[12]

아틀라시안에서 지속가능성을 이끄는 제스 하이만(Jess Hyman)은 기업이 열린 사회적 시스템으로 운영되는 것이 핵심이라고 말합니다.

아틀라시안의 창립자들은 우리가 정직할 수 있도록 허락해 줍니다. 우리의 가치 중 하나는 '개방적인 기업, 헛소리 금지'입니다. 그래서 우리는 항상 잘된 점과 부족한 점, 그리고 앞으로 나아갈 방향에 대해 이야기합니다. 창립자에게 보고할 때, 어려운 점을 충분히 말하지 않으면, 그는 '무슨 일이야? 왜 어려운 점을 말하지 않아서 내가 도와주기 어렵게 만드는 거야?'라고 묻습니다. 외부 공시에서도 마찬가지입니다. 사람들은 잘 되고 있는 것만 보고 싶어하지 않습니다. 그들은 우리를 믿지 않을 것이며, 더 넓게 보면 그런 방식은 아무런 진전을 이루지 못할 것입니다. 우리가 가고 있는 여정과 직면한 도전에 대한 실제 버전을 보여줘야만 진전을 이룰 수 있습니다.

목적은 가치에 기반해야 합니다
Purpose Needs to Be Grounded in Values

목적이라는 단어에 가장 열정적인 사람이 있다면 바로 기업 브랜딩 전문가들입니다.[13] 단순히 목적을 표방한다고 해서 목적이 달성 되는 것은 아닙니다. 기업이 임팩트를 미치는 사람들에게 자신이 하는 말이 진심임을 확신시켜야 합니다.

레이첼 루탄(Rachel Ruttan)은 로트만 경영대학원(Rotman School of Management)의 교수로, 회사가 더 높은 가치에 호소하려고 할 때 발생할 수 있는 다양한 측면을 연구하고 있습니다. 2020년 여름 조지 플로이드 사건에 대한 반응을 조사하면서, 기업 성명서가 얼마나 반복적이고 공허한지 주목했습니다. 그녀는 그 성명서들을 읽으며 자신마저 초라해지는 기분이었다고 회상합니다. 루탄은 환경보호, 다양성, 애국심과 같이 사람들이 신성하게 여기는 가치에 대한 기업의 메시지가 '좋은 게 좋은 거다.'는 말이 얼마나 역효과를 낼 수 있는지를 입증했습니다.

진정으로 어떠한 가치에 헌신하는 사람은 그 가치를 돈, 혹은 다른 어떠한 이익과도 교환하기를 꺼립니다. 20세기의 광고의 대가 빌 번벅(Bill Bernbach)은 '신념이란 대가를 치르기 전까지는 신념이 아니다.'라고 말했습니다.[14] 루탄은 일곱 차례의 연구를 통해, 어떤 가치가 자기 이익을 위해 사용된 것으로 인식되면 진정한 헌신이 부족하다고 느낄 수 있다는 것을 밝혔습니다.[15] 리더들이 기후변화나 다양성 같은 문제에 대해 어떤 가치를 비즈니스 관점에서만 중요하다고 강조하면, 그 가치를 진정으로 신성하게 생각하는 사람들에게는 그 회사가 그 가치를 오염시킨다는 신호로 받아들여질 수 있습니다.

언뜻 듣기에는 돈을 쫓는 목표는 금방 무너지기 쉬우며, 돈보다 더 고상한 가치만이 지속적인 추구가 가능한 목표란 말처럼 들릴 수 있습니다. 이는 기업이 본래 추구하던 가치인 수익성을 더 이상 신성시하지 못하게 되는 것에 대한 일반적인 반응일 수 있습니다. 하지만 이는 사회가 직면한 중요한 문제들을 해결하는 데 효과적인 접근법은 아닙니다.

더 높은 목표를 갖는다는 것이 수익성을 버리는 것은 아닙니다. 이는 단순히 여러분의 목표가 전체적 관점에서 긍정성을 띠어야 한다는 뜻입니다. 또한 중요한 것은, 기업의 가치가 기업의 비즈니스가 인간에게 미치는 부정적인 임팩트를 줄이는 데 기반해야 한다는 것입니다. 신념을 법률준수나 체면에만 근거하는 것은 더 높은 목표에 도달하는 길이 아닙니다.

목적은 의미를 강요하는 수단이 아닙니다
Purpose Isn't about Imposing Meaning

기업들이 목적 중심의 경영을 추구하려는 노력은 종종 고용자들에게 '내면을 들여다보고', 개인적인 의미를 만들고 '온전한 자신을 직장으로 가져오라.'는 권장 사항과 연결됩니다. 이 논의는 개인과 조직의 동기를 직접적으로 연결합니다. 하버드 비즈니스 스쿨 교수이자 베스트 바이(Best Buy)의 전 회장 겸 최고경영자인 허버트 졸리(Hubert Joly)는 이를 개인적 목적을 찾는 데 도움을 주는 일본의 개념인 이키가이(ikigai)와 직접적으로 연관지었습니다.[16] 영감을 받고 헌신하는 고용자들이야말로 회사의 홍보대사이며, 오늘날의 일자리는 연봉 이상의 것을 제공해야 한다고 말입니다.

이 조언은 많은 가치를 담고 있으며, 더 가치 있고 임팩트 있는 일에 대한 진정한 열망은 분명히 존재합니다. 그러나 이러한 아이디어를 잘 구현하는 것은 어렵습니다. 많은 고용자들이 현재의 직업에 만족하지 못하고 더 의미 있는 일을 찾으려는 시점에 기업들이 어떠한 '목표'을 내세우고 있다는 점을 지적하지 않을 수 없습니다. 세상을 더 나은 곳으로 만들겠다는 영감 가득한 선언문을 발표하는 것이 건강한 문화를 반영하는 것은 아니며, 오히려 나쁜 문화를 보상하는 방법일 수도 있습니다. MIT의 연구에 따르면 2021년의 '대퇴사의 시대(Great Resignation)'의 주요 원인은 독성이 있는 기업문화였습니다.[17] 갤럽의 2023년 직장 현황 보고서는 전 세계 노동자의 절반이 무기력하며 고용자들이 기록적인 수준의 스트레스를 받고 있음을 발견했습니다.[18]

일의 의미에 관한 한 연구에 따르면, 10명 중 9명의 고용자가 더 의미 있는 일에 종사하기 위해 연봉 삭감을 받아들일 수 있으며, 고용자들은 자아실현, 인간관계, 그리고 복리후생을 가장 중요한 요소로 여긴다고 합니다.[19] 학생들에게 직장에서 임팩트를 갖는다는 것이 그들에게 무엇을 의미하는지 물어보면, 대개 존중받고 자신의 의견을 들어주며, 회사의 미래를 형성하는 데 발언권을 갖는 것이라 말합니다. 이는 자율성과 개인적 임팩트 감각을 포함하는 직무에서 가장 잘 달성됩니다. 일자리에서 만족감을 얻는다고 해서, 경제적 안전이나 존엄성을 대체할 수는 없지만, 그 만족감이 없다면 경제적 안정감이나 존엄성을 찾는 과정이 어려울 것입니다.

고용자의 70%가 직장에서 정기적으로 무시와 무례함을 경험한다는 데이터에 근거하면, 고용자를 존중하고 경청하며, 그들이 중요하게 생각하는 보상을 제공하기 위해 구체적인 조치를 취하는 것이, 야심찬 브랜드 개편안이나 대외적인 지속가능성 공약보다 훨씬 효과적일 것입니다.[20] 고용자들이 일하는 가치를 느끼지 못한다면, 더 높은 고지를 향한 기업의 외침은 경영진의 꿈에만 겨우 뿌리를 내릴 것입니다. 기껏해야 냉소적인 반응을 일으킬 것이며, 최악의 경우 고용자들은 자신의 업무가 만족스러운지에 대해 의문을 품게 될 것입니다. 고용자들은 회사를 그만두거나 소셜 미디어나 주주총회에서 이에 대한 불만을 토로할 수도 있습니다.

인간은 자연스럽게 삶에서 의미와 임팩트를 추구합니다. 기업은 목적을 창출하고 제공합니다. 우리는 그것이 위에서부터 주어지기를 기다리지 않으며, 의미와 임팩트를 꼭 우리의 직업에서 얻을 필요도 없습니다.[21] 그래서 기업이 목적을 재정의하고 고용자들에게 의미를 제공하려면, 단순히 이사회 의결이나 장엄한 대외 선언문으로는 강요할 수 없다는 것입니다.

　기업이 할 수 있는 것은 모든 이해관계자의 신뢰를 구축하기 위해 노력하는 것입니다. 이는 아무도 모든 것을 완벽하게 할 수 없다는 것을 인식하고, 긍정적인 임팩트를 증가시키는 동시에 부정적인 임팩트를 해결하는 방법에 대해 실질적인 대화를 나누는 것을 포함합니다.

목적은 임팩트에서부터
Purpose Starts with Impact

이 책을 시작하며 노동권에 대한 스타벅스의 접근방식과 그로 인해 직면한 평판위험에 대해 논의했습니다. 저는 스타벅스가 지속가능성 리더로 자주 그리고 신뢰성 있게 언급된다는 점을 지적했습니다. 기후변화, 책임 있는 조달, 그리고 고용자복지와 같은 다양한 영역에서 스타벅스의 성과와 선의의 노력은 충분히 증명되었습니다. 스타벅스의 많은 임원들이 더 높은 목표를 달성하기 위해 최선을 다하고 있다는 점을 의심하지 않습니다.

　그러나 미국에서는 스타벅스의 반노조 입장으로 인해 회사에 대한 신뢰가 급락하면서, 스타벅스와 기업 이해관계자들이 서로 다른 목적을 추구하게 되었습니다. 복스(Vox)에 따르면 "고용자들은 다른 매장 고용자들과 소통하면서 자신들이 서로 다른점보다 공통점이 더 많다는 것을 깨달았습니다. 이는 각각 약 20~30명의 고용자를 가진 이 작은 매장들이 훨씬 더 큰 무언가의 일부라고 느끼게 하는 엄청난 연대감을 만들어냈습니다."[22] 이 공유된 의미, 사회적 연결, 그리고 세상에 임팩트를 주고 있다는 느낌은 목적의 가치가 무엇인지 문헌이 제시하는 바와 정확히 일치합니다.[23] 2023년

4월에 발표된 스타벅스의 수정된 목적 선언문도 이를 반영했습니다.

"모든 컵마다, 모든 대화마다, 모든 커뮤니티마다 우리는 인간 연결의 무한한 가능성을 키웁니다."[24]

그러나 여기서 볼 수 있듯이, 목적은 강요될 수 없습니다. 회사의 리더십이 할 수 있는 것은 일의 의미가 형성될 수 있는 여건을 만드는 것뿐입니다. 스타벅스에서는 이 과정이 잘 진행되지 않고 있습니다. 기업이 반노조 입장을 비추는 것이 미국에서는 흔한 관행임에도 불구하고 반발이 지속적으로 발생하고,[25] 언론 매체들은 스타벅스가 일부 대형 유통업체처럼 보수주의자들의 위협을 받지 않았음에도 불구하고, 21개 주의 매장 및 지역 관리자들에게 자긍심의 달(Pride Month)[26] 장식을 철거하라는 지시를 했다는 근로자들의 제보가 빠르게 공유되었습니다. 스타벅스는 이를 부인하며 노조가 '중상모략 캠페인(Smear campaign)'을 벌이고 있다고 비난했지만, 여러 매장의 근로자들이 이 문제로 파업에 들어가자 스타벅스는 자긍심 장식에 대한 입장을 명확히 하겠다고 약속했습니다.[27]

몇 달 전 주주총회 대주주 투표에 근거한 스타벅스의 노동 관행에 대한 독립적인 검토 요청을 수용해야만 했습니다. 이 검토는 스타벅스가 명시된 인권 약속을 준수했는지 평가할 예정입니다. 네 명의 주요 주주는 스타벅스에 '근로자의 의견을 수렴하고, 검토 결과 해를 입힌 사례나 노동권을 지원하지 않는 정책이 발견될 경우 해결책을 제안해야 한다.'고 서한을 보냈습니다.[28] 트릴리움 자산 관리(Trillium Asset Management)의 최고 법무 책임자(Chief Advocacy Officer, CAO)인 요나스 크론(Jonas Kron)은 이 서신의 서명자이자 스타벅스와의 주주 연대를 이끄는 사람으로, 스타벅스의 노동 관행이 대부분의 기업보다 특별히 더 나쁘지 않다고 봅니다. 그는 "미국은 조직 노동에 대한 정교한 이해가 부족하고 이에 대해 경직된 반응을 보이는 관리자들이 여러 세대에 걸쳐 존재합니다."라고 말하며 노조 조직이 유일한 대안은 아니라고 강조합니다.

"근로자들이 노조에 참여하지 않고도 모두에게 유용하고 생산적인 방식으로 조직화할 수 있는 방법이 있습니다. 우리는 2022년에 노동권과 ESG에 대한 연구를 수행했으며, 실질적인 지식격차가 있음을 밝혔습니다. 이를 해결하기 위한 교육 과정이 필요합니다."[29]

스타벅스 이사회가 앞서 말한 교육이 필요한 대상입니다.[30] "우리는 이 사회가 경영진의 행동을 포함해 회사의 전략적 비전에 대한 책임을 지기 바랍니다."라고 크론은 말합니다.

"특히, 이러한 문제를 더 잘 알고 있는 이사회 구성원이 있습니다. 마이크로소프트의 최고경영자 사티아 나델라와 아리엘 인베스트먼트(Ariel Investments)의 임팩트 투자자 멜로디 홉슨(Mellody Hobson)과 같은 분들입니다. 마이크로소프트는 미국통신노조(Communications Workers of America, CWA)와 건설적인 중립협정을 맺었기 때문에, 전문지식과 유용한 선례가 있습니다."

스타벅스가 직면한 이러한 모순들로부터 우리는 투명하고 혼란스러운 세상에서 좋은 비즈니스를 운영하는 방법에 대해 무엇을 배울 수 있습니까? 회사라는 블랙박스의 가치를 보호하기 위해 최고 수준의 ESG 목표를 설정하고 심지어는 달성하더라도 성공을 보장하지는 못한다는 것입니다. 여러분이 임팩트에 기반해 약속과 가치를 다룬다면 여러분의 입지는 항상 더 확고할 것입니다. 크론은 말합니다.

"스타벅스는 계속해서 자신들이 제공하는 모든 복지 혜택과 자신들이 무엇을 하고 있는지에 대해 우리에게 이야기하고 싶어합니다. … 우리는 그런 점에 대해 논쟁하는 것이 아닙니다. 스타벅스의 복지와 노력은 훌륭합니다. 하지만 고용자들이 스스로 노동조합을 조직하고 싶다면, 그것은 존중되어야 할 인권문제인 것입니다."

스타벅스의 딜레마는 고용자들이 가장 중요한 이해관계자임을 알려줍니다.[31] 그들의 생각은 투자자를 포함한 다른 이해관계자 그룹에 극적으로 영향을 미칩니다. 기업은 이해관계자들과 상호작용하는 것이 아닙니다. 서로 상호작용하는 사람들이 있을 뿐입니다. 따라서 어떠한 성과도 좋은 대화를 하는 것보다 덜 중요합니다. 즉, 여러분은 행동할 준비가 된 경우에만 참여해야 한다는 뜻입니다.

"이것은 스타벅스가 약속한 공적선언을 자발적으로 준수하는 것에 관한 문제입니다. … 우리는 스타벅스가 스스로 한 약속을 지키기를 원하는 것 뿐입니다."

크론의 이 말은 기업이 현재 진행 중인 사회규범의 극적인 변화로부터 기업 스스로를 보호할 수 없다는 것을 의미합니다. 미국에서 노조에 대한 지지율은 몇 십 년 만에 최고치를 기록하고 있습니다. 저는 MBA 과정 학생들이 노동권에 대해 광장히 관심을 갖는 것을 목격하고 있습니다.[32] 크론은 "우리는 우리가 투자한 회사를 더 나은 곳으로 만들고, 일종의 경고를 주려 하려고 합니다."라고 트릴리움(Trillium)의 접근방식에 대해 설명합니다.

"우리는 1990년대 초 성소수자 문제에 대해 회사들과 협력했는데, 당시에는 포용적인 직장의 가치에 대한 연구가 거의 없었고, 많은 회사들이 우리 회사에는 게이 고용자가 없다고 생각했습니다. 그러나 그때도 우리는 이미 사랑하는 사람이 동성이라는 이유로 해고되거나 불이익을 당해선 안 된다는 점을 분명히 알고 있었습니다. 물론, 이것 또한 인권문제입니다."

무엇보다도 스타벅스의 상황으로부터 우리가 기업을 열린 시스템으로 바라볼 수 있다면 우리의 우선순위가 크게 달라질 수 있다는 것임을 시사합니다.

"사람들은 정치, 경제, 사회의 영역을 별개로 생각하지만, 이들은 서로 분리되어 있지 않습니다. 이들은 모두 겹치며, 이들이 한때 분리되어 있다는 생각 자체가 아마도 잘못되었을 것입니다. … 이들을 계속 분리할 수 있을 것이라고 생각하는 것은 어리석은 짓입니다."

이 책을 시작하면서 저는 기업들이 끊임없이 움직이는 시스템이며, 기업이 모든 것을 완벽하게 해내기를 기대해서는 안 된다고 주장했습니다. 스타벅스의 선의의 노력과 지속가능성에서의 성과가 스타벅스의 노동권 분야에서의 실패로 인해 부정되는 것이 아닙니다. 그러나 스타벅스가 이러한 문제에 대해 규정을 따지며 방어적으로 대응하는 것을 보면, 제 주장이 맞는 것 같습니다. 즉, 이 혼란스럽고 투명한 세상에서 더 높은 목표에 도달하는 가장 좋은 방법은 인간에 대한 임팩트에 날카롭게 초점을 맞추고, 여러분의 가치와 약속을 단순한 문서상의 단어 이상의 것으로 만드는 것입니다.

실제로 어떻게 구현될 수 있을까요?

미국 식품 제조업체 초바니(Chobani)는 2005년 튀르키예 이민자 함디 울루카야(Hamdi Ulukaya)에 의해 설립되었습니다. 이 회사는 존재 이유를 분명히 합니다.

"우리의 목적은 보편적으로 더 나은 삶[33]을 더 빨리 실현하는 것입니다. 우리는 지구, 사람, 그리고 지역사회의 개선을 위해 식품 시스템을 변혁하는 데 적극적인 역할을 하기 위해 전적으로 그리고 깊이 헌신하고 있습니다. 의례적 형식이 아니라, 진짜 변화를 말입니다."[34]

80만 달러의 중소기업청 대출로 오래된 크래프트 요거트 공장을 구입한 후, 울루카야는 고용자들이 급여의 일부를 자동으로 투자 계좌에 할당하도록 장려하는 401(k) 계획을 시작했습니다.[35] 그는 또한 난민의 고용 및 훈련을 지원하는 수백 개의 대기업이 후원하는 난민을 위한 텐트 파트너십(Tent Partnership for Refugees)을 설립했습니다. 2016년, 사모펀드 투자로 초바니의 기업가치가 30억 달러에서 50억 달러로 평가된 지 2년 후, 울루카야는 2천 명의 고용자들에게 근속연수에 따라 주식을 부여하는 이례적인 결정을 내렸습니다. 실리콘 밸리의 스타트업들은 보통 회사의 가치가 확립되기 전에 지분을 부여하지만, 초바니처럼 회사의 가치가 잘 평가받은 후에 지분을 부여하지 않습니다. 초바니는 2022년에 기업공개 계획을 철회하고, 상장 기업으로서 회사의 목적을 잘 추구할 수 있을지에 대해 의문을 제기했습니다.[36]

저는 초바니의 최고 커뮤니케이션 및 임팩트 책임자인 니샨트 로이(Nishant Roy)와 회사의 문화와 목적에 대해 이야기했습니다.

"우리는 사람들을 사업에 끌어들이고, 초바니와 함께 그들의 사회적 계층이동의 사다리(Upward mobility)에 투자합니다. 우리의 공장은 뉴욕 북부와 아이다호에 있습니다. 우리는 시골 지역사회의 공장에서 일하기 원하는 사람들뿐만 아니라 이 지역에 정착하는 난민들도 고용하고 싶었습니다. 오늘날 우리 공장에서는 20개 이상의 언어가 사용됩니다. 그리고 우리는 시간제 근로자들도 회사의 주식을 받을 수 있도록 노력합니다. 우리는 사람들 덕분에 기록을 깨고 계속 번창해 왔습니다. 함디가 말했듯이, 우리는 의미있는 무언가를 지었고, 이제 그것을 나누어 주고 있습니다."

초바니는 식품 산업의 시스템을 변화시키기 위한 점진적인 미션의 일환으로 미국의 공정무역 단체와 협업을 맺고, 낙농업을 위한 노동권와 기준을 포함하는 인증 프로그램을 시작하였습니다.[37] 로이는 이렇게 설명합니다.

"우리의 주요 상품은 우유와 과일인데, 두 가지 모두 이민정책으로 인해 미국에는 노동자가 부족합니다. 우리가 불법체류 노동문제를 제기한 이유는 미국에 식품을 공급하는 데 필요한 노동력의 격차 때문입니다. 뉴욕주 중앙의 체난고(Chenango)와 오체고(Otsego) 카운티에서는 약 1만 명의 인구가 식량 불안정을 겪고 있으며, 아이다호의 트윈 폴즈(Twin Falls) 주변에서는 8천 명이나 됩니다. 우리는 식량문제를 해결하기 위해 푸드 뱅크, 식료품 저장실, 쉼터, 예배당과 협력하여 이를 개선하려고 노력합니다. 우리는 식품 기업답게 식량 부족 문제를 개선하려고 노력하려고 합니다. 우리는 미국에서 대형 재벌이 아닌 손꼽히는 식품 기업 중 하나입니다."

초바니는 이민자에 대한 논란이 많은 정치적으로 보수적인 지역에서 사업을 운영하고 있습니다. 많은 난민을 고용하는 것은 반발과 두려운 평판 위험을 초래할 수 있습니다. 로이는 다음과 같이 증언합니다.

"아이다호 사람들이 나서 우리를 지지하면서 '나는 이 브랜드를 신뢰하며, 이 사람들을 난민이 아닌 우리 지역사회의 일원으로 본다.'라고 말했습니다. 그것은 멋진 일이었습니다. 이 모든 것이 가능한 이유는 사람들이 왜 이민자와 난민을 지지해야 하는지 인간적인 수준에서 접근했기 때문입니다. 이들은 극도의 역경을 겪은 사람들입니다. 우리 고용자들에게는 진보, 사회적 연결, 그리고 임팩트를 느낄 수 있는 명확한 경로가 있습니다."

물론 초바니가 완벽한 수익을 내고 있는 것은 아니며, 소규모 민간기업이어서 스타벅스보다는 리스크가 덜하고 규제가 덜 적용됩니다. 그러나 초바니의 접근방식과 그 방식의 성공은 일관된 약속으로 보여줄 수 있는 명확한 목표의 가치를 보여줍니다. 로이는 말합니다.

"우리는 모든 문제에 대해 논의할 필요를 느끼지 않습니다. 우리는 대중에게 자연 식품을 공급하기 위해 싸우는 목표를 가진 식품 비즈니스입니다. 우리는 실질적인 임팩트를 미칠 수 있는 분야에 집중하려고 노력합니다."

하지만 목표는 멀리 확산될 수 있습니다. 2023년 6월, 아데코(Adecco), 노바티스 및 수십 개의 기업이 울루카야의 난민을 위한 텐트 파트너십과 협력하여 유럽에서 250,000명의 난민에게 교육과 지원을 제공하기로 약속했습니다.[38]

더 높은 곳에서의 관점

A View from Higher Ground

이 책은 혼란스럽고 상충되는 기대와 요구에 직면하여 더 나은 기업경영을 실현하는 방법에 대해 이야기하고 있습니다. 제가 이 책을 쓰게 된 이유는 선의로 가득 찬 많은 사람들이 길을 잃은 것처럼 보였기 때문입니다. 심지어 우리가 더 이상 직면한 도전에 대해 논의할 공통의 언어조차 없는 것처럼 보였습니다. 저는 이러한 혼란 속에서의 소음을 잠재우고 앞으로 나아갈 길을 제시하고자 했습니다. 과연 여러분은 어떻게 하이어 그라운드를 찾고자 하시나요?

고지에 다다르기 위해, 여러분의 목적은 구체적이어야 하고 여러분이 세상에 미치는 임팩트에 기반해야 합니다. 기업이 존재하는 이유는 사람들이 구매하고자 하는 좋은 제품이나 서비스를 제공하는 것처럼 간단할 수 있습니다. 하지만 여기서 분명히 해 두어야 할 부분이 있습니다. 여러분은 기업이 초래한 어떤 문제라도 해결해야 하고, 정직하고 존엄성과 존중을 가지고 고용자, 소비자, 공급업체, 그리고 투자자를 대하기 위해 최선의 노력을 기울여야 합니다. 이러한 기본적인 약속을 지킬 때, 기업의 노력은 확고한 기반 위에 설 수 있습니다.

또한, 세상을 더 좋게 만들겠다고 약속하기 전에, 당신의 기업을 더 좋게 만들기 위해 최선을 다하십시오. 어떻게, 그리고 어디서 기업의 임팩트를 해결할지에 대해 정직하고 집중하며, 당신의 노력에 한계가 있을 수 있다는 점 또한 염두에 두십시오.

모두가 의존하는 시스템을 존중하십시오. 기업은 단일한 의식과 목표를 가진 자급자족적인 존재가 아닙니다. 기업은 매우 복잡한 개방형 사회 시스템으로, 더 넓은 사회적·정치적·환경적 체제에 영향을 미치고 또한, 영향을 받습니다. 자신의 목적을 위해 이러한 외부 시스템을 조작하려고 할 때 의도치 않은 결과가 초래될 수 있음을 인식하고 일해야 합니다.

모든 사람을 항상 만족시킬 수는 없습니다. 단지 기업의 평판을 관리하는 것만으로는 이해관계자의 신뢰를 구축할 수는 없습니다. 동시에, 기업의 의무는 무한하지도 않기 때문에, 단지 모든 이해관계자의 요구, 비판, 또는 해시태그 캠페인에 사과하며 응답하는 것은 결코 기업의 일이 아닙니다. 대신, 현실 세계에 미치는 임팩트에 면밀히 집중하십시오. 만약 이해관계자의 의견이나 임팩트에 대응하여 변화를 만들 의지가 없다면 이를 파악하려는 노력 자체도 무의미합니다. 따라서, 경쟁보다는 협력을 통해 더 많은 성과를 달성할 수 있습니다.

기본을 소홀히 하지 마십시오. 기업과 고용자가 법을 준수하는 것은 언제나 핵심운영 요구사항입니다. 그러나 법적준수를 단순한 흑백논리의 적용으로 보는 것은 실수입니다. 비일관성과 파편화가 진짜 문제입니다. 법은 규범의 변화보다 뒤처지는 경향이 있으며, 사회적 및 정치적 위험의 다양한 문제와 분리될 수 없습니다. 기업이 인간에게 미치는 임팩트가 새로운 지속가능성 규제, 특히 EU에서의 많은 규제의 기초로 부상하고 있음을 명심하십시오.

인권존중을 가치 기준으로 삼는다면, 개념적 규율을 확립하고 과도한 개입을 방지할 수 있습니다. 세계화되고 다원화된 현대의 시대에서 가치라는 것은 끊임없이 논쟁의 대상이 됩니다. 그렇기에, 인권원칙을 준수한다고 해서 모든 도전 과제를 해결하거나 논란을 피할 수 있는 것은 아닙니다. 하지만 이러한 원칙은 국제법 및 기업경영의 역할, 정부의 기능, 개인의 권리와 가치를 존중하는 동적인 사고에 기반을 두고 있습니다. 인권을 존중하기 위한 의미 있는 약속과 구체적인 노력은 진실성 없는 무의미한 선언이나 다양한 이해관계자의 목소리를 달래려는 단편적인 시도보다 훨씬 견고합니다.

무분별한 ESG 지향 세계에서 성공의 열쇠는 명확한 초점입니다. 기업의 환경 및 사회적 영향을 식별하고, 이들이 어떻게 기업의 위험과 기회에 영향을 미치는지 이해하며, 이 모든 것이 어떻게 진화할 수 있는지 평가하는 데 시간을 투자해야 합니다. 전략은 하지 않을 것을 선택하는 기술이기 때문에 당신이 행동해야 할 몇 가지 사활적 문제를 식별해야 합니다. 군중심리에 따라 모든 것을 차별화하지 않고 'ESG 문제'로 처리하는 우를 범하지 마십시오.

정치체제의 기능을 무심코 저해하지 마십시오. 기업의 정치적 영향력의 누적적 임팩트는 내부적인 경영노력의 임팩트보다 큽니다. 모두에게 공정한 기회를 제공하는 책임 메커니즘을 약화시키면 외부의 사회적 문제가 여러분 기업의 문제가 될지도 모릅니다. 급속히 부상하는 감독과 공시의 필요성을 유념하고, 직접 및 간접적 정치 자금지출에 대한 책임성을 강화하십시오. 스스로의 임팩트를 해결하기 위해 할 수 있는 것을 다 한 후에야, 비로소 특정 정책을 지원하기 위해 회사의 영향력을 발휘하고 전문지식으로 공헌할 수 있을 것입니다.

이것은 매력적인 이야기를 하는 것에 관한 것이 아닙니다. 더 투명하고 개방적이 되라는 압력은 강력하며 결코 사라지지 않을 것입니다. 잘 꾸며진 평판관리는 그 효과가 덜하기 마련입니다. 과거 여러분이 진행해 왔던 멋진 행적들을 과장하는 시대는 끝났습니다. 진정으로 야심차고 정직한 공시는 여전히 드물기 때문에 신선합니다. 불완전함을 인정하는 것은 남들이 말하는 것처럼 위험하지 않으며, 경쟁우위를 가져올 수 있고 전체 산업 부문에 새로운 규범을 도입하는 데 도움이 될 수 있습니다.

문화는 전략적 우위의 원천입니다. 가치가 무형화되고 조직의 경계가 사라짐에 따라, 기업문화는 변화하고 있습니다. 문화는 역동적이어서 심도 있는 연구와 평가를 통해서만 개선될 수 있습니다. 이와 같은 새로운 환경에서 모든 답을 아는 사람은 없습니다. 다만 호기심, 겸손, 실험적 사고가 성공으로 가는 최선의 길을 제공합니다.

리더십은 위에서 명령을 짖어대는 것이 아닙니다. 리더에게 원하는 것과 기대하는 것은 급격하게 변하고 있습니다. 2020년대의 거버넌스는 더 많은 목소리를 결정 과정에 포함하고, 위와 아래에서 견제와 균형을 구축하는 것을 의미합니다. 포용성을 충족시키는 것은 단순히 사회적 정체성을 검토하는 것을 의미하지 않으며, 중요한 결정을 내리기 전에 다양한 관점을 고려하는 것입니다. 이는 여러분의 기업경영에 큰 이익을 가져올 것입니다.

위선자로 여겨지지 않으려면 총체적 관점에서 생각하십시오. 기업은 의도된 노력과 조정된 노력 없이는 가식적이고 부정직하게 보이기 쉽습니다. 컴플라이언스, 인사관리, 정부와의 관계, 그리고 위험관리와 지속가능성 기능 간의 조정 등 다양한 방면의 노력이 필요합니다. 또한, 여기에서도 인간에게 미치는 임팩트가 기업이 언제 발언하고 행동할지에 대한 결정의 가장 확고한 개념적 기반을 제공합니다.

규칙만으로는 충분하지 않습니다. 규제기관을 만족시키기 위한 일률적인 준법 체제에 기업의 소중한 고용자의 시간을 낭비하지 마십시오. 인간 행동과 그룹 역학의 현실을 고려하십시오. 기업의 전략과 경영모델이 고용자들에게 규칙을 어기게 하는 상황적·상업적 압력을 가하고 있는 것은 아닌지 반성해야 할 수도 있습니다. 대부분의 딜레마는 흑백논리가 아니기 때문에, 조직 전체에 윤리적 의사결정과 성찰능력을 구축하십시오.

경청하겠다고 제안했거나 또는 발언하는 것을 선택했다면, 행동해야 합니다. 고용자들의 발언은 점점 더 중요해지고 변혁과정에 있습니다. 이들의 목소리는 조직의 맹점을 식별하고 해결하는 데 도움이 되는 자산입니다. 기업은 우선순위, 가치, 문화를 형성하는 데 참여를 장려해야 하지만, 또한 모든 결정을 민주주의식 투표에 부칠 필요는 없습니다. 그렇기 때문에 여러분의 입장에 동의하는 사람들뿐만 아니라 모두를 위해 심리적 안전을 확보하십시오. 비판적 사고와 타인의 가치를 존중하는 고용자에게 더 많은 기회를 주고 그들에게 더 많은 리더십과 권한을 줄 것을 고려하십시오.

의미를 강요할 수는 없습니다. 그것을 창조하기 위해 노력해야 합니다. 기업의 고용자들을 조직의 목적과 문화를 형성하는 과정에 참여시키고, 사회에서의 기업의 역할, 가치, 그리고 기업이 가치를 창출하는 방법에 대해 명확히 하십시오. 그들에게 영감을 줄 수 있도록 목적을 선언하는 것은 존중과 포용의 문화, 주체성의 감각, 그리고 개인의 존엄에 대한 헌신을 심어줄 수 있는 대체불가능한 방법입니다.

더 높은 차원에 도달할 수 있습니다. 오늘날 좋은 기업경영을 하기 위해서는 결코 과장, 왜곡, 또는 과도한 확장이 필요하지 않습니다. 규칙을 설정하거나 매력적인 이야기를 제공하거나 또는 성과를 목록으로 나열할 필요도 없습니다. 이러한 전통적인 접근방식은 이미 효력을 잃어버린 지 오래입니다. 더 높은 목표를 위해서 확고한 기초를 그리고 구축하는 것을 이제 미룰 수 없습니다.

· · ·

지금까지의 여행에 동행해 주신 독자 모두에게 깊은 감사를 드립니다. 저는 이 책이 여러분을 하이어 그라운드로 향하는 험난한 길에 길잡이가 되기를 희망합니다.

미주

1. Paul Washington and Thomas Singer, Management and Business Review 1(2), 'Putting purpose into practice: how companies can deliver', 2021년 봄(https://mbrjournal.com/wp-content/uploads/2021/10/016_MBR-Paper-9-Washington-Singer.pdf)
2. Lynn A. Stout, Issues in Governance Studies, Brookings, 'The problem of Corporate Purpose', 2012년 6월(https://www.brookings.edu/wp-content/uploads/2016/06/Stout_Corporate-Issues.pdf)
3. William Ocasio, Matthew Kraatz, and David Chandler, Strategy Science, 'Making sense of Corporate Purpose', 2023년 6월 13일(https://doi.org/10.1287/stsc.2023.0054)
4. Hurth, Ebert, and Prabhu, 'Organisational purpose'
5. Harvard Business Review and EY, 'The business case for purpose', 2015년 (https://assets.ey.com/content/dam/ey-sites/ey-com/en_gl/topics/digital/ey-the-business-case-for-purpose.pdf)
6. Kwasi Mitchell, Deloitte, 'The Power of the Purpose-Driven C-Suite', 2023년 6월 23일(https://www2.deloitte.com/us/en/pages/about-deloitte/articles/the-power-of-the-purpose-driven-c-suite.html)
7. The British Academy, 'Future of the corporation', 2023년 6월 23일(https://www.thebritishacademy.ac.uk/programmes/future-of-the-corporation/)
8. Alex Edmans, Cambridge, UK, and New York: Cambridge University Press, 'Grow the pie: how great companies deliver both purpose and profit', 2020년
역자주: 우리나라에서는 2021년 매일경제신문사에서 'ESG 파이코노믹스—사회적 가치와 이윤을 동시에 창출하는 전략'으로 번역(송정화 옮김) 출판했다.
9. Coca-Cola Company, 'Our purpose', 2023년 6월 23일(https://investors.cocacolacompany.com/about/our-purpose)
10. Meta, 'Meta—resources', 2023년 6월 23일(https://investor.fb.com/resources/default.aspx)
11. Quartz, 'Jeff Bezos's legacy', 2023년 6월 23일(https://qz.com/guide/bezos/)
12. Atlassian, 'Who we are', 2023년 6월 14일(https://www.atlassian.com/company)
13. Emily Ketchen, Forbes, 'How to make your next Purpose-Driven campaign resonate with Gen Z', 2023년 1월 26일(https://www.forbes.com/sites/forbescommunicationscouncil/2023/01/26/how-to-make-your-next-purpose-driven-campaign-resonate-with-gen-z/)

14 Mark A. O'Brien, Huffington Post, 'A principle isn't a principle until it costs you something', 2011년 10월 4일(https://www.huffpost.com/entry/advertising-agencies-intellectual-property_b_994091)

15 Brian Gallagher, 'Rachel Ruttan on business' role in eroding sacred values', 2023년 6월 23일(https://www.ethicalsystems.org/rachel-ruttan-on-business-role-in-eroding-sacred-values/)

16 Hubert Joly, hbr.org, 'Creating a meaningful Corporate Purpose', 2021년 10월 28일 (https://hbr.org/2021/10/creating-a-meaningful-corporate-purpose)

17 Donald Sull, Charles Sull, and Ben Zweig, MIT Sloan Management Review, 'Toxic culture is driving the Great Resignation', 2022년 1월 11일(https://sloanreview.mit.edu/article/toxic-culture-is-driving-the-great-resignation/)

18 Gallup, 'State of the Global Workplace: 2023 report', 2023년(https://www.gallup.com/workplace/349484/state-of-the-global-workplace.aspx)

19 Shawn Achor et al., hbr.org, '9 out of 10 people are willing to earn less money to do more-meaningful work', 2018년 11월 6일(https://hbr.org/2018/11/9-out-of-10-people-are-willing-to-earn-less-money-to-do-more-meaningful-work)

20 Shannon G. Taylor and Lauren R. Locklear, MIT Sloan Management Review, 'A little rudeness goes a long way', 2022년 1월 24일(https://sloanreview.mit.edu/article/a-little-rudeness-goes-a-long-way/)

21 Marjolein Lips-Wiersma and Lani Morris, Journal of Business Ethics 88(3), 'Discriminating between 'Meaningful work' and the 'Management of meaning'', 2009년 9월(https://doi.org/10.1007/s10551-009-0118-9)

22 Rani Molla, Vox, 'How a bunch of Starbucks baristas built a labor movement', 2022년 4월 8일(https://www.vox.com/recode/22993509/starbucks-successful-union-drive)

23 Te-Ping Chen, Wall Street Journal, 'What CEOs are getting wrong about the future of work—and how to make it right', 2023년 2월 17일(https://www.wsj.com/articles/what-ceos-are-getting-wrong-about-the-future-of-workand-how-to-make-it-right-8a84e279)

24 Starbucks, 'Our Mission', 2023년 6월 23일(https://stories.starbucks.com/mission)

25 Steven Greenhouse, Guardian, "Old-school union busting': how US corporations are quashing the new wave of organizing', 2023년 2월 26일(https://www.theguardian.com/us-news/2023/feb/26/amazon-trader-joes-starbucks-anti-union-measures)

26 역자주: 자긍심의 달 혹은 프라이드 먼스(Pride Month)는 전 세계 성소수자(LGBTI)와 그 지지자들이 자긍심을 표현하는 달로, 매년 6월이다. 1969년 6월 28일 당시 뉴욕에서 유일하게 성소수자들이 자신들의 정체성을 온전하게 드러낼 수 있었던 스톤월 주점을

경찰이 급습해 발생한 스톤월 항쟁(Stonewall Riots)이 그 기원이다. 이 저항운동은 성소수자(LGBTI) 인권운동의 시발점이 되었고, 이를 기념하기 위해 1970년 첫 자긍심 행진이 열렸다. 이후 이 행진은 전 세계적으로 확산되어 많은 사람들이 참여하는 큰 행사로 자리 잡았다.

27 Remy Tumin and Amanda Holpuch, New York Times, 'Starbucks is under scrutiny over removal of Pride decorations', 2023년 6월 15일(https://www.nytimes.com/2023/06/15/business/starbucks-pride-decorations.html), Jaclyn Peiser, Washington Post, 'Starbucks accuses union of a 'smear campaign' over Pride decorations', 2023년 6월 27일(https://www.washingtonpost.com/business/2023/06/27/starbucks-union-charges-pride/), Danielle Wiener-Bronner, CNN.com, 'Starbucks promises 'clearer' guidelines after Pride Month décor clash with union', 2023년 6월 27일(https://www.cnn.com/2023/06/27/business/starbucks-pride-decorations-clarity/index.html)

28 Hilary Russ, Reuters, 'Starbucks shareholders seek input on labor rights review', 2023년 6월 8일(https://www.reuters.com/sustainability/sustainable-finance-reporting/starbucks-shareholders-seek-input-labor-rights-review-letter-2023-06-08/)

29 Trillium Asset Management, 'The investor case for supporting worker organizing rights', 2022년 7월(https://www.trilliuminvest.com/whitepapers/the-investor-case-for-supporting-worker-organizing-rights)

30 Starbucks Investor Relations, 'Investor relations home', 2023년 6월 1일(https://investor.starbucks.com/corporate-governance/board-of-directors/default.aspx)

31 역자주: 스타벅스는 결국 2024년 8월 14일, 최고경영자(CEO) 교체라는 극적인 결정을 발표했다. 17개월 만에 랙스먼 내러시먼 CEO를 해임하고, 치폴레의 성공 신화를 이끈 브라이언 니콜을 새 수장으로 영입한 것이다. 이번 결정의 배경에는 스타벅스의 최근 실적 부진이 자리 잡고 있다. 올해 1분기, 스타벅스는 2020년 팬데믹 이후 처음으로 동일 매장 매출 하락을 기록했다. 미국 내 매장 트래픽도 큰 폭으로 감소했으며, 3월 말까지 3개월 동안 로열티 프로그램 회원 150만 명이 이탈하는 등 위기 신호가 곳곳에서 감지됐다. 주가 역시 2024년 초부터 8월 14일까지 약 20% 하락하며 투자자들의 우려를 자아냈다. 이에 7월 중순 엘리엇(Elliott Investment Management)이 대규모 지분을 확보했고, 8월 초에는 스타보드 밸류(Starboard Value)도 지분 매입에 나서며 경영진을 압박했다. 한편 스타벅스는 중국 시장에서도 난관에 부딪혔다. 2023년 중반, 한때 스타벅스의 성장 동력이었던 중국에서 현지 기업 루이싱 커피(Luckin Coffee)에 시장 점유율 1위 자리를 내주는 등 경쟁력 상실이 두드러졌다. 이런 상황에서 4월 말 실적 발표 직후, 전 CEO 하워드 슐츠의 공개 비판은 내러시먼 CEO에게 더욱 부담으로 작용했다. 슐츠는 고객 경험과 카페 운영에 대한 재집중이 필요하다고 지적하며 간접적으로 현 경영진을 비판했다. 스타벅스 이사회는 이 같은 위기를 타개하기 위해 레스토랑 업계의 베테랑

인 브라이언 니콜을 새 CEO로 선택했다. 니콜은 2018년부터 치폴레에서 식품 안전 문제로 위기에 처한 회사를 성공적으로 회생시킨 경험이 있다. 스타벅스 이사회 의장 멜로디 홉슨은 "업계에서 가장 성공적인 CEO를 영입할 기회를 잡았다"고 밝혔다. 스타벅스는 니콜을 영입하기 위해 CEO와 이사회 의장 직위를 동시에 제안한 것으로 알려졌다. 이 결정이 알려지자 스타벅스의 주가는 하루 동안 무려 24% 뛰었고, 반대로 치폴레의 주가는 7.5% 하락했다. 새 CEO 니콜은 9월 9일부터 새 역할을 시작할 예정이며, 그때까지 최고재무책임자인 레이첼 루게리가 임시 CEO로 재직할 예정이다. 향후 니콜의 리더십하에 스타벅스가 어떻게 위기를 극복하고 새로운 성장을 이뤄낼지 업계의 관심이 집중되고 있다.

32 Roy E. Bahat, Thomas A. Kochan, and Liba Wenig Rubenstein, Harvard Business Review, 'The labor-savvy leader', 2023년 7월-8월(https://hbr.org/2023/07/the-labor-savvy-leader)

33 역자주: Global Wellness Institute의 정의에 따르면 웰니스(wellness)는 신체적, 정신적, 감정적, 영적, 사회적, 환경적 건강을 포괄하는 총체적인 건강상태를 추구하는 것이다. 이는 단순히 질병이 없는 상태를 넘어서, 삶의 질을 높이고 전반적인 행복을 추구하는 적극적인 과정으로, 웰니스는 개인의 책임과 지속적인 생활습관 선택을 중시한다.

34 Chobani, 'The Chobani way', 2023년 6월 27일(http://prod.chobani.sdny.in/impact/the-chobani-way/)

35 Stephanie Strom, New York Times, 'At Chobani, now it's not just the yoghurt that's rich', 2016년 4월 26일(https://www.nytimes.com/2016/04/27/business/a-windfall-for-chobani-employees-stakes-in-the-company.html)

36 Nicole Goodkind, CNN, 'Chobani CEO says he won't be captive to profit demands', 2023년 5월 1일(https://www.cnn.com/2023/05/01/investing/premarket-stocks-trading/index.html)

37 Foodingredientsfirst.com, 'Fair Trade USA and Chobani partner on first-of-its-kind certification program for US dairy', 2021년 5월 7일(https://www.foodingredientsfirst.com/news/fair-trade-usa-and-chobani-partner-on-first-of-its-kind-certification-program-for-us-dairy.html)

38 Jeanne Sahadi and Matt Egan, CNN, 'Ahead of World Refugee Day, dozens of big companies pledge to hire and train over 250,000 refugees in Europe', 2023년 6월 19일(https://edition.cnn.com/2023/06/19/success/refugees-europe-jobs-training/index.html)

해제 1

기업의 윤리적 책임은
말이 아닌 행동에서

_____ 김태완 카네기멜론대학교 경영대학 교수

카네기멜론대학교 테퍼 비즈니스 스쿨에서 기업윤리를 가르치고 있다.
한국 성균관대학교에서 철학을 공부하였으며
펜실베이니아대학교 와튼스쿨에서 기업윤리 박사 학위를 취득하였다.

고대 그리스에서 윤리학이란 학문이 태동한 이래, 오늘날처럼 윤리가 중요시되고 각광받는 시대는 없었습니다. 역사를 거슬러 올라가면, 소크라테스, 플라톤, 아리스토텔레스와 같은 윤리학자들은 주로 학문적 탐구에 몰두하며 생계를 위한 직업을 가지지 못한 채 철학적 사색에 전념했습니다. 그러나 현대사회는 이러한 전통을 뛰어넘어, 학계는 물론 기업계까지 윤리 전문가를 적극적으로 채용하며 윤리학의 중요성을 인정하고 있습니다. 이는 특히 전 세계 기업들이 환경, 사회, 그리고 거버넌스(ESG) 성과를 향상시키기 위해 경쟁하는 현상에서 두드러집니다. 예를 들어, 글로벌 IT 기업인 구글과 애플은 그들의 제품과 서비스가 환경에 미치는 영향을 최소화하기 위해 각각 윤리 전문가들을 보유하고 있고 더욱 더 윤리적인 기업이 되기 위해 힘을 쓰고 있습니다. 기업윤리를 연구하는 학자로서, 지금이 바로 황금기라 할 수 있습니다.

그러나 저를 비롯한 많은 기업윤리 연구자들은 현재의 윤리 광풍이 실질적인 선한 결과를 초래할 것인지에 대해 의문을 품고 있습니다. 이 책의 저자 또한, 이러한 유행에 휩쓸리지 않고 진정으로 의미 있는 기업윤리를 추구할 것을 강력히 권고하고 있습니다. 서문부터 마지막 페이지에 이르기까지, 이 책은 말로만이 아닌 행동으로 윤리를 실천하라는 메시지를 일관되게 강조합니다. 또한, 기업활동이 인권에 미칠 수 있는 영향에 주목하고, 그에 따른 책임을 성실하게 이행하기 위해 주주이익 극대화를 뛰어넘어 이해관계자 자본주의로 나아갈 것을 요구합니다.

첫째, 'ESG'라는 유행어에 현혹되지 않기를 바랍니다. 기업세계가 갑자기 윤리와 사회적 책임에 관심을 보이기 시작한 것은 아닙니다. 과거에는 기업의 사회적 책임(CSR), 기업의 공유가치창출(CSV), 트리플 바텀 라인(Triple Bottom Line), 지속가능성(Sustainability) 등 다양한 용어로 이 개념이 소개되었습니다. 이 모든 용어에는 각각의 차이점이 존재하지만, 궁극적으로는 기업의 윤리적 책임을 다루는 프레임워크와 관점을 제공합니다. 컨설팅 회사들은 시간이 지남에 따라 자신들의 서비스를 팔기 위해 새로운 용어를 도입합니다. 곧 ESG가 아닌 다른 이름을 만들어 낼 것이고 새 시대가 도래 했다고 홍보할 것입니다. 1990년대 초반에 CSR 즉, 기업의 사회적 책임은 기업이 사회와 환경에 미치는 영향을 고려하는 것을 강조했습니다. 이는 기업이 단순히 이윤을 추구하는 것을 넘어서 사회적, 환경적 책임을 진다는 개념을 전파했습니다. 그러나 시간이 흐르면서 이 용어는 점차 Sustainability 즉 지속가능성의 개념으로 발전했고, 이는 기업이 장기적인 환경보전과 사회적 안정성을 어떻게 지킬 수 있는지에 초점을 맞추게 되었습니다. 이처럼 포장지만 바뀌고 있을 뿐, 그 본질은 변하지 않습니다. 우리는 이러한 유행어에 휘둘리지 말고, 그 내용을 깊이 있게 들여다보며, 진정한 기업의 윤리가 무엇인지를 성찰하고 실천하는 데 주력해야 합니다. 이 책의 저자와 마찬가지로, 저 역시 기업이 기업윤리를 단순히 마케팅이나 전략의 도구로 활용하는 것이 아니라, 진정으로 윤리적인 모습을 고민하고 구현하기를 바랍니다.

물론, ESG 점수를 향상시키기 위해 노력하는 기업들은 그렇지 않은 기업들에 비해 전반적으로 더 높은 윤리적 기준을 세울 가능성이 큽니다. 이는 기업의 윤리적 활동 자체가 부정적인 것이 아니라는 점을 명확히 합니다. 그러나 중요한 것은 유행을 따라 윤리적 활동을 시작한 기업들은 그 유행이 사라지면 곧바로 과거의 행태로 돌아갈 가능성이 높다는 점입니다. 이러한 기업들은 마치 멋진 외국어 단어를 사용하고 싶어하는 학생처럼, ESG라는 용어를 내세워 기업의 겉모습만을 고려하는 경향이 있습니다. 더욱이, 이런 기업들은 윤리적 활동을 단지 수익 창출의 전략적 수단으로만 간주합니다. 이는 윤리적 활동이 실질적인 수익을 창출하는지 여부에 집중하게 만듭니다. 경영진은 종종 직원들에게 이러한 활동이 회사에 금전적 이득을 주는지를 검증하도록 요구합니다. 결과적으로, 직원들은 윤리적 활동이 회사에 경제적 이익을 가져다줄 수 있는지를 측정할 수 있는 방법을 모색하느라 바쁩니다. 이러한 접근방식은 윤리를 겉치레로만 다루는 기업의 전형적인 예로,

진정성이 결여되어 있습니다. 만약 윤리적 활동이 수익성이 없다고 판단되면 기업은 이를 중단할 것이며, 비윤리적인 행위가 더 많은 돈을 가져올 경우에는 주저 없이 그 방향으로 전환할 것입니다.

둘째, 우리는 법(컴플라이언스)을 준수하는 것을 넘어서 윤리적 책임을 다해야 합니다. 이 점을 책의 저자는 끊임없이 강조하고 있으며, 저 또한 기업윤리 강의에서 이러한 '컴플라이언스 함정(Compliance trap)'에 빠지지 않도록 주의를 기울일 것을 강조해왔습니다. 우리 회사는 법을 어긴 것이 하나도 없으니 우리는 아무 문제가 없을 것이라는 자세는 윤리적으로 위험합니다. 법의 준수가 불필요하다는 것이 아니라, 법을 준수하는 것만으로는 충분하지 않다는 뜻입니다. 제가 지난 13년 동안 학생들에게 사례연구를 가르치면서 발견한 것은, 많은 비윤리적 행위를 하는 기업들이 법을 명확히 어기지는 않았다는 공통적인 특징입니다. 미국의 유명 비즈니스 스캔들은 대부분 당시의 현행 법을 명확하게 어긴 적이 없지만, 윤리적으로는 큰 문제를 일으킨 것들입니다.

1970년대 포드 핀토 자동차의 스캔들을 예로 들어보겠습니다. 이 차량은 후방 충돌 시 연료탱크가 폭발하여 승객에게 치명적인 상해를 입힐 수 있는 결함이 있었습니다. 포드는 내부 테스트를 통해 이 문제를 알고 있었음에도 불구하고, 당시의 법적 기준만을 근거로 리콜을 하지 않았습니다. 즉 컴플라이언스의 함정에 빠졌습니다. 결과적으로 수백 명의 사망자가 발생했습니다. 법적으로 리콜 의무가 없다는 사실을 알고 있었기 때문에 포드는 법을 어긴 것이 없다고 주장할 수 있었지만, 이는 윤리적 관점에서 볼 때 중대한 잘못이었습니다. 거의 대부분의 비즈니스 스캔들은 이러한 패턴을 따르고 있습니다. 기업들은 최고의 변호사와 회계사를 보유하고 있으며 법을 어기지 않는 방법을 잘 알고 있습니다. 이러한 사례들은 기업이 법적 요구사항을 넘어서서 더 높은 윤리적 기준을 세우고 따라야 할 필요성을 분명히 보여줍니다. 법이 항상 완벽한 가이드를 제공하지 못하기 때문에, 기업은 법을 준수하는 것을 넘어서 인간의 인권과, 안전 그리고 복지를 최우선으로 고려해야 합니다. 이러한 윤리적 접근은 단지 법적책임을 이행하는 것을 넘어서, 기업의 사회적 책임을 실현하는 데 중요한 역할을 합니다.

일반적으로 사람들은 정부와 의회 그리고 사법기관의 역할을 법을 제정하는 것으로, 기업의 역할을 그 법적 테두리 안에서 최대한의 실적을 도출하는 것으로 이해하곤 합니다. 그러나 이러한 관점은 법의 본질적인 한계로 인해 여러 문제점을 내포하고 있습니다. 법은 언제나 완벽할 수 없으며, 정부와 사법기관 역시 모든 사건을 예견하고 완벽히 예방할 수 있는 능력을 갖추고 있지 않습니다. 대부분의 법적 발전은 이미 사태가 발생한 후, 즉 '소 잃고 외양간 고치는' 식으로 이루어집니다. 비즈니스 스캔들이 발생하면 그제서야 관련 법이 개정되고 발전하게 됩니다. 저자가 지목하듯, 저개발 도상국에서는 법의 미비함이 더욱 심각하여, 법을 어기지 않았다고 해서 윤리적 책임을 완수했다고 보기 더욱 어렵습니다. 법의 테두리 안에서만 움직이려는 기업의 접근방식은 불충분합니다. 법의 허점을 이용하는 것이 아니라, 법을 넘어서는 윤리적 책임을 자각하고 실천하는 태도가 요구됩니다. 기업은 법적 준수를 최소한의 기준으로 삼되, 그 이상을 목표로 삼아야 합니다.

셋째, 이 책의 저자는 주주 자본주의의 한계를 지적하며, 그 대안으로 이해관계자 자본주의를 제시합니다. 이 점에 대해 저는 저자의 의견에 동의합니다. 우선 저자의 관점을 자세히 살펴보겠습니다. 2장에서 저자는 기업의 본질에 대해 설명하며, "우리가 흔히 생각하는 기업의 '주체'는 단일한 정체성이 아니라 다양한 이해관계를 지니고 있습니다. 많은 이들이 오해하듯, 주주들이 기업을 소유하고 통제한다고 생각하지만, 실제로 그들은 이익을 공유하는 참여자에 불과합니다."라고 말합니다. 이는 주주 자본주의에서 주장하는 바와 상반되는데, 여기서는 주주가 기업을 소유하고, 기업의 궁극적 목표는 주주가치의 극대화라고 강조됩니다. 반면, 저자는 기업을 다수의 이해관계자가 참여하는 복잡한 생태계로 보며, 주주를 포함한 모든 이해관계자들이 회사의 성장과 이익에 기여하는 한 파트너라고 주장합니다. 이 관점에서 기업은 독립된 인격체로서 자신의 운명을 스스로 결정하며, 진정한 소유자는 어느 누구도 아닌 기업 자체라고 봅니다. 법학자들 사이에서도 이러한 해석은 받아들여지고 있습니다.[1] 저자는 또한 기업의 목적에 대해, 단순한 수익창출을 넘어서, 기업을 둘러싼 모든 이해관계자들의 이익을 조화롭게 조율하고 성장시키는 데 있다고 강조합니다. 이를 통해, 기업은 단기적 이익추구를 넘어서 지속 가능하고 윤리적인 방향으로 나아갈 수 있다는 비전을 제시합니다.

이해관계자 이론을 채택하기 위해서는 몇 가지 도전적인 요소들이 존재합니다. 우선, 이 이론은 주주이익 극대화 이론과 비교했을 때 기업의 목적을 명확하게 정량화하는 데 어려움을 겪습니다.[2] 주주이익 극대화 이론에서는 회사의 목표가 단순히 현재 주주의 이익을 극대화하는 것으로, 이는 구체적인 수치로 측정 가능합니다. 반면, 이해관계자 이론은 주주뿐만 아니라 직원, 사회 단체, 그리고 환경 등 다양한 이해관계자의 가치를 동시에 증진시켜야 한다고 주장합니다. 이는 각각의 가치를 어떻게 정량화할 것인가에 대한 명확한 방법론을 제시하지 않는다는 점에서 비판을 받습니다. 이러한 이론적인 도전에도 불구하고, 이해관계자 이론은 현실의 기업환경을 보다 정확하게 반영한다는 점에서 그 가치를 인정받고 있습니다. 예를 들어, 스타벅스는 자신들의 사회적 책임 프로그램을 통해 지역 커뮤니티와 환경보호에 기여함으로써 다양한 이해관계자들의 이익을 증진시키는 모델을 선보였습니다. 또한, 유니레버는 지속 가능한 생산방식을 도입하여 소비자, 공급업체, 그리고 환경에 긍정적인 영향을 미치는 방법을 모색하고 있습니다. 이러한 사례들은 이해관계자 이론이 기업경영에 어떻게 구체적으로 적용될 수 있는지를 보여줍니다. 그럼에도 불구하고, 이해관계자 이론을 효과적으로 실행하기 위해서는 기업이 어떻게 각 이해관계자의 가치를 측정하고 균형을 이룰 수 있을지에 대한 보다 구체적인 지침이 필요합니다. 학계와 실무자들의 과제는 이 이론을 실제로 적용하기 위해 보다 명확한 평가도구와 실행방안을 개발하는 것입니다. 이는 이해관계자 이론이 단순한 이론에 그치지 않고, 실질적인 경영전략으로서 기능할 수 있게 하는 핵심적인 요소가 될 것입니다.

주주이익 극대화 이론에 대해 잘못된 해석이 종종 있습니다. 일각에서는 이 이론이 기업에게 모든 윤리적 한계를 초월하여 어떤 행동이라도 정당화한다고 오해하는 경우가 있습니다. 이러한 극단적인 주장은 리처드 포스너(Richard Posner)와 같은 이론가들에 의해 제기되곤 합니다. 포스너는 법이 경제적 목적을 위한 도구에 불과하다고 보며, 심지어 노예제도 조차도 사회 전체의 이익을 위해 정당화될 수 있다는 주장을 펼친 바 있습니다. 하지만 이는 대체로 주류에서 받아들여지지 않는 견해입니다. 반면, 노벨 경제학상을 수상한 밀턴 프리드먼은 주주의 이익을 극대화하는 것이 기업의 목표이긴 하나, 그 과정에서 법적 요구사항과 기본적인 사회윤리도 준수해야 한다고 강조했습니다. 프리드먼이 반대한 것은 내부적으로는 부패한 활동을 하면서 사장이 주관적으로 그 사용처를 정해서 쓰는 비효율적이거나 윤리적으로 필요하지 않은 기부활동이었으며, 그는 법과 윤리를 지키면서도 경제적 효율성을 극대화하는 길을 추구했습니다. 실제로, 사회적 책임을 강조하며 높은 CSR 등급을 유지하던 업체들이 비즈니스 스캔들에 휘말린 사례가 다수 있습니다. 대표적인 예로 엔론 사태를 들 수 있는데, 엔론은 공식적으로는 사회적 책임을 크게 강조하면서도 내부적으로는 대규모 회계 부정을 저질러 결국 대규모 파산으로 이어졌습니다.

이해관계자 자본주의에 대한 논의로 다시 돌아가보겠습니다. 이 개념을 통해 저자는 기업을 둘러싼 모든 이해관계자들을 마치 공화국의 구성원처럼 간주하며, 이들 간의 관계를 민주주의적 접근으로 발전시키길 주장합니다. 또한 기업 결정과정에서 이해관계자 모두가 자신의 목소리를 낼 수 있을 뿐만 아니라, 그 목소리가 기업운영에 실질적으로 반영되어야 한다고 믿습니다. 다만 이는 현실의 민주주의와는 다소 차이가 있습니다. 실제로 기업의 결정은 이해관계자들의 투표로 이루어지는 것이 아니라, 기업의 리더들이 최종적인 결정을 내리고 그 결과에 대해 책임을 지게 됩니다.

저자는 특히 기업이 결정을 내리기 전에 고려해야 할 중요한 점으로 영향력(Impact)을 고려하는 사고방식을 강조합니다. 즉, 어떤 결정을 내렸을 때 각 이해관계자에게 어떠한 영향을 미칠지를 면밀히 분석하고, 그 과정에서 이해관계자들의 의견을 직접 듣는 것이 중요하다고 합니다. 예를 들어, 환경 규제가 강화될 경우 기업의 운영비용이 증가하지만, 지역사회와 환경에 미치는 긍정적인 영향을 고려할 때 장기적인 지속가능성을 위해서는 필수적일 수 있습니다. 이처럼 기업 리더들은 각 결정이 이해관계자들에게 어떠한 결과를 가져올지를 예측하는 것에 그치지 않고, 직접 그들의 목소리를 들음으로써 보다 포괄적이고 실질적인 이해를 도모해야 합니다. 이러한 접근은 단순히 이익을 극대화하는 것을 넘어서, 모든 이해관계자들이 공정하게 대우받고 그들의 권리가 존중받는 진정한 의미의 이해관계자 자본주의를 구현하는 데 중요합니다. 이는 기업이 단지 법적 요구사항을 충족시키는 것을 넘어서, 더 넓은 사회적, 윤리적 책임을 이행하는 방향으로 나아가는 데 크게 기여할 것입니다.

저자는 기업 내에서 진정한 이해관계자 거버넌스를 실현하기 위해 자문위원회의 설립을 제안합니다. 현재 많은 기업들이 이러한 자문위원회를 운영하고 있으나, 위원 선정과정에서 발생하는 문제가 실질적인 효과를 저해하고 있습니다. 대개 기업들은 법적 또는 정치적 이슈에서 우호적인 관계를 유지해 온 변호사, 정치인, 대학 교수 등을 자문위원으로 선호합니다. 그러나 이러한 인사들만으로 구성된 자문위원회는 회사의 실질적인 이해관계자들의 목소리를 충분히 대변하기 어렵습니다. 진정으로 기업윤리와 이해관계자의 권익을 반영하기 위해서는 노동자, 소비자, 지역사회 대표 등 실제로 회사의 활동과 제품이 영향을 미치는 다양한 계층의 사람들이 자문위원회의 일원이 되어야 합니다. 이를 통해 기업은 사회적으로도 신뢰를 얻고, 진정한 이해관계자 리더십을 발휘할 수 있습니다. 그렇지 않을 경우, 사회는 기업의 윤리적 노력을 겉치레로 여길 뿐만 아니라, 기업 자체의 진정성에도 의문을 가질 것입니다. 특히 한국의 기업문화에서 이러한 변화를 이끌기 위해서는 자문위원들이 단순한 자문의 역할을 넘어 실질적인 영향력을 행사할 수 있는 구조가 필요합니다. 한국과 같이 계층적이고 보수적인 기업문화에서 윤리적 변화를 주도하기 위해서는 윤리 담당자에게 상당한 권한과 책임을 부여하고, 이를 통해 경영진 내에서도 중요한 위치를 차지하게 해야 합니다. 미국과 유럽에서는 이미 윤리를 담당하는 최고경영자 포지션을 CEO와 CFO와 동등한 수준으로 포함시키는 추세입니다. 이러한 변화는 기업이 단순히 윤리적 문제에 반응하는 수준을 넘어, 윤리를 기업문화의 핵심으로 삼는 발전적인 접근을 가능하게 합니다.

마지막으로 요약하자면, 오늘날 기업들은 단순히 법적요구를 충족시키는 것을 넘어서 사회적, 윤리적 책임을 진지하게 고려해야 하는 시대에 살고 있습니다. 윤리가 실질적인 변화를 이끌고 있는 이 시점에서, 기업들이 진정으로 윤리적인 결정을 내리기 위해서는 이해관계자 모두의 목소리를 청취하고 그들의 권익을 존중하는 방향으로 나아가야 합니다. 이 책을 통해 저자는 기업의 윤리적 발전이 단지 유행을 따르는 것이 아니라 지속적인 노력과 진정성에서 비롯되어야 함을 명확히 합니다. 진정한 기업의 윤리는 말이 아닌 행동에서 나타납니다.

미주

1. Lynn A. Stout, Southern California Law Review 75, 'Bad and not-so-bad arguments for shareholder primacy', 2001년
2. Michael C. Jensen, Business Ethics Quarterly, 'Value maximization, stakeholder theory, and the corporate objective function', 2002년

해제 2

공동의 정체성에 대한 서사

───── **이우종** 서울대학교 경영대학 교수

서울대학교 경영대학에서 회계학을 가르치고 있다.
동 대학과 동 대학원에서 학사와 박사 학위를 취득하고, 홍콩이공대학교에서 근무하였다.
자본과 노동이 기업과 시장에서 소비되는 양식을 연구하고 있다.

ESG의 중요성에 대한 인식은 전 세계적으로 보편화되어 있지만, ESG를 수용하는 방식은 지역마다 다릅니다. 사민주의 전통이 강한 유럽에서는 ESG가 기업활동의 중요한 프로토콜로 빠르게 제도화되어 가는 반면, 자본주의와 자유시장 경제 원칙의 전통이 강한 미국에서는 ESG를 시대정신으로 받아들이는 것에 대한 저항이 큽니다.

ESG를 지지하는 이들은 ESG가 기업의 장기적인 지속가능성을 확보하고 사회적 책임을 다하는 데 필수적이라고 주장합니다. ESG 요인을 고려한 투자와 경영은 기업의 평판을 개선하고, 법적위험을 줄이며, 지속 가능한 성장을 촉진한다고 봅니다. 반면, ESG를 반대하는 측에서는 ESG가 정치적, 이념적으로 편향되어 있으며 기업의 경영 자율성을 침해한다고 주장합니다. 이들은 ESG가 투자자와 소비자의 선택을 제한하고, 일부 산업에 불리하게 작용할 수 있다고 우려합니다.

ESG가 도덕률이 아니라 기업의 행동양식을 결정하는 규범으로 작동하는 이상, ESG는 기업을 둘러싼 이해관계자 간의 정치적 의제입니다.[1] 미국에서는 ESG를 지지하는 민주당과 반대하는 공화당 사이의 갈등이 주요 쟁점으로 자리 잡으면서, 각 주에서는 서로 다른 입법조치를 취하고 있습니다. 일부 주는 ESG를 의무화하거나 장려하는 법안을 통과시켰지만, 다른 주는 ESG 요소를 배제하거나 금지하는 법안을 채택하고 있습니다.[2]

『Higher Ground』는 이처럼 분열적인 혼란 속에서 기업의 정체성을 찾아가는 서사입니다. 이 책은 기업의 리더들이 언제 그리고 어떻게 논쟁적인 사회적·정치적 이슈에 대해 발언해야 하는지, 건강한 조직문화를 구축하기 위해 무엇이 필요한지, 그리고 분열된 사회에서 기업의 가치를 어떻게 보전해야 하는지에 대한 실질적인 조언을 제시합니다. 저자는 기업이 수익창출 이외의 다른 목적을 추구할 수 있는지에 대하여 기업의 내부, 외부의 이해관계자들과 치열하게 논의하고 소통해가는 것이 기업윤리의 출발점이며, 이런 논의는 본연적으로 정치적인 것이라고 이야기합니다. 즉, 본서는 기업윤리에 대한 높아진 사회적 기대와, 그만큼 강력해진 저항의 분위기 속에서 기업들이 관행을 재고하고 조직문화를 재편성하는 방법에 대한 청사진을 제공합니다.

그러나 타국의 서사는 그 나라의 구체적인 맥락을 이해해야 더 잘 몰입할 수 있습니다. ESG처럼 각 국가의 사회적 자본이나 법규범 같은 비공식적, 공식적 제도가 배경이 되는 주제를 다룰 때는, 우리의 상황과 비교하면서 읽어야 합니다. 안타깝게도 다음에 뒤따르는 제 해제는 저자의 주장에 대한 (지나치게 단순한) 요약과, 이를 우리 기업에 적용할 때 예상되는 도전적 과제에 대한 (다소 피상적인) 나열에 그치고 있습니다. 매우 불완전한 독해의 조악한 결과물이라는 점을 인지하면서 읽어주시기를 바랍니다.

책임있는 사회적 구성원으로서의 기업

저자는 본서의 서론과 1장에서 기업이 공공의 존재라는 것을 역설하고 있습니다. 저자는 현재 기업의 의사결정 과정에서 이해관계자를 고려하는 것은 필연적이라고 주장하면서 두 가지 이유를 제시합니다. 첫째, 인적자원이나 브랜드 평판 등을 핵심자산으로 삼는 현대의 기업들에게 이해관계자의 신뢰와 관계가 중요하기 때문입니다. 둘째, 세계화와 시장의 발달로 인해 기업의 역량이 폭발적으로 성장하면서 사회적 갈등을 초래한 책임이 있으며, 이를 위해 공공부문의 역할을 보완하거나 대체할 필요성을 주장합니다. 즉, 기업이 사회의 구성원인 이해관계자들과 상호작용을 주고받는 존재라는 면에서 필연적으로 정치적일 수밖에 없는 존재라는 것입니다.

더 나아가 2장에서는 정보의 측면, 즉 투명성의 관점에서도 기업은 이미 공공의 존재라고 주장합니다. 기업의 정보는 더 이상 기업 내부에 머물지 않으며, 기업 내·외부 이해관계자들의 정보수요는 그 어느 때보다 첨예합니다. 내부 이해관계자들은 기업에서 일어나는 일들을 외부에 생중계할 수 있고, 외부 이해관계자들은 이를 통해 실시간으로 여론을 형성합니다. 부정적 여론으로 기업의 사회적 명성이 훼손될 때, 기업의 지속가능성도 훼손됩니다. 기업의 서사는 더 이상 기업 스스로 만들 수 있는 것이 아니며, 외부에서 창조되는 서사에 기업의 지속가능성이 달려있다는 것입니다. 이는 기업이 정치적일 수밖에 없는 이유입니다.

기업의 정치성과 투명성은 별개의 문제가 아닙니다. 기업 내·외부의 이해관계자들과 상호작용하면서 이해를 조율해야 하는 기업의 입장에서, 모든 이해관계자들의 이해를 똑같이 고려할 수는 없습니다. 기업은 유사 정치적 프로세스를 통해 기업운영의 목적(Purpose)을 확정하고, 이를 선명하게 공개함으로써, 행동양식을 예측 가능한 형태로 설명할 수 있습니다. 저자는 이러한 '투명성(Transparency)'이 '책임성(Accountability)'을 견인한다고 주장합니다. 즉, 기업의 목적을 논의하고 선명하게 하는 과정, 윤리적 조직문화를 확립하는 과정은 그 자체로 정치적이며, 기업윤리는 책임있는 정치행위로 이해할 수 있습니다.

이러한 관점은 두 가지 점에서 다소 미국적입니다. 첫째, 인터넷 테크놀로지와 헬스케어 서비스 기업들이 주도하는 미국의 경제에서는 무형의 자산이 중요합니다. 여러 통계를 보면 미국 기업에서는 인적자원에 대한 투자가 유형자산 투자를 훌쩍 웃돌고 있습니다. 그러나 제조업이 주를 이루는 우리 기업에서는 유형자산 투자의 효율성을 도모하는 것이 인적자원을 개발하는 것보다 여전히 우선적인 과제일 수 있습니다.

둘째, 미국의 기업들은 오래전부터 정치적 존재들이었고, 미국 법체계는 기업의 정치적 참여를 장려하고 있습니다.[3] 최근 자료에 따르면, 2023년 1월부터 2024년 5월까지 미국 기업들은 약 39억 달러(한화 약 5조 4천억 원)를 선거 관련 지출에 사용했습니다.[4] 즉 미국 기업의 경영자들은 정치적 지향을 드러내는 것을 크게 꺼려하지 않습니다. 아마도 정치적 중립지대가 사라지고, 이데올로기적 호소를 통해 이해관계자와 적극적으로 소통하는 것이 필요하다는 것을 인지했기 때문일 것입니다. 즉, 미국 기업은 스스로를 사회변화의 일원으로 자각할 수 있는 환경에서 이미 정치적으로 각성되어 있습니다.

저자의 표현을 빌리자면, 기업이라는 조직이 사회의 책임 있는 일원으로 각성하는 것은 그 자체로 정치적인 과정이며, 이는 윤리적이기도 합니다. 그런데 미국과 유사하게 정치의 양극화를 겪고 있는 한국의 상황은 어떨까요? 현실적으로는 정치자금법 31조에서 법인의 정치후원을 금지하여 경제활동과 정치활동을 구분하고 있습니다. 즉, 우리나라는 기업의 정치참여에 대한 교조적인 중립성을 기업의 미덕으로 여기고 있습니다.

이는 우리 기업들이 과거에 과도하게 정치적이었기 때문에 자초한 결과일지도 모릅니다. 소위 정실 자본주의(Crony capitalism)의 전형인 정경유착 문제가 심각했기 때문입니다. 우리 기업들은 거듭된 정권 교체를 통해 정경유착을 해소하는 과정에서, 일방의 정치세력에게 배타적으로 의존하는 것이 기업에게 큰 위험요소라는 점을 깨닫게 되었습니다. 즉, 기업의 정치적 지향을 공개적으로 선언하는 것에 대한 경험적 저항이 생긴 것입니다.

이러한 맥락에서, 한국 기업들은 정치적 중립성을 유지하는 것이 더 안전하다고 느낄 수 있습니다. 한국 사회에서 기업의 정치적 참여가 부패와 연관될 가능성이 높다는 인식이 여전히 강하게 남아있기 때문이기도 합니다. 한국 기업들의 정치적 중립성 혹은 탈정치성은 정치적 참여의 위험성을 인식하고, 이를 피하려는 전략적인 선택일 수 있습니다.

그러나 저자의 관점에서는, 우리 기업들에게 강요된 중립성은 기업이 사회적 목적을 설정하고 이를 구현할 수 있는 총체적 노력을 경주하는 데 있어 장애물입니다. 기업에게 윤리적 비즈니스를 기대하는 것은, 사회의 책임 있는 일원으로서 기업의 지향을 선명하게 표현할 것을 기대하는 것이며, 이는 윤리적 조직문화를 확립하는 데 기초적인 과업입니다(기업의 지향이 애매한 조직은 조직 내·외부의 이해관계자들과 가치를 공유할 수 없고, 가치를 공유하지 못한 조직은 조직문화를 고양할 수 없습니다).

무엇이 윤리적인지에 대한 가치판단은 다를 수 있으며, 이는 본연적으로 정치적 의제입니다. 따라서 본서는 우리 기업들이 한국 사회의 중요의제를 탐색하고, 이에 대한 대안을 제시하는 데 더 적극적일 필요가 있음을 시사하고 있습니다. 기업이 사회의 책임 있는 일원이 되기 위한 길은 이처럼 근본적인 관점의 변화를 요구하고 있습니다. 이 도전적 과제를 염두에 두고 2부 이후를 읽으면, 좀 더 실천적인 과제들과 마주하게 됩니다.

윤리적 조직문화와 거버넌스

2부에서는 여러 기업들이 윤리적 비즈니스를 영위할 수 있는 기틀을 마련하면서 느꼈던 현실적인 어려움과 과제들을 논의하고 있습니다. 먼저 3장에서는 투명하고 책임 있는 조직문화를 구축하기 위한 과제들을 제시합니다. 무엇보다도 기업과 이해관계자들 간의 신뢰가 전제되어야 한다고 주장합니다. 특히 기업이 이해관계자 그룹 간의 갈등을 조율해야 할 때, 조율자인 기업에 대한 신뢰는 더욱 중요합니다.

기업에 대한 신뢰는 기업의 핵심가치를 이해관계자들과 공유하는 정도에 달려 있습니다. 기업의 핵심가치와 이를 달성하기 위한 경영원칙, 정관은 물론 행동강령이나 기타 서면의 약속에서 명확히 드러나야 합니다. 기업은 이 원칙이 사람들에게 미치는 영향을 정확히 이해하고, 그 순효과를 극대화하는 구체적인 행동으로 이어져야 합니다. 이해관계자의 요구가 다양해질수록, 기업의 의사결정은 복잡해집니다. 저자는 그간의 실무경험을 바탕으로, 조직문화와 같은 연성규범부터 거버넌스와 같은 경성규범까지, 기업의 원칙이 반영될 수 있는 여러 규범을 폭넓게 논의하고 있습니다.

4장에서는 규범을 구현할 때 선택과 집중을 통해 의제의 우선순위를 설정하는 방법에 대해 논의합니다. 특히 환경 및 사회문제에서 무엇을 우선적으로 해야 할지, 무엇을 하지 않을지에 대한 판단은 이해관계자 간 의견이 엇갈리는 부분이므로, 기업의 의사결정이 각 이해관계자에게 미치는 영향을 더 입체적으로 이해할 필요가 있다고 말합니다. 이렇게 되면 ESG 평가 등급을 관리하는 것 같은 보여주기식의 비본질적 활동에 지나치게 매몰되는 실수를 줄일 수 있습니다.

이 책의 여러 매력 중 하나는, 임팩트에 대한 우선순위를 구성하는 매우 실용적인 접근법을 제시하고 있다는 점입니다. 임팩트 있는 의제를 식별하는 기준으로 '중요성 기준'(표 4-1)을 제시하고 있으며, 이들 간 우선순위를 설정하는 방법으로 '우선순위 설정 매트릭스'(그림 4-1)를 구성해볼 것을 제안하고 있습니다. 이를 통해 컴플라이언스에만 집중하는 '최소주의' 전략과, 비현실적으로 모든 의제를 다루려고 하는 '최대주의' 전략을 극복할 수 있을 것입니다. 특히 섹터별로 중요한 ESG 이슈들을 미리 파악해둔 Sustainability Accounting Standards Board(SASB)의 중요성 지도(Materiality map)에 대해 언급하면서, 이를 구체적으로 활용할 것을 제안하고 있습니다.[5] 이러한 제안들은 기업들이 목표를 설정하고 관리하는 데 매우 유용한 도구를 제공합니다.[6]

ESG 공시에 대한 국제적 규범화는 ISSB가 2023년에 국제지속가능성 공시기준(IFRS S)을 확정하면서 중요한 진전을 이루었습니다. ISSB는 기업의 지속가능성과 관련된 공시기준을 개발하고 통일된 보고 프레임워크를 제공하는 것을 목표로 하는 기구입니다. 이는 투자자와 이해관계자들이 ESG 성과를 비교하고 평가할 수 있도록 돕기 위해 설립되었습니다.

한국 금융위원회의 로드맵에 따르면, 한국의 상장기업들도 2026년부터 점진적으로 IFRS S에 따라 ESG 활동을 보고하게 됩니다. 이러한 국제적 기준의 도입은 기업들이 투명성과 책임성을 높이는 데 기여할 것입니다. 이제는 우리 기업들이 윤리적 복잡성을 해소하고, 기업의 이해관계자들에게 ESG 성과의 임팩트에 대한 중요한 정보를 전달할 수 있도록 이 국제규범을 안착시킬 공동의 노력이 필요합니다.

따라서, 기업들은 ESG 보고체계를 구축하고, 이를 위해 필요한 내부 프로세스와 시스템을 정비하며, 국제기준에 맞춘 데이터를 수집하고 분석하는 역량을 강화해야 합니다. 이는 단순히 국제사회의 요구를 충족시키는 것을 넘어, 기업의 지속가능성과 장기적 경쟁력을 높이는 데 중요한 역할을 할 것입니다. 본서에서도 컴플라이언스는 윤리적 조직문화 구축의 최소요건이라는 점을 명확히 하였습니다.

사람에 대한 태도가 기업윤리의 척도

3장에서 5장까지 기업윤리를 구현하기 위한 실용적인 접근법을 소개한 저자는, 6장 이후에서 기업윤리의 실체에 대한 보다 근본적인 논의를 전개합니다. 6장에서는 별도의 장을 할애하여 인간에 대한 임팩트(Impact on human beings)를 기준으로 기업목표의 우선순위를 설정할 것을 요구합니다. 특히 인권(Human rights)은 개인의 주체성, 신체의 자율성, 존엄성에 초점을 맞추는데, 이는 인류 문명의 보편적이면서도 포괄적인 가치이므로, ESG 의제의 우선순위 결정에서도 논란의 여지가 적을 것으로 전망하고 있습니다.

저자는 인권의 국제규범으로 기업과 인권에 관한 유엔 기본원칙(UN Guiding Principles on Business and Human Rights, UNGPs)을 상세하게 다루고 있습니다. UNGPs는 기업이 회피, 예방, 완화, 구제의 측면에서 인권을 지키고 보호할 지침을 제공하고 있습니다. 이 지침의 원칙들은 다음과 같은 중요한 내용을 담고 있습니다.

첫째, 기업이 인식하는 위험이 아니라 기업이 사람에게 미치는 임팩트에 관한 것입니다. 이는 기업이 자신이 아니라, 기업활동의 영향을 받는 사람들의 견해, 경험, 우려사항을 고려해야 한다는 원칙입니다. 즉, 기업은 자신의 이익이나 위험보다도 기업활동으로 인해 영향을 받는 사람들의 목소리를 우선적으로 고려해야 합니다.[7]

둘째, 어떤 영향이 가장 관련성이 있을지에 대한 기업의 판단이 아니라, 국제적으로 인정된 인권에 비추어 영향을 평가해야 한다는 것입니다. 이는 기업이 자신의 판단에 의존하기보다는 국제 인권 기준에 따라 영향을 평가하고, 이를 기준으로 행동해야 한다는 원칙입니다. 기업은 자신의 활동이 국제

인권 기준에 부합하는지 평가하고, 그에 따라 필요한 조치를 취해야 합니다.

이러한 원칙들은 기업이 인권을 중심으로 한 ESG 전략을 수립하는 데 중요한 가이드라인을 제공합니다. 이를 통해 기업은 더 나은 사회적 책임을 다할 수 있으며, 지속 가능한 경영을 실현할 수 있습니다. 기업이 인권을 보호하고 증진하는 활동을 통해 얻는 긍정적인 효과는 기업의 지속가능성과도 밀접하게 연관되어 있습니다.

저자의 주장은 다소 도구적으로 보일 수 있습니다. 즉, 인권이라는 보편타당한 가치에 우선적으로 집중하면, 윤리적 조직문화를 확립하고 거버넌스의 방향성을 정립하는 데 혼란을 줄일 수 있다는 주장이기 때문입니다. 인권을 우선시함으로써 기업이 윤리경영을 위한 보다 체계적이고 명확한 방향으로 나아갈 수 있다는 점을 강조하느라, 책의 논점이 다소 흐려진 경향이 있습니다. 그러나 기후위기를 우선적으로 다루고 있는 IFRS S의 초안이, 후속 의제로 생물다양성과 인권, 노동문제를 다룰 예정이라는 점을 감안하면, 이러한 도구적인 접근도 시의성 높은 의제에 대한 유효한 접근일 수 있습니다. 즉, 기후위기나 인권처럼 전 지구적으로 시의성과 중요성이 높은 의제를 우선적으로 다루게 되면, 제도화에 속도가 실리게 됩니다. 의제선정에 있어서의 선택과 집중이, 역으로 프로세스 구축을 효율적으로 견인할 수 있는 것입니다.

인권에 대한 논의는 자연스럽게 7장의 정치에 대한 논의로 이어집니다. 인권이 보편타당한 가치이고 조직이 추구할 수 있는 목적이라는 점에 동의하면, 기업이 인권문제를 조직문화, 더 나아가 사회제도의 의제로 다루는 것에 대한 정당성도 부여되기 때문입니다. 즉, 기업이 ESG 의제를 다루는 방식의 정당성은 의제의 보편타당성에 기인하는 것입니다. 저자는 더 나아가 기업들이 이해관계자의 삶을 규정하는 현실 정치에도 참여할 수 있으며, 이를 적절하게 통제할 수 있는 거버넌스와 공시체계를 갖추기를 요구합니다. 이처럼 기업의 공적참여는 이해관계를 공정하게 조율할 수 있는 기업 부문의 효율성을 근거로 정당화될 수 있습니다.

더불어 회사의 목적과 경영원칙의 일관성을 보장하기 위해서는, 감독과 정보공개가 선행되어야 합니다. 이해관계자의 삶을 개선하는 모든 여정에서 기업은 자원의 활용에 대해 투명해야 한다는 것입니다. 정보를 완전히 공개하는 것이 정보 이용자들의 의사결정에 항상 도움이 되는 것은 아닐 수 있고, 기업행동의 잘못된 행위에 면죄부를 줄 수 있는 것도 아닙니다. 그러나 사회적인 의제에 대해 선제적으로 대응하는 기업의 모습에서, 투명하고 공개적인 방식으로 목표를 설정하고 달성 여부를 논의하는 모습에서, 기업과 이해관계자 간의 신뢰관계는 강화될 수 있습니다.

한국기업의 인권문제

우리 기업의 인권문제는 제한된 노동권과 차별, 불평등 등의 형태로 나타납니다. 특히 노동의 의제는 우리 기업들에게 오래된 과업입니다. 우리는 반세기에 걸친 극적인 민주화 과정에서도 노동의 의제들을 크게 진전시키지 못했습니다. 한국의 적대적 노사관계는 전통적으로 국가 경쟁력 평가에서 한국의 순위를 끌어내리는 주요 요인이었습니다.[8] 노동자들의 고용 안정성과 직업 만족도 측면에서 개선이 필요하다는 OECD의 지적도 있습니다.[9] 노동 인권문제에 대한 표상이 되어 있는 노란봉투법에 대한 논의가 여전히 국회에서 표류하고 있는 것을 보면, 인권에 대한 사회 구성원들이 갖는 경각심의 차이가 현저하다는 것을 알 수 있습니다.

한국의 노동시장에 대한 외부의 부정적인 시각을 종합해 볼 때, 노동의 의제를 진전시키기 위한 사회적 노력이 시급합니다. 노동환경을 개선하는 것은 노동 생산성과 전체 경제 경쟁력을 제고할 수 있는 전제조건이며, 노동자들을 윤리적 조직문화를 확립하는 협력적 주체로서 인정하는 윤리경영의 출발점이기도 합니다.

또 다른 인권의 문제는 차별과 불평등입니다. 기업에서의 성차별은 고용과 훈련, 승진, 직장 내 성희롱과 성폭력, 육아와 경력단절 등 다양한 형태로 나타납니다. 2023년 세계경제포럼(WEF)의 글로벌 성격차 보고서에 따르면, 한국은 성평등 지수에서 146개국 중 105위를 기록하여 우리나라의 국제적 위상과 국격에 어울리지 않게 낮은 평가를 받고 있습니다. 성별 간, 인종 간, 세대 간, 계층 간 불평등은 조직과 사회를 불안하게 합니다. 다양하고, 평등하며, 포용적인 조직은 더 창의적이며, 혁신에 능하며, 따라서 높은 성과를 보고할 수 있습니다. 흔히 DEI(Diversity, Equity, Inclusion)라는 약어로 통칭하는 이런 속성은, 윤리적 기업조직의 중요한 특징입니다.

저자의 주장대로 사람에 대한 태도, 인권의 보호와 존중에 대한 의지가 윤리적 비즈니스를 평가하는 척도라면, 노동과 젠더의 의제들에서 국제적으로 박한 평가를 받는 우리 기업윤리의 실태를 시급하게 점검해볼 필요가 있습니다.

포용적 리더십이 기업윤리의 전제

경직된 조직문화를 변화시키기 위해서는 조직의 리더십이 영민해야 합니다. 저자는 3부에서 위의 내용을 관철시킬 수 있는 조직의 리더십에 대하여 논의합니다. 9장에서는 윤리적 문화를 고양하기 위해 윤리적 문제가 개인의 일탈이 아닌 조직문화의 실패라는 점과, 이러한 조직문화의 실패가 조직의 지속가능성을 훼손할 수 있는 사건임을 명확히 인지하는 경각심을 강조합니다. 이와 같은 사고가 확장되면 기업이 직접 통제할 수 없는 임팩트, 즉 이제는 고용하지 않은 개인(즉, 잠재적 노동자)과 통제하지 않는 조직(즉, 잠재적 이해관계자)에 미치는 영향에 대해서도 책임이 있다는 점을 인지하게 됩니다. 이러한 확장적 사고는 포용적이며, 포용적인 리더십은 기업이라는 조직에 생명력을 불어넣습니다.

그러나 10장에서 언급하듯이 포용적 리더십의 진정성(Integrity)만으로는 조직을 바꿀 수 없습니다. 경영진의 의지를 넘어 위와 아래에서 견제와 균형이 적절하게 작동해야 합니다. 기업의 이사회에서 사회 및 환경의제를 다룰 수 있는 전문성은 여전히 절대적으로 부족합니다. 오늘날의 노동자들은 이전보다 더 윤리적으로 고양되어 있으므로, 포용적 리더십에 대하여 확고한 입장을 표현할 수 있습니다. 이는 기업의 목적에 대한 동의수준이 높은 노동친화적 기업에서 가능한 일입니다.

11장에서 제시되는 것처럼, 컴플라이언스에만 집중하는 기업들은, 규칙을 무시한 리더와 직원을 면책함으로써 조직문화를 붕괴시킵니다. 그러나 무관용 원칙을 천명하고 일벌백계로 다스리는 것만이 능사는 아닙니다. 최고의 컴플라이언스 프로그램은 인간의 행동방식을 현실적인 사회적 및 상황적 압력을 고려하여 계획합니다. 조직에서 윤리적 의제에 대한 합의를 이끌어내고 이를 조직의 행동으로 효과적으로 구현해내는 것이 유일하게 중요한 과업입니다. 핵심가치에 따라 기업은 직면한 위험을 이해하고 그에 따라 프로그램을 유연하게 구조화할 수 있습니다.

이 프로세스의 중요성을 간과하면, '슬러지(Sludge)'라고 부르는 실패로 귀결됩니다. 공정성과 일관성을 견지하면서 직원들이 스스로 윤리적 결정을 내릴 수 있도록 권한을 부여하는 것이, 슬러지를 줄이면서 조직문화를 고양하는 길입니다.

직원들의 윤리적 결정을 유도하고 윤리적 조직문화를 고양하는 과정은 직원들의 목소리를 듣는 것에서 출발합니다. 12장에서는 변화하는 인력의 요구를 이해하기 위한 리더십의 노력과, 윤리적 결정을 용기 있게 내리기 위한 안정성의 담보, 건강한 토론과 책임문화의 필요성을 강조합니다. 명확한 가치를 설정하고, 문화를 측정하며, 전체 직원의 참여로 사회적 및 환경적 우선순위를 설정하는 것이 중요합니다. 포용적 리더십에 근거한 협력적 노사관계가 전제되지 않으면, 실현 불가능한 과제들입니다.

사람에 대한 임팩트

기업과 이해관계자 간의 관계가 빠른 속도로 변화하고 있습니다. 숨가쁜 변화 속에서 기업이 중심을 잡기 위해서는 그 존재의의, 즉 '목적'을 명확히 설정하는 것이 중요합니다. 목적을 설정하면 기업의 사회적 역할에 대한 이해관계자 간의 합의를 도출할 수 있고, 이에 따라 기업의 행동양식을 규정할 수 있습니다.

'임팩트'는 기업의 목적을 논의하는데 유효한 매개입니다. 본서는 기업의 목표를 설정할 때, 기업이 인간에게 미치는 임팩트를 직접적으로 고려하라고 강조합니다. 이는 기업이 인간에게 미치는 부정적인 임팩트를 줄이는 것을 전제로 수익을 추구할 수 있는 관점을 제시합니다. 조직을 종단하고 횡단하면서, 사람에 대한 임팩트에 관한 끊임없는 인식의 공유가 필요합니다.

구체적인 목적을 가지고 사람에 대한 긍정적 임팩트를 강화하기 위해서는 조직문화를 고양시킬 필요가 있습니다. 포용적인 조직문화를 통해 기업의 목적을 확장적으로 상상하다 보면, 이를 집단적으로 달성할 수 있는 전략적 우위를 창출할 수 있을 것입니다.

기업들에게 주어진 과제의 목록이 길어지고 있습니다. 생존을 위해 분투하는 기업들이 사회적 현안까지 떠안아야 하는 상황이 탐탁지 않을 때도 있습니다. 그러나 기업은 우리 사회의 문제들이 집약적으로 재현되는 조직이며, 이 문제를 해결할 수 있는 가장 강력한 자원과 유인을 가지고 있습니다. 따라서 기업이 변화하면 사회도 변화할 수 있습니다. 기업을 둘러싼 이해관계자들, 즉 노동자, 투자자, 소비자, 공급자, 지역사회, 국민, 세계시민을 '사람'으로 인식할 때 윤리적 비즈니스가 실현됩니다. 이해관계자들을 소외시키면서 업(業)의 지속가능성을 논하는 것은 어불성설입니다.

가수 스티비 원더(Stevie Wonder)는 동명의 노래 'Higher Ground'에서 '우리 스스로를 저열한 수준으로 끌어내리지 말고(Don't you let nobody bring you down), 높은 곳에 도달할 때까지 노력하자(Keep on tryin' till I reach the highest ground)'고 노래합니다. 저열함을 극복하고 품격을 회복하려는 집단적 노력이 우리 공동의 정체성입니다. 이 책은 그 공동의 정체성에 대한 강렬한 서사입니다.

미주

1. https://www.impacton.net/news/articleView.html?idxno=10594
2. 미국의 경우, anti-ESG 법안이 pro-ESG 법안보다 더 자주 발의되고 통과되는 추세이다. 2022년에는 anti-ESG 법안 수가 pro-ESG 법안 수의 두 배 이상이었으며(23개 vs. 10개 법안), 2023년에는 anti-ESG 법안이 pro-ESG 법안보다 4배 더 많았다(130개 vs. 32개 법안). 법안 통과 면에서도 차이는 더욱 컸다. 2023년에 통과된 anti-ESG 법안 수는 pro-ESG 법안의 7배에 달했다. 2024년 현재 이 추세가 약간 약화되었지만, 여전히 anti-ESG 법안이 61개, pro-ESG 법안이 15개 제안되었으며, 각각 7개와 2개가 통과되었다(https://www.ropesgray.com/en/insights/alerts/2024/06/the-state-of-state-esg-activity-as-an-election-looms-a-mid-year-review).
3. 미국 기업의 정치참여는 미국 헌법의 첫 번째 수정조항에 의해 보장된다. 이 수정조항은 표현의 자유와 결사의 자유를 보장하며, 여기에는 정치적 발언과 정치적 기부도 포함된다. 미국 대법원의 여러 판결, 특히 2010년의 Citizens United v. FEC 판결은 기업의 정치적 기부와 표현의 자유를 강화하는 방향으로 해석되어, 기업의 정치참여에 대한 법적 근거를 제공하고 있다.
4. https://usafacts.org/articles/tracking-2024-election-contributions-and-spending/
5. 국제지속가능성기준위원회(International Sustainability Standards Board, ISSB)의 지속가능성 공시기준(IFRS S)에 따르면, ESG 정보 중에서 투자자들의 투자의사결정에 관련성이 높은 ESG 정보(즉, 중대성 정보, material information)를 파악하여 공시하라고 요구하고 있다. 이는 기업들이 공시대상 정보의 범주와 내용을 파악하는데 핵심적인 준거점을 제공한다.
6. 특히 이러한 우선순위 접근법은 5장의 경우처럼 전반적으로 경영환경이 부패하여 조직의 ESG 동력이 강화되기 어려운 환경에서 더욱 유효할 것이다. 따라서 4장과 5장의 내용은, ESG에 대한 사회적 합의, 즉 사회적 자본을 공고히 구축하지 못한 채, ESG에 대한 국제사회의 요구에 노출된 한국 기업에게 실질적인 지침을 제공할 것으로 기대한다.
7. 이는 '중대성'의 관점에서 '이중중대성(Double materiality)'을 고려하는 것이다. 전술하였던 국제지속가능성 공시기준(IFRS S)은 '단일중대성(Single materiality)' 혹은 '재무중대성(Financial materiality)'의 관점을 차용함으로써, 기업의 관점에서 중대성을 협소하게 고려하고 있다.
8. https://www.mk.co.kr/news/economy/9175977(매일경제, 韓 적대적 노사관계…국가경쟁력 훼손, 2020년 1월 23일), https://economist.co.kr/article/view/ecn202307180048(이코노미스트, 위기의 한국 노사관계, 다수를 위한 정책 뒷받침 돼야, 2023년 7월 31일)
9. OECD Economic Surveys KOREA(July 2024)

찾아보기

ㄱ

감독 28, 53, 77, 81, 83, 87, 102, 120, 133, 146, 148, 151, 159, 160, 165, 173, 174, 198, 213, 217, 220, 222, 223, 229, 251, 258, 270, 276, 283, 287, 290, 302, 304, 308, 314, 315, 317, 324, 325, 326, 328, 331, 333, 342, 385, 411

감시 22, 36, 42, 49, 51, 52, 78, 80, 81, 82, 100, 101, 102, 109, 115, 165, 166, 173, 195, 196, 215, 227, 229, 244, 248, 258, 279, 306, 309, 314, 324, 325, 327, 328, 335, 342

강제노동 188, 189, 190, 196, 246

개발도상국 36, 40, 126, 130, 143, 164, 166

개인정보 보호 145, 160, 193, 253

거버넌스 19, 65, 66, 68, 76, 103, 104, 111, 118, 160, 175, 176, 177, 185, 186, 214, 217, 227, 238, 239, 254, 277, 305, 306, 307, 308, 313, 314, 316, 386, 393, 399, 407, 410

경쟁우위 36, 80, 149, 243, 261, 276, 385

계약직 근로자 196, 200, 284

계층구조 85, 282, 314, 363

고용자 17, 18, 19, 23, 28, 36, 37, 38, 39, 41, 42, 45, 48, 49, 50, 51, 52, 53, 54, 63, 65, 66, 72, 73, 74, 77, 78, 81, 83, 84, 85, 86, 87, 88, 99, 100, 102, 112, 114, 115, 116, 118, 121, 125, 130, 132, 136, 139, 140, 145, 146, 148, 159, 160, 164, 172, 176, 192, 194, 195, 196, 200, 208, 210, 211, 212, 213, 214, 217, 219, 221, 223, 226, 229, 237, 239, 248, 249, 251, 254, 257, 258, 260, 270, 272, 273, 274, 275, 276, 278, 279, 281, 282, 283, 284, 286, 288, 289, 290, 298, 302, 303, 304, 309, 310, 314, 315, 316, 323, 324, 326, 327, 328, 329, 330, 331, 332, 333, 335, 336, 337, 339, 340, 341, 342, 345, 346, 347, 348, 349, 351, 352, 353, 354, 355, 356, 357, 358, 359, 360, 361, 362, 363, 368, 369, 374, 375, 376, 378, 379, 380, 382, 383, 384, 386, 387

고용자 행동주의 49, 303, 310, 352, 357, 358

골드만 삭스 84, 161, 324

공감 50, 165, 287, 299, 300, 317, 333, 357, 363

공개 17, 18, 21, 23, 28, 43, 49, 50, 68, 78, 79, 80, 84, 111, 118, 125, 135, 137, 147, 148, 151, 158, 163, 173, 175, 208, 209, 210, 211, 212, 213, 214, 216, 217, 218, 219, 220, 227, 229, 237, 238, 239, 240, 242, 243, 244, 246, 247, 249, 250,

251, 252, 254, 255, 257, 270, 284, 286, 302, 346, 353, 354, 362, 363, 368, 369, 380, 405, 406, 411
공급망 22, 38, 70, 100, 102, 108, 110, 127, 132, 136, 139, 145, 147, 176, 185, 186, 194, 198, 237, 247, 251, 271, 281, 284, 285, 313, 360, 371
공모 187, 226, 330, 359
공정성 18, 53, 190, 285, 286, 287, 333, 345, 352, 413
공중보건 143, 207, 213, 284, 308
공화당 20, 41, 46, 77, 211, 226, 309, 403
광업 98, 102, 104, 157, 158, 186, 192, 221, 313
구글 48, 192, 252, 253, 255, 284, 299, 393
국제 민간기업 센터 174
국제투명성기구 163, 165, 166
권력역학 142, 157, 190, 193, 283, 287, 363
권위 36, 40, 54, 99, 166, 187, 192, 282, 310
규칙 21, 28, 74, 81, 84, 85, 176, 178, 212, 216, 270, 274, 277, 297, 298, 301, 302, 306, 307, 323, 326, 327, 328, 329, 330, 333, 336, 342, 345, 354, 355, 386, 387, 413
그룹역학 311, 350
그린워싱 80, 115, 119, 244, 256, 304, 357
글로벌 사우스 44, 158, 185
금융위기 39, 165, 243
기밀유지 44, 45, 49, 78, 237

기업가치 19, 21, 25, 35, 50, 64, 74, 100, 121, 146, 183, 184, 186, 197, 207, 210, 274, 276, 359, 380
기업문화 17, 22, 23, 64, 158, 238, 269, 271, 276, 277, 288, 301, 324, 352, 375, 385, 400
기업윤리 21, 22, 24, 69, 71, 74, 88, 173, 176, 229, 238, 240, 260, 273, 274, 275, 280, 290, 301, 302, 304, 317, 324, 325, 334, 393, 394, 395, 399, 403, 405, 409, 412
기업책임 201, 244, 249, 301
기회 36, 44, 48, 51, 69, 70, 71, 86, 108, 129, 132, 133, 134, 136, 137, 139, 144, 145, 146, 151, 158, 169, 170, 190, 199, 210, 213, 218, 243, 250, 256, 282, 298, 305, 308, 312, 331, 333, 353, 361, 367, 371, 384, 385, 387
기후변화 19, 24, 41, 42, 73, 78, 86, 97, 127, 129, 134, 143, 144, 146, 160, 190, 208, 211, 214, 219, 224, 226, 227, 243, 312, 357, 367, 373, 376

ㄴ

나이지리아 158, 168, 169, 175, 187
나이키 20, 41, 53, 185, 353
낙태 38, 82, 196, 200, 208
난민 225, 380, 381, 382
내부고발 81, 85, 86, 282, 284, 326, 330, 346, 347, 353, 356, 363
네슬레 119, 251, 345
네트워크 26, 35, 100, 102, 108, 113, 118, 141, 162, 168, 170, 171, 174, 175,

184, 290, 300, 309, 339
노동권 44, 284, 376, 377, 378, 379, 380, 381, 411
노바티스 289, 304, 341, 382
뇌물 43, 72, 73, 81, 158, 163, 164, 165, 166, 167, 168, 169, 170, 172, 175, 187, 218, 278
뇌물수수 19, 157, 158, 163, 164, 165, 166, 326, 330

ㄷ

다국적 기업 38, 101, 107, 128, 130, 157, 165, 166, 174, 177, 187, 192, 223, 240
다양성 18, 21, 51, 52, 53, 70, 147, 148, 149, 190, 208, 218, 226, 283, 286, 287, 300, 308, 309, 310, 311, 312, 317, 348, 350, 354, 361, 373, 410
도덕성 21, 68, 70, 141, 275
도스 산토스 162, 163
돈세탁 39, 253
디즈니 42, 352

ㄹ

라보뱅크 338, 339
래리 핑크 68, 77
러시아 22, 37, 38, 70, 177, 208, 222, 297, 345
로비 39, 72, 73, 76, 77, 78, 97, 136, 171, 200, 211, 212, 213, 216, 218, 221, 227, 229, 358
롤 모델 301, 317
리더 18, 20, 21, 22, 23, 26, 27, 28, 29, 40, 42, 49, 51, 53, 54, 66, 80, 81, 82,

83, 86, 100, 101, 104, 111, 126, 138, 139, 146, 183, 207, 209, 211, 220, 221, 229, 238, 245, 246, 248, 250, 255, 259, 260, 270, 271, 273, 276, 283, 287, 290, 297, 298, 299, 301, 302, 306, 307, 309, 314, 315, 316, 317, 324, 326, 327, 328, 331, 336, 337, 338, 340, 341, 342, 352, 354, 359, 367, 368, 373, 376, 377, 386, 387, 399, 400, 403, 412, 413
리오 틴토 251, 300
링크드인 345, 354

ㅁ

마스콜라 328, 334, 336, 337
마이크로소프트 64, 219, 220, 252, 281, 299, 354, 378
마틴 호크스트라 105, 328, 339
매트 갈빈 172, 305, 336
메건 레이츠 310, 315, 357
목적 20, 28, 29, 50, 63, 65, 69, 76, 79, 80, 87, 98, 101, 105, 110, 115, 116, 119, 126, 129, 130, 141, 148, 149, 201, 209, 216, 219, 238, 241, 259, 276, 279, 282, 287, 290, 300, 328, 347, 351, 355, 367, 368, 369, 370, 371, 372, 373, 374, 375, 376, 377, 380, 381, 383, 387, 397, 398, 403, 405, 406, 410, 411, 413, 414
무관용 72, 73, 84, 85, 166, 327, 329, 342, 413
무역협회 78, 171, 220
무형자산 35, 151, 316
문화 17, 22, 23, 24, 25, 27, 28, 29, 40, 41, 45, 48, 51, 53, 64, 74, 76, 82, 111,

116, 159, 185, 196, 237, 238, 241, 251, 257, 258, 259, 269, 270, 271, 272, 274, 275, 276, 277, 278, 279, 281, 284, 285, 286, 287, 288, 289, 290, 301, 303, 304, 305, 316, 317, 324, 326, 327, 330, 335, 336, 337, 342, 345, 348, 349, 350, 351, 352, 355, 356, 359, 360, 363, 367, 368, 375, 381, 385, 386, 387, 400, 403, 404, 405, 406, 407, 409, 410, 411, 412, 413, 414

미디어 40, 45, 51, 102, 111, 281, 346

미얀마 38, 114, 200

미투 49, 237, 283

민주당 41, 246, 403

민주주의 24, 36, 51, 132, 211, 214, 216, 218, 223, 224, 226, 228, 386, 398, 399

밀턴 프리드먼 21, 25, 71, 126, 176, 177, 212, 368, 398

ㅂ

반부패 22, 27, 72, 73, 158, 161, 162, 163, 164, 165, 166, 167, 168, 170, 171, 173, 174, 175, 178, 187, 188, 222, 223, 227, 308

번아웃 51, 281, 351

부패 22, 27, 37, 39, 44, 51, 70, 72, 73, 78, 86, 112, 113, 139, 157, 158, 161, 162, 163, 164, 165, 166, 167, 168, 169, 170, 171, 172, 173, 174, 175, 176, 177, 178, 186, 187, 188, 193, 195, 222, 223, 227, 238, 243, 250, 269, 273, 278, 280, 308, 312, 327, 330, 331, 336, 398, 406

불평등 36, 51, 53, 223, 287, 299, 333, 411, 412

브라질 165, 227

브루독 269, 270

비정부기구 45, 78, 107, 108, 114, 130, 137, 163, 192, 218, 219, 238, 245, 254

비즈니스 라운드테이블 65, 99

ㅅ

사회적 책임 19, 47, 68, 77, 137, 160, 189, 195, 201, 211, 223, 299, 300, 393, 394, 396, 397, 398, 403, 410

삼림벌채 198, 270

설문조사 40, 49, 111, 138, 139, 215, 251, 282, 288, 298, 307, 312

성과지표 149, 342

성소수자 42, 286, 350, 352, 360, 379

성희롱 48, 237, 251, 252, 329, 353, 411

세계화 36, 72, 186, 285, 384, 404

세일즈포스 105, 208, 298, 299

소셜 미디어 36, 43, 44, 45, 46, 48, 49, 86, 111, 118, 132, 136, 138, 193, 225, 239, 245, 249, 254, 272, 286, 346, 347, 348, 353, 354, 356, 363, 375

스캔들 49, 73, 81, 84, 85, 164, 238, 250, 252, 272, 275, 276, 277, 278, 280, 306, 323, 330, 342, 395, 396, 398

스타벅스 17, 18, 19, 20, 52, 208, 284, 298, 376, 377, 378, 379, 380, 382, 397

슬랙 49, 271, 348, 353, 355

슬러지 331, 332, 335, 413

시대 25, 26, 27, 36, 50, 82, 129, 135, 186, 210, 225, 229, 239, 251, 256, 270, 273, 281, 299, 300, 316, 345, 375, 384,

385, 393, 394, 400, 403
실사 22, 46, 47, 104, 135, 159, 160, 161, 162, 166, 173, 196, 197, 237, 247, 326
썩은 사과 80, 81, 82, 84, 272, 273, 274, 275, 276, 287, 290, 323

ㅇ

아동노동 22, 149, 185, 198, 200, 247
아랍의 봄 39, 44
아마존 214, 360, 371
아프리카 43, 108, 157, 158, 162, 165, 198, 348
양극화 17, 36, 38, 41, 63, 160, 214, 219, 226, 286, 350, 406
어브 연구소 216, 217, 219, 228
언스트앤영 127, 308, 369
업계협회 215, 216, 218, 220, 221, 229
ABN 암로 328, 339
엔론 306, 398
우버 48, 251, 252, 255, 271
우선순위 27, 38, 50, 69, 70, 71, 74, 77, 78, 85, 102, 103, 116, 125, 128, 129, 130, 131, 133, 134, 135, 136, 137, 139, 140, 141, 142, 143, 145, 146, 147, 149, 151, 187, 191, 194, 195, 199, 208, 223, 228, 229, 245, 257, 260, 311, 329, 350, 358, 359, 360, 361, 363, 379, 386, 407, 408, 409, 413
우크라이나 37, 70, 185, 208, 222, 297, 345
운영 21, 23, 36, 37, 54, 67, 70, 72, 73, 78, 79, 85, 119, 133, 134, 135, 139, 142, 145, 146, 149, 151, 157, 158, 159,

167, 168, 169, 173, 174, 176, 177, 178, 183, 184, 187, 192, 193, 194, 196, 207, 208, 215, 217, 219, 225, 228, 229, 237, 238, 239, 246, 248, 249, 254, 269, 271, 273, 285, 298, 299, 313, 325, 329, 332, 346, 357, 358, 359, 361, 363, 372, 378, 381, 384, 398, 399, 405
원격근무 258, 281, 282, 349, 353
웨이페어 48
웰스 파고 82, 84, 272, 276, 323, 324
위험 20, 24, 27, 28, 37, 45, 46, 47, 52, 53, 65, 66, 67, 68, 69, 70, 73, 74, 75, 78, 80, 86, 98, 103, 112, 113, 115, 118, 121, 127, 128, 129, 131, 132, 133, 134, 135, 136, 137, 139, 142, 144, 145, 146, 147, 149, 151, 157, 158, 159, 161, 165, 166, 167, 171, 172, 176, 177, 184, 187, 188, 191, 192, 193, 194, 197, 198, 208, 210, 212, 215, 218, 221, 226, 227, 239, 243, 244, 245, 246, 247, 250, 252, 258, 260, 274, 280, 284, 286, 288, 289, 303, 304, 305, 308, 312, 313, 315, 317, 324, 325, 326, 329, 330, 340, 347, 348, 351, 352, 353, 358, 363, 369, 384, 385, 395, 403, 406, 409, 413
위험관리 135, 165, 197, 247, 277, 303, 304, 312, 314, 317, 386
윈-윈 20, 23, 66
유니레버 87, 126, 176, 207, 208, 285, 304, 397
의사결정 19, 20, 24, 54, 68, 74, 83, 100, 109, 119, 133, 151, 164, 194, 209, 216, 238, 240, 270, 277, 283, 287, 302, 306,

311, 314, 317, 330, 331, 337, 338, 339, 341, 347, 369, 386, 404, 407, 411
이미지 18, 19, 36, 47, 48, 71, 146, 162, 239, 242, 248, 253
ESG 19, 22, 24, 29, 68, 69, 70, 71, 77, 78, 127, 129, 130, 132, 135, 143, 145, 149, 151, 184, 186, 189, 190, 201, 208, 225, 226, 227, 238, 242, 283, 299, 303, 304, 308, 312, 313, 359, 378, 384, 385, 393, 394, 403, 404, 407, 408, 409, 410
이해관계자 18, 24, 25, 27, 35, 37, 40, 63, 65, 66, 67, 69, 71, 74, 88, 97, 98, 99, 100, 101, 102, 103, 104, 105, 106, 107, 109, 110, 111, 112, 113, 114, 115, 116, 117, 118, 119, 120, 121, 125, 130, 134, 136, 138, 140, 141, 142, 143, 144, 145, 149, 151, 159, 170, 171, 177, 178, 183, 191, 192, 193, 194, 201, 208, 209, 212, 214, 216, 217, 219, 220, 224, 228, 238, 239, 244, 260, 281, 290, 299, 313, 359, 362, 376, 378, 379, 383, 384, 396, 397, 398, 399, 400, 403, 404, 405, 406, 407, 408, 410, 411, 412, 413, 414
이해관계자 자본주의 18, 26, 67, 77, 98, 99, 109, 121, 178, 209, 212, 214, 229, 393, 396, 398, 399
인권 18, 22, 37, 38, 46, 47, 76, 98, 101, 102, 104, 108, 112, 114, 127, 133, 135, 139, 141, 143, 145, 150, 160, 166, 170, 176, 184, 185, 186, 187, 188, 189, 190, 191, 192, 193, 194, 195, 196, 197, 198, 199, 200, 201, 207, 210, 223, 224, 229, 237, 247, 251, 253, 254, 269, 284, 287, 303, 305, 312, 313, 330, 352, 360, 361, 377, 378, 379, 384, 393, 396, 409, 410, 411, 412
인권 임팩트 평가 141, 191, 192, 255
인권침해 38, 39, 70, 164, 185, 186, 187, 188, 196, 247, 250, 269, 362
인신매매 188, 189, 190, 198, 247, 253
인종차별 21, 41, 211, 224, 225, 251, 300, 354, 356, 360
일관성 19, 23, 71, 83, 103, 125, 128, 129, 141, 183, 186, 209, 218, 219, 260, 302, 333, 384, 411, 413
일론 머스크 48, 111, 346
임팩트 22, 70, 75, 76, 98, 100, 102, 103, 104, 106, 109, 112, 121, 125, 127, 129, 133, 134, 136, 141, 143, 146, 149, 160, 161, 178, 183, 191, 192, 193, 194, 195, 196, 197, 201, 209, 255, 256, 270, 275, 278, 279, 280, 284, 290, 312, 313, 317, 330, 337, 340, 357, 358, 359, 367, 369, 372, 373, 374, 375, 376, 378, 380, 381, 382, 383, 384, 385, 386, 408, 409, 412, 413, 414

ㅈ

자긍심 377
자문위원회 103, 105, 118, 119, 141, 313, 399
자본주의 18, 24, 26, 49, 66, 67, 69, 77, 98, 99, 109, 121, 177, 178, 209, 212, 214, 226, 229, 281, 300, 393, 396, 398, 399, 403, 406
자율성 184, 282, 284, 287, 375, 403, 409

재무성과 68, 126, 128, 135, 149, 312
재무정보 79, 239, 241, 242, 243
전략 25, 27, 43, 45, 64, 71, 78, 97, 101, 106, 107, 108, 109, 112, 116, 118, 119, 120, 121, 125, 127, 130, 131, 133, 134, 136, 138, 139, 140, 143, 145, 146, 147, 148, 149, 151, 160, 167, 169, 170, 176, 189, 201, 218, 220, 226, 227, 228, 245, 255, 271, 278, 280, 281, 290, 302, 304, 312, 314, 316, 317, 323, 324, 338, 342, 346, 358, 360, 363, 369, 378, 385, 386, 394, 398, 406, 408, 410, 414
전미총기협회 45, 46, 208
정보 20, 23, 37, 42, 44, 45, 48, 49, 53, 63, 72, 79, 82, 86, 104, 107, 117, 135, 137, 138, 151, 158, 159, 161, 163, 170, 171, 210, 238, 239, 240, 241, 242, 243, 244, 246, 247, 250, 252, 253, 271, 272, 281, 284, 288, 297, 300, 307, 311, 313, 327, 346, 353, 357, 404, 408, 411
정직성 129, 301, 334
정체성 50, 51, 52, 64, 128, 210, 248, 273, 283, 286, 287, 298, 310, 349, 351, 369, 386, 396, 402, 403, 414
정치 21, 24, 25, 26, 27, 28, 29, 36, 37, 38, 39, 40, 41, 42, 51, 64, 66, 68, 69, 73, 74, 76, 77, 78, 79, 100, 113, 114, 139, 157, 158, 160, 161, 164, 165, 166, 167, 170, 173, 176, 177, 185, 188, 189, 190, 193, 200, 201, 207, 208, 209, 211, 212, 213, 214, 215, 216, 217, 218, 219, 220, 221, 222, 223, 224, 225, 226, 227, 228, 229, 242, 245, 249, 256, 286, 298, 303, 307, 309, 310, 311, 317, 333, 334, 348, 350, 351, 355, 356, 358, 360, 361, 362, 379, 381, 383, 384, 385, 399, 403, 404, 405, 406, 410
정치적 책임 78, 207, 210, 211, 216, 218, 229
정치활동위원회 212, 215
젤렌스키 297
조 바이든 49, 348
조세회피 39, 63, 70, 78, 213
조지 플로이드 21, 70, 354, 373
조직화 41, 44, 48, 302, 317, 353, 378
존엄성 76, 184, 189, 207, 241, 258, 360, 375, 383, 409
존중 27, 46, 76, 88, 98, 109, 116, 183, 186, 188, 190, 192, 194, 196, 212, 258, 286, 287, 288, 289, 313, 329, 333, 334, 355, 356, 359, 360, 375, 378, 383, 384, 387, 399, 400, 412
주인-대리인 문제 81, 164, 173, 273, 285
주주 18, 19, 21, 23, 24, 36, 39, 45, 47, 51, 53, 63, 64, 68, 69, 76, 99, 115, 126, 130, 131, 132, 158, 211, 212, 213, 214, 216, 217, 218, 223, 224, 226, 227, 228, 299, 305, 306, 309, 375, 377, 386, 393, 396, 397, 398, 399
주주가치 21, 25, 65, 77, 210, 212, 213, 229, 281, 371, 396
주체성 184, 257, 258, 387, 409
준법 27, 28, 73, 81, 82, 85, 279, 282, 324, 327, 335, 386
중국 38, 48, 71, 139, 165, 177, 196, 246, 248, 253, 339

중대성 평가 128, 129, 134, 135, 136, 139, 141, 142, 148, 149, 151, 194, 207, 208, 255
중립성 41, 406
증권거래위원회 160, 237, 247, 346
Z세대 52, 110, 224, 349
지속가능성 22, 23, 26, 68, 69, 98, 100, 101, 102, 104, 110, 115, 121, 125, 126, 127, 128, 130, 131, 132, 133, 134, 135, 136, 137, 139, 146, 151, 159, 160, 176, 178, 189, 190, 208, 211, 218, 219, 220, 224, 239, 243, 256, 257, 269, 270, 299, 302, 303, 305, 312, 317, 326, 339, 357, 372, 375, 376, 380, 384, 386, 393, 394, 399, 403, 404, 405, 408, 409, 410, 412, 414
진정성 25, 80, 224, 256, 261, 347, 370, 395, 400, 412
집단역학 64, 282, 306
집단행동 172, 173, 174, 175, 177, 251, 353, 363

ㅊ

책임 19, 21, 23, 24, 26, 28, 35, 36, 39, 43, 47, 63, 65, 68, 69, 71, 76, 77, 78, 79, 80, 81, 83, 85, 99, 100, 101, 103, 105, 119, 120, 127, 128, 132, 136, 137, 139, 144, 145, 149, 158, 160, 175, 176, 177, 178, 186, 188, 189, 190, 192, 195, 196, 197, 199, 201, 207, 209, 210, 211, 213, 216, 218, 219, 220, 223, 225, 228, 229, 238, 239, 240, 241, 242, 244, 245, 247, 249, 250, 254, 256, 260, 270, 273, 275, 276, 279, 280, 281, 284, 285, 287, 299, 300, 301, 304, 309, 316, 326, 328, 331, 334, 335, 338, 339, 341, 342, 346, 347, 350, 353, 354, 357, 367, 369, 370, 376, 377, 378, 381, 385, 392, 393, 394, 395, 396, 397, 398, 399, 400, 403, 404, 405, 406, 407, 410, 412, 413
책임성 36, 43, 88, 148, 166, 173, 188, 258, 385, 405, 408
처벌 29, 39, 71, 83, 84, 85, 158, 165, 173, 188, 225, 247, 250, 255, 269, 274, 275, 279, 282, 286, 325, 328, 342, 355, 369
천연자원 44, 72, 167
초바니 380, 381, 382
최고경영자 17, 18, 25, 35, 36, 37, 40, 41, 42, 47, 50, 65, 68, 81, 83, 87, 100, 105, 126, 129, 175, 207, 208, 209, 210, 211, 214, 218, 222, 227, 241, 245, 251, 271, 272, 273, 276, 278, 281, 283, 298, 299, 300, 301, 302, 307, 313, 317, 324, 339, 367, 368, 374, 378, 400
최고경영진 82

ㅋ

KPMG 49, 163
코로나19 팬데믹 21, 24, 38, 40, 51, 52, 81, 106, 258, 281, 284, 298, 346
코카콜라 64, 79, 97, 107, 371
코코아 197, 198, 199
클렙토크라시 168

ㅌ

타겟 101, 255, 350, 352

탄소배출 125, 148, 149, 213, 238, 241, 242, 243, 270, 285, 372

탄소중립 256, 257

태국 174, 251

투명성 25, 28, 42, 78, 79, 80, 84, 98, 148, 163, 165, 166, 173, 195, 199, 215, 216, 217, 218, 219, 227, 228, 237, 238, 239, 240, 242, 243, 244, 246, 247, 248, 249, 250, 252, 253, 255, 257, 258, 260, 271, 280, 290, 308, 346, 404, 405, 408

트라피구라 43

트랜스젠더 211, 219, 226

트럼프 40, 41, 210

트위터 43, 48, 111, 346, 348

팀버랜드 79, 241, 242

ㅍ

파타고니아 63, 126

퍼듀 파마 276, 280, 346

페이스북 46, 48, 82, 111, 246, 276, 340, 346, 357

평판관리 67, 100, 385

평판위험 27, 36, 63, 67, 70, 98, 121, 244, 280, 346, 372, 376, 381

포드 218, 299, 328, 350, 395

포용 18, 21, 22, 51, 52, 53, 70, 76, 147, 190, 208, 275, 282, 285, 286, 287, 289, 300, 308, 309, 310, 311, 347, 348, 350, 354, 355, 359, 361, 379, 386, 387, 412, 413, 414

폭스바겐 82, 272, 276, 277, 280

풀뿌리 44, 46, 97, 215, 246

프라이스워터하우스쿠퍼스 163, 307

ㅎ

합리화 278, 279, 315

해시태그 45, 46, 49, 283, 384

해외부패방지법 72, 164, 166, 331

핵심가치 17, 42, 407, 413

행동강령 83, 108, 109, 121, 144, 166, 185, 192, 216, 223, 304, 326, 361, 407

행동과학 288, 289

행동주의 36, 39, 40, 47, 48, 49, 53, 80, 107, 115, 126, 127, 137, 214, 224, 228, 229, 303, 310, 345, 349, 352, 357, 359, 362, 367

행동주의자 28, 77, 101, 357, 358

혁신 25, 64, 71, 108, 112, 119, 133, 134, 145, 146, 148, 151, 195, 225, 243, 248, 260, 303, 315, 412

형평성 70, 286, 287, 300, 348

홍보 36, 45, 47, 48, 49, 98, 132, 211, 218, 244, 245, 246, 303, 363, 374, 394

홍콩 38, 39, 40, 48, 71

환경문제 24, 40, 51, 189, 191, 210, 241, 308

활동가 40, 45, 66, 78, 97, 101, 102, 111, 115, 126, 130, 137, 144, 161, 187, 238, 239, 246, 298, 349, 362

회계사 166, 216, 222, 241, 395

감사의 말

이 책을 쓰는 데 있어 여러 사람들의 지원과 격려가 없었다면 결코 완성할 수 없었을 것입니다. 2019년부터 함께 일하게 된 조너선 하이트(Jonathan Haidt)에게 특별히 감사드립니다. 그의 탁월함과 성실함은 항상 저에게 끊임없는 영감을 주었습니다. 조너선은 저를 제프 키호(Jeff Kehoe)에게 소개해 주었고, 제프는 제가 월스트리트 저널에 래리 라우트(Larry Rout)의 의뢰로 쓴 기사를 보고 저에게 21세기 기업윤리에 관한 책을 쓸 아이디어를 제안했습니다. 제프의 인내와 명확한 조언은 가히 비할데가 없으며, 이 책을 다듬는 데 있어 그의 탁월한 판단과 모든 도움에 깊이 감사드립니다. 또한 첫 시도에서 완벽하고 독특한 표지를 디자인해준 스테파니 핑크스(Stephani Finks), 과정 내내 도움을 준 셰엔 패터슨(Cheyenne Paterson), 그리고 제작 및 홍보 팀의 제니퍼 워링(Jennifer Waring), 샐리 애쉬워스(Sally Ashworth), 펠리시아 시누사스(Felicia Sinusas), 줄리 데볼(Julie Devoll)에게도 큰 감사를 드립니다. 마지막으로 초기 기사들을 출판하고 제 자신감을 키워준 헤더 랜디(Heather Landy)와 사라 그린 카마이클(Sarah Green Carmichael)에게도 감사드립니다.

코로나19 팬데믹 동안 제가 맑은 정신을 유지한 것은 에티컬 시스템 팀의 우정과 유머, 그리고 뛰어난 능력 덕분입니다. 노엘 보일랜드(Noel Boyland), 브라이언 하워드(Brian Harward), 브라이언 갤러거(Brian Gallagher), 그리고 무엇보다도 이 책의 연구를 지원해준 미첼 시모이스(Mitchell Simoes)에게 깊이 감사드립니다. 또한, 스턴 경영대학원 비즈니스와 사회 프로그램의 동료들, 바티아 비젠펠드(Batia Wiesenfeld), 마이클 포스너(Michael Posner), 텐시 웰란(Tensie Whelan), 레이첼 코월(Rachel Kowal), 매튜 스태틀러(Matthew Statler), 도로테 바우만-폴리(Dorothée Baumann-Pauly), 마리아 패터슨(Maria Patterson)에게도 환영과 격려를 해주셔서 감사드립니다.

부모님 매기(Maggie)와 스티브 모건(Steve Morgan), 오빠 헨리(Henry)와 새언니 헬렌 모건(Helen Morgan), 그리고 그들의 사랑스러운 아이들 로빈(Robyn)과 테드(Ted)에게 표현할 수 없을 만큼 많은 사랑과 감사를 드립니다. 저를 믿어주고 런던에서 몇 달 동안 글을 쓸 수 있도록 해주셔서 감사합니다. 이제는 더 이상 함께하지 못하지만, 제 어린 시절을 형성해주고 저를 지금의 저로 만들어주신 사랑하는 새어머니 낸시(Nancy)와 이모 질(Gill)에게도 깊이 감사드립니다. 줌(Zoom) 인터뷰 중에 울고 제 책상에 작은 선물을 가져다주는 사랑스러운 고양이 문쿠스와 스퀴들리(Munkus and Squidley)도 고맙습니다. 문쿠스, 너를 너무나 사랑하고 영원히 그리워할 거야.

독특하고 멋진 경력을 쌓으며, 많이 스트레스 받는 상황에서 많은 재능이 있는 사람들과 함께 일했습니다. 이 모든 경험이 제 관점을 형성하고 이 책의 기초가 되었습니다. 특히, 던스턴 앨리슨호프, 위다 치체스터(Ouida Chichester), 베스 리치몬드(Beth Richmond), 알렉스 매디(Alex Maddy), 찰스 헤커(Charles Hecker), 기어트 알버스(Geert Aalbers), 조너선 모리스(Jonathan Morris), 다니엘 러더(Daniel Rudder), 크리스틴 소더(Christine Sowder), 샬롯 방실론(Charlotte Bancilhon), 로저 맥엘라스(Roger McElrath), 랄프 스토브워서(Ralph Stobwasser), 타라 노튼(Tara Norton), 존 호지스(John Hodges), 데이비드 콩골드(David Korngold), 아론 크레이머(Aron Cramer), 리사 오소프스키(Lisa Osofsky), 그리고 로라 깃맨(Laura Gitman)에게 특별히 감사를 전합니다. 너무나 많은 분들이 기업을 더 나은 방향으로 만들고 변화를 이끌기 위한 노력으로 저에게 영감을 주셨습니다.

초고를 읽고 비평해 주신 훌륭한 분들께 감사드립니다. 앤 롬버그, 포레스트 디건(Forrest Deegan), 모건 해멀(Morgan Hamel), 시오반 클리어리(Siobhan Cleary), 밥 에클스(Bob Eccles), 베티나 팔라초, 수잔 레이(Susan Ray), 블라디미르 보로딘(Vladimir Borodin), 크리스티나 테바르 레스(Cristina Tebar Less), 샘 윌킨(Sam Wilkin), 그리고 메건 레이츠, 모두 큰 도움을 주셔서 감사합니다. 특히 밥 에클레스(Bob Eccles)에게 그의 우정과 협력, 그리고 많은 훌륭한 여성들을 소개해 준 점에 대해 깊이 감사드립니다. 또한 클라라 밀러(Clara Miller), 앨리슨 빈스(Allison Binns), 제니 모틀스(Jenny Motles)에게 감사드립니다.

인터뷰에 응해 주신 모든 분들과 책에서 인용된 모든 분들께 큰 감사를 드립니다. 또한, 로버트 마스콜라, 귀도 팔라초, 엘런 헌트, 카타리나 베그만(Katharina Weghmann), 론 카루치(Ron Carucci), 토니 데차리오(Toni Dechario), 프라빈 굽타(Praveen Gupta), 리엘 레스너(Lyel Resner), 요하네스 렌하드(Johannes Lenhard), 그리고 짐 매시(Jim Massey)에게 우정과 통찰에 대해 감사드립니다. 또한, 자기 인식과 속죄에 대해 가르쳐준 친애하는 친구 리처드 비스트롱(Richard Bistrong)과 톰 하딘(Tom Hardin)에게도 감사합니다. BCG 브라이트하우스(BCG BrightHouse), 큐비 컨설팅, 파이낸셜 타임스 모럴 머니 팀(FT Moral Money team), 세계 경제 포럼의 협력자들, 특히 앤드류 엣지클리프-존슨(Andrew Edgecliffe-Johnson), 에밀리 프래티코(Emilie Prattico), 안나 툰켈(Anna Tunkel), 제인 넬슨(Jane Nelson), 클라우스 무스마이어(Klaus Moosmayer), 곤살로 구즈만(Gonzalo Guzman), 니콜라 보누치(Nicola Bonucci), 니콜 빅비(Nicole Bigby), 다니엘 말란(Daniel Malan), 비르기트 커츠(Birgit Kurtz), 그리고 존 드리머(Jon Drimmer)에게 감사드립니다.

책을 쓰는 것은 언제나 힘들고 외로운 일입니다. 저는 이 책을 쓰는 동안 큰 개인적 고통과 혼란의 시기를 겪었습니다. 이 과정에서 저를 지탱해주고 격려해준 소중한 친구들에게 진심으로 감사드립니다. 클레어 구스타프손(Clare Gustavsson), 리버사이드 공원에서 너구리와 함께한 시간들, 당신의 베이킹, 노래, 사랑과 우정이 없었다면 어떻게 했을지 모르겠습니다. 요나스 구스타프손(Jonas Gustavsson), 그림 감사합니다! 미샤 레페틱(Misha Lepetic), 미래를 새로운 방식으로 보게 해주어 감사합니다. 애슐리 켈로프(Ashley Kelloff), 마이클 위너(Michael Wiener), 엘리자베스 호두르(Elizabeth Hodur), 뉴욕을 사랑하게 만들어주어 감사합니다. 하이디 시요르센(Heidi Sjursen)과 제프리 애벨(Jeffrey Abell), 최고의 이웃이 되어 주셔서 감사합니다. 시몬 로스(Simone Ross), 일 포스토(Il Posto), 저녁 초대에 감사드립니다. 저스틴 프리시버그(Justin Frishberg), 엘리 노튼(Ellie Naughten), 패티 굿윈(Patty Goodwin), 제롬 태거(Jerome Tagger), 벤 우틀리프(Ben Wootliff), 탈야 보스턴(Talya Boston), 레베카 페이지(Rebecca Page), 킴 캔터(Kym Canter), 재닛 스틸슨(Janet Stilson), 루이스 트로만(Louise Troman), 모두를 사랑하며 여러분의 지원에 진심으로 감사드립니다.

마지막으로, 더 높은 목표를 향해 나아가는 경영자들과 그리고 과거, 현재, 미래의 제 학생들에게 감사드립니다. 매일 여러분에게서 많은 것을 배우며, 여러분 덕분에 더 나은 기업의 미래를 믿게 됩니다.